O. G. Steigle

# Handbuch des Gelände- und Wanderreiters

*Haltung und Pflege des Pferdes*
*Planung und Durchführung*
*von Wanderritten*

*Franckh'sche*
*Verlagshandlung*
*Stuttgart*

Mit 106 Zeichnungen im Text von A. Paysan (98) und aus dem Archiv der Autoren (8), 1 Grafik von E. Meder und 28 Farbzeichnungen auf 4 Tafeln von M. Golte-Bechtle

Umschlaggestaltung von Kaselow Design, München, unter Verwendung einer Aufnahme von Luise Paysan

CIP-Titelaufnahme der Deutschen Bibliothek

**Steigle, O. G.:**
Handbuch des Gelände- und Wanderreiters : Haltung und Pflege des Pferdes ; Planung und Durchführung von Wanderritten / O. G. Steigle. – 3. Aufl. – Stuttgart : Franckh, 1989
(Franckh Reiterbibliothek)
O. G. Steigle ist Sammelpseud. für 12 Verf.
ISBN 3-440-05421-7

3. Auflage
Franckh'sche Verlagshandlung, W. Keller & Co., Stuttgart/1989
Printed in Germany / Imprimé en Allemagne
ISBN 3-440-05421-7
Gesamtherstellung: Brönner & Daentler KG, Eichstätt

# Handbuch des Gelände- und Wanderreiters

# Vorwort

Dieses Buch ist ein Gemeinschaftswerk des Arbeitskreises für Gelände- und Wanderreiten im VFD-Landesverband Baden-Württemberg e. V.
Die VFD, die Vereinigung der Freizeitreiter in Deutschland e. V., ist die Interessenvertretung der Gelände- und Wanderreiter. Neben ihrer vorrangigen Aufgabe, der Verhinderung von unnötigen und übertriebenen Reitverboten in Wald und Flur, widmet sie sich der Förderung des Gelände- und Wanderreitens. Hierzu werden regelmäßig Lehrgänge zur Ausbildung in der Pferdehaltung, im Umgang mit dem Pferd und im Reiten im Gelände veranstaltet, in deren Anschluß die Teilnehmer die VFD-Reiterpaß-Prüfung ablegen können. Bei fortführenden VFD-Wanderreit-Seminaren werden die Teilnehmer im Rahmen von Lehr-Wanderritten zu Wanderreitern, Wanderritt-Begleitern oder -Führern ausgebildet.
Hierbei stellen die Mitarbeiter des Arbeitskreises immer wieder fest, wie schwierig es für die Teilnehmer ist, sich zu Hause auf diese Kurse vorzubereiten. Um sich in die dort behandelten Themen wie Wanderreiter-Ausrüstung, Pferdetraining, Pferdeverhalten, Hufkunde, Fütterung, Karte und Kompaß, Erste Hilfe usw. einzuarbeiten und sich das für den Wanderreiter notwendige Grundwissen anzueignen, müssen sie die verschiedensten Bücher und Fachzeitschriften zu Rate ziehen; manches wurde bisher noch gar nicht oder nur unvollständig abgehandelt.
Hier soll das vorliegende Buch Abhilfe schaffen. Es behandelt alles, was der Gelände- und Wanderreiter wissen muß, umfassend und leicht verständlich, denn es wurde von Wanderreitern mit jahrelanger eigener, praktischer Erfahrung geschrieben, unterstützt von Fachleuten für bestimmte Themen wie Stallanlagen und Weide.
Während der Entstehungszeit des Buches trafen sich die Autoren regelmäßig zu vielen Arbeitssitzungen im „Steigle-Hof", einem Wanderreiter-Stützpunkt.
Was lag also näher, als zur Erinnerung daran den Namen „Steigle" als Pseudonym zu wählen?
Wenn Sie den ersten Wanderritt planen, möchten Ihnen die Verfasser drei Ratschläge mit auf den Weg geben: das Buch gründlich zu lesen, Ihr Pferd sorgfältig zu trainieren und sich einem erfahrenen Wanderreiter anzuschließen. So vorbereitet, können Sie unbeschwert hinausreiten und Ihren Ritt in vollen Zügen genießen.

*Arbeitskreis für Gelände- und Wanderreiten im VFD-Landesverband Baden-Württemberg e. V.*

# Anatomie, Farben und Abzeichen des Pferdes
## Nastja Koehne

Abb. 1. Die wichtigsten äußeren Körperteile des Pferdes

| | | | |
|---|---|---|---|
| 1 Ohren | 10 Genick | 19 Fesselkopf | 28 Oberschenkel |
| 2 Stirn | 11 Mähnenkamm | 20 Fessel | 29 Knie |
| 3 Auge | 12 Schulter | 21 Huf | 30 Unterschenkel |
| 4 Nüster | 13 Bugspitze | 22 Widerrist | 31 Sprunggelenk |
| 5 Maul | 14 Brust | 23 Rücken | 32 Kastanie |
| 6 Kinngrube | 15 Ellbogenhöcker | 24 Kruppe | 33 Hintermittelfuß |
| 7 Backe | 16 Unterarm | 25 Schweifrübe | (Hinterröhre) |
| 8 Kehle | 17 Vorderfußwurzel | 26 Bauch | |
| 9 Ganaschen | 18 Vordermittelfuß | 27 Flanke | |
| | (Vorderröhre) | | |

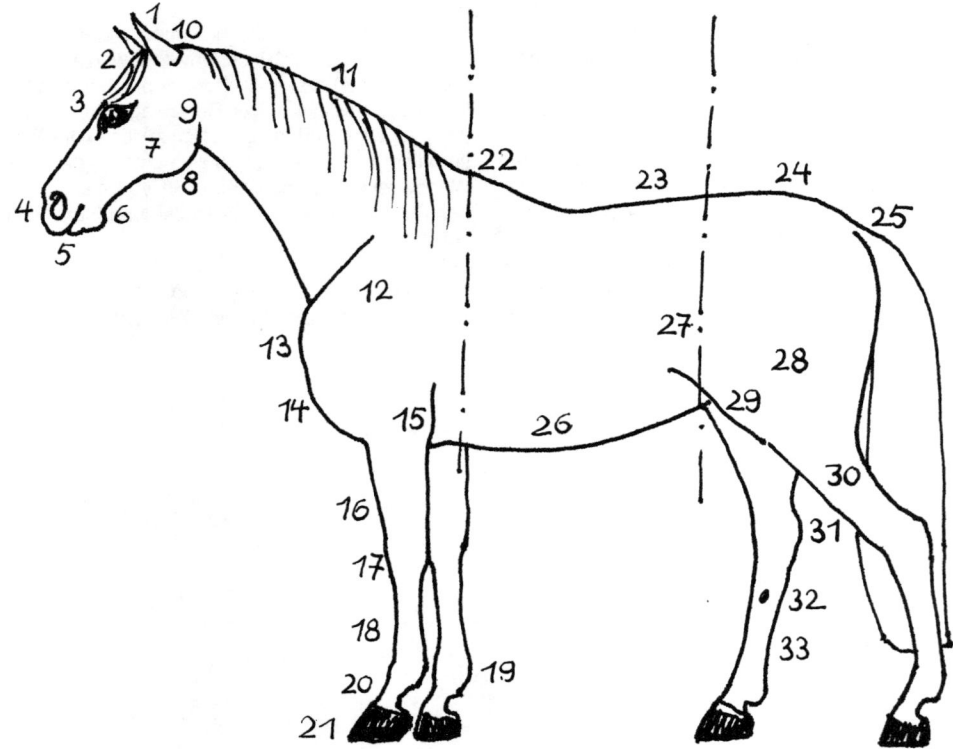

Pferde gehören zur großen Familie der Säugetiere. Ihre Jungen sind Nestflüchter, das heißt, daß die Fohlen schon wenige Stunden nach der Geburt in der Lage sind, der Herde zu folgen. Das Fluchttier Pferd ist ein Unpaarzeher und Zehenspitzengänger. Es läuft auf der mit einem Huf versehenen mittleren Zehe; die anderen Zehen sind verkümmert.

## Das Exterieur

Als Exterieur bezeichnet man das Gebäude und das gesamte Erscheinungsbild des Pferdes. Kopf, Hals und Vorderbeine heißen Vorhand; der Teil zwischen Widerrist und Kruppe heißt Mittelpartie, Kruppe und Hinterbeine heißen Hinterhand. Die Benennungen der einzelnen Körperteile prägt man sich am besten an Hand eines Bildes ein (Abb. 1).

Das Exterieur kann je nach Pferderasse sehr unterschiedlich sein. Diese Unterschiede sind entweder dem Verwendungszweck gemäß angezüchtet – ein für den schweren Zug bestimmter Kaltblüter sieht zwangsläufig anders aus als ein hoch im Blut stehendes Sportpferd – oder aber naturbedingt, je nach der Klimazone, aus der das Pferd stammt. Hier sind z. B. der Araber aus heißen Wüstengebieten und der Isländer nordischer Kälteregionen als extreme Gegentypen zu nennen. Das ideale Exterieur jeder Pferderasse ist im jeweiligen Zuchtziel festgelegt. Für den Freizeitreiter fallen bei der Auswahl eines Pferdes kleine Exterieurfehler, die die Gesundheit

Abb. 2. Das Knochengerüst des Pferdes im Vergleich mit dem des Menschen

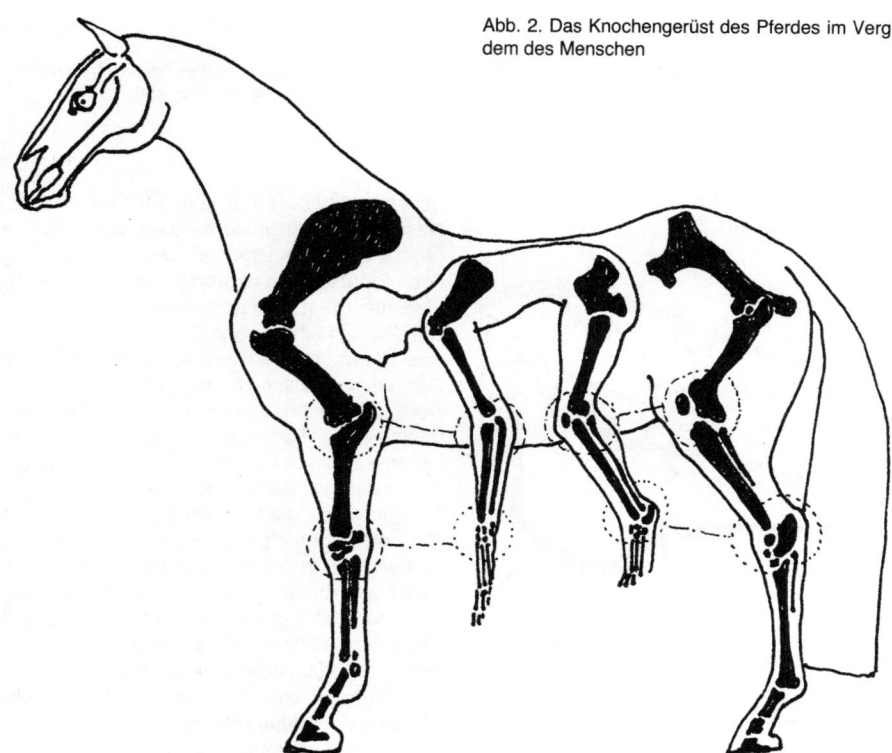

des Tieres nicht beeinträchtigen, nicht wesentlich ins Gewicht, solange er keine züchterischen Ambitionen hat.

# Das Skelett

Das Skelett des Pferdes zeigt große Ähnlichkeit mit dem des Menschen. Die meisten Pferdeknochen tragen gleiche oder ähnliche Namen wie die Knochen des menschlichen Skeletts. Stellt man sich einen auf allen vieren laufenden Menschen vor, so wird einem im Vergleich schnell klar, wo beim Pferd welcher Knochen sitzt und wie sich welches Gelenk bewegt. Dem Pferd fehlt allerdings wie allen Unpaarhufern das Schlüsselbein (Abb. 2).

### Der Schädel

Das Bild eines Pferdeschädels sollte jeder Reiter bei der Wahl der Zäumung vor Augen haben. Im Oberkiefer fallen die relativ große Knochenaussparung für die Nüstern und das schwach ausgeprägte Nasenbein auf. Pferde sind Nasenatmer, sie können nicht durch das Maul atmen. Schnallt man also einem Pferd ein Sperrhalfter ein, so ist stets zu

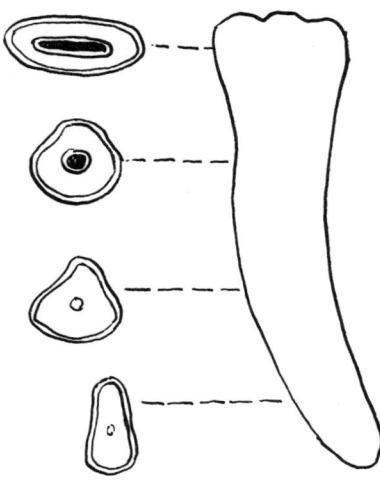

Abb. 4. Veränderung der Reibflächen des Schneidezahnes mit zunehmendem Alter des Pferdes

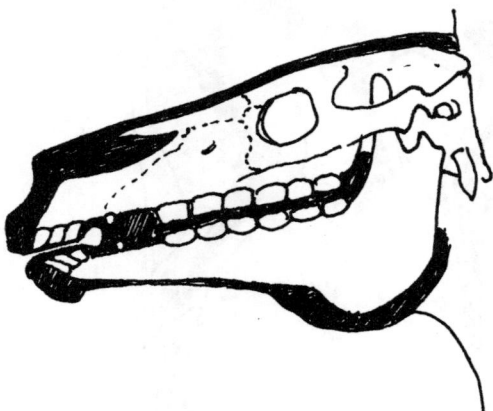

Abb. 3. Der Schädel des Pferdes. Besonders beachtenswert die große Knochenaussparung für die Nüstern und das schwach ausgeprägte Nasenbein

bedenken, daß es auf dem knöchernen Teil des Nasenrückens liegen sollte, damit die Atmung nicht beengt wird, was einerseits die Leistungsfähigkeit des Pferdes beeinträchtigt, andererseits beim Fluchttier Pferd zu Angstreaktionen wie Bocken und Durchgehen führen kann.

Das Pferdegebiß ist das eines Pflanzenfressers. Das ausgewachsene Pferd hat im Ober- und Unterkiefer je 6 Schneidezähne und 12 Backenzähne (Molaren und Prämolaren). Zwischen dem 2. und 4. Lebensjahr wechselt das Pferd die Schneide- und die vorderen 6 Backenzähne (Prämolaren) seines Milchgebisses; die hinteren 6 Backenzähne (Molaren) erscheinen als bleibende Zähne. Die dunklen Vertiefungen in der Reibfläche der Schneidezähne nennt man Kunden oder Bohnen. An ihnen und der Form der Reibfläche kann man das ungefähre Alter eines Pferdes ablesen. Vom 6. bis 12. Lebensjahr zeigt die Abriebfläche eine querovale, vom 12. bis 18. Lebensjahr eine runde, vom 18. bis 24. Lebensjahr eine dreieckige und über dem 24. Lebensjahr eine längsovale Form (Abb. 4).

12

Diese Veränderung der Reibflächen mit den Lebensjahren wird durch die Abnutzung der Zähne hervorgerufen. Andererseits schieben die Schneidezähne stetig von unten nach, so daß in zunehmendem Alter auch die Länge der Zähne zunimmt und sich die Stellung der oberen zu den unteren Schneidezähnen ändert: Bei jüngeren Pferden ist sie zangenförmig, bei älteren zunehmend pinzettenförmig. In der Lücke zwischen den Schneide- und Backenzähnen, den Laden, erscheinen beim erwachsenen Hengst (im Ausnahmefall auch bei der Stute) je 2 Hakenzähne. Sie berühren sich nicht und bleiben darum auch für die Futterzerkleinerung ohne Bedeutung.

Abb. 5. Das Knochengerüst des Pferdes

| | |
|---|---|
| 1 Schädel | 13 Unterarmbein |
| 2 sieben Halswirbel | 14 Vorderfußwurzelgelenk |
| 3 18 Rückenwirbel | 15 Vordermittelfuß- |
| 4 sechs Lendenwirbel | knochen |
| 5 Kreuzbein (5 Kreuz- | 16 Fesselgelenk |
| wirbel) | 17 Fesselbein |
| 6 18–21 Schweifwirbel | 18 Kronbein |
| 7 acht echte Rippen | 19 Hufbein |
| 8 zehn falsche Rippen | 20 Beckenknochen |
| 9 Schulterblatt | 21 Hüftgelenk |
| 10 Schulter- oder Bug- | 22 Oberschenkelbein |
| gelenk | 23 Kniegelenk |
| 11 Oberarmbein | 24 Unterschenkelbein |
| 12 Ellbogengelenk | 25 Sprunggelenk |

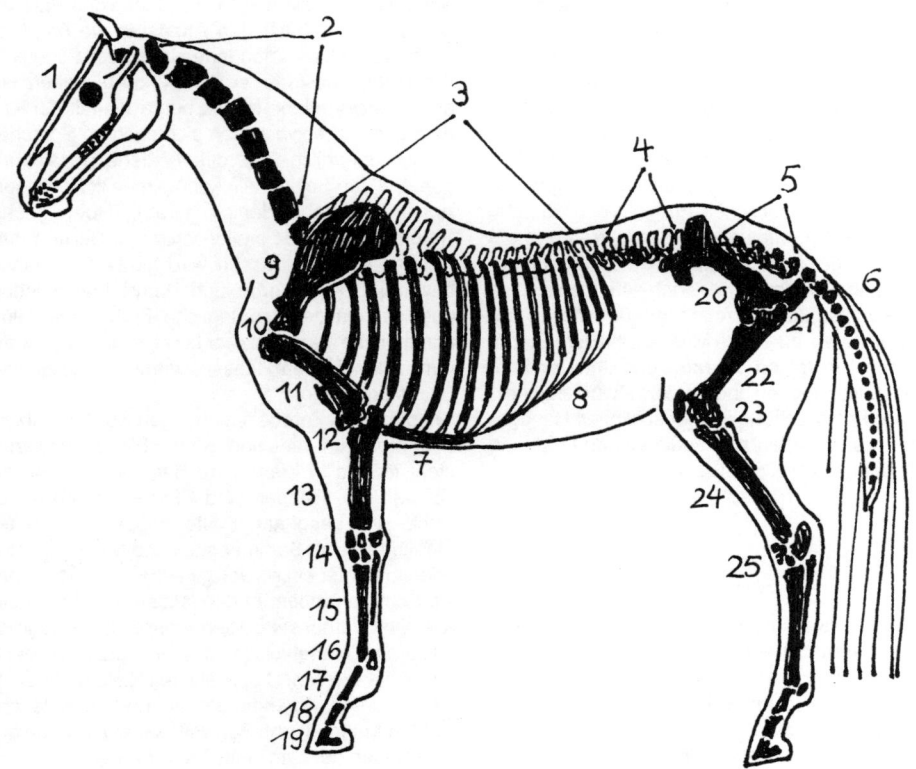

## Das Skelett des Körpers

Die Halswirbelsäule des Pferdes mit ihren 7 Wirbeln verläuft nicht etwa unter dem Mähnenkamm direkt zum Widerrist, sondern durchzieht den muskulösen Hals ungefähr diagonal vom Genick am Kopfansatz bis zur Mitte des Schulterblattes. Die Fortsetzung der Wirbelsäule, die im Rumpf verläuft, wird von 18 Rückenwirbeln gebildet, deren erste Dornfortsätze den Widerrist ergeben. Es folgen 6 Lendenwirbel, 5 zum Kreuzbein verwachsene Wirbel und 18 bis 21 Schweifwirbel.

Wie beim Menschen besteht das Rippengewölbe aus 8 fest mit dem Brustbein verwachsenen „echten" Tragrippen und 10 „falschen" Atmungsrippen, die das Brustbein nur in Knorpelfortsätzen erreichen. Durch straffe Bänder fest vereinigt mit dem Kreuzbein, legen sich die Knochen des Beckens der Wirbelsäule an. Das Becken wird von 3 kräftigen Knochen gebildet: dem Darmbein, dem Schambein und dem Sitzbein. Am Becken befindet sich die geräumige Pfanne des Hüftgelenkes, in welcher sich der Gelenkkopf des Oberschenkelknochens dreht. Es folgen der Unterschenkelknochen mit dem Wadenbein, das kompliziert gebaute Sprunggelenk, welches dem menschlichen Fußgelenk entspricht, dann Röhrbein, Griffelbein und Huf. Während die Vereinigung der hinteren Extremitäten im Hüftgelenk wenn auch gelenkig, so doch sehr stabil ist, so ist das Schulterblatt, der Aufhängegürtel der vorderen Extremitäten, nur durch Muskeln mit dem Rumpf verbunden. Hier folgen Oberarm- und Unterarmknochen mit Elle, Ellbogen und Vorderfußwurzelgelenk, das seine Entsprechung im menschlichen Handgelenk hat. Es schließen sich analog zu den hinteren Extremitäten Griffel-, Röhrbein und Huf an.

## Die Farben

Die Vorfahren unseres Hauspferdes, die Przewalskipferde, waren immer einfarbig: mausgrau, falbfarben oder braun, mit Aalstrich und Zebrastreifung an den Beinen. Weiße Abzeichen an Kopf und Extremitäten kamen nicht vor. Sie sind, wie auch beim Hund, Domestikationserscheinungen.

Die Farbe eines Pferdes dient als Erkennungs- und Unterscheidungsmerkmal. Farbe wird sichtbar am Deck- und am Langhaar. Das kurze Deckhaar liegt dicht übereinandergeschuppt eng an der Haut an und verläuft vom Kopf bis zur Kruppe schräg abwärts, damit das Regenwasser an ihm ablaufen kann. An Stirn, Hals, Brust und Flanken bilden sich Wirbel. An manchen Körperteilen, wie Lippen und Nüstern, rund um die Augen, an Schlauch bzw. Euter und an den Innenseiten der Schenkel wird das Haar immer feiner und verschwindet, besonders bei hochblütigen Rassen, manchmal ganz. Das Deckhaar wird im Frühjahr und im Herbst gewechselt. Im Sommer ist es kurz und glänzend, im Winter länger, dichter und glanzloser.

Das Langhaar dient dem Pferd als Schutz vor Insekten und vor Regen- und Schneenässe. Der Schopf schützt die Augen, die Mähne den Hals, und der Schweif schützt den After und die empfindlichen, wenig behaarten Innenseiten der Schenkel.

Die Menschen früherer Jahrhunderte hatten eine besondere Vorliebe für die bunte Vielfalt der Pferdefarben. So entwickelten sich auch im Sprachgebrauch unendlich viele differenzierte Bezeichnungen. Bei den Schimmeln kannte man z. B. Fliegen-, Apfel-, Muskat-, Honig-, Grau-, Rot-, Fuchs-, Braun-, Rapp- und Forellenschimmel. Bei den inländischen Warmblutrassen wird heute Einfarbigkeit bevorzugt. Kleinpferde und Ponys bieten jedoch noch die ganze ursprüngliche Farbvielfalt. Hinzu kommen die bei uns bis vor kurzem noch unbekannten ausländischen Rassen, wie z. B. Appaloosas, Paints und Pintos.

Die offiziellen Farbbezeichnungen wurden in letzter Zeit drastisch reduziert. Ihre übliche Abkürzung steht jeweils in Klammern. Beginnen wir mit den *Rappen (R)*. Rappen sind Pferde mit schwarzem Deck- und Langhaar. Echte Rappen sind selten. Manche sind im Sommer glänzend schwarz, haben aber im Winter ein schwarzbraunes Fell. Man nennt sie Sommerrappen. In den letzten Jahren hat eine alte, fast vergessene Pferderasse, für welche die Rappfarbe rassetypisch ist, viele Herzen wiedererobert: die Friesen. Diese leichten Kaltblutpferde mit ihrer starken Kötenbehaarung und dem langen, dichten Mähnen- und Schweifhaar eignen sich gleichermaßen gut zum Reiten und Fahren.

*Braune (B)* sind Pferde mit braunem Deck- und schwarzem Langhaar und meist schwarzen Beinen. Es gibt Hellbraune (Hb) ohne Rotstich, Dunkelbraune (Db), deren Deckhaar oftmals einen rötlichen Schimmer hat, und schließlich Schwarzbraune (Schwb), die fast wie Rappen aussehen, nur um das Maul herum, an den Flanken und am Bauch braun sind.

Ein *Fuchs (F)* ist ein rötlich bis gelblich braunes Pferd mit entweder gleichfarbigem oder hellerem Langhaar. Auch hier gibt es Hellfüchse (Hf), deren Deckhaar am Bauch und an den Beinen weißlich hell ist, und Dunkelfüchse (Df) mit schwärzlichroter Farbe.

Zwei Pferderassen, für welche die Fuchsfarbe rassetypisch ist: 1. Der Haflinger, das Tiroler Bergpferd, das als Freizeitpferd weit über sein Ursprungsland hinaus bekannt geworden ist. Zuchtziel ist hier die Fuchsfarbe in Verbindung mit möglichst weißem Langhaar. 2. Der Schwarzwälder Fuchs, der über seinen regionalen Bereich hinaus kaum bekannt ist; ein leichter bis mittelschwerer Kaltblüter, meist Dunkelfuchs mit hellem Langhaar.

*Schimmel (Sch)* werden in den seltensten Fällen weiß geboren. Meist haben sie bei der Geburt eine dunklere Farbe und hellen im Laufe ihres Lebens langsam auf. Bald nach der Geburt treten erste weiße Härchen um Maul und Augen auf und zeigen an, daß aus dem Grauen, Rappen oder Braunen später einmal ein Schimmel wird.

Als Fuchsschimmel (Fsch) bezeichnet man ein Pferd, dessen Schimmelfarbe rötlichbraune Haare beigemischt sind. Je nach Intensität der Färbung spricht man von einem Hellfuchsschimmel (Hlfsch) oder Dunkelfuchsschimmel (Dfsch). Mähne und Schweif dürfen keine schwarzen Haare enthalten. Beim Braunschimmel (Bsch) darf das Langhaar keine braunen Haare aufweisen. Auch hier kennt man Hellbraunschimmel (Hlbsch) und Dunkelbraunschimmel (Dbsch). Rappschimmel (Rsch) sind Pferde, die viel Schwarz aufweisen, vor allem am Kopf und im Langhaar.

Bei Schimmeln denkt man gleich an Lipizzaner, die in der Spanischen Hofreitschule in Wien in höchster Dressurausbildung zu sehen sind. In Piber in der Steiermark, wo diese Pferde gezogen werden, trifft man aber auch Braune und Füchse. Kaum weniger bekannte Schimmel sind die Camargue-Pferde, die in Südfrankreich im Rhône-Delta als Hirtenpferde gezüchtet werden. Auch hier taucht in seltenen Fällen die Fuchsfarbe auf.

*Falben (Falbe)* sind uns z. B. durch die Rasse der Norweger bekannt. Bei gelblichbraunem Fell spricht man von Braunfalben, bei grauem Fell dagegen von Grau- oder Mausfalben. Immer aber sind Mähne und Schweif schwarz oder im Falle der Norweger schwarz-weiß. Die Haut ist im Gegensatz zu den Isabellen dunkler pigmentiert, und die Beine sind meist schwarz. Manche Falben haben einen Aalstrich und Zebrastreifen an den Beinen.

*Isabellen (Is)* nennt man Pferde, die wie die Falben ein gelbliches bis graues Fell haben, ihr Langhaar ist aber gelblich bis schneeweiß. Ihre Haut ist heller pigmentiert als beim Falben, der Pigmentmangel kann sogar so weit gehen, daß es zu Teilalbinismus kommt. Man spricht dann von „echten Isabellen" oder „Weißisabellen" mit blauen Augen im Gegensatz zu den „unechten Isabellen" mit dunklen Augen und dunklerer Haut. In Amerika ist die Isabell-Farbe sehr beliebt. Zwei Palomino-Clubs fördern dort die Zucht dieser Farbe.

Außer den genannten einfarbigen Rassen gibt es auch zwei- oder mehrfarbig gefleckte Pferde, die *Schecken (Schecke)*. Die Flecken sind groß und unregelmäßig geformt und können weiß auf dunkler oder dunkel auf weißer Grundfarbe sein. Es gibt Braunschecken (Bschecke), Fuchsschecken (Fschecke), Falbschecken (Falbschecke), Rappschecken (Rschecke) und solche, die alle drei Farben in Deck- und Langhaar aufweisen.

Paints sind gescheckte Quarterhorses, die in einem gesonderten Zuchtbuch aufgenommen werden. Pintos sind gescheckte Reitpferde, die keiner bestimmten Rasse zugehörig sind. Diese bunten Pferde werden auch in unseren Breiten bei Freizeit- und Wanderreitern immer beliebter. Hat ein Pferd kleinere und mehr oder weniger gleichmäßig verteilte Flecken, so spricht man von einem Tiger, treten diese Flecken nur auf der Hinterhand auf, von einem Schabrakkentiger. Die Appaloosas, eine von den Indianern Nordamerikas gezüchtete Rasse, tragen diese Tigerfarbe als rassetypisches Merkmal. Zusätzlich haben sie ein gesprenkeltes Krötenmaul, eine weiß gerandete Iris und gelb-schwarz gestreifte Hufe.

# Die Abzeichen

Unsere Pferde haben oft – als Zeichen der Domestizierung – angeborene Abzeichen am Kopf und an den Gliedmaßen. Diese können rein weiß (w) oder stichelhaarig (stichelh) sein, es können aber auch dunkle Flecken darin vorkommen (gefl). Die Vielfalt dieser Abzeichen ist so groß, daß hier nur die wesentlichen genannt sein sollen.

Das kleinste Abzeichen am Kopf nennt man Flocke (Fl); etwas größer, etwa 3,5 cm im Durchmesser, ist der Stern (St). Die Blesse (Bl) beginnt oft schon in Augenhöhe und endet zwischen den Nüstern. Kleine weiße oder rosa Flecken auf der Oberlippe nennt man Schnippe (Schn). Eine sehr breite Blesse, die die Augen einschließt, ist eine Laterne (Lat). Unter den Kopfabzeichen werden auch Farbabweichungen der Augen genannt. Beim Glasauge (auch Frosch- oder Fischauge) ist die Iris auffällig hell und perlmuttartig gefärbt. Vom Birkauge spricht man, wenn sich ein deutlicher weißer Ring um die dunkle Iris legt.

Die Abzeichen an den Gliedmaßen unterscheidet man nach der Höhe der Weißzeichnung. Auch hier seien nur die wichtigsten genannt. Das kleinste Abzeichen ist der Fleck am Ballen (Fl. Bln). Es folgen die weiße Krone (w. Kr), die weiße Fessel (w. F) und das weiße Bein (w. B).

Abb. 6. Abzeichen am Kopf
a Flocke     b Stern     c schmale Blesse     d breite Blesse     e Schnippe

Abb. 7. Abzeichen an den Beinen
a Fleck am Ballen
b weiße Krone
c weiße Fessel
d weißes Bein

# Verhalten des Pferdes
Kathrin Ruby

Der Freiburger Verhaltensforscher Dr. Klaus Zeeb sagt: „Das Pferd ist nur dann in der Lage, seine Leistungsfähigkeit voll zu entfalten, wenn es sich hinsichtlich seiner angeborenen Lebensbedürfnisse mit der Umwelt – und dazu gehört auch der Mensch – in Einklang befindet." Jeder, der mit Pferden umgeht, sollte sich deshalb zuerst einmal darüber klarwerden, was für eine Art Lebewesen sein Pferd überhaupt ist, sollte seine angeborenen Triebe, seine biologischen Bedürfnisse und seine artspezifischen Reaktionen kennenlernen.

Selbstverständlich würden ausführliche Verhaltensstudien den Rahmen dieses Buches sprengen. Aber diese Übersicht möchte dem Leser helfen, die Reaktionen seines Pferdes in bestimmten Situationen besser zu verstehen, sie eventuell vorauszusehen und dadurch Unfälle oder Schaden zu vermeiden. Sie möchte ihn zu intensiverer Beobachtung seines Pferdes anregen und sein Interesse an der reichlich vorhandenen Fachliteratur beleben.

## Das Steppentier

Das Pferd ist von seinem Ursprung her ein Steppentier, ein Fernwanderwild und ein friedlicher Pflanzenfresser, der bei Gefahr die Flucht ergreift. Es ist von seiner Natur spezialisiert zu schnellem und ausdauerndem Laufen. Als Beutetier für Raubtiere konnte jede kleinste Bewegung im Gebüsch Lebensgefahr für es bedeuten. Nur durch schnellste Flucht konnte es überleben.

Dieses Verhalten ist bis heute in seinem Erbgedächtnis bewahrt. Auf jede wirkliche oder vermeintliche Gefahr kann es heute nur so reagieren wie schon vor tausend Jahren: mit sofortiger Flucht. Wenn wir uns das vor Augen halten, können wir verstehen, daß ein Pferd bereits bei einer kleinen, unwesentlichen Veränderung in seiner Umgebung scheut oder durchgeht. Alles was Angst bereitet,

löst Fluchtreaktion aus. Das Pferd kann blitzschnell aus dem Stehen starten. Als Steppentier erhebt es sich aus dem Liegen zuerst mit den Vorderbeinen, um sofort das Blickfeld freizuhaben und bei Gefahr fliehen zu können.

Flucht ist also eine natürliche Reaktion des Pferdes. Es ist daher völlig sinnlos, ein durchgehendes Pferd bestrafen zu wollen oder durch heftiges Zügelreißen zu versuchen, es zum Halten zu bringen. Es wird den Schmerz nur als Bestätigung der vorhandenen Gefahr empfinden. Seine Angst vergrößert sich, es rennt noch mehr!

Im Umgang mit Pferden ist es das Wichtigste, die Angst abzubauen und eine absolute Vertrauensbasis zu schaffen. Das Pferd muß sich beim Menschen in Sicherheit fühlen. Nur durch Vertrauen zu seinem Reiter kann der Fluchtinstinkt überwunden werden.

## Die Sinnesorgane

### Das Gehör

Das Gehör des Pferdes ist viel besser als das des Menschen. Das Pferd hat bewegliche Ohren und größere Ohrmuscheln, die sich überdies unabhängig voneinander in verschiedene Richtungen bewegen können. Dadurch kann es Schallwellen richtungsgezielt aufnehmen und perspektivisch plastisch besonders gut orten. Ein Pferd kann außerdem Tonhöhen und Minimalgeräusche wahrnehmen, die wir gar nicht mehr hören können. Wenn ein Geräusch seine Aufmerksamkeit erregt, stellt es beide Ohren in diese Richtung, um Art und Quelle des „Signals" zu erkunden.

Dieses feine Gehör können wir uns bei der Erziehung des Pferdes zunutze machen und unsere Stimme zu Lob und Tadel gezielt einsetzen.

Wir sollten uns angewöhnen, im Umgang mit Pferden ruhig und leise zu sprechen. Anschreien kann einen regelrechten Schmerz im empfindlichen Ohr des Pferdes erzeugen. Und da wir meistens schreien, wenn wir Schwierigkeiten haben, wird das Pferd durch den Schmerz im Ohr nur noch aufgeregter und verwirrter. Langgezogene Töne wie „hooo" oder „braaav" beruhigen und belohnen, während ein kurzes, schneidendes „nein" oder „he" vom Pferd genausogut als Strafe oder Tadel verstanden wird wie vom Hund.

Das lebhafte Ohrenspiel der Pferde beim Reiten hat schon jeder beobachtet. Etwas ganz anderes ist das Ohrenanlegen, das als Drohgebärde zur Verständigung der Pferde untereinander dient und auch von allen Artgenossen verstanden wird. Wir können also unser Pferd besser verstehen lernen, wenn wir sein Ohrenspiel beachten.

## Das Auge

Die Augen des Pferdes befinden sich seitwärts am Kopf, wodurch es gleichzeitig in zwei Richtungen blicken kann und einen Gesichtskreis von mehr als 300 Grad hat. Es kann aber nur einen kleinen Ausschnitt dieses Gesichtskreises scharf sehen, und es muß den Kopf in diejenige Richtung drehen, in der es einen Gegenstand genau erkennen will. Zwingen wir das Pferd im Gelände, den Kopf hochzuhalten, kann es einen unmittelbar vor seinem Huf liegenden Stein nicht sehen und stolpert vielleicht. Es ist deshalb beim Reiten im Gelände wichtig, dem Kopf des Pferdes Bewegungsfreiheit zu lassen. Es wird sonst unsicher und scheut möglicherweise vor einem Gegenstand, weil es ihn zu spät erkannt hat.

Auch direkt hinter sich kann das Pferd nicht sehen. Deshalb müssen wir, wenn wir gezwungen sind, an ein Pferd von hinten heranzutreten, dieses unbedingt vorher in ruhigem Tonfall ansprechen, um es nicht zu erschrecken. Sonst würde es vielleicht, da es ja in dieser Situation nicht fliehen kann, in Panik geraten und ausschlagen.

Dem Pferd eigen ist eine ausgeprägte Bewegungssehschärfe. Sie ermöglicht es ihm, Objekte, die durch rasche Veränderung ihrer Form oder ihres Standortes auffallen, besonders deutlich wahrzunehmen. Deshalb kann es vorkommen, daß ein Pferd vor einer über den Weg huschenden kleinen Maus erschrickt, während es an einem großen, stehenden Lastwagen ruhig vorbeigeht.

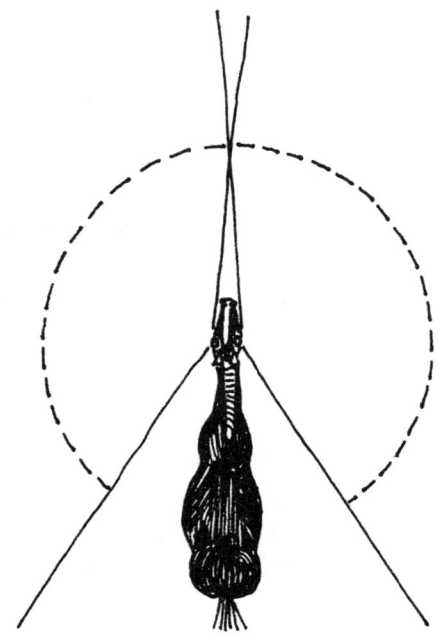

Abb. 8. Gesichtskreis des Pferdes

Bei Nacht sieht das Pferd besser als der Mensch. Aber sein Auge braucht länger, um sich auf Helligkeitsunterschiede einzustellen. Wenn wir es beispielsweise aus hellem Tageslicht in einen dunkleren Raum führen, kann es sein, daß es zögert oder sich widersetzt. Dann ist dies kein Ungehorsam, sondern die Folge davon, daß sein Auge länger als unseres braucht, um sich an die veränderten Lichtverhältnisse zu gewöhnen.

## Der Geruchssinn

Der Geruchssinn des Pferdes ist sehr gut ausgebildet. Deshalb genügt es dem Pferd nicht, einen fremden Gegenstand anzusehen, es muß auch daran schnuppern. Wenn Futter oder Wasser, für uns möglicherweise gar nicht wahrnehmbar, einen unangenehmen oder fremden Geruch hat, wird es

18

Abb. 9. Flehmen

abgelehnt. Fremde Pferde beschnuppern einander, um sich kennenzulernen. Stuten und Fohlen erkennen einander am Geruch, und der Hengst erkennt am Geruch, ob eine Stute rossig ist!

Eine Reaktion des Geruchssinnes ist das Flehmen. Dabei öffnet das Pferd weit die Lippen bei geschlossenen Zahnreihen. Ein Pferd flehmt, wenn ihm ein intensiver Geruch in die Nase kommt.

Wenn wir uns mit einem Pferd vertraut machen wollen, sollten wir ihm also die Möglichkeit geben, uns zu beschnuppern. Das hilft dem Pferd, sich über uns zu informieren, und es erkennt uns dann an unserem Geruch wieder.

Lassen wir es am Sattel und am Zaumzeug schnuppern, so nehmen wir ihm die Angst davor. Aus dem gleichen Grund sollten wir es auch z. B. bei Wasserdurchquerungen am Wasser oder an sumpfigen Stellen schnuppern lassen. Der Geruch dient dem Pferd zum Erkennen und Orientieren.

Auf einer fremden Weide oder in einem fremden Stall informiert sich das Pferd durch Schnuppern über die Gegebenheiten der neuen Umgebung. So dient auch das Schnuppern seinem Sicherheitsgefühl.

## Der Tastsinn

Die Haut des Pferdes ist ein hochspezialisiertes Sinnesorgan zum Erfühlen unterschiedlicher Reize. In einem Quadratzentimeter Haut befinden sich Hunderte von Nervenenden.

Am empfindlichsten reagiert die Haut der Lippen. Um das Maul herum befinden sich einige lange Tasthaare, die für das Pferd bei der Futtersuche wichtige Tast- und Warnorgane sind. Deshalb ist es falsch und grenzt an Tierquälerei, etwa aus modischen Gründen dem Pferd diese Tasthaare zu kürzen oder ganz abzuschneiden.

Wilhelm Blendinger schreibt in seinem Buch „Psychologie und Verhaltensweisen des Pferdes": „Besonders deutlich ist das aktive Tasten und Fühlen der Lippen beim grasenden Pferd zu beobachten. Man sieht, wie es beinahe jeden einzelnen Halm mit den Lippen befühlt, bevor es ihn abbeißt. Das Verschlucken eines metallischen Fremdkörpers, etwa eines Drahtstückes, gehört zu den größten Seltenheiten."

Es versteht sich von selbst, daß bei einer derartigen Empfindlichkeit des gesamten Maules das Pferd auch leichteste Zügelhilfen bemerkt.

So hilft uns auch die Berührungsempfindlichkeit der gesamten Haut bei der Verständigung mit unserem Pferd. Leichtes Antippen mit der Gerte, eine kleine Gewichtsverlagerung, leichter Schenkeldruck genügen und werden vom unverdorbenen Pferd wahrgenommen. Alles Heftige ruft Angst und Verwirrung hervor, und in aufgeregtem Zustand reagiert das Pferd nach seinem angeborenen Instinkt: mit Flucht.

## Das Gedächtnis

Pferde verfügen über ein sehr gutes Gedächtnis. Dazu ein Beispiel: Wir ritten auf einem Wanderritt einen etwa 6 km langen, fast schnurgeraden Waldweg entlang. An einer kleinen Lichtung machten wir Mittagsrast. Danach kamen wir 3 Jahre lang über-

19

haupt nicht mehr in diese Gegend. Nach 3 Jahren ritten wir die gleiche Strecke. Wir galoppierten ruhig den Weg entlang, als unsere Pferde urplötzlich links abbogen. Als wir uns von der Überraschung erholt hatten, stellten wir fest, daß wir auf der gleichen Lichtung standen, auf der wir 3 Jahre zuvor Mittagsrast gehalten hatten. Unsere Pferde wußten das noch ganz genau und meinten, jetzt müsse wieder Rast gemacht werden.

Pferde vergessen einen Weg, den sie einmal gegangen sind, nicht mehr. Das bedeutet aber, daß sie auch die unangenehmen Erfahrungen, die sie eventuell auf diesem Weg gemacht haben, nicht vergessen, und sie werden diese Orte in der Folgezeit nach Möglichkeit meiden.

Bei Blendinger steht der Bericht der Gräfin Montgelas: „Ein Pferd, mit dem ich einen Verkehrsunfall infolge des falschen Verhaltens eines Kraftfahrers hatte, näherte sich beim Reiten wie beim Fahren noch 3 Jahre danach nur mit Angst der Unfallstelle. Jeder Nerv und Muskel vibrierte an dem Tier, und über seine Haut ging ein leichtes Zittern."

Wenn ein Pferd sich also mit allen Zeichen der Angst weigert, etwas zu tun, was man von ihm verlangt, so ist es wahrscheinlich kein „störrisches Biest", sondern es hat in einer ähnlichen Situation üble Erfahrungen gemacht. Man braucht sehr viel Geduld, um ein solches Pferd davon zu überzeugen, daß diesmal keine Gefahr droht. Würde man es in dieser Situation auch noch strafen, könnte es seine Angst nie überwinden.

In gleicher Weise vergessen Pferde auch böse Erfahrungen mit Menschen nicht.

# Triebe

„Man versteht unter Trieb einen mehr oder weniger bestimmten Drang, ein Verlangen, das nach Befriedigung strebt." (W. Blendinger)

Es gibt eine große Anzahl mehr oder weniger wichtiger Triebe. Wenn ein Trieb ständig unterdrückt oder zu sehr eingeschränkt wird, kann das zu krankhaften Zuständen und erheblichen Verhaltensstörungen führen. Es werden hier im folgenden die für das Pferd wichtigsten herausgegriffen.

## Der Sozialtrieb

Das Beutetier Pferd fand seine Sicherheit innerhalb der Herde. Wenn aber mehrere Individuen in einem Verband zusammenleben, muß dieses Zusammenleben durch bestimmte Gesetze geordnet werden. Dieses angeborene Sozialverhalten ist im Erbgedächtnis auch unserer heutigen Hauspferde noch vorhanden. Um mit unseren Pferden richtig umgehen zu können, müssen wir diese Verhaltensweisen kennen und berücksichtigen.

Innerhalb der Herde herrscht eine strenge Rangordnung, die in mehr oder weniger heftigen Rangkämpfen hergestellt und von allen Herdenmitgliedern respektiert wird. Das rangniedrigere Tier weicht dem ranghöheren aus, es läßt ihm z. B. den Vortritt an der Wasserstelle und dem Futterplatz. Binden Sie deshalb nie ein Pferd als einziges in einer Herde an. Im freien Herdenverhalten weicht das schwächere Tier aus. Kann es das nicht, weil es angebunden ist, wirkt das auf die anderen als Herausforderung, sie greifen an, und es kann zu ernsthaften Verletzungen kommen.

Will man in einen bestehenden Verband von Pferden mit freiem Auslauf ein fremdes Pferd hineinbringen, ist es ratsam, es zunächst einmal in einer Nachbarkoppel mit Sicht- und Geruchkontakt unterzubringen, um die Tiere aneinander zu gewöhnen. Erst nach einiger Zeit läßt man die Pferde zueinander.

Es gibt aber auch Pferde, die sich ein Leben lang nicht leiden können und immer wieder aneinander geraten. Diese Pferde muß man notfalls trennen, um den Frieden in der Herde zu erhalten. Kommen einander fremde Pferde zusammen, so setzen sofort die Rangkämpfe ein, die so lange andauern, bis jedes Pferd seinen Platz in der Gemeinschaft hat. Daran ist zu denken, wenn man mit mehreren Pferden, die sich nicht kennen, einen Wanderritt unternimmt. Man darf einander fremde Pferde nicht zusammen auf eine Koppel lassen.

Der Herdenverband bietet Schutz für das einzelne Pferd. Nimmt man ein Tier aus dem Verband heraus, fühlt es sich unsicher. Jeder wird schon erfahren haben, daß sein Pferd viel angespannter und nervöser ist, wenn man allein ausreitet. Der Mensch kann als Herdengenosse akzeptiert werden. Wichtig ist dabei, daß er immer als Ranghöchster anerkannt bleibt. Je vertrauter das Pferd mit seinem Reiter ist, desto sicherer fühlt es sich.

Mit dem Herdentrieb hängt auch das Kleben mancher Pferde zusammen, die sich nicht gerne von den Artgenossen entfernen.

Die Rangordnung herrscht schon unter Fohlen und wird in diesem Alter eingeübt. Es ist deshalb wichtig, daß Fohlen nicht als Einzeltiere aufwachsen, sondern von Anfang an mit dem Herdenverhalten vertraut werden. Sie haben sonst später Schwierigkeiten, sich anderen Pferden anzupassen, und können eigensinnig und sogar bösartig werden.

Abb. 10. Soziale Fellpflege, gegenseitiges Fellkraulen

## Der Bewegungstrieb

Das Pferd ist ein ausdauerndes Lauftier mit einem großen Bewegungsdrang. Sperren wir es dauernd in einer kleinen Box ein oder binden es gar in einem Ständer an, kann es seinen Bewegungsdrang nicht abreagieren. Aufgestauter und unbefriedigter Bewegungstrieb kann zu Widersetzlichkeiten oder Untugenden führen. Strafen wäre in diesem Zusammenhang völlig falsch. Regelmäßige ausreichende Bewegung verhindert einen derartigen Triebstau. Deshalb ist die Auslaufhaltung für Pferde die artgerechte Haltung, bei der sie ihren Bewegungsdrang ausreichend abreagieren können.

## Der Sexualtrieb

Wildlebende Pferde haben einmal im Jahr eine Brunstperiode, die in den Frühling fällt, so daß die Fohlen bei einer Tragzeit von ca. 11 Monaten in der für sie günstigsten Jahreszeit aufwachsen können. Diese jahreszeitlichen Bedingungen sind durch die Domestikation heute weitgehend ausgeschaltet, und es gibt viele Stuten, die im Herbst eine zweite Brunstperiode haben. Die Rosse der Stute tritt in dreiwöchigem Abstand auf und dauert etwa 5 Tage. Nur an einem dieser Tage ist sie empfängnisbereit. Während der Rosse sind die meisten Stuten in ihrem Wesen deutlich verändert.

Hengste sind in der Nähe rossiger Stuten erregt und können dadurch recht schwierig im Umgang werden. Sie sind aber nach Blendinger um so sanfter und umgänglicher, je edler und fruchtbarer sie sind.

## Der Hautpflegetrieb

Immer wieder kann man beobachten, mit welchem Genuß sich Pferde wälzen, wie sie Kopf, Hals und Widerrist auf der Erde reiben oder sich einen Baum oder Pfosten oder ähnliches zum Scheuern suchen. Vor allem nach einem Ausritt geht es erst einmal in den Auslauf zum Wälzen. Auch in der Box versuchen Pferde sich zu wälzen, was dazu führen kann, daß sie sich festlegen und ohne Hilfe nicht mehr aufstehen können.

Diese Hautpflege dient nicht nur der Reinigung, sondern der Anregung der Hautaktivität und des Nervensystems. Deshalb ist es bei Pferden im Ständer so nötig, sie intensiver zu putzen, obwohl sie weniger schmutzig sind als Auslauf-Pferde.

Bei Pferden im Herdenverband ist oft auch das gegenseitige Fellkraulen zu beobachten, was immer ein Zeichen der Zuneigung ist. Fohlen kraulen sich untereinander, die Stute krault ihr Fohlen, der Hengst beknabbert die auserwählte Stute usw.

## Der Erkundungstrieb

Es war für das wildlebende Pferd lebenswichtig, stets neue Futterplätze und Wasserstellen zu entdecken. Um seiner Sicherheit willen mußte es seine Umgebung genau erkunden und unter Kontrolle halten. Auch bei unseren heutigen Pferden ist dieser

Erkundungstrieb erhalten. Man beobachte die Pferde im Auslauf: Sie untersuchen ständig alles genau. Es könnte ja vielleicht in dem anderen Futtereimer (Trog, Heuhaufen) noch etwas Besseres als im eigenen sein, oder in der Tüte, die der Wind dahergeweht hat, ein Leckerbissen. Die Neugier des Pferdes ist sehr groß. Es ist deshalb wichtig für sein Wohlbefinden, daß es diesen Trieb ausreichend befriedigen und am Leben seiner Umwelt teilnehmen kann. Eingesperrt in eine dunkle Box oder gar in einem Ständer angebunden, muß es mit der Zeit abstumpfen. Man wundere sich nicht, wenn man dann beim Reiten kein lernfreudiges, waches, lebhaftes Pferd hat, oder aber eines, das der permanente Triebstau übererregt und unberechenbar gemacht hat.

## Der Unabhängigkeitstrieb

Pferde besitzen einen starken Freiheitstrieb. Da aber andererseits der Herdentrieb auch sehr ausgeprägt ist, muß im Zusammenleben ein Kompromiß zwischen diesen gegensätzlichen Trieben gefunden werden. Wenn man daraufhin seine Pferde beobachtet, kann man sehen, daß sie zwar die Gesellschaft der anderen suchen, daß aber auf der Weide immer ein gewisser Abstand zwischen den einzelnen Tieren gehalten wird. Kommt ein Pferd dem anderen zu nahe, wird es durch Drohgebärden weggescheucht. Nur besonders gute Freunde weiden dicht beieinander. In der Stallhaltung kann es zu Futterneid und Schwierigkeiten kommen, wenn der Individualabstand nicht eingehalten werden kann und zu viele Pferde auf zu engem Raum untergebracht sind.

Der Unabhängigkeitstrieb kann dazu führen, daß ein Pferd in Panik gerät, wenn es angebunden wird. Bei Wanderritten, im fremden Stall, ist es deshalb ratsam, immer eine Wache bei den Pferden zurückzulassen, vor allem, wenn Pferde angebunden werden müssen, die keine Anbindehaltung gewohnt sind.

Es ist völlig unmöglich, ein Pferd mit Gewalt am Kopf irgendwohin zu zerren. Je mehr man zieht, desto mehr stemmt es sich dagegen und merkt dann sehr schnell, daß es viel stärker ist. Daran sollte man vor allem denken, wenn man sein Pferd einmal verladen muß.

Ebenfalls in Panik versetzen kann man das Wanderwild und Fluchttier Pferd, wenn man es seines „Fluchtinstrumentes" beraubt, d. h. es an den Beinen festhält oder gar fesselt. Muß man z. B. ein liegendes Pferd aus irgendeinem Grund am Aufstehen hindern, drückt man seinen Kopf zu Boden; ohne Anheben des Kopfes kann es nicht aufstehen. Keinesfalls versuche man, es an den Beinen zu halten. Ist es nötig, ein Pferd, das in einem Graben steckt oder ins Eis eingebrochen ist, mit Hilfe von Stricken herauszuziehen, bindet man diese nie an den Beinen fest.

Die Gewöhnung an das Hufeaufheben sollte ganz locker und spielerisch vor sich gehen. Man hebt das Bein kurz auf und hält es nie mit Gewalt fest, sondern läßt es anfangs beim geringsten Widerstand wieder los. Wenn das Tier Vertrauen gefaßt hat und merkt, daß ihm nichts geschieht, wird es beim Schmied ruhig stehenbleiben.

Das Vertrauen und die Zuneigung zum Menschen müssen mit der Zeit so groß werden, daß sie den Fluchttrieb überlagern und das Pferd es duldet, daß man es anbindet, seine Hufe hochhebt, es sattelt und reitet. Denn im Grunde genommen steht dies alles seiner Natur entgegen, und nur wenn wir unsere Intelligenz und unser Einfühlungsvermögen einsetzen, können wir seine Instinktreaktionen beherrschen und in die von uns gewünschten Bahnen lenken.

# Prinzipien der Pferdeerziehung

Grundlage für die Erziehung eines Pferdes ist eine angstfreie, vertraute Atmosphäre. Solange ein Pferd Angst hat und aufgeregt ist, kann es nicht lernen. Dieser Vertrauensaufbau beginnt mit Erfahrungen, die dem Pferd angenehm sind: Füttern, gefühlvolles Putzen, mit dem Pferd sprechen und hier und da ein kleiner Leckerbissen gehören dazu. Dabei lernt es uns kennen, macht sich mit unserem Geruch und unserer Stimme vertraut und merkt, daß wir keine Gefahr bedeuten.

Um etwas lernen zu können, muß das Pferd erst einmal begreifen, was der Mensch von ihm will. Wir sprechen ja eine für das Pferd völlig fremde Sprache. So muß es zunächst unsere Signale, Zeichen und Laute verstehen lernen. Das erreichen wir durch Lob und Belohnung, wenn etwas richtig war, oder Tadel und Belohnungsentzug, wenn es etwas falsch gemacht hat. Lob und Tadel sollen immer sofort, unmittelbar erfolgen, sonst kann das Pferd sie nicht mehr mit dem Vorgang in Verbindung bringen.

Der Lernprozeß muß langsam und schrittweise vor sich gehen. Erst wenn das Pferd eine Lektion sicher beherrscht, baut man darauf die nächste auf. Zuviel auf einmal verwirrt das Pferd und macht es unsicher. Wichtig ist es auch, immer ganz genau die gleichen Signale für eine Lektion zu geben. Macht man es mal so, mal anders, verwirrt man das Pferd. Deshalb werden Pferde, die häufig von unterschiedlichen Reitern geritten werden, so oft entweder schwierig oder abgestumpft. Jeder Mensch ist verschieden, und das sensible Pferd spürt den kleinsten Unterschied. Woher soll es wissen, daß verschiedene Signale das gleiche bedeuten sollen?

Um etwas zu lernen, muß man üben, und je mehr man trainiert, desto besser gelingt die Übung. Versuche bei Mensch und Tieren haben allerdings gezeigt, daß man schneller lernt, wenn man jeweils nur kurze Zeit übt und dann eine Pause einlegt, um die Übung später zu wiederholen. Etwas Neues muß sich „setzen". Anscheinend wird das Gelernte erst in den Ruhepausen richtig verarbeitet und konsolidiert.

Man beschränkt sich deshalb bei der Ausbildung auf jeweils kurze Lektionen, die man in angemessenen Abständen wiederholt, bis sie schließlich „sitzen". Eine Faustregel aus der Psychologie besagt hierzu treffend: „Zwölfmal je 5 Minuten sind besser als einmal eine Stunde."

## Leitsätze für den Umgang mit Pferden (nach Zeeb)

- Das Pferd ist seinem Körper und Verhalten nach ein hochspezialisiertes Fluchttier, das zwar springen kann, aber lieber läuft. Es fühlt sich nur zusammen mit Artgenossen sicher.
- Das Pferd begreift den Menschen als Artgenos-

sen, der ranghöher, ranggleich oder rangniederer sein kann, oder aber als Feind.
- Der Mensch sei ranghöherer Artgenosse des Pferdes, aber nicht mit Gewalt, sondern mit Hilfe des Verstandes. Wenn das Pferd unter menschlicher Einwirkung Fehler macht, dann nur, wenn es den Menschen nicht richtig verstanden hat.
- Um den Menschen verstehen zu können, muß das Pferd Vertrauen zu ihm haben. Vertrauen ist die Grundlage zum Verständnis.
- Verständigungsmittel zwischen Mensch und Pferd sind die Hilfen: Stimmhilfen, Berührungshilfen, Führungshilfen, Touchierhilfen, Gewichtshilfen und Futterbelohnung.
- Verstehen setzt Gewöhnung an die Hilfen voraus. An unbekannte oder fremde Dinge muß das hochspezialisierte Fluchttier sinnvoll und langsam gewöhnt werden.
- Voraussetzung für Lernfähigkeit bei der Ausbildung ist der jeweilige Reifegrad von Körper und Verhalten des Pferdes. Überforderung des Organismus und des Lernvermögens bedeuten Rückschritt bei der Ausbildung.
- Jede Übung soll täglich erfolgen und jeweils nur so lang andauern, bis das Pferd sie begriffen und einmal richtig ausgeführt hat.
- Das Ziel der Ausbildung sei:
Durchlässigkeit: gelöste Bereitschaft, die Hilfen anzunehmen
Balance: ausgewogener Bewegungsrhythmus
Gleichgewicht: gleichmäßige Entwicklung und Funktion der Muskulatur
Abrundung = Versammlung: geschmeidige Bewegungsfolgen unter Aufmerksamkeit, Durchlässigkeit, Balance und Gleichgewicht.
- Jegliche Arbeitsleistung des Pferdes wird nicht künstlich vom Menschen geschaffen.
- Die Ausbildung des Pferdes bedeutet seine Gymnastizierung, d. h. die artgemäße und verhaltensgerechte Entwicklung von Körper und Verhalten, um das seiner Natur entsprechende Gleichgewicht zu erreichen.
- Das Pferd ist nur dann in der Lage, seine angeborenen Anlagen voll zu entwickeln, wenn es sich hinsichtlich seiner artgemäßen Lebensbedingungen mit der Umwelt – d. h. auch mit dem Menschen – im Einklang befindet.

# Haltungsformen und Stallanlagen für Freizeit- und Wanderreitpferde

Jens Marten

## Der Bau von Pferdeställen – von Traditionen geprägt

Die deutsche Reiterei wurde nicht von Nomaden, Hirten, Viehtreibern entwickelt – also Leuten, die lange Distanzen bequem und pferdeschonend überwinden mußten. Sie entstand aus den Anforderungen der Soldaten an das Pferd, als durch die Entwicklung der Feuerwaffen höhere Ansprüche an Wendigkeit und Gehorsam an das Pferd gestellt wurden. Die Schulreiterei verselbständigte sich später im Dressurreitsport, während der Springsport – entstanden aus militärischen Renn- und Geländeritten – sich erst seit dem Beginn des 20. Jahrhunderts zu einer eigenständigen Disziplin entwickelte.

Die Kavallerieschulen der Armee waren bis zum 1. Weltkrieg die Akademien der Reitkunst; nach 1918 ergriffen aus Not viele Angehörige der alten Armee, Offiziere und Unteroffiziere, den Reitsport als Beruf. Die in den zwanziger Jahren entstandenen ländlichen Reit- und Fahrvereine hatten auch die Aufgabe, „den Geist der deutschen Reiterwaffe zu erhalten und auf das bürgerliche Leben zu übertragen" (Wrangel).

So ist es einleuchtend, daß nicht nur die Reitausübung selbst von militärischen Bedürfnissen geprägt wurde, sondern daß die Dienstpflicht bei bespannten oder berittenen Truppenteilen auch die Ansichten über die korrekte Pferdehaltung stark beeinflußte. Zu den Notwendigkeiten des militärischen Dienstes aber gehörte es, daß die Pferde stets einsatzbereit, schnell verfügbar, sauber, aber sparsam hinsichtlich Unterhaltung und Gebäudeanspruch gehalten wurden.

Anbindestände in den Kavalleriekasernen waren die selbstverständliche Heimat der Soldatenpferde, knapp gehalten hinsichtlich Futter und Einstreu von einer sparsamen Militärverwaltung, aber verschwenderisch betreut, was die Pflege betrifft, da die Arbeitskraft des Soldaten nichts kostete.

Nicht nur der deutsche Reitsport ist auch heute noch von der Militärreiterei beeinflußt, sondern auch Haltung und Aufstallung unserer Pferde. Immer noch steht die Mehrzahl von ihnen einzeln auf kleiner Fläche abgetrennt, in größeren Ställen konzentriert, sofort für den Reiter verfügbar – so als ginge es auch heute noch darum, beim Alarmsignal in einem Minimum an Zeit sein Truppenpferd feldmarschmäßig zu satteln. Was sich positiv änderte, ist die Tatsache, daß die meisten Pferde wohl nicht mehr in Anbindeständen, sondern in Boxen untergebracht sind. Was sich dagegen zum Negativen änderte, ist die entscheidende Tatsache, daß das Pferd heute eigentlich nicht mehr „gebraucht" wird. Während es bis in die vierziger Jahre unseres Jahrhunderts in Landwirtschaft, Transportgewerbe und Militär in erster Linie Arbeitsleistungen vollbringen mußte und sich dabei viele Stunden täglich an frischer Luft bewegen mußte, ist das Pferd heute ausschließlich „Liebhaberobjekt". Noch niemals standen so viele Pferde wie heute untätig im Stall, bewegt nur in der knappen Freizeit ihrer Besitzer, denen sie als Freizeitgefährten oder Sportkameraden zu dienen haben.

Dieser Funktionswandel des Pferdes vom täglich eingesetzten „Arbeitsgerät" zum sporadisch genutzten „Sportgerät" müßte auch Folgen für seine Haltung und Aufstallung haben. Da sein Lebenskreis sich zunehmend auf die Stallumwelt reduziert, kommt einer artgerechten und gesunden Ausführung dieses Bereichs größte Bedeutung zu.

# Ansprüche des Pferdes: Bewegung – Gesellschaft – Luft und Licht

Der zweite Abschnitt des Tierschutzgesetzes vom 24. Juli 1972 fordert nicht nur eine verhaltensgerechte Unterbringung, sondern auch, das artgemäße Bewegungsbedürfnis eines Tieres nicht dauernd und nicht so einzuschränken, daß dem Tier vermeidbare Schmerzen, Leiden oder Schäden zugefügt werden.

Das Pferd hat ein besonders ausgeprägtes Bewegungsbedürfnis.

Der Bewegungsreiz sorgt für Gesunderhaltung und Regeneration des Bewegungsapparats, der Gelenkknorpel. Diese werden nicht von den Knochen, mit denen sie verwachsen sind, genährt, sondern von der Gelenkflüssigkeit, die sich aber nur unter dem Reiz der Bewegung bildet. So haben Pferde, die viel leisten müssen, im allgemeinen gesündere Gelenke und erreichen ein höheres Alter als wenig arbeitende.

Umgekehrt wird der Tierarzt immer wieder feststellen, daß ein Großteil der Pferdeerkrankungen letztlich auf Bewegungsmangel beruht. Ein ungenügend trainierter Bewegungsapparat verweichlicht. Sehnenschäden, Hufrollenerkrankungen usw. sind die Folge. Ein über Monate in der Box stehendes Pferd bekommt Zwangshufe, wenn der Hufmechanismus (das beim Auftreten erkennbare Weiten der hinteren Hufbereiche) nicht arbeiten muß. Bei Aktivitätsmangel büßen die sehnigen Bänder, die den Fesselkopf stabilisieren, ihre Elastizität ein. Beim Stolpern zerreißen kleinste Fasern, der Fesselkopf schwillt an. Am schnellsten bauen die Muskeln bei Bewegungsmangel ab. Ein trainierter Muskel speichert dreimal mehr Glykogen als ein untrainierter. Zum Abbau des Glykogens bei Muskelarbeit ist Sauerstoff notwendig, der von den roten Blutkörperchen transportiert wird. Das wenig bewegte Pferd hat nicht nur geringere Glykogenreserven, sondern auch weniger Blutkörperchen als Sauerstoffträger.

Neben physischen Schäden können aus Bewegungsarmut psychische Schäden entstehen. Sigmund Freud entdeckte, daß die Unterdrückung naturgegebener Triebtätigkeit zu neurotischen Erkrankungen – Verdrängungsverirrungen – führen kann. Viele dem Pferd angelastete Untugenden oder Unarten sind lediglich Reaktionen auf Bewegungsmangel. So soll Koppen besonders bei Pferden mit aktiver Veranlagung verbreitet sein. Weben oder Achterlaufen sind sogenannte Übersprungsbewegungen. Die innere Stimmung etwa zum Laufen kann durch Platzmangel in der Box oder im Ständer nicht ausgeführt werden, der aufgestaute Trieb führt zu einer Übersprungshandlung wie dem Weben. Ändern sich die Haltungsbedingungen über längere Zeiträume nicht, so entstehen Bewegungsstereotypien, die später auch ohne Übersprunganlaß ausgeübt werden. Wenn z. B. ein Pferd am Koppeltor webt, obwohl ihm die Weide zum Austoben offen steht, ist die Verhaltensstereotypie bereits irreversibel.

Eine Stunde an der Longe oder unter dem Sattel reicht als Ausgleich für 23stündigen untätigen Aufenthalt im Stall nicht aus. Wer sein Pferd nicht 3 bis 6 Stunden am Tag arbeiten kann (und wer kann das schon!), muß ihm als Ersatz Aufenthalt im Auslauf, besser noch auf der Weide, notfalls am Horseworker (Pferdeführanlage) bieten.

Das Pferd ist seinem Wesen nach ein geselliges Tier, das in Herden lebt. Der Kontakt zu Artgenossen ist ihm ein deutliches Bedürfnis. Leben im Herdenverband gibt ihm das Gefühl der Sicherheit. Spiel und gegenseitige Fellpflege haben soziale Funktion und dienen dem Zusammenhalt der Gruppe. Nach Erstellung einer festen Rangordnung sind Pferde im allgemeinen untereinander verträglich. Die isolierte Haltung eines Pferdes ohne Sicht-, Geruchs- oder Hörkontakt mit Artgenossen ist nicht tiergerecht; wo die gemeinsame Haltung zweier oder mehrerer Pferde nicht möglich ist, sollte einem einzeln gehaltenen Pferd ein Kamerad, etwa ein Schaf oder eine Ziege, beigesellt werden.

Eine weitere Forderung, die das Pferd an seine Umwelt stellt, ist die nach frischer Luft. Als flüchtiges Fernwanderwild ist es mit einem sehr leistungsfähigen Atemorganismus ausgerüstet. Die Luftmenge, die bei ruhiger Ein- und Ausatmung gewechselt wird, ist mit 4 bis 6 Litern pro Atemzug beim Pferd von allen Haustieren die größte. Während das Pferd in Ruhe nur 10 bis 14 Atemzüge pro Minute macht, steigert sich in der Bewegung die Anzahl der Atemzüge, im Trab etwa auf 50, im Galopp auf 60 bis 70 Züge pro Minute. Bei höherer Leistung steigt auch die Atemtiefe.

Andererseits sind die Atmungsorgane des Pferdes besonders empfindlich, Tierärzte sind leider häufig mit Erkrankungen der Atemwege bei Pferden konfrontiert. Hierfür sind neben Infektionskrankheiten auch nichtinfektiöse, nichtallergische Luftverunreinigungen, vor allem aber allergische Reaktionen verantwortlich, die durch Graspollen, Pilzsporen oder bestimmte Inhaltsstoffe der Stalluft ausgelöst werden können.

Nach der Schadensursachenstatistik des Bundesverbands der Sachversicherer bei Entschädigungen wegen unbrauchbar gewordener Reitpferde lagen Erkrankungen des Bewegungsapparats an erster Stelle (frühzeitiger Verschleiß und Abnutzungserscheinungen, die mit zu früher Nutzung und unregelmäßiger Belastung, d. h. mit dem Wechsel zwischen Hochleistung und anhaltender untätiger Ruhe im Stall in Verbindung gebracht werden). An zweiter Stelle folgen bereits die Erkrankungen der Atmungsorgane, insbesondere die durch chronische Bronchitis und Emphysem ausgelöste Dämpfigkeit (Gutekunst).

Eine Forderung, die das Pferd *nicht* stellt, ist die nach klimatisierten, warmen Stall. Von allen Haustieren besitzt das Pferd die ausgeprägteste Hitze-Kälte-Toleranz, ein Erbteil seiner steppenbewohnenden Ahnen, deren Lebensraum von jähen Wetterstürzen und stark differierenden Tag-Nacht-Temperaturunterschieden geprägt war. So lebten bis vor kurzer Zeit die Araberpferde der Nomaden im Hochland von Nedschd (Saudiarabien) ohne Stall, vor dem Zelt angebunden in einem Klima, wo innerhalb von 15 Minuten Temperaturunterschiede von 33° C gemessen wurden und im Sommer Temperaturdifferenzen von 45° C innerhalb von 24 Stunden die Regel sind (J. E. Flade). Und diese Pferde waren gesund, obwohl sie in den Sommermonaten äußerst knapp und dazu noch unregelmäßig ernährt und getränkt wurden.

Die Fehleinstellung liegt beim Pferdebesitzer, der leicht geneigt ist, sein eignes Wärme-Kälte-Empfinden auf das Tier zu übertragen. Er vergißt dabei, daß neben der Schnelligkeit der Bewegung Körpergröße und -gewicht den Wärmehaushalt des Körpers be-

einflussen. So ist die (wärmeabgebende) Körperoberfläche in Relation zum Körpergewicht beim Menschen 20mal größer als beim Pferd, wohingegen das Gewicht des Pferdes nur 8mal größer als das des Menschen ist. Ähnliche Relationen bestehen hinsichtlich Gewicht und Geschwindigkeit. Mit zunehmender Größe und Geschwindigkeit steigt der Kraftaufwand und damit die Wärmeentwicklung im Quadrat, während die Möglichkeit der Wärmeabgabe im Quadrat abnimmt. Letzteres kann das Pferd durch intensives Schwitzen am ganzen Körper kompensieren. Gegenüber der Hautoberfläche erhöhen die schweißnassen Haare die Verdunstungsfläche um ein Vielfaches. Zwischen den Haaren hindurchstreichende Luftbewegung erzeugt Verdunstungskälte und schafft damit Abkühlung. Dem Temperaturverlauf im Jahreszeitenrhythmus paßt sich das Pferd durch wechselnde Behaarung an.

Angesichts so vieler hustender Pferde in geschlossenen Ställen, die von ihren Besitzern ängstlich vor jedem Luftzug im Stall gehütet werden, muß immer wieder betont werden: Kein Pferd friert oder erkältet sich durch niedrige Temperaturen. Bei reichlicher trockener Einstreu und ausreichender Energieversorgung werden auch Minusgrade im Stall schadlos ertragen. Wer das nicht glauben kann, mag seinem Pferd eine Stalldecke auflegen, soll aber jedenfalls nicht die Lüftung abstellen oder die Fenster schließen, um die Wärme (und damit verbrauchte Luft, Schadgase, Staub usw.) im Stall zu halten. Frische Luft hat unter allen Umständen Vorrang vor warmer Stalltemperatur!

Wegen ihrer immensen Bedeutung für das Wohlergehen unserer Pferde kann man diese Hauptforderungen gar nicht oft genug stellen:

- Pferde brauchen Bewegungsmöglichkeit.
- Pferde brauchen Luft und Licht.
- Pferde brauchen Gesellschaft.

Alle anderen Ansprüche an ihre Unterbringung mögen dem Menschen wichtig sein, für das Pferd sind sie zweitrangig.

# Der geeignete Stall für Freizeitpferde

A. Wolff definierte schon im 19. Jahrhundert das Ideal eines Stalles so: „Ein überdachter Raum, der dem Vieh alle sanitären Vorteile des Aufenthaltes in freier Luft ohne die damit verbundenen Nachteile, dem Menschen aber alle den Zwecken und Bedingungen der Viehhaltung entsprechenden Vorteile bietet" (zit. nach Schwarznecker).
Wie sehen nun diese Zwecke und Bedingungen der Haltung von Freizeitpferden aus? Das Wesentliche des Freizeitreitens liegt nicht darin, daß jemand in seiner freien Zeit reitet, sondern daß er einen Teil seiner Existenz dem Umgang mit Pferden hingegeben hat. Meist ohne ausgeprägte turniersportliche Ambitionen, sieht der Freizeitreiter im Pferd den Partner, der ihm in seiner arbeitsfreien Zeit auf Spazier- und Wanderritten ins Gelände die Natur erschließen hilft. Das Pferd wird nicht als „Sportgerät", sondern als ein Stückchen Natur, ein Rest Paradies gewertet (C. F. Beaulieu). Dieser Zusammenklang von Mensch, Tier und Natur scheint mir charakteristisch für das Freizeitreiten.
Die Beschäftigung mit dem Pferd (Füttern, Putzen usw.) und allem, was zu seinem Lebensbereich gehört wie Zäuneziehen, Heumachen usw. steht bei den meisten Freizeitreitern gleichwertig neben dem Reiten. Vielen bedeutet das Handwerkliche, Eigenschöpferische, die romantische Idylle einen Ausgleich für eine unpersönliche, technisierte Arbeitswelt.
Der Stall für Freizeitpferde soll also wohl praktisch sein, letzte arbeitswirtschaftliche Perfektion ist aber nicht erforderlich. Es ist nicht mit bezahlten Lohnarbeitskräften zu rechnen, die Versorgung geschieht in der Regel durch den Halter und seine Familienangehörigen. Auch bei Bau und Unterhaltung des Stalles will man mit Hand anlegen, bauliche Eigenleistungen sind oft erwünscht. Es handelt sich meist um kleine Stalleinheiten für den privaten Bestand einer Familie oder einer kleinen Haltergemeinschaft, in der Regel also um Ställe für zwei bis sechs Pferde.
Die Anforderungen des Freizeitpferdes an seinen Stall sind gering, da eine natürliche Haltung angestrebt wird. Der Stall soll Witterungsschutz bieten, ein künstlicher Klimaraum ist nicht erforderlich, da ein Freizeitpferd im Winter Winterhaar tragen darf und nicht dem Schönheitsideal des Turnierpferds mit stets kurzem, elegantem Haarkleid, verzogener Mähne und rasiertem Schweifansatz entsprechen muß.
Von der Rasse her sind die Ansprüche an den Stall schwer festzulegen, da praktisch alle Rassen als Freizeitpferde dienen. Ein gewisses Schwergewicht geben die robusten größeren Ponyrassen wie Isländer, Fjord, Haflinger, aber auch die etwas anspruchsvolleren Warmblutschläge, Araber und ihre Kreuzungsprodukte.
Die Grafik auf Seite 28 zeigt einige Kriterien, die bei der Wahl der Aufstallung zu berücksichtigen sind. Wegen ihrer besonderen Eignung für die Freizeitpferdehaltung werden schwerpunktmäßig die Gruppenaufstallungen behandelt. Da jedoch in Großstädten und Ballungsräumen der Freizeitpferdehalter seinen Traum vom eigenen Stall meist nicht realisieren kann, sondern auf die vorhandenen Pensionsstallungen angewiesen ist, sollen nachfolgend auch die konventionellen Einzeltieraufstallungen in Anbindestand und Box beschrieben werden.

## Der Anbindestall

Ältere landwirtschaftliche Lehrbücher zeigen unter dem Kapitel „Pferdestall" fast ausschließlich Anbindeställe. Das war berechtigt, solange das Arbeitspferd ganztägig im Einsatz war, im Sommer die Nacht auf der Koppel verbrachte und nur in den Winternächten und zu den Fütterungszeiten im Stall stand. Für den Landwirt zählten die Vorteile dieser Aufstallung:

- die gute Verfügbarkeit
- der geringe Flächenbedarf
- der sparsame Einstreubedarf
- die leichte Entmistungsarbeit.

Der schwerwiegendste Nachteil des Anbindestands für das wenig genutzte Freizeitpferd ist die stark eingeschränkte Bewegungsmöglichkeit und das stumpfsinnige „Mit dem Kopf vor der Wand Stehen". Stalluntugenden wie Weben, Koppen, Krippenset-

# KRITERIEN ZUR WAHL DER AUFSTALLUNG

| | Gebäude-lose Freilandhaltg. | Auslaufhaltung mit Schutzhütte | Laufstall-Gruppenhaltung | Boxen-Einzelhaltung | Anbinde-Einzelhaltung |
|---|---|---|---|---|---|
| Bewegungsmöglichkeit des Pferdes | GUT | | | | GERING |
| Kontakte des Pferdes mit seiner Umwelt | VIELFÄLTIG | | | | GERING |
| Verfügbarkeit des Pferdes für die Nutzung | SCHLECHT | | | | GUT |
| Flächenanspruch | HOCH | | | | NIEDRIG |
| Ansprüche an bauliche Ausführung, Klima usw. | NIEDRIG | | | | HOCH |
| Ansprüche an das Management | | HOCH | | | GERING |

zen können die Folgen sein. Angebundene Pferde liegen seltener und entspannen sich dadurch weniger, die Bewegungsarmut begünstigt Schäden wie angelaufene Beine oder Kreuzverschlag. Das angebundene Pferd kann Zugluft kaum ausweichen. Verletzungen durch Verfangen in der Anbindung, Aufreiten auf den Flankierbaum, Festliegen und Losreißen bergen weitere Gefahren. Da die Hinterbeine zwangsläufig im Kotbereich stehen müssen, ist die Gefahr von Strahlfäule größer. Der Vorteil der einfacheren Entmistung wird durch längere Wege beim Füttern (jeder Stand muß zum

Füttern von hinten betreten werden) und Gefährdung durch Beißer oder Schläger erkauft. Die Behandlung kolikkranker oder festliegender Pferde ist im Anbindestand besonders gefährlich. Zusätzliche, etwa 1 m breite Futtergänge zwischen Krippe und Stallaußenwand erleichtern das Füttern. Außerdem stehen die Pferde nicht mehr direkt vor der Wand, sondern können über die Krippe hinweg einen Teil des Stalles beobachten. Allerdings wird durch den Futtergang der Vorteil des geringeren Flächenbedarfs wieder wettgemacht. Wegen seiner vielen schwerwiegenden Nachteile ist der Anbindestall heute nur noch dort vertretbar, wo die bewegungsarme Aufstallung durch tägliche, mehrstündige Bewegung der Pferde kompensiert wird, etwa bei den Pferden einer Polizeireiterstaffel oder den Schulpferden eines Reitervereins. Wo sommerlicher Weidegang und tägliche Bewegung in einem größeren Auslauf oder einer „Matschkoppel" auch im Winter sichergestellt ist, gäbe es kaum Bedenken gegen die Nutzung etwa eines vorhandenen alten Anbindestalles auf einem Bauernhof.

Abb. 11. Anbindestand mit Flankierbaum und Gummimatte

Da ein Wanderreitpferd unterwegs manche Nacht angebunden verbringen muß, ist es sogar vorteilhaft, diese Aufstallungsform gelegentlich mit den eigenen Pferden zu trainieren. Auch in der Erziehung junger Pferde ist gelegentliche Haltung im Anbindestand eine gute Übung. So ist es sehr praktisch, wenn man z. B. eine Box durch einen eingehängten Flankierbaum zu zwei Anbindeständen verwandeln kann.

Folgende Funktionsmaße müssen Anbindestände erfüllen:

Die Standlänge muß vom Krippenrand bis zum Standende 3,3 bis 3,5 m betragen. Der Stand muß so breit sein, daß er dem liegenden Pferd die artgemäße Seitenlage mit ausgestreckten Beinen ermöglicht. Bei festen seitlichen Abtrennungen (Kastenstand) muß die Breite mindestens Widerristhöhe plus 20 cm betragen, was bei Großpferden etwa einer Standbreite von 1,8 m entspricht. Die feste Abtrennung ist 1,4 bis 1,5 m hoch, ein 0,5 m hoher Gitteraufsatz auf der Abtrennung im Kopfbereich verhindert Auseinandersetzung, ermöglicht aber Sicht- und Geruchskontakt zu den Nachbarpferden. Mit einem 0,8 bis 1,0 m hoch hängenden Flankierbaum anstelle einer festen Seitenwand kann man die Standbreite auf 1,5 m verringern, weil das in Seitenlage liegende Pferd seine Extremitäten unter dem Flankierbaum hindurchstrecken kann. Am Flankierbaum hängende Bohlen, besser jedoch schwere Gummimatten schützen vor Hufschlägen der Nachbarpferde. Der Flankierbaum muß an der Standsäule oder an Ketten von der Stalldecke so befestigt werden, daß er auch unter Belastung (wenn ein Pferd über dem Baum hängt) zu lösen ist. Von der Krippe zur Stallgasse soll der Anbindestand ein leichtes Gefälle von 2–3 % besitzen, eine flache Rinne begrenzt die Stallgasse zum Stand. Die Stallgasse muß so breit sein, daß Pferde geführt werden können, ohne durch das Ausschlagen der angebundenen Tiere gefährdet zu werden. Bei einreihiger Aufstallung sind 3,0 m, bei zweireihiger Aufstallung sind 3,5 m Stallgassenbreite erforderlich.

## Der Boxenstall

Die meisten Reitpferde stehen heute in Boxen. Gegenüber dem Anbindestand ist das eine Verbes-

serung. Die Pferde können sich besser bewegen, bequemer hinlegen, die Gefahr von Verletzungen oder Festliegen ist geringer, die Kommunikationsmöglichkeit der Pferde untereinander ist verbessert. Für den Pferdebetreuer ist die Entmistungsarbeit bei Boxenaufstallung etwas aufwendiger, andererseits sind die Fütterungsarbeiten erleichtert, wenn die Krippen zum Stallgang hin angeordnet sind und von außen beschickt werden können. Die Größe einer Box wird lediglich von den Minimalmaßen festgelegt, zu groß kann eine Box überhaupt nicht sein. Als unterer Wert für die Boxenfläche gilt: Doppelte Widerristhöhe zum Quadrat. Für ein Pferd von 1,6 m Stockmaß heißt das $(2 \times 1,6 \text{ m})^2 = 10,24 \text{ m}^2$. Neben der Gesamtfläche ist das Verhältnis von Länge zu Breite wichtig. Damit das Pferd sich ohne Mühe umdrehen kann, darf die Schmalseite nicht kleiner als die 1,5fache Widerristhöhe sein. Für das Pferd von 1,6 m Stockmaß ergibt sich eine Schmalseite von $1,5 \times 1,6 \text{ m} = 2,4 \text{ m}$, was bei $10,24 \text{ m}^2$ Gesamtfläche eine Boxenlänge von 4,25 m ergibt. Eine quadratische Box für das Pferd von 1,6 m Höhe hätte Seitenlängen von jeweils 3,2 m.

Abfohlboxen oder Hengstboxen sollten nicht unter 16 $m^2$ liegen. Bei mobilen Trennwänden läßt sich durch Entfernen der Mittelwand aus zwei normalen Reitpferdeboxen eine doppelgroße Abfohl- oder Aufzuchtbox einrichten.

Wichtig für das seelische Wohlbefinden der untergebrachten Pferde ist die Ausführung der Boxenabgrenzungen. In den Katalogen der Stalleinrichtungshersteller dominiert die brusthoch geschlossene Wand aus Holzbohlen in Stahlprofilrahmen, darüber ein Gitteraufsatz von ca. 1 m Höhe. Beim Kauf ist auf Qualität der Ausführung zu achten. So sollten die Bohlen mindestens 40 mm stark sein, die Gitterstäbe sollten aus 5/8″- oder 3/4″-Rohren bestehen. Damit ein steigendes Pferd den Huf nicht zwischen den Rohren einklemmen kann, soll der Stababstand nicht mehr als 55 mm betragen. Eine feuerverzinkte Ausführung aller Metallteile wird empfohlen.

Bevor er konventionelle Boxenwände bestellt, sollte der Freizeitpferdehalter darüber nachdenken, ob er sie überhaupt benötigt. In einem Stall mit wechselndem Bestand und ungeklärter Rangordnung (Verkaufsstall, Vereinsstall usw.) wird man Auseinan-

Abb. 12. Boxen mit flexibler Rundstangenabgrenzung

dersetzungen der Pferde untereinander verhindern müssen. Hier sind die Gitteraufsätze brauchbar, die zwar Sicht- und Geruchskontakte zulassen, aber Aggressionen am Gitter enden lassen. Im kleinen Bestand des Freizeitpferdehalters, dessen Tiere in einer stabilen Rangordnung leben, sind diese Gitterkäfige überflüssig. Einige an Stützen aufgehängte Rundstangen oder Rohre sind ausreichend, um jedem Pferd seinen individuellen Bereich abzugrenzen. Das hat eine Reihe von Vorteilen:

Außer der beträchtlichen Kostenersparnis (eine konventionelle Box kostet ab 2000 DM aufwärts) können benachbarte Pferde ihr arteigenes Sozialverhalten ausleben (z. B. Fellpflege über die oberste Stangenbegrenzung hinweg), weiterhin ist die Übersicht im Stall (für Mensch und Pferd) verbessert, und schließlich kommen diese offenen Begrenzungen noch dem Stallklima zugute. Während sich in geschlossenen Boxen am Boden über der verschmutzten Einstreu Schlechtluftseen mit höherer Gaskonzentration bilden, findet bei offenen Begren-

zungen ein stärkerer Luftaustausch statt. Bei geschlossenen Boxenwänden ist es deshalb empfehlenswert, nachträglich im Bodenbereich für zusätzliche Öffnungen zur besseren Durchspülung mit Frischluft zu sorgen. Das ist vor allem für Fohlenboxen wichtig, da die Fohlen oft im Liegen ruhen und andernfalls gezwungen wären, die am Boden lagernden Gaskonzentrationen einzuatmen.

Bei derartigen offenen Boxenabtrennungen werden natürlich höhere Anforderungen an den „Pferdeverstand" des Halters gestellt. Er muß Pferdefreundschaften und Antipathien bei der Aufstallung berücksichtigen und darf nicht gerade zwei launische, aggressive Tiere nebeneinander unterbringen. Wo das im Einzelfall nicht zu vermeiden ist, hat die geschlossene Zwischenwand, vor allem im Bereich des Futtertrogs, ihre Berechtigung. Eine praktische, wenn auch etwas teuerere Lösung sind die Boxenwände, bei denen geschlossener Unterteil und oberer Gitteraufsatz konstruktiv voneinander getrennt sind. Bei verträglichen Pferden entfernt man den

31

Aufsatz und beläßt lediglich die brusthohe Begrenzung.

Abzulehnen sind allseits hochgeschlossene Boxen (z. B. aufgemauerte Boxenabgrenzungen). Ohne Sichtkontakt kann das Pferd unbekannte Geräusche und Vorgänge im Stall nicht identifizieren und auf ihre Ungefährlichkeit hin überprüfen. Den vermeintlichen Bedrohungen kann es nicht durch Flucht ausweichen, was das Pferd in einen Zustand ständiger nervlicher Gespanntheit versetzt.

Die Boxentüren müssen mindestens 1,2 m breit sein. Da der Reiter das Pferd rechts führt, kann er rechtsdrehende, links angeschlagene Türen am einfachsten bedienen. Die Türen müssen zur Stallgasse hin aufschlagen. Praktisch sind horizontal geteilte Boxentüren. Bei geöffnetem Oberflügel wird das Pferd seinen Kopf in die Stallgasse hinausstrekken und so sein Erkundungsbedürfnis befriedigen. Bei geschlossenem Oberflügel und geöffnetem Unterflügel läßt sich der Mist aus der Box in eine auf der Stallgasse stehende Karre werfen, ohne daß das Pferd die Box verlassen muß.

Schiebetüren sind teurer und störanfälliger als Drehtüren, ihr Vorteil überwiegt nur bei schmalen Gassen (weniger als 2 m Breite). Ihre obere Laufschiene muß mindestens 2,5 m hoch angebracht sein, damit auch ein bäumendes Pferd sich nicht den Kopf anschlagen kann. Die Schiebetür braucht eine untere Führung, damit sie nicht herausspringt oder sich verklemmt. Bei den Türverschlüssen ist darauf zu achten, daß sie sich von innen und außen leicht bedienen lassen – aber nur vom Menschen, nicht vom Pferd – und daß keine Beschlagteile in die Box hineinragen, an denen sich das Pferd verletzen könnte.

Zur Boxeneinrichtung gehören Krippen, Tränkebecken und evtl. Heuraufen. Die Krippenschalen sollten so in einer Boxenecke angebracht werden, daß sie von der Stallgasse aus beschickt werden können, ohne daß eine Box betreten werden muß. Wurde auf die Gitterabtrennung zur Stallgasse hin verzichtet, kann man das Kraftfutter direkt in den Trog geben. Offene Luken in geschlossenen Vorderwänden dürfen maximal 20 cm hoch sein. Durch größere Öffnungen könnte das Pferd bei schräger Halshaltung seinen Kopf zwängen. Beim Erschrecken und plötzlichem Zurückreißen des Kopfes könnte es zu

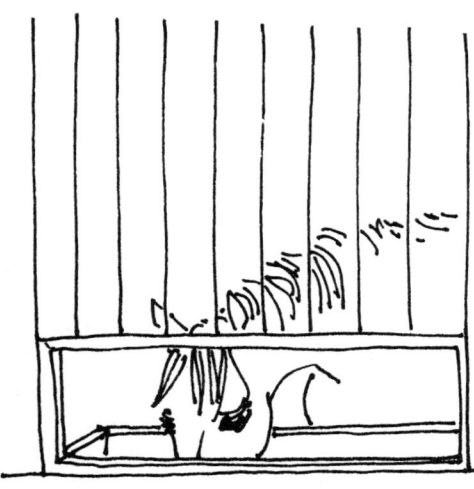

Abb. 13. Öffnungen in Gitterboxen zum Beschicken des Trogs dürfen maximal 20 cm hoch sein, damit das Pferd seinen Kopf nicht hindurchzwängen kann.

schweren Verletzungen kommen. Verschließbare große Luken oder Klappen in Verbindung mit festinstallierten Trögen sind funktionssicherer als Klapp- oder Schwenktröge.

Von Pferdefreunden wird vorgebracht, daß beim Füttern ein positiver Kontakt zwischen Mensch und Pferd aufgebaut werde und daß der Trog deshalb so anzubringen sei, daß beim Füttern die Box betreten wird. In Wahrheit wirkt diese Kontaktpflege eher negativ, da manche Pferde während des Fütterungsvorgangs aus Futterneid im Menschen eher den Futterkonkurrenten sehen und sich dann aggressiv verhalten. Außerdem verlängert sich durch Öffnen und Schließen der Türen und Betreten aller Boxen die Gesamtfütterungszeit und somit die Unruhe im Stall mit Schlagen, Klopfen und Drohen. Von daher sind Kraftfutterautomaten, die eine gleichzeitige Fütterung aller Pferde ermöglichen, durchaus positiv zu bewerten. Ein großer Vorteil ist darüber hinaus, daß ohne Mehrarbeit über die übliche zwei- bis dreimalige Kraftfuttergabe pro Tag die

Zahl der Fütterungszeiten gesteigert werden kann. Die häufige Aufnahme kleiner Kraftfutterrationen entspricht den anatomisch-physiologischen Voraussetzungen des Pferdes viel besser und hilft, Fütterungsfehler bei hoher täglicher Kraftfuttergabe zu vermeiden.

Die Tränkebecken sollen möglichst weit vom Trog entfernt sein; sie werden in der diagonal entgegengesetzten Boxenecke angebracht. Liegen Becken und Trog nebeneinander, spülen viele Pferde aus Gier das nur wenig zerkaute und eingespeichelte Kraftfutter mit Wasser hinunter. Tränkebecken mit Deckel sind nicht zu empfehlen, weniger wegen des ständigen Geklappers, das manche damit spielende Pferde erzeugen, sondern wegen des abgeschlossenen Raums unter dem Deckel, der die Lebensbedingungen von Keimen und Algen begünstigt. Wo Pferde in offene Becken koten, kann man einen Metallrohrbügel anbringen, der das rückwärtige Herantreten ans Becken begrenzt (oft hilft schon eine Wurmkur, da das Koten ins Tränkebecken meist einem ausgiebigen Scheuern der After- oder Schweifregion am Beckenrand folgt).

Das Rauhfutter wird in den meisten Ställen auf dem Boden auf der Einstreu vorgelegt. Bei nicht sauber gehaltenen Boxen wird die Verwurmungsgefahr dadurch begünstigt, sonst entspricht diese Form der Futtervorlage vollkommen der natürlichen Freßhaltung des Pferdes. Hochraufen sieht man glücklicherweise immer seltener; sie zwingen das Pferd zu unnatürlicher Freßhaltung mit durchgedrücktem Rücken bei hochgerecktem Hals, außerdem können herabrieselnde Heu- und Staubteilchen Husten und Augenentzündungen verursachen. Bei Tiefraufen ist auf engen Stababstand (max. 55 mm) zu achten, der ein Einklemmen der Hufe ausschließt.

Die Ansichten über die Eignung von Heunetzen sind geteilt; die Gefahr, daß ein Pferd sich mit einem Huf im herabhängenden, leergefressenen Netz verfängt, ist immerhin gegeben.

## Stallklima in geschlossenen Ställen

Unabhängig von der Entscheidung für Anbindestand oder Boxenaufstallung ist das Stallklima im geschlossenen Stall ein entscheidendes Kriterium für den Gesundheitszustand der Pferde. Die Stallklimaqualität wird bestimmt von der Stallufttemperatur, der relativen Luftfeuchtigkeit, der Gaskonzentration, der Luftgeschwindigkeit und dem Staubgehalt.

Wie bereits dargestellt, spielt die *Stallufttemperatur* für das Wohlbefinden des Pferdes eine untergeordnete Rolle. Der nach DIN 18910 – „Klima in geschlossenen Ställen" – angegebene Optimalbereich mit $10-15°$ C für Arbeitspferde und $15-17°$ C für Reit- und Rennpferde entspricht physiologisch der „Behaglichkeits- oder Komfortzone", jenem Temperaturbereich, in dem das Thermoregulationsvermögen des Pferdes nicht oder nur wenig gefordert wird. Dauernder Aufenthalt in dieser „Behaglichkeitstemperatur" führt zu Erschlaffung, da der Thermoregulationsmechanismus nicht anspringen muß und also untrainiert bleibt. Bei einem winterlichen Ausritt bei $-10°$ C Außentemperatur würde ein abrupter Temperaturwechsel mit einem untrainierten Thermoregulationsvermögen zusammentreffen.

Empfehlenswert ist deshalb eine Temperaturführung parallel zur Außentemperatur, wobei die Stalltemperatur lediglich um einige Grade gemildert dem Außenklima folgt. Bei einer zugfreien Lüftung, die das Warmluftpolster erhält, das sich in den Haaren des Fells bildet, bleiben auch Stalltemperaturen unter dem Gefrierpunkt absolut gefahrlos.

Als optimal gilt für Pferde eine *relative Luftfeuchtigkeit* von $60-65\%$. Die meisten Ställe haben viel höhere Luftfeuchten. Eine andauernde relative Luftfeuchtigkeit von mehr als $80\%$ im Stall kann zu Atemwegs- und Lungenerkrankungen und zu rheumatischen Erscheinungen führen. Ein durchschnittlich großes Pferd gibt über Atmung und Hautverdunstung stündlich 300 g Wasser ab. Das sind innerhalb von 24 Stunden mehr als 7 l Wasser, die allein über die Lüftung abgeführt werden müssen.

Die Luftfeuchtigkeit allein ist noch kein ausreichendes Kriterium für die Beurteilung des Stallklimas. Sicherer ist die Messung der *Gaskonzentration*, vor allem von $CO_2$ (Kohlendioxid). Die Außenluft besitzt mit $20,9\%$ O (Sauerstoff) und $0,03\%$ $CO_2$ (Kohlendioxid) ein O:$CO_2$-Verhältnis von 700:1. Bei der Atmung wird ein Großteil des Sauerstoffs aufgenommen. In der Ausatemluft liegt das O:$CO_2$-Verhältnis dann bei 4:1.

Bei unzureichender Lüftung reichert sich durch den Atmungsvorgang die Luft im geschlossenen Stall ständig mit $CO_2$ an. Puls- und Atemfrequenz steigen, der Stoffwechsel wird beeinträchtigt, die Freßlust sinkt, die Pferde wirken müde. Die Angaben über den noch zu akzeptierenden $CO_2$-Gehalt der Stalluft schwanken zwischen 0,1 bis 0,4 %. Die DIN 18910 nennt allgemein für Ställe 0,35 % als Toleranzschwelle. Um einen $CO_2$-Gehalt von 0,1 % zu erreichen, ist bei einer stündlichen Abgabe von 150 l $CO_2$ je Pferd eine stündliche Luftrate von 215 m³ pro Pferd erforderlich; bei einem $CO_2$-Gehalt von 0,2 % liegt die erforderliche Luftrate bei 90 m³ je Stunde und Pferd.

Ammoniak ($NH_3$) – ein für den Pferdestall typisches Gas – entsteht durch die Zersetzung des Pferdeurins an der Luft. In hoher Konzentration führt $NH_3$ zu Schäden an den Atmungsorganen, die Schadensgrenze liegt bei einem $NH_3$-Gehalt von 0,03 ‰ (entsprechend 30 ppm). Der $NH_3$-Gehalt der Stalluft ist allerdings nicht allein von der Stallüftung, sondern in erster Linie von der Stallhygiene (Pflege der Einstreu) abhängig.

In geschlossenem Stall soll die *Luftgeschwindigkeit* der Stallufttemperatur angepaßt sein; 0,2 m/sec gelten als zulässig, bei hohen Temperaturen im Sommer kann dieser Wert auf 0,5 m/sec ansteigen. Hohe Luftgeschwindigkeit bei großem Temperaturunterschied zwischen Außen- und Stalluft gleichzeitig mit hoher relativer Luftfeuchtigkeit wird als Zugluft empfunden. Während im Freien der Wind bei gleichbleibender Temperatur vollflächig auf den Körper auftrifft und damit den Mechanismus der Thermoregulation in Gang setzt, löst die nur einen Teil des Körpers treffende Zugluft einen kleinflächigen Kältereiz aus. Dieser vom Körper nicht regulierte Wärmeentzug soll Erkältungskrankheiten begünstigen. Die Praxiserfahrungen haben aber gezeigt, daß abgehärtete Pferde mit trainierter Thermoregulation auch auf Zugluft weniger empfindlich reagieren als dauernd im „Behaglichkeitsklima" gehaltene Tiere.

Der *Staubgehalt* der Stalluft kann durch bauliche, technische und Managementmaßnahmen begrenzt werden. So sollten Heu- oder Strohballen nicht durch offene Luken in den Stall geworfen oder zum Füttern auf der Stallgasse zerteilt werden. Ferner empfiehlt es sich, statt mit einem Besen beim Kehren der Stallgasse den Staub aufzuwirbeln, diesen besser mit einem Industriestaubsauger aufzusaugen. Weiterhin sollten Pferde nicht auf der Stallgasse, sondern auf einem separaten Putzplatz gereinigt werden usw.

Zur Aufrechterhaltung eines gesunden Klimas im Stall ist durch die *Lüftung* je nach Jahreszeit und Klimazone ein stündlicher Luftwechsel von 80 bis 250 m³ je Pferd erforderlich. Bei einem üblichen Stallvolumen von 30–40 m³ je Pferd, das nicht unterschritten werden sollte, bedeutet das zwei- bis achtfachen Luftwechsel. Hierbei wird zwangsläufig auch ein Großteil der von den Tieren produzierten Wärme (rd. 3200 kJ/Std.) über die Lüftung abgeführt, so daß an Frosttagen die „Behaglichkeitstemperatur" von 15–17° C bei ausreichendem Luftwechsel zur Sicherung eines einwandfreien Stallklimas nicht zu halten ist.

Wer auf einem warmen Stall besteht, wird entweder heizen müssen oder über einen Wärmetauscher einen Teil der in der Abluft enthaltenen Wärme für die Zuluftwärmung nutzen.

Hauptgrund für die Warmstallhaltung ist der Wunsch nach einem kurzen, glatten Fell des Pferdes auch im Winter. Durch das kurze Fell – gelegentlich durch Scheren künstlich erzeugt – soll das Schwitzen des Pferdes beim Gebrauch verhindert werden, womit man wiederum die Erkältungsgefahr verringern will. Diese Argumentationskette zielt in die falsche Richtung, da es primär die untrainierte Thermoregulation ist, die zu Erkältungen führt. Ein mäßig verschwitztes Pferd wird sich bei zugfreier Aufstallung nicht erkälten, wenn es an niedrige Temperaturen gewöhnt ist.

In der Praxis werden die meisten Pferdeställe mit *Fensterlüftung* betrieben. Diese einfachste Form der Schwerkraftlüftung funktioniert nur bei größeren Temperaturunterschieden zwischen Stall und Außenluft. Bei geringen Temperaturdifferenzen ist die Lüftung von äußerer Luftbewegung abhängig, d. h. sie funktioniert sicher nur bei freistehenden, windausgesetzten Stallgebäuden und Fensterbändern auf beiden Längsseiten. In Anbindeställen soll die Fensterbrüstung mehr als 2 m hoch liegen, damit Augen und Nieren der Pferde vor Zugluft geschützt sind. In Boxenställen spielt das keine große Rolle, weil sich die Pferde nach Belieben in die ihnen genehme Richtung drehen können.

In Ställen mit deckenlastigem Rauhfutterlager sind *Schachtlüftungen* (Abb. 14 oben) eine funktionssichere Form der Schwerkraftlüftung. Für einen wirksamen Auftrieb soll die Schachthöhe ab Unterkante der Decke mindestens 4 m betragen, der Schacht soll mindestens 0,5 m über den Dachfirst in den freien Luftstrom hinausragen. Etwa pro 100 m² Stallfläche (2 x 3 Boxen mit Stallgassenanteil) wird ein Schacht angeordnet. Für eine gleichmäßige Luftführung sollen die Schächte jeweils von gleichem Querschnitt und gleicher Höhe in gleichmäßiger Verteilung eingebaut werden. Die Luftrate wird durch Regelklappen in den Schächten gesteuert, die Größe der Zuluftöffnungen, meistens die Fenster, muß dem Querschnitt der Abluftschächte entsprechen. Für ausreichenden Auftrieb und gegen Kondenswasseranfall müssen die Schächte wärmegedämmt ausgeführt sein. Da die Schächte in Gebäudemitte angeordnet sein sollten, können sie im Dachraum beim Einlagern von Heu und Stroh störend sein.

Die *Trauf-First-Lüftung* (Abb. 14 Mitte) nutzt wie jede Schwerkraftlüftung den Gewichtsunterschied zwischen kälterer und wärmerer Luft. Voraussetzung ist eine Dach-Decken-Konstruktion mit einer Dachneigung von 20° oder steiler.

Die Zuluft tritt durch Schlitze im Traufbereich ein, deren Breite durch verstellbare Luftleitplatten reguliert werden kann. Die Abluft entweicht durch einen offenen Firstschlitz, der zur Abwehr von Regen oder Schnee offen mit seitlichen Windabweisern oder mit einer transparenten Kunststoffhaube ausgeführt wird: letztere dient gleichzeitig zur Belichtung des Stallraums.

Wo bei ungünstigen baulichen Gegebenheiten die Schwerkraftlüftung nicht funktionssicher ist, wird eine *Zwangslüftung* mit Ventilatoren erforderlich, z. B. bei sehr breiten Ställen mit mehr als zwei Boxenreihen oder bei Ställen, die einseitig an ein höheres Gebäude (z. B. eine Reithalle) angeschleppt sind.

Häufigste Lösung ist die *Unterdrucklüftung* (Abb. 14 unten), wo über Ventilatoren die Stalluft abgesaugt und möglichst über Dach ausgeblasen wird. Bei dieser Lüftungsart ist eine dichte Stallhülle wichtig. Offenstehende Fenster, Türen oder größere Un-

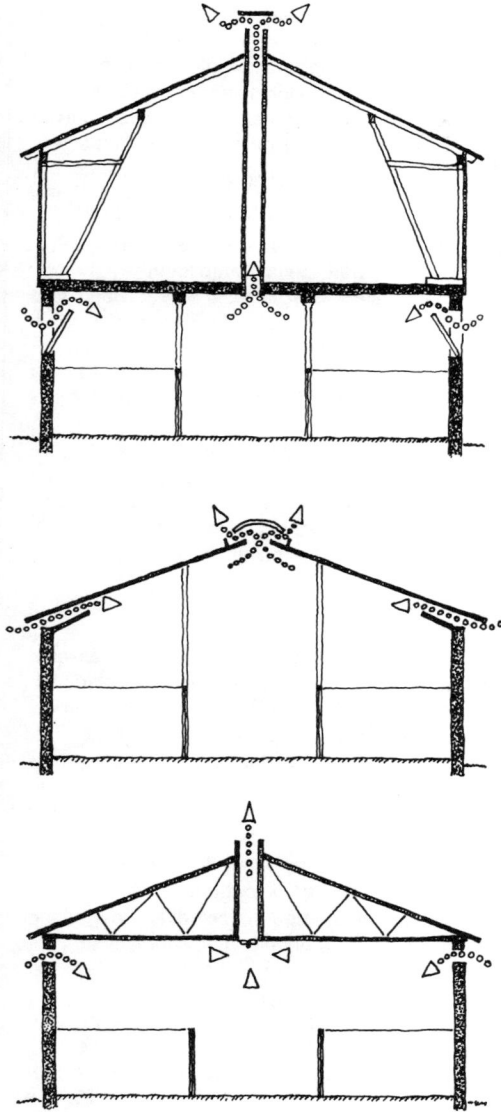

Abb. 14. Prinzip einer Schachtlüftung (oben), einer Trauf-First-Lüftung (Mitte) und einer Unterdrucklüftung (unten)

dichtigkeiten verhindern eine gleichmäßige, gezielte Luftführung.

Bei *Überdrucklüftung* drücken die Ventilatoren die Außenluft in den Stall. Durch den leichten Überdruck entweicht die Stalluft durch gleichmäßig verteilte und passend dimensionierte Abluftöffnungen. Nachteilig ist, daß die Stalluft mit ihren Gerüchen, Feuchtigkeit und Gasen bei offenstehenden Türen auch in angrenzende Räume (Futterlager, Sattelkammer) gedrückt wird, was zum Verderb von Futtermitteln oder Sattelzeug führen kann.

Bei großen Ställen kann die technisch aufwendigere *Gleichdrucklüftung* sinnvoll sein. Hier werden beide Luftströme, Zu- und Abluft, mittels Ventilatoren gefördert. Diese Lüftung ist aufwendiger und teurer in Konstruktion und Betrieb, aber auch funktionstüchtiger.

Die Luftförderleistung wird im allgemeinen über die Ventilatordrehzahl geregelt. Die Steuerung erfolgt entweder von Hand oder über ein Steuergerät, das meist temperaturabhängig, besser aber nach Stallluftfeuchte gesteuert, arbeitet.

## Der Laufstall

Wo die sofortige Verfügbarkeit des Pferdes eine untergeordnete Rolle spielt und eine Einzelaufstallung aus diesem Grund nicht erforderlich ist, sollte man die Gruppenhaltung im Laufstall wählen. Für die Haltung von nicht gerittenen Zuchtstuten, Jährlingen und Absetzfohlen ist die Laufstallhaltung üblich, bei Reitpferden wird sie bisher noch selten angewandt. Dabei kommt diese Form der Gruppenhaltung dem Sozialverhalten, dem Leben im Herdenverband, durchaus entgegen. Gerade der kleinere Pferdebestand des Freizeitreiters, der selten vier bis sechs Tiere übersteigen wird, läßt sich gut als Herde halten, wenn die Pferde nach Typ und Charakter zueinander passen.

Als geschlossene Laufställe lassen sich ohne großen Bauaufwand vorhandene Altgebäude wie Scheunen, ungenutzte Kuhställe u. ä. nutzen. Ein bestimmter Stalltyp, wie beim Anbinde- oder Boxenstall, hat sich beim Laufstall nicht entwickelt, es gibt also keine baulichen „Rezepte", man wird in jedem Einzelfall zu einer maßgeschneiderten Lösung finden müssen.

In größeren Gestüten handelt es sich um eine rechteckige Halle mit stirnseitigen Toren und Krippen mit Anbinderingen entlang den Längswänden. Der private Pferdehalter wird den Laufstall den gegebenen Gebäudeverhältnissen anpassen. Die Lauffläche muß so groß sein, daß die Einstreu trocken und sauber bleibt und den Pferden bei Auseinandersetzungen genügend Fluchtraum bleibt. Als Lauf- und Liegefläche sollte jedem Tier mindestens die einer Box vergleichbare Fläche zur Verfügung stehen – für ein Großpferd also etwa 10 m². Auch hier gilt: je größer, desto besser. Üblich ist die Matratzenstreu, in größeren Zeitabständen wird die gesamte eingestreute Lauf- und Liegefläche geräumt. Damit für diese schwere Arbeit der Frontlader eingesetzt werden kann, sind entsprechende Raumhöhen (über 3 m), ausreichend weite Stützenstellungen, möglichst gerade Entmistungsrichtungen und ausreichend große Tore vorzusehen. Stützen im Liegebereich mögen zwar beim Entmisten stören, hinsichtlich des Tierverhaltens als optische Barriere zwischen rangniederen und ranghohen Tieren sind sie allerdings vorteilhaft. Wenn möglich empfiehlt es sich, den Laufstall in einen eingestreuten Liegebereich und einen Freßbereich mit befestigtem Boden aufzuteilen. Die feste Bodenfläche sorgt für die natürliche Abnutzung des Hufhorns unbeschlagener Pferde; außerdem sind die Tiere nicht gezwungen, sich die ganze Zeit auf der weichen Mistmatratze aufzuhalten.

Rauhfutter wird man am Freßplatz der gesamten Gruppe vorlegen können, zur Kraftfuttergabe müssen die Tiere voneinander getrennt werden, damit schwächere Pferde nicht vom Futter verdrängt werden.

## Der Außenboxenstall

Wo kein Altgebäude zum Umbau als Laufstall vorhanden ist und der Platz für die Anlage eines Auslaufs direkt am Stall nicht ausreicht oder wo eine Einzelhaltung der Pferde gefordert wird, etwa um Distanzpferde gezielt zu versorgen, da ist der Außenboxenstall eine gangbare Lösung. Es handelt sich dabei um Einzelboxen, die oft mit einem außenliegenden Versorgungsgang über jeweils eine mittig geteilte Außentür erschlossen werden.

Abb. 15. Die offenen Oberflügel der Außenboxen sorgen für Licht, Luft und Umweltkontakt.

Durch den geöffneten Oberflügel haben die Pferde Verbindung mit ihrer Umwelt; Tageslicht und frische Luft haben ungehinderten Zutritt. Nicht umsonst empfehlen Fachtierärzte oft als letzten Ausweg die Unterbringung chronisch hustender Pferde in Außenboxen (auf Torfstreu ohne Heufütterung).

Einreihige Außenboxenställe, die nur eine Gebäudetiefe von 3 bis 4 m aufweisen, werden von mehreren Herstellern als Fertigställe angeboten. Die Gebäudewände sind mit den Boxentrennwänden identisch, das Stallgebäude kann in Längsrichtung beliebig erweitert werden, indem im Rastermaß weitere Boxen angefügt werden. Die kurzen Boxenwandelemente lassen sich wegen ihres relativ niedrigen Gewichts leicht transportieren und auf einem bauseits zu erstellenden Platten- oder Streifenfundament schnell montieren. Eine spätere Demontage und ein Wiederaufbau an anderer Stelle sind leicht möglich (wichtig bei kurzfristig gepachteten Grundstücken).

Die Fertigbausysteme können einige Nachteile haben: Da die Seitenwandelemente aus konstruktiven Gründen zur Gebäudeaussteifung mit herangezogen werden, führt das zu deckenhoch geschlossenen Boxen. So haben die Tiere nur über die geöffneten Außenklappen Kontakt untereinander. Aus Kostengründen erfüllen die Platzangebote hinsichtlich Boxenfläche und umbauten Raums oft nur die Mindestforderungen, und drittens werden Wand- und Deckenelemente teilweise unzulässig leicht gebaut. So muß man von den Wänden fordern, daß ihre Innenschale so stark ist, daß sie einem kräftigen

Hufschlag standhält (d. h. Bohlenstärken von ≧ 40 mm oder ≧ 25 mm Schiffssperrholz oder vergleichbare Qualitäten). Weiterhin sollten die Wandbauteile, vor allem aber die Dach-Decken-Elemente zweischalig mit hinterlüftetem Hohlraum und ausreichender Wärmedämmung (je nach Material 4–8 cm stark) ausgebildet sein. Diese Bedingungen werden nicht von allen Produkten erfüllt. Bei unzureichender Dämmung und kleinem Luftraum haben diese Ställe das typische Baracken-Klima – unerträglich heiß an Sommertagen und im Winter so kalt, daß die Tränke einfriert oder sich Kondenswasser an der Dachunterseite bildet.

Die Preise für Außenboxenställe als Fertigkonstruktion schwanken je nach Leistungs- und Lieferumfang zwischen 6000 DM und 12 000 DM pro Box. So empfiehlt es sich, die jeweiligen Angebote genau zu vergleichen, da hinsichtlich Materialqualität und -stärke, Boxengröße, Ausführung, Leistungsumfang (mit/ohne Holzschutz oder Grundanstrich; mit/ohne Regenrinnen und Fallrohre; mit/ohne Doppelverglasung; mit/ohne Montage usw.) erhebliche Unterschiede bestehen. Da einige Anbieter primär Hersteller von Wochenendhäusern oder Gartenhütten sind und über geringe Erfahrungen im Pferdestallbau verfügen, lasse man sich nicht vom heimeligen oder rustikalen Äußeren allein blenden, sondern überprüfe das Angebot, lasse sich Referenzadressen nennen und unterhalte sich mit Stallbesitzern über deren Erfahrungen.

Wem die Fütterungs- und Entmistungsarbeiten unter den knappen Vordächern der außenliegenden Bedienungsgänge zu wenig komfortabel sind, der kann auch Außenboxenställe mit innenliegender Stallgasse erwerben. Diese Variante bietet den Pferden die Annehmlichkeit der Außenbox – Licht, Luft, Außenkontakt – und dem Halter die Vorzüge eines gedeckten Arbeitsplatzes, wo außerdem bei schlechtem Wetter Pferde geputzt werden können oder ein kleiner Futtervorrat zwischengelagert werden kann.

Diese Stallvariante kommt auch für Massivbauten in Frage, wenn z. B. an die Längswand einer vorhandenen Reithalle ein einreihiger Boxenstall angeschleppt werden soll.

Für zweireihige Boxenställe mit mittlerer Stallgasse sind Außenklappen in beiden Längswänden weniger empfehlenswert, da es im Stall zu einer zugigen Querlüftung kommt.

## Die Auslaufhaltung

Eine ganzjährige Freilandhaltung von Pferden ist zwar theoretisch möglich, wie die Dülmener im Merfelder Bruch (Westfalen) und verschiedene Isländer-Freigehege beweisen. Für Reitpferde oder -ponys wird sie sich unter unseren Bedingungen kaum verwirklichen lassen. Selbst wo die Flächen und natürlicher Witterungsschutz zur Verfügung stehen, wäre es einfach unpraktisch, sein Reittier im Gelände suchen zu müssen; kurz, die Verfügbarkeit des Pferdes für den reiterlichen Gebrauch ist nicht gegeben.

Damit ist das Optimum einer robusten, artgemäßen Haltung, wie sie dem ausgeglichenen, gesunden Freizeit- und Wanderpferd entspricht, die Auslaufhaltung in Verbindung mit einer Schutzhütte. Charakteristisch hierfür ist, daß das Tier nach eigenem Belieben seinen Aufenthaltsort unter Dach oder im Freien selbst wählen kann, daß es sich in Herdengesellschaft befindet, daß es seinen Bewegungsdrang im Auslauf selbst befriedigen kann. Für den Pferdebesitzer bedeutet das eine echte Entlastung, er *darf* sein Pferd reiten, *muß* es aber nicht unbedingt. Er kann sich notfalls darauf beschränken, seine Tiere nur am Wochenende und in den Ferien unter den Sattel zu bewegen, ohne ein schlechtes Gewissen haben zu müssen.

Die Auslaufhaltung gibt ihm die Möglichkeit, bei geschicktem Management die Versorgung seiner Pferde auf einen Arbeitsgang pro Tag (etwa abends nach Feierabend) zu konzentrieren. Damit muß der Standort der Haltung nicht unbedingt dem Wohnsitz benachbart liegen. Ist die Entfernung sehr groß, wird man eine Hilfe (einen Landwirt, pferdekundigen Rentner, Jugendlichen o. ä.) finden müssen, der das Füttern und die tägliche Kontrolle übernimmt.

Die Forderung nach Auslauffläche weist ohnehin auf den Landwirt als Partner der Pferdehaltung hin, sei es, daß er Auslauf- und Weideflächen verpachtet, Rauhfutter und Stroh liefert bzw. den Mist abnimmt oder außer der Auslauffläche, dem Stallraum, Futter, Wasser und Einstreu auch noch Dienstleistungen wie Füttern und Entmisten anbietet.

Kernstück der Auslaufhaltung ist natürlich der *Auslauf*. Der ideale Auslauf ist die Weide mit natürlichem Grasbewuchs, deren Boden gleichzeitig haltgebend und federnd ist. In Kombination mit einer größeren Rindviehhaltung mag es vertretbar sein, einige wenige Pferde ganzjährig arrondierte große Weideflächen begehen zu lassen. Die Schäden an der Grasnarbe werden sich in Grenzen halten und durch die Beweidung mit Rindvieh im Sommer wieder ausgleichen lassen. Auf kleiner Weide (½ ha pro Pferd oder weniger) wird bei nasser Witterung die Grasnarbe zertreten, ständiger Verbiß einerseits und Geilstellen andererseits werden den Pflanzenbewuchs als Nahrungsquelle entwerten. Auf kleiner Auslauffläche verwandeln Niederschläge und Pferdehufe die Grasnarbe in Kürze zu fesseltiefem Morast. Daß derartige „Matschkoppeln" Mauke oder Strahlfäule auslösen, stimmt wohl nicht; ich kenne einige Pferdehalter, die im Winter ihre Pferde auf solchen Schlammflächen laufen lassen, ohne daß diese sichtbaren Schaden nehmen. Anfang Mai, wenn der Weidegang beginnt, wird der Auslauf gegen Parasiten (Wurmeier usw.) mit Kalkstickstoff abgestreut. Vor und im Offenstall muß der Boden selbstverständlich befestigt und trocken sein.

Wem allerdings nasse, schlammbedeckte Pferde als Dauerzustand nicht gefallen, wird in der Regel einen „künstlichen" Boden schaffen müssen. Der Boden des Auslaufs hat einige Anforderungen zu erfüllen, die sich z. T. widersprechen. Er muß trittfest sein, um die Belastung durch den Pferdehuf auszuhalten, gleichzeitig sollte er federnd und elastisch sein, um Sehnen und Gelenke der Tiere zu schonen, schließlich muß er wasserdurchlässig bleiben und das Niederschlagswasser in den Untergrund abführen. Nur wenige natürliche Böden, wie gewachsene Sand-, Kies- oder Schotteruntergründe entsprechen diesen Bedingungen. Sonst muß man wie im Straßenbau durch verschiedene Funktionsschichten die gewünschten Eigenschaften kombinieren.

Kleinere Paddocks (weniger als 30–40 m²/Pferd) wird man befestigen; Sandschüttungen im Paddock wären in Kürze mit zertretenem Kot vermischt. Eine feste Oberfläche ist leichter sauberzuhalten.

Nach dem Abschieben des Mutterbodens wird bei wenig tragfähigem Grund erst eine 20–30 cm dicke Schotterschicht eingebracht und verdichtet, tragfähiger Boden wird nur verdichtet. Dann wird eine 5–10 cm starke Sandschicht mit leichtem Gefälle aufgebracht, auf die eine Pflasterung aus Ziegeln, Klinker oder Betonformsteinen verlegt wird. Durch den Fugenanteil sind diese Beläge griffig und haltgebend; Regenwasser läuft auf der Oberfläche ab, die Lauffläche läßt sich mit Besen und Schaufel von Pferdekot reinigen.

Besser als diese harten mineralischen Beläge ist z. B. ein imprägniertes Holzpflaster. Es ist elastischer und schont bei unbeschlagenen Pferden das Hufhorn vor allzu starkem Abrieb. Die 10–15 cm langen Holzstöckel, mit Steinkohlenteeröl druckimprägniert, werden mit dem Hirnholz nach oben im Sandbett verlegt, die Fugen werden mit Sand vollgekehrt. Holzpflaster ist leider sehr teuer; glücklich, wer preisgünstig an alte Bahnschwellen oder ausgemusterte Freileitungsmasten kommt; diese werden zersägt und in Selbsthilfe verlegt.

Wichtig ist die Kantenbegrenzung entlang des Paddockrandes aus Bordsteinen, druckimprägnierten Bohlen oder Bahnschwellen, die das Pflaster zusammenhalten, so daß es nicht nach außen weggetreten werden kann.

Größere Ausläufe, die Bewegungsanreiz bieten sollen, brauchen eine elastische Tretschicht, meist als Sand- oder Sand-Sägespäne-Schüttung. Auch hier beginnen die Arbeiten mit dem Abschieben der Humusschicht und dem Planieren des Untergrunds. Schwere undurchlässige Lehm- und Tonböden müssen dräniert werden. Hierzu werden in Abständen von 4–7 m Gräben von 30 x 30 cm ausgehoben. Der anstehende Boden soll etwa 1 % Gefälle zum Drängraben haben. In den Gräben werden Kunststoffdränrohre mit 0,5–1 % Gefälle verlegt, die über einen Sammelstrang das Wasser zum Vorfluter leiten. Die Drängräben werden mit Kies oder Schotter verfüllt; wo die Gefahr der Verockerung besteht, wählt man ummantelte Dränrohre, deren Filtermantel das Verschlämmen verhindert. Nachdem der Wasserhaushalt des Auslaufs geregelt ist, wird eine 15–20 cm starke Tragschicht, z. B. ein Schotter-Splitt-Gemisch 5/45 aufgebracht, planiert und verdichtet. Wie der Name schon sagt, soll die Tragschicht die tragende Unterlage für die Tretschicht sein.

Bevor letztere aufgebracht wird, sollte als Trennung zwischen Trag- und Tretschicht ein sogenanntes Geotextil – ein Vlies aus Kunststoffasern wie Polyester, Polypropylen oder Polyamid – verlegt werden. Das Vlies wirkt wie ein Kaffeefilter, läßt also das Wasser passieren, verhindert aber, daß die Feinbestandteile der Tretschicht in die Hohlräume der Tragschicht bzw. in die Dränage eingeschwemmt werden. Die Vliese werden in Bahnen bis 6 m Breite geliefert, die einzelnen Bahnen werden mit 30– 50 cm Überlappung verlegt. Je nach Material lassen sich die Bahnen auch mit einer Lötlampe miteinander „verschweißen" oder mit einer „Nähmaschine" vernähen. Die Bahnen sollten an der Randeinfassung des Auslaufs verankert werden.

Abb. 16. Der Boden des Auslaufs: Tretschicht, Geotextil, Tragschicht, Drängraben

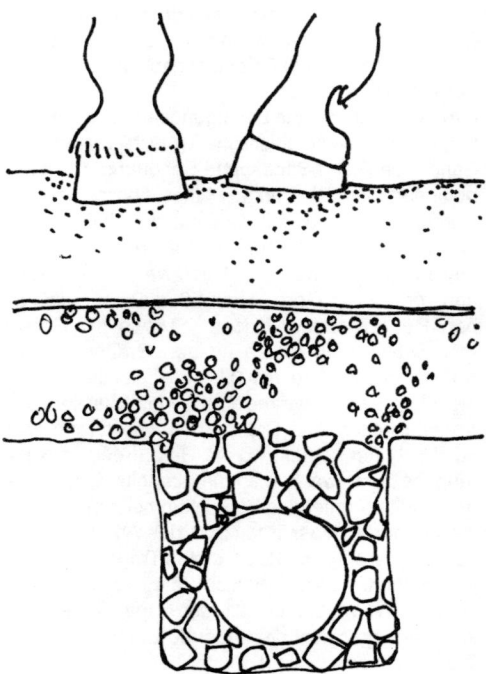

Auf dem Geotextil wird die Tretschicht verteilt, z. B. eine ca. 15 cm starke Sandschicht aus natürlich gerundeten, gewaschenen Sanden der Körnung 0,2–3 mm (Fluß- oder Quarzsand). Ungeeignet sind Brech- oder Quetschsande, die sich wegen ihres hohen Feinkornanteils zu stark verdichten. Sandschüttungen ergeben einen „tiefen" Boden. Wer also z. B. den Auslauf auch als Reitbahn oder Longierzirkel nutzen will, sollte ein Sand-Sägespäne-Gemisch wählen, das einen weniger tiefgründigen Belag ergibt. Geeignet sind Quarzsande 0,2– 3 mm in Verbindung mit möglichst groben Nadelholz-Gatterspänen (fünf Raumteile Sand, vier Raumteile Späne). Statt der schwer erhältlichen Gatterspäne kann man auch Weichholz-Langhobelspäne oder Schälspäne von Nadelhölzern wählen. Ungeeignet ist Sägemehl.

Bei der Festlegung der Größe des Auslaufs gilt: Ein kleiner Auslauf ist besser als gar keiner, ansonsten je größer desto besser. Minimum ist etwa ein befestigter Paddock von 3 x 4 m, der z. B. als „Terrasse" vor einer Außenbox zwar nicht das Bewegungsbedürfnis des Pferdes befriedigt, aber doch Klimareize und Umweltkontakt bieten kann. Als Faustwert zur unteren Flächengröße des Auslaufs nennt Zeeb die dreifache Boxengröße.

Ein geeignetes Maß, das schon einige Galoppsprünge gestattet, sind 10 x 30 m. Schmale, langgestreckte Flächen bieten höheren Bewegungsanreiz als quadratische. Ein quadratischer Platz von ca. 15 x 15 m hat jedoch den Vorteil, daß er auch als Longierplatz genutzt werden kann, etwa um junge Pferde an Sattel und Reitergewicht zu gewöhnen oder um Cavalettiarbeit zu betreiben. Noch angenehmer, wenn auch teurer, sind natürlich Abmessungen von 15 x 30 bis 20 x 40 m, die als Reitplatz dienen können.

Bei arrondierten Weiden am Standort der Pferdehaltung kann ein Treibgang rund um die Koppeln das Nützliche mit dem Angenehmen verbinden. Nützlich ist er im Sommer als Erschließungsweg der einzelnen Weiden, angenehm ist er für die Pferde im Winter, wenn er als „Spielflur" dienen kann. Ein derartiger 3–4 m breiter, eingezäunter Rundweg schont die Weiden und reizt wegen seiner Länge zu einem flotten Galopp.

Innerhalb ausgedehnter Ausläufe für größere Pferdegruppen kann es vorteilhaft sein, einzelne Baum- oder Buschgruppen einzuzäunen. Einmal werden sie vor Verbiß geschützt, zum anderen haben rangniedere Pferde diese „Insel" gern zwischen sich und den Boßtieren.

Ein Auslauf muß durch tägliches Mistablesen gepflegt werden, wenn er hygienisch und geruchlos bleiben soll. Bei Sandschüttungen nimmt man für die Entmistungsarbeit am besten eine engzinkige Stein- oder Kartoffelgabel.

Gelegentlich muß die Tretschicht mit Harke und Schaufel geebnet werden, vor allem am Zaun entlang, wo leicht ein „Hufschlag" entsteht und das Trennvlies Gefahr läuft, durch die Hufe zerstört zu werden. Auf großen Flächen kann ein Schleppbalken gute Dienste tun.

Der technische Aufwand für Anlage und Pflege eines Auslaufs ist also nicht gering, andererseits bringen halbe Lösungen wenig Nutzen. Es hilft nichts, auf einen durchgetretenen, morastigen Boden ein paar Fuhren Sand abzukippen. Der Huftritt der Pferde wird binnen kurzem Untergrund und Sand erneut zu Matsch vermischen. Wer also nicht so viel Weidefläche besitzt, daß er einen Teil davon für den Winter zur „Matschkoppel" umfunktionieren kann, darf den Aufwand nicht scheuen, einen fachmännischen Auslauf herzurichten.

## Einzäunung des Auslaufs

Die relativ kleine Fläche des Auslaufs verlangt nach einer sicheren, verletzungsfreien Einzäunung, die für Großpferde etwa 1,5 m hoch sein sollte; zwischen benachbarten Paddocks, wo es zu Auseinandersetzungen kommen kann, sollte man sogar 1,8 m Höhe wählen.

Im allgemeinen wird man eine Holzeinzäunung wählen. Die Pfosten von ca. 12−14 cm Durchmesser sollten gegen Fäulnis kesseldruckimprägniert sein. Damit sie guten Sitz haben, müssen sie zu einem Drittel ihrer Länge im Boden stecken. Der Pfostenabstand beträgt 2,5−4 m. Je nach Zaunhöhe werden an die Pfosten in Abständen von etwa 40 cm drei Querstangen von 8−12 cm Durchmesser genagelt oder geschraubt. Stangenlängen, die über zwei Felder reichen, geben dem Zaun eine bessere Stabilität. Die Stangen werden innen befestigt, damit sich scheuernde Pferde nicht die Stangen mit den Nägeln nach außen drücken können.

Zum Schutz der Holzstangen gegen Verbiß und Scheuern kann man an Isolatoren einen zusätzlichen Elektrodraht entlang des Zauns spannen. An Materialkosten muß man mindestens mit 6−8 DM je laufendem Meter Zaunlänge rechnen.

Neben einem ca. 3−4 m breiten Tor zum Befahren des Auslaufs (z. B. wenn der Sand der Tretschicht ausgetauscht werden muß), sollte man einen zusätzlichen schmalen Personendurchlaß vorsehen, der natürlich für die Pferde unpassierbar sein muß. Hier eignen sich V-förmige Durchlässe oder Drehkreuze, die gegenüber zusätzlichen Pforten den Vorteil haben, daß man keine freie Hand zum Öffnen braucht. Zur Schonung des Zauns kann man zusätzlich einen Scheuer- und Knabberpfahl im Auslauf aufstellen.

## Schutzhütte

Zum Auslauf gehört ein Unterstand als Schutz gegen Witterungsunbilden. Die Ausführung richtet sich nach der Pferdezahl und den Ansprüchen des Halters; die Palette der Möglichkeiten reicht von der einfachen, dreiseitig geschlossenen Weidehütte bis zur kompletten Anlage mit getrenntem Freß- und Liegebereich, Krankenbox, Futterlagerräumen usw.

Die Hütte soll vor Wind, Schlagregen und Schneetreiben schützen; ihre Zugänge werden deshalb entgegen der Hauptwindrichtung − also meist nach Südost − orientiert. Die Zugangsöffnung soll so groß sein, daß kein ranghohes Tier dem rangniederen den Zugang nach innen oder außen blockieren kann. Bei größeren Gebäuden wird man besser zwei getrennte, möglichst weit voneinander entfernt liegende Eingänge schaffen.

Wenn der Platz es zuläßt, sollte man Freß- und Liegebereich räumlich voneinander trennen. Als Anhalt für die Größe des Liegebereichs kann man etwa die um 10−20 % verringerte erforderliche Boxenfläche wählen (pro Großpferd sind also etwa 8 m$^2$ anzusetzen). Selten suchen alle Pferde des Bestandes gleichzeitig den Liegebereich auf, meist ziehen sie es vor, im Sand des Auslaufs zu ruhen. Der Liegebereich sollte an einer Längsseite durch Zugänge erschlossen sein, damit bei Auseinandersetzungen ein unterlegenes Pferd nicht in die hintere Ecke abgedrängt werden kann, sondern Fluchtraum zur Tür hin behält. Als Schutz vor Feuchtigkeit soll das Niveau der Liegefläche 15−25 cm über dem

Abb. 17. Räumliche Trennung von Liege- und Freßbereich.
Oben der eingestreute Liegebereich, unten der separate,
überdachte Freßbereich mit befestigter Standfläche.

legt bekommen können, würden bei gemeinsamer Kraftfuttervorlage die Boßtiere die rangniederen Herdengenossen vertreiben. Auch möchte man (z. B. bei Pferden im Training) einzeln nach Leistung füttern. Dazu kann man die Pferde vor Einzeltrögen anbinden, das Kraftfutter vorlegen und nach dem Verzehr wieder losbinden. Weniger Platz und Arbeitsaufwand erfordert die Kraftfuttervorlage mit Futtereimern. Wie die Hafersäcke früherer Zeiten werden Kunststoffeimer an einer festen Kordel den Pferden über die Köpfe gehängt. Mit umhängendem Eimer können auch ranghohe Tiere untergeordneten Artgenossen das Futter nicht streitig machen. Der Halter muß dabei die Hierarchie in der Herde beachten, das „Boßtier" muß also als erster bedient und als letzter vom Eimer befreit werden.

Sehr praktisch sind Freßstände, die jedem Pferd einen separaten Freßplatz bieten, wo schwache Tiere auch bei der Rauhfutteraufnahme geschützt stehen. Die Freßstände sind 70−80 cm breit und 2,5 m (für kleinere Ponys) bis 3,0 m (für Großpferde) lang. Sie werden gegeneinander durch geschlossene, 1,6 bis 2,2 m hohe Seitenwände getrennt. Die Geschlossenheit der Seitenwände ist besonders im Kopfbereich wichtig, damit sich rangniedere Tiere nicht durch Drohgesten der Nachbarn beeindrucken lassen. Beobachtungen in der Praxis haben gezeigt, daß schwache Pferde die Freßstände gern zum Schutz bei Auseinandersetzungen aufsuchen. Ein positiver Nebeneffekt ist der, daß die Tiere ihre natürliche Scheu vor Engpässen ablegen und z. B. Transporthänger leichter betreten bzw. rückwärts verlassen lernen.

Die Pferde halten sich einen Großteil des Tages am Freßstand auf, deshalb sind die Flächen des Freßbereichs selbst und um die Schutzhütte zu befestigen, weil der Kot sich dann problemlos mit Schaufel und Besen entfernen läßt. Da viele Pferde die Gewohnheit haben, zum Koten oder Harnen den Freßplatz zu verlassen und die eingestreute Liegefläche aufzusuchen, sollte man beide Bereiche soweit wie möglich räumlich voneinander trennen.

Die Tränke sollte sich in der Nähe des Freßplatzes befinden. Durchschnittlich braucht ein Pferd etwa 30 l Wasser pro Tag; bei Grünfütterung verringert sich der Bedarf, an heißen Tagen steigt er dagegen auf bis zu 60 l.

umgebenden Terrain liegen. Damit die Einstreu der Liegefläche nicht von den Hufen in den Auslauf hinausgetragen wird, kann man eine 20 cm hohe, oben gerundete, breite Bohle als Streuschwelle in die Zugänge einbauen.

Der Freßplatz muß so groß sein, daß alle Pferde gleichzeitig fressen können und daß jedem Tier individuell seine Kraftfutterration zugeteilt werden kann. Das Rauhfutter (Heu, Stroh) wird unter Dach in Vorratsraufen, hinter Freßgittern oder in Freßständen vorgelegt. Während die Tiere also in der Regel das Rauhfutter auf Vorrat als Gruppe vorge-

Abb. 18. Fütterung mit Kunststoffeimern, die den Pferden wie Hafersäcke umgehängt werden

Waschkessel, die man auf kleinster Stufe mit ein paar Briketts erwärmt, oder die Erwärmung einer Stahlwanne mit seitlicher Verkleidung mittels einer Flüssiggasflasche oder einer Petroleumlampe. Notfalls muß der Halter bei seinen täglichen Kontrollen in Kanistern heißes Wasser zum Auftauen des vereisten Tränkebottichs mitbringen.

## Futter- und Einstreulager

Für die Planung des Futter- und Einstreulagers sind die Bestandsgröße, die tägliche Futter- und Einstreumenge und der erforderliche Lagerzeitraum maßgebend. Bei leichter bis mittlerer Beanspruchung, wie man sie für ein Freizeitpferd im Winter unterstellen kann, rechnet man pro Großpferd mit folgender Tagesration: 5−6 kg Heu, 4−5 kg Hafer oder Ergänzungsfutter plus Mineralfutter; der Strohbedarf liegt zwischen 5−10 kg/Tag. Die Ration für Ponys hat für Heu und Stroh etwa gleiche Gewichte, der Kraftfutteranteil beträgt dagegen höchstens ein Drittel der Großpferderation.

Für den kleinen Bestand des privaten Pferdehalters wird Hafer und/oder Ergänzungsfutter im allgemeinen als Sackware nach Bedarf gekauft. Eine mäusesichere Haferkiste mit zwei großen Abteilen für Hafer und Ergänzungsfutter und einem kleinen Behälter für Mineralfutter ist dafür ausreichend.

Auch dort, wo Heu gekauft werden muß, lohnt sich die Einlagerung des gesamten Jahres- bzw. Winterbedarfs. Die Heupreise liegen nämlich erfahrungsgemäß zum Erntezeitpunkt am niedrigsten und steigen bis zum Weideaustriebtermin Anfang Mai kontinuierlich an. Der erforderliche Lagerraum richtet sich nach der Aufbereitung und der Einlagerung des Heues. Für 200 Winterfuttertage ergibt sich einschließlich eines Anteils von 25−30 % für den nicht nutzbaren Teil des Rauhfutterlagers (Leerraum) pro Pferd folgender Raumbedarf:

| | Aufbereitung/Einlagerung | Raumgewicht | Lagerraum |
|---|---|---|---|
| 12 dt Heu | lose, lang | 0,75 dt/m³ | 20 m³ |
| | Hochdruckballen ungeschichtet | 1,5 dt/m³ | 10−11 m³ |
| | Hochdruckballen gestapelt | 1,8 dt/m³ | 7− 9 m³ |

Die Einrichtung der Tränke bedarf bei Auslaufhaltung oft technischer Phantasie, da nicht überall Wasser- und Elektroanschluß vorhanden sind. Wo beide Netze verfügbar sind, wird man eine beheizbare Selbsttränke installieren. Wenn das nicht der Fall ist, kann man im Sommer einen Wasserwagen oder einen Tank mit angebauter Selbsttränke aufstellen. Schwieriger ist es, im Winter an Frosttagen das Einfrieren der Tränke zu verhindern. Hier gibt es Lösungen wie die Nutzung ausgebauter ehemaliger

Großballen (bis 2,5 m Durchmesser, 500 kg schwer) sind für den privaten Pferdehalter weniger geeignet, da sie sich nur mit dem Frontlader bewegen und einlagern lassen. Während der Getreideernte ist Stroh preiswert ungepreßt ab Feld zu beziehen. Hochdruckballen frei Stall sind im allgemeinen drei- bis fünfmal teurer. Bei Strohkauf ab Feld wird man daher den gesamten Jahresbedarf einlagern, beim Kauf von Ballen frei Stall kann man sich auf etwa einen Dreimonatsvorrat beschränken. Für ein Pferd sind je nach Einstreugabe für die Lagerdauer von 3 Monaten folgende Lagerräume (einschließlich 25−30 % Leerraumanteil) erforderlich:

leichter ausgleichen. Bei mangelhafter Lüftung und unzureichender Wärmedämmung kann es an kalten Tagen an den Innenseiten der Bauteile zu Kondenswasserniederschlag kommen. So werden Ziegel-, Beton-, Kalksandsteine und andere schwere Baustoffe gern mit zusätzlichen Dämmschichten an der Außenwand kombiniert.

Neben den Massivbaustoffen ist Holz ein sehr geeignetes Material für den Stallbau. Es hat nicht nur eine relativ gute Wärmedämmung, sondern wirkt auch feuchtigkeitspuffernd, ist unempfindlich gegen die aggressiven Bestandteile der Stalluft, ist berührungswarm und läßt sich gut verarbeiten. Seine

| | Aufbereitung/Einlagerung | Raumgewicht | Lagerraum |
|---|---|---|---|
| 4,5−9 dt Stroh | lose, lang | 0,5 dt/m³ | 11−22 m³ |
| | Hochdruckballen ungeschichtet | 0,7 dt/m³ | 7,5−15 m³ |
| | Hochdruckballen gestapelt | 1,0 dt/m³ | 6−11 m³ |

Eine direkte Zuordnung der Bergeräume zum Stall ist anzustreben. Deckenlastige Rauhfutterlagerung über dem Stall ist meist teurer als erdlastige Lagerräume. Ebenerdige Lager sind sowohl bei Handarbeit als auch bei technisierten Verfahren leichter zu befüllen als deckenlastige. Bei erdlastiger Heulagerung ist durch eine Schicht Strohballen, alte Holzpaletten oder Autoreifen für Luftzirkulation unter den Ballen zu sorgen, damit sie nicht von unten schimmeln.

## Baukonstruktion, Baustoffe

Wer Spaß daran hat, seinen Pferdestall in Eigenleistung zu errichten, mindestens aber mit Hand anzulegen, sollte die Bauweisen und die Baumaterialien wählen, mit denen er am besten zurechtkommt. Wer was vom Mauern versteht, wird einen Massivstall wählen, andere werden sich mit einer Holzkonstruktion leichter tun.

Massive Baustoffe besitzen ein größeres Wärmespeichervermögen und können durch ihre thermische Trägheit plötzliche Temperaturdifferenzen

Nachteile wie die Anfälligkeit gegen holzzerstörende Pilze und Insekten lassen sich durch chemischen Holzschutz ausschalten. Selbstverständlich ist darauf zu achten, daß die den Pferden zugänglichen Holzteile mit ungiftigen Mitteln behandelt wurden.

Man wählt entweder tragende Wandkonstruktionen, z. B. aus Vollholzbalken oder aus mehrschichtigen Wandelementen, oder Stützenkonstruktionen, bei denen die Wandfüllungen lediglich ausfachen. Für die Selbsthilfe eignen sich besonders Stützenkonstruktionen, wie die Mastenbauweise und die Starrrahmenbauweise.

Für Offenställe spielt die Wärmedämmung der Wände kaum eine Rolle. Wichtiger ist die Dämmung der Dachflächen, damit sich der Stallraum bei Sommersonne nicht zu stark erwärmt.

Das Pferd stellt an die Belichtung seines Stalles hohe Ansprüche. Ein düsterer Offenstall wird in der Regel nicht angenommen, da das Pferd seiner Abstammung nach nun mal kein Höhlenbewohner ist. So kann der Stall nie zu hell sein, die Fensterfläche (mindestens ¹/₁₅ der Grundfläche) wird lediglich aus klimatechnischen oder Kostengründen eingeschränkt. Hoch angebrachte Lichtöffnungen sind vor Beschädigung geschützt, außerdem wird durch den Dachüberstand im Sommer die Mittagssonne abgeschirmt. Gute Erfahrungen hat man mit zweischaligen Lichtflächen (Stegdoppelplatten) aus transparenten Kunststoffen gemacht. Die Platten aus Acrylglas, Polycarbonat oder PVC lassen sich sägen, bohren, ohne Rahmen einbauen und brechen nicht so schnell wie Glas.

Türöffnungen, durch die Pferde geführt werden, müssen mindestens 1,2 m breit und 2,2 m hoch sein. Wichtig sind abgerundete Türrahmen, an denen die Pferde sich nicht verletzen können. Für alle Bauteile, die mit Pferden in Berührung kommen, gilt die Forderung: schwer, stabil und rund, statt zerbrechlich, kantig und scharf.

Sehr wichtig ist, daß alle elektrischen Leitungen in Ställen in Feuchtraumausführung so zu verlegen sind, daß sie nebst Schaltern und Dosen für Pferde unerreichbar sind.

An den Stallfußboden werden mehrere Anforderungen gestellt: Er soll griffig und rutschsicher, verschleißfest, dämmend und möglichst elastisch sein. Der Hufbeschlag (besonders mit Stollen) bedeutet eine hohe mechanische Beanspruchung für den Boden, die nur von harten Materialien wie Beton, Klinker, Betonformsteinpflaster, Gußasphalt aufgenommen wird. Im Liegebereich bedürfen diese unelastischen und kalten Böden einer reichlichen Einstreu, um ein weiches Lager zu bieten und den anfallenden Harn zu binden.

Holzpflaster ist zwar von besserer Wärmedämmung, ist aber unhygienischer und wird bei Nässe sehr rutschig.

Für die Haltung unbeschlagener Pferde in Laufställen ist Stampflehm ein hinreichend dichter, aber atmungsaktiver, feuchtigkeitsregulierender und etwas elastischer Bodenbelag. Im Praxiseinsatz (Beschlag, Scharren) ist die Haltbarkeit weitgehend von der Dicke der Einstreu abhängig.

In den letzten Jahren wurden auch Kunststoff- und Gummimatten für den Einsatz im Pferdestall angeboten mit dem Ziel, die Einstreu teilweise oder ganz zu ersetzen. Nach den bisher vorliegenden Erfahrungen muß man feststellen, daß das nicht gelungen ist. Die Pferde verschmutzen sehr viel stärker (gelegentliches Liegen im Kot-Harn-Brei), sie legen sich signifikant seltener und ruhen dadurch weniger, die Geruchsbelastung steigt. Bei Investitionskosten von ca. 100 DM/m² Bodenfläche ist beim gegenwärtigen Entwicklungsstand von künstlichen Bodenbelägen noch abzuraten.

## Standortwahl

In den Ballungsräumen wird der private Pferdehalter froh sein, wenn er überhaupt die Möglichkeit findet, auf einigen hundert Quadratmetern seine eigene Tierhaltung aufzubauen. Wo aber Auswahlmöglichkeiten bestehen, sollte er die folgenden Hinweise beachten.

Ideal ist ein Standort mit einem durchlässigen, Niederschläge schnell abführenden Baugrund; Böden mit Staunässe oder hohem Grundwasserstand müssen erst dräniert werden. Die Lage am Hang oder auf einer Anhöhe ist der Tallage vorzuziehen, da sie intensiver der Sonne und dem Wind ausgesetzt ist. Man hat beobachtet, daß Pferdehaltungen in feuchten, kühlen Talauen oder in Kaltluftseen wegen häufiger Nebelbildung, geringerem Luftaustausch und verminderter UV-Einstrahlung stärker durch Seuchen oder Infektionen des Respirationsapparats gefährdet sind. Die Orientierung des Stalles zur Himmelsrichtung bestimmt Sonnenlichteinfall und Wärmehaushalt. Die keimtötende Wirkung der Sonnenstrahlen verringert die Infektionsgefahr. Kalt und sonnenarm sind Nord- und Nordosthänge, ideal sind Süd- und Südwestlagen. Hier kann die Mittagssonne im Winter tief in den Stall eindringen, während der steile Einfallswinkel der Sonnenstrahlen im Sommer eine zu starke Aufheizung des Stalles verhindert.

Auch die Windverhältnisse sind zu berücksichtigen. Bei freier Wahl suchen Pferde windausgesetzte Plätze auf, wo ihnen die Luftbewegung die Witterung möglicher Feinde zuträgt; hier ist auch die Insektenplage geringer. Die Zugänge von Offenställen sollten der Hauptwindrichtung entgegengesetzt liegen, also meist nach Süden oder Südosten.

An besonders freien Standorten können Schnee und Wind bei Offenställen Schwierigkeiten bereiten. Luftwirbel greifen in das Stallinnere über und erzeugen dort noch höhere Luftgeschwindigkeiten als der direkte Wind. Hier kann man sich mit Windschutzpflanzungen oder -zäunen helfen. Derartige Windbrecher dürfen nicht völlig dicht sein, da sich sonst in ihrer Leeseite im Windstau Wirbel bilden. Eine gleichmäßige Durchlässigkeit von 40–50 % ist am wirksamsten. Für die Reichweite der Schutzzone ist die Höhe des Windschutzes entscheidend; sie entspricht etwa der zehnfachen Windschutzhöhe.

Wald und Waldrand müssen nach der Bauordnung für hölzerne Schutzhütten als unzulässiger Standort angesehen werden, da durch das Zusammentreffen von einer Bauweise aus brennbaren Baustoffen, leichtentzündlichem Lagergut (Rauhfutter, Einstreu) wie auch leichtentzündlichem Reisig eine unvertretbar hohe Brandlast gegeben wäre. Der Standort direkt am Waldrand kann auch wegen der Insektenplage, vor allem durch Bremsen im Hochsommer, nicht empfohlen werden.

## Baurechtliche Gesichtspunkte

Das Hauptproblem bei der Schaffung einer Auslaufhaltung für Pferde ist häufig nicht technischer oder finanzieller, sondern rechtlicher Art. Wer darf wo überhaupt eine Schutzhütte erstellen, und wie muß diese aussehen?

Schutzhütten sind im Sinne der Rechtsvorschriften bauliche Anlagen. Vor Baubeginn sollte man die Rechtsfrage überprüfen. Hierbei sind das Bauplanungsrecht, die für alle Bürger gültigen Bundesvorschriften, und das Bauordnungsrecht, die landesrechtlichen, also von Bundesland zu Bundesland differierenden Vorschriften, zu berücksichtigen, außerdem die meist landesrechtlichen Vorschriften des Umweltschutzes.

Nach § 29 BBauG (Bundesbaugesetz) werden diejenigen Baumaßnahmen aus den Bestimmungen des Bauplanungsrechts „entlassen", die nach dem Bauordnungsrecht – der jeweiligen Landesbauordnung – weder einer Baugenehmigung noch einer Bauanzeige bedürfen. An diese Befreiung haben die Bauordnungen der einzelnen Bundesländer Bedingungen geknüpft, die sich im Kern ähneln, in Einzelpunkten leicht differieren können:

- Das Bauprojekt muß ein landwirtschaftlich genutztes Gebäude sein, das nur zum vorübergehenden Schutz von Tieren bestimmt ist.
- Seine Firsthöhe darf 4 m (oder 5 m) nicht über-

schreiten, z. T. ist eine maximale Grundfläche festgelegt.
- Aufenthaltsräume für Menschen und/oder Feuerstätten sind nicht zulässig.
- Es darf keine feste Gründung (Fundamente) besitzen.

Außerdem gelten natürlich die generellen materiellen Vorschriften für ein ordnungsgemäßes Bauen; so sind die Anforderungen an die Standsicherheit, die Brandschutzvorschriften, Bauwich- und Abstandsvorschriften einzuhalten.

Diese Voraussetzungen für die Genehmigungsfreistellung lassen sich im allgemeinen erfüllen – bis auf die eine, daß es sich um ein landwirtschaftliches Gebäude handeln muß. Die meisten Hobbypferdehalter sind nun einmal keine Landwirte. Kann für die geplante Schutzhütte der Rahmen der Landesbauordnung nicht eingehalten werden, bedürfen sie der Genehmigung. Das Bauplanungsrecht – hier das BBauG – spielt wieder eine Rolle.

Im BBauG wird die Bauleitplanung – die Aufstellung von Flächennutzungsplänen und Bebauungsplänen – zur Selbstverwaltungsaufgabe der Gemeinden erklärt. Über die Möglichkeit, eine Schutzhütte innerhalb des bebauten Bereichs einer Gemeinde zu errichten, entscheidet der Bebauungsplan. Im Dorfgebiet (MD), im Kleinsiedlungsgebiet (WS) oder auch im Mischgebiet (MI) wird bei gutem Willen die Errichtung einer einzelnen, auch nichtlandwirtschaftlich genutzten Schutzhütte für Pferde machbar sein, während sie z. B. im reinen Wohngebiet (WR) ausgeschlossen ist. Wo kein Bebauungsplan besteht, es sich aber um im Zusammenhang bebaute Ortsteile handelt, wird die Genehmigungsfrage dann befriedigend gelöst werden können, wenn das Bauprojekt „sich nach Art und Maß seiner Nutzung und seiner Bauweise in die jeweilige Eigenart der näheren Umgebung einfügt", die Umgebung in ihrem Charakter also etwa einem Dorf- oder Kleinsiedlungsgebiet entspricht.

Schwierig wird es, wenn wie meistens der Standort der Pferdehaltung im Außenbereich liegen soll. Hier besteht im § 35 BBauG eine einschneidende, nicht dispensierbare Vorschrift über die Zulässigkeit von Vorhaben im Außenbereich mit der Zielrichtung, die Zersiedlung des nicht für die bauliche Nutzung vorgesehenen Gebiets zu verhindern.

Nach § 35 Abs. 1 Zi. 1 sind Bauvorhaben zulässig . . ., „wenn sie einem landwirtschaftlichen Betrieb dienen und nur einen untergeordneten Teil der Betriebsfläche einnehmen". Die rechtlichen Maßstäbe, die an die Landwirtseigenschaft und damit an das Privileg, im Außenbereich bauen zu dürfen, gelegt werden, sind recht eng. Erwerb oder Pacht einiger Weiden und die erklärte Absicht, Pferde züchten oder halten zu wollen, reichen nicht aus, einen landwirtschaftlichen Betrieb zu unterstellen. Nichtlandwirte können sich auf die Außenbereichsprivilegierung nach § 35 Abs. 1 Zi. 1 BBauG nicht berufen. Bei ihnen müßte die Baubehörde prüfen, ob das Projekt Schutzhütte „wegen seiner besonderen Zweckbestimmung nur im Außenbereich ausgeführt werden soll" (§ 35 Abs. 1 Zi. 5).

Die Praxis zeigt, daß die Entscheidungen eher restriktiv ausfallen, da doch die Gefahr besteht, daß aus Schutzhütten, Bienenhäusern oder Gerätehütten binnen kurzem Wochenendhäuser werden.

Mir ist eine hoffnungsgebende Entscheidung des OVG Koblenz (vom 18. 9. 1980 – 1 A 162/78) bekannt, das seinem Urteil folgenden Leitsatz voranstellte: „Ein offener Unterstand für eine als Freizeitbeschäftigung betriebene Weidetierhaltung kann zu den nach § 35 (1) Zi. 5 BBauG wegen ihrer besonderen Zweckbestimmung im Außenbereich privilegierten Vorhaben zählen." Man ging davon aus, „daß die Haltung von Pferden auf der Weide seit jeher zu den herkömmlichen Nutzungsformen des Außenbereichs gehört". Ist aber eine Weidetiernutzung eine adäquate Nutzung der Außenbereichslandschaft, dann muß man auch eine verhaltensgerechte Haltung ermöglichen, wozu ein Witterungsschutz auf der Weide gehört. In der Urteilsbegründung wird aber darauf hingewiesen, daß streng zu prüfen ist, ob das beabsichtigte Bauvorhaben für die vorgesehene Nutzung erforderlich ist.

So könnten z. B. feste Stallgebäude für die Winterunterbringung der Tiere auch innerhalb eines Dorfgebiets realisiert werden. Den Richtern war aber bekannt, „daß heute in zunehmendem Maß Pferdearten gehalten werden, die selbst im Winter keinen Stall mehr benötigen, die aber auf der Weide selbst einen Schutz vor starker Sonneneinstrahlung und Wind benötigen. Hierfür ist grundsätzlich ein einfacher, offener Unterstand . . . als notwendiges Zubehör zur Weide ausreichend, aber auch erforderlich".

Es ist dabei zu beachten, daß es lediglich um den Witterungsschutz für die Pferde geht; die Berechtigung zum Bau weiterer Gebäudeteile wie Futterlager, Sattelkammer und sonstiger wünschenswerter Einrichtungen ist durch den Bezug auf dieses Urteil wohl nicht abzuleiten.

Auch das Umweltrecht (vorwiegend Landesgesetze) kann sich auf Schutzhütten für Pferde auswirken. Wo kein besonderer Schutz ausgewiesen ist, muß der Bau das Verunstaltungsverbot respektieren, darf also das Orts- und Landschaftsbild nicht verunstalten.

Die Errichtung von Schutzhütten im Außenbereich ist in der Regel auch ein genehmigungsbedürftiger Eingriff in die Landschaft. Es kommt darauf an, ob die Schutzhütte notwendiger Bestandteil einer ordnungsgemäßen landwirtschaftlichen Bodennutzung ist. In Hessen darf in Landschaftsschutzgebieten z. B. die Genehmigung dann versagt werden, wenn durch ungeeignete Standortwahl Gefahr besteht, daß Bauten an exponierten Stellen errichtet werden.

Im Naturschutzgebiet sind schon alle Handlungen, die zu einer Veränderung führen können, verboten. Hieran kann auch der Bau einer Schutzhütte scheitern.

Da der landwirtschaftliche Betrieb hinsichtlich des Bauens im Außenbereich generell besser gestellt ist, kann es für den Hobbypferdehalter, der seine Pferde draußen auf Weiden in Auslaufhaltung mit dem notwendigen baulichen Zubehör zu halten beabsichtigt, oftmals sinnvoll sein, eine passende Form der Kooperation mit einem Landwirt zu finden. Umfang und Ausgestaltung dieser Kooperation hängen von den Gegebenheiten und Erfordernissen des Einzelfalles ab.

# Die Weide
Hermann Kothe

Fast jeder Pferdebesitzer möchte seinem Vierbeiner während der Sommermonate einen Urlaub auf der Weide gönnen. Doch allzuoft nur bleibt der Wunsch Vater des Gedankens: Der steigenden Zahl an Pferden und Pferdebesitzern steht nämlich eine sich verringernde Fläche an Grünland gegenüber. Immer mehr Landwirte spezialisieren sich. Die herkömmliche Form der Landwirtschaft, in der Ackerbau und Viehzucht kombiniert und man somit auf Grünland angewiesen war, wird zu Gunsten des Nur-Ackerbaues weniger. Die Folge: Jahr für Jahr wird mehr Grünland umgepflügt – mit jedem Hektar neuen Ackerlandes schwinden somit für die Pferdeleute die Aussichten, einen Pensions-Weideplatz für ihren Sport- und Freizeitkameraden zu „ergattern". Grund genug für viele Pferdebesitzer, nun auf „eigene Faust" für Abhilfe zu sorgen, sich Land zu pachten, um selbst Landwirtschaft – oder besser: Weidewirtschaft – zu betreiben. Hobbymäßig – versteht sich. Doch oft genug tauchen dabei für den landwirtschaftlichen Laien Probleme auf. Schon bald wird der „Newcomer" feststellen, daß mit festen Vorsätzen, gutem Willen und nostalgischer Träumerei kein Hektar Weide in Ordnung zu halten ist. Denn nur durch richtige, dem Boden und Klima entsprechende Pflege und Düngung bleibt eine Weide eine Weide und wird nicht zum ungepflegten, Unkraut-überwucherten Auslauf degradiert.

## Weidepflege

Voraussetzung für die Pflege des Grünlandes und das Gedeihen der Pflanzen ist ein geordneter Wasserhaushalt. Das überschüssige Wasser muß ungehindert abfließen können. Bei stauender Nässe verbreiten sich die Sauergräser (Binsen) und giftige sowie minderwertige Unkräuter, die auch auf luftarmem Boden leben können. Nasser Boden erwärmt sich auch schlechter – das Wachstum setzt daher später ein, und die Weidenutzung wird hinausgezö-gert. Die Entwässerung des Grünlandes erfolgt durch offene Gräben oder durch (kostspielige) Drainage. Es muß jedoch darauf geachtet werden, daß durch die Maßnahmen zur Ableitung des überschüssigen Regen- oder Schneewassers der Grundwasserspiegel nicht zu tief absinkt.

Zur Pflege der Grasnarbe gehören in erster Linie *das Abschleppen*, das Walzen und das Ausmähen der Weiden. Mit Maulwurfshaufen besetzte Grünflächen müssen abgeschleppt werden. Unterbleibt diese Pflegemaßnahme, so wird die Weide nicht nur uneben, sondern verschlechtert sich auch in ihrem Pflanzenbestand. Die aufgeworfenen Maulwurfshaufen werden vor allem von minderwertigen Gräsern und Kräutern durchwachsen und besiedelt. Man schleppt im Frühjahr ab, bevor das Wachsen und Schossen einsetzt. Geschleppt wird meistens mit Wagenreifen- oder Eisenbahnschienenschleppen bzw. mit umgedrehten Eggen. Das Abschleppen sollte in zügigem Tempo erfolgen, dadurch wird die Maulwurfserde besser verteilt.

Auf Moor- und anmoorigen Böden ist *das Walzen* im Frühjahr nahezu unerläßlich. Diese Böden frieren im Winter leicht hoch, dadurch verliert die Grasnarbe den Bodenschluß, ein Teil der Wurzeln reißt ab, und somit wird die obere Schicht locker und trocken. Durch die Walze wird die Grasnarbe wieder angedrückt, die Verbindung mit dem Boden wieder hergestellt und somit auch die Wasserführung verbessert. Gewalzt wird im Frühjahr, wenn der Boden weder zu naß noch zu trocken ist. Wird die Weide im nassen Zustand gewalzt, dann wird der Boden zu stark zusammengepreßt – ein zu geringer Luftgehalt im Boden ist die Folge. Dadurch fangen die wertvollen Gräser an zu kümmern, die Binsen – die mit luftarmen Böden besser fertig werden – stellen sich ein. Ist jedoch die Weide zum Zeitpunkt des Walzens schon zu trocken, so bleibt der Moorboden nicht in dem gewünschten Maße angedrückt, sondern federt wieder zurück – das Walzen ist also wirkungslos. Der richtige Zeitpunkt zum Walzen läßt sich durch die Trittspur feststellen: Man drückt den

Schuhabsatz wiederholt in den Boden – wird der Moorboden dabei breiig, so darf noch nicht gewalzt werden; federt die Trittspur aus, so ist der Boden schon zu trocken; krümelt der Boden in der Trittspur, so hat er die richtige Beschaffenheit zum Walzen. Im Gegensatz zum Abschleppen der Weide muß das Walzen in langsamem Tempo – nicht über 4 km/h – durchgeführt werden. Das Gewicht der Walze sollte auf 1 m Arbeitsbreite etwa acht bis zehn Doppelzentner betragen. Auf humusarmen Sandböden (Geest) hat das Walzen kaum eine Wirkung, auf schweren Ton- und Marschböden ist es sogar schädlich, da diese Böden schon eine natürliche Dichte haben.

*Das Nachmähen* der Weiden beseitigt die Geilstellen und anderes nicht gefressenes Futter. Unterläßt man diese Pflegemaßnahme, werden die unerwünschten Pflanzenbestände überständig, samen aus und nehmen immer größere Flächen des Weidelandes ein.

Pferde sollen auf der Weide muskulös, aber nicht fett werden. Neben der Nahrungsaufnahme soll für sie die Weide der Bewegung dienen. Voraussetzung für eine gute Weide – pro Pferd rechnet man übrigens ⅓ bis ½ ha, kleinere Flächen nähern sich eher dem Begriff Tummelplatz – ist ein angemessener Gehalt an Phosphorsäure, Kali, Magnesium, Kalk, Spurennährstoffen und Stickstoff. Aufschlüsse über den jeweiligen Bedarf des Bodens gibt eine Bodenuntersuchung, die von der Landwirtschaftskammer vorgenommen wird. Denn: Ohne Kenntnisse des Bodens und der Pflanzengesellschaft lassen sich für die Düngung nur allgemeine Ansatzpunkte geben – keinesfalls gültige Rezepte. Fest steht jedoch: Die Ernährungsgrundlage auf einer Weide können immer nur die natürlich gewachsenen Futterpflanzen sein. Eine um so größere Aufgabe fällt deshalb der modernen Pflanzenernährung zu.

Zur Behebung von Mangelerscheinungen und auch zur Anlage wichtiger Nährstoffvorräte im Boden sowie zur Erzeugung nährstoffreicher Futterpflanzen sind mineralische Düngemittel unentbehrlich. Angesichts der heute vielfach vorhandenen Neigung mancher Idealisten zu biologischer Düngung muß auf die Unentbehrlichkeit mineralischer Dünger auf einer Pferdeweide besonders hingewiesen werden. Durch die Düngung mit flüssigen und festen Tierexkrementen sowie mit Kompost werden zwar beachtliche Stickstoffmengen in den Boden gebracht, doch reichen diese Stickstoffvorräte nicht für hohe Weideleistungen aus. Pferdemist sollte nur in mehrjährigem, abgelagertem, kompostiertem Zustand ausgestreut werden – Verwurmungsgefahr! Vor allem benötigt man in der Praxis leichtlösliche mineralische Stickstoffdünger zum neuen vegetativen Antrieb der Grasbestände nach dem Abweiden und vor dem erneuten Auftrieb. Darüber hinaus hat der Stickstoff auf Pferdeweiden noch eine besondere Wirkung: Durch die geringen Mengen leichtlöslicher Nitrate wie Salpeter, die im Stickstoff vorhanden sind, regeneriert sich das Blattwerk der Graspflanzen nach dem Verbiß sehr schnell. Die Ausbreitung der Kleearten hingegen, insbesondere die auf Pferdeweiden unerwünschten Weißklees, wird eingeschränkt. Es findet also eine rasche Wiederbestockung der Gräser, jedoch eine Bremswirkung gegenüber dem Weißklee statt.

Für die Stickstoffdüngung ist auf reinen Pferdeweiden, die immer parasiten- und unkrautgefährdet sind, Kalkstickstoff – am besten Perlkalkstickstoff – am wirksamsten. Dazu tragen drei Eigenschaften bei: nämlich die verhaltene, aber vorhaltende Stickstoffwirkung, die schnell eintretende Cyanamidwirkung gegen Weideparasiten und Unkräuter und die intensive Kalkwirkung. Diese Eigenschaften zeichnen den Kalkstickstoff für Pferdeweiden vor allen übrigen Stickstoffdüngern aus.

Weideparasiten sind durch ca. 3 dz/ha Perlkalkstickstoff im April erfolgreich zu bekämpfen – bei gleichzeitiger Förderung des Graswachstums und Dämpfung der Unkräuter. Eine weitere Gabe im Juli/August verstärkt die Wirkung und fördert das Graswachstum bis in den Spätherbst.

Wichtig: Die Pferde sollen erst frühestens eine Woche nach dem Düngerstreuen wieder auf die Koppel kommen. Außerdem müssen die Stickstoffgaben auf Pferdeweiden – im Gegensatz zu den intensiv genutzten Rindviehweiden – immer vorsichtig bemessen werden. Die Nutzung der Weiden im zeitigen Frühjahr, wenn das erste Grün wächst, kommt besonders Zuchtstuten zugute – hoher Karotingehalt!

Über diese allgemeingültigen Düngungsempfehlungen hinaus sollen hier absichtlich keine speziellen

Rezepte zu individuellen Weide-Düngungen aufgelistet werden, weil dies nach neuen Erkenntnissen der Agrarwissenschaft gar nicht möglich ist. Denn die Bodenzusammensetzungen der verschiedenen Weideflächen sind von Ort zu Ort, aber auch von Jahr zu Jahr derartig unterschiedlich, daß praktikable Rezept-Empfehlungen, die den Vorzug haben, auch noch richtig zu sein, ohne Bodenuntersuchung nicht erstellbar sind.

Das richtige Vorgehen zur richtigen Weidedüngung in der Praxis ist deshalb:

Wir entnehmen von jeder Weide eine oder mehrere Bodenproben und lassen diese bei den zuständigen Landwirtschaftskammern oder vorhandenen landwirtschaftlichen Untersuchungsämtern auf ihre Zusammensetzung hin untersuchen, um danach entsprechend dem Untersuchungsergebnis ganz gezielt und für jede Weide individuell die Düngemittelmischung zusammenzustellen und auszubringen.

## Weideeinzäunung

Eine alte Pferdebesitzer-Weisheit sagt: „Der billigste Zaun ist oft der teuerste." In der Tat: Schaut man sich in unseren Ställen einmal um, sieht man Narben und Macken an Pferdebeinen „haufenweise" – Wertminderung nennt man so etwas, verursacht durch Stacheldraht. Doch das ist nur eine Medaillenseite der traurigen Bilanz. Nicht gesehen werden die Verkehrsopfer – Menschen und Pferde.

Viele dieser tragischen Unfälle hätten nicht geschehen brauchen, wenn die Koppelzäune in einem ordnungsgemäßen und pferdegerechten Zustand gewesen wären. Doch gerade hier liegt vieles im argen: Da laufen immer noch Pferde hinter Weideabgrenzungen, die man bestenfalls nur als Karikatur eines Zaunes bezeichnen kann. Morsche Weidepfähle – häufig angenagt und einem übermäßig strapazierten Zahnstocher ähnelnd – werden nur durch einen verrosteten Stacheldraht-Wirrwarr in senkrechter Stellung gehalten. Pferdebesitzer, die ihre Vierbeiner hinter solchen windschiefen Zaunruinen wissen, müssen schon über ein ausgeprägt stabiles Nervenkostüm verfügen – ansonsten hätten sie wohl kaum eine ruhige Nacht.

Gewissermaßen das A und O der Weidehaltung ist eine sichere Begrenzung der Grasfläche. Nicht immer wird sie durch Zäune gebildet. Natürliche Gegebenheiten – Gräben, Flüsse, Kanäle, Hecken oder auch Täler – bilden oftmals einen abgeschlossenen Bewegungsraum, der übrigens in den meisten Fällen von den Pferden besser respektiert wird als ein Zaun.

Der Stacheldraht, mit dessen Erfindung die heutige großflächige Weidenutzung möglich wurde – weil von den Kosten her rentabel –, sollte jedoch auf Pferdeweiden der Vergangenheit angehören. Wenn die Pferde in ihn hineinrasen oder in ihm hängenbleiben, sind zumeist fürchterliche Verletzungen die Folge. Leider läßt sich eine Einfriedung mit Stacheldraht nicht immer umgehen, z. B. bei gleichzeitiger Weidenutzung mit Rindern. In diesen Fällen sollte der Stacheldraht jedoch immer in Verbindung mit einem Elektrodraht – auf Auslegern ca. 50 cm vor dem Stacheldraht installiert – genutzt werden. Außerdem ist es ratsam, die obere Zaunbegrenzung durch Stangen, Plastikbänder oder Fähnchen für die Tiere sichtbar zu machen (Leitlinienwirkung). Zaunhöhe: ca. 1,40 m, die Abtrennungen einzelner Koppeln untereinander können 20 cm niedriger ausfallen.

Problematisch, wegen ihrer Ausbruchsverleitung, sind blanke Runddrähte, der „nackte" Elektrozaun sowie eine Kombination aus beiden Drähten. Auch bei dieser Einfriedungsart sollten von Pfosten zu Pfosten genagelte Stangen oder gespannte Bänder als optische Leitlinie investiert werden. Übrigens: Die Drähte müssen immer, von Ausnahmen in Ecken oder Biegungen abgesehen, auf der Weiden-Innenseite an den Pfählen angebracht werden. Bei der Erstellung von Holz-Koppelzäunen in Eigenarbeit müssen folgende Punkte beachtet werden: Nur gesundes und entästetes Material ist zu verwenden. Das Anschlagen der Querriegel erfolgt immer von der Innenseite der Koppel. Es empfiehlt sich, die Nagelspitzen durch einen Hammerschlag abzustumpfen – das Holz platzt dann nicht so leicht. Die Nägel müssen lang genug sein – ein starker Nagel hält besser als zwei schwache. Als Faustzahl

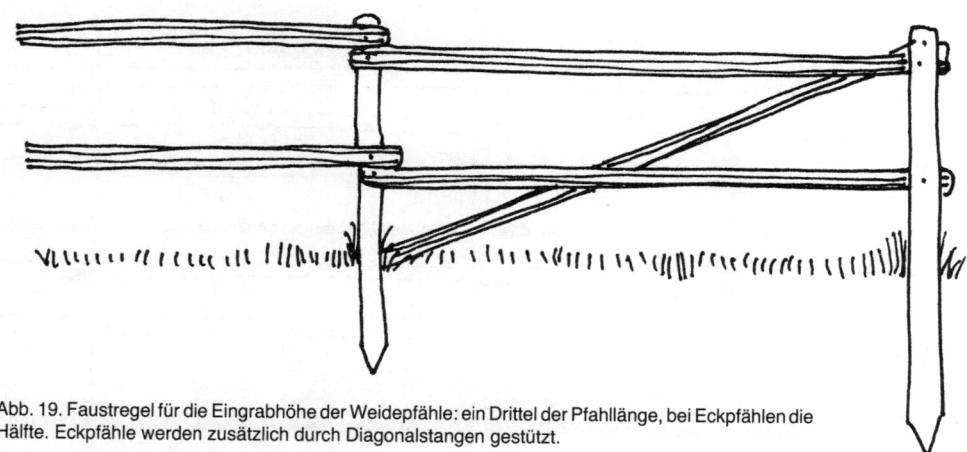

Abb. 19. Faustregel für die Eingrabhöhe der Weidepfähle: ein Drittel der Pfahllänge, bei Eckpfählen die Hälfte. Eckpfähle werden zusätzlich durch Diagonalstangen gestützt.

gilt: Die Einschlagtiefe der Nägel in den Pfahl sollte zwischen einem und zwei Drittel des Pfahldurchmessers betragen – Pfahldurchmesser ca. 13 bis 15 cm.

Sollen die Querriegel nicht schon nach wenigen Jahren verrotten, so empfiehlt es sich, sie mit Holzschutzmitteln zu behandeln. Die aufwendige Streicharbeit kann durch das Tauchverfahren entfallen. Die geschälten Stangen werden dazu in einer Wanne – für die langen Querriegel kann man sich einen solchen Behälter aus Bohlen und starker Plastikfolie selbst fertigen – mit teerölhaltigem Holzschutzmittel getränkt. Das Stangenholz erwirbt man am kostengünstigsten bei Forstämtern oder von Landwirten mit Waldbesitz. Wenn zunächst im Einkauf auch teurer, auf Langzeit jedoch wirtschaftlicher sind mit Teeröl im Kesseldruckverfahren imprägnierte Querriegel und Pfähle. Diese bieten im Gegensatz zum gestrichenen oder getauchten Holz den Vorteil der längeren Haltbarkeit – Firmengarantie 30 Jahre und mehr – in Verbindung mit Verbißsicherheit. Mit Steinkohlenteeröl imprägnierte Zäune werden von der Holzindustrie angeboten.

Durchgesetzt haben sich inzwischen auch die sogenannten Gummizäune, die von weitem betrachtet den Zäunen der Holzindustrie täuschend ähnlich sehen. Gefertigt wird das Material aus gebrauchten Bergbaubändern. Sollte man sich für dieses Material entscheiden, so muß darauf geachtet werden, daß keine Baumwolle oder sonstiges Gewebe verarbeitet ist. Die Bänder hängen sonst leicht durch. Verarbeitet werden die Gummibänder ebenso wie Holzriegel – d. h. sie werden ebenfalls an die Pfähle genagelt.

Gespannt werden die Gummibänder mit einem Traktor, der die Bänder auf „Zug bringt". Spannt man die Gummistreifen zu lose, hängen sie durch. Besonders anschaulich wird das an heißen Sommertagen. Das Gummi dehnt sich durch die Wärme aus – wie schlaffe Wäscheleinen hängen dann die Gummistreifen an den Pfählen. Bei dieser Art der Einzäunung müssen die Eckpfähle und jeder fünfte Pfahl – Abstand von Pfahl zu Pfahl nicht mehr als 3,50 m – besonders tief ins Erdreich versenkt werden, damit sie der nötigen Spannung standhalten. Die Eckpfähle sollten durch Diagonalstangen noch speziell gestützt werden.

Werden die Weiden neben Pferden auch von Schafen genutzt, haben sich Umzäunungen mit Knotengittern bewährt. Diese Einfriedungsart sollte jedoch nur mit einem für die Pferde vorgelagerten Elektrodraht in der Praxis Verwendung finden, da die Pferde leicht durch die Gitter schlagen können – Verletzungsgefahr! Zur oberen optischen Unterstüt-

Abb. 20. Beispiele für Weideeinzäunungen

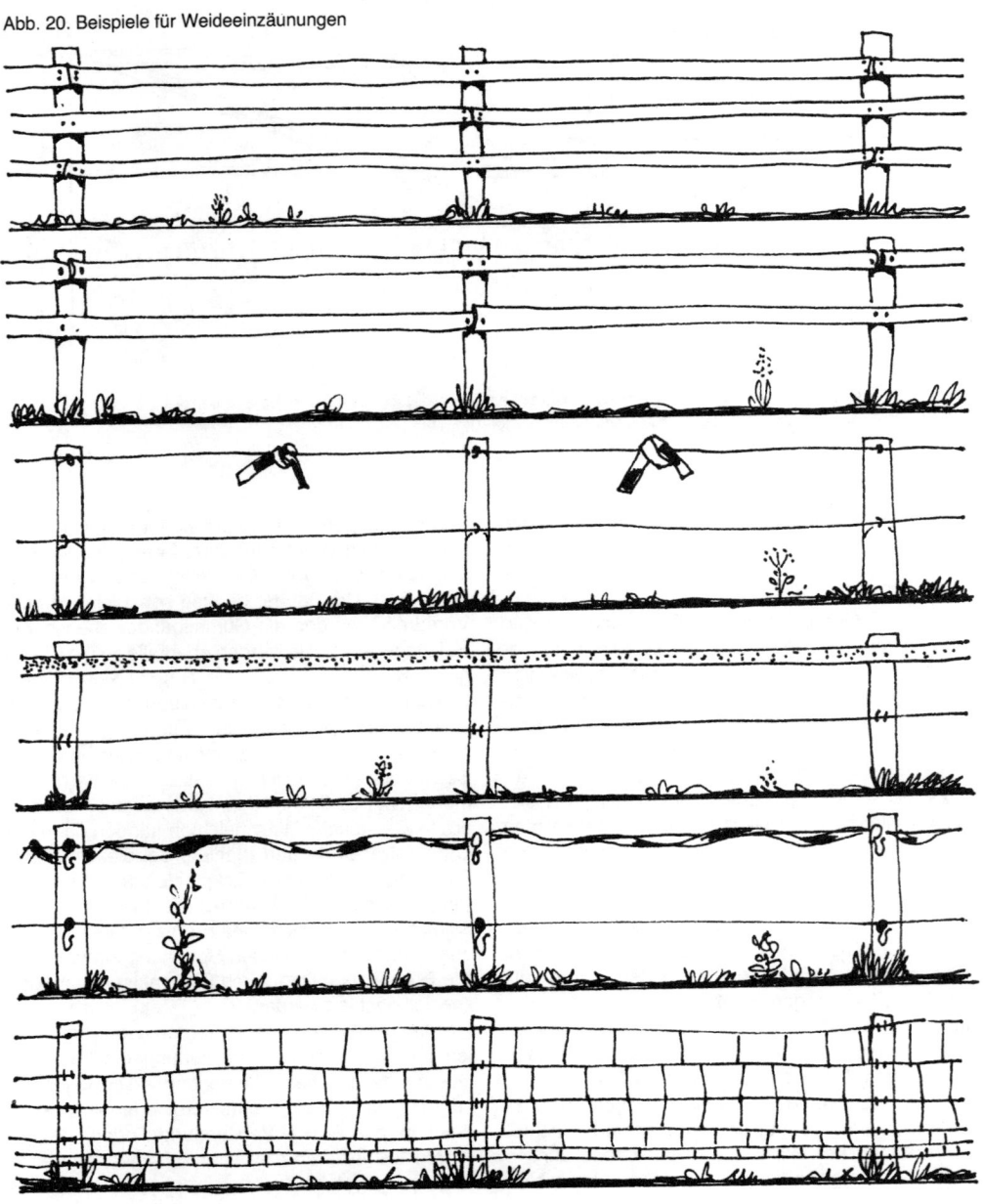

| Beispiele für Weideeinzäunungen | Material | Vorteile | Nachteile | Kombinationen |
|---|---|---|---|---|
| **Imprägnierte Holzriegel** | Steinkohlenteer imprägnierte Holzriegel | optisch „saubere" Einzäunung, verbißsicher, lange Haltbarkeit, 30 Jahre Garantie | | Holzriegel mit Elektrodraht oder glattem Draht |
| **Rundstangen** | nicht imprägnierte Rundstangen | optisch gute Einzäunung | wird von den Pferden angenagt, Haltbarkeit 6−8 Jahre | Rundstangen mit Elektrodraht oder glattem Draht |
| **Glatter Draht** | glatte Drähte mit Plastikfahnen | schnelle Verarbeitung, niedrige Kosten | wird oft nicht von den Pferden respektiert – verleitet zum Ausbrechen, Verletzungsgefahr | optische Unterstützung durch Querlatten oder Plastikbänder |
| **Gummiband und Elektrodraht** | Gummibänder | optisch „saubere" Einzäunung, kein Verbiß, lange Haltbarkeit | | Elektrodraht oder glatter Draht |
| **Elektrodraht mit Plastikband** | Elektrodraht | schnelle Verarbeitung | für Pferde oft schlecht sichtbar – verleitet zum Ausbruch | optische Unterstützung durch Plastikbänder oder Querlatten |
| **Knotengitter** | Knotengitter | Weidenutzung Pferde und Schafe | Verletzungsgefahr, wenn Pferde durch die Maschen treten | möglichst mit vorgelagertem Elektrodraht |

zung sind auch hier Stangen von Pfosten zu Pfosten zu nageln, bzw. ein Plastikband zu ziehen. Die Pfähle sollten einen Durchmesser von 11 bis 15 cm aufweisen. Die Eingrabhöhe ist abhängig von der Zaunhöhe und den Bodenverhältnissen. Als Faustregel gilt: Etwa ein Drittel der Pfahllänge ist in den Boden einzugraben. Danach muß ein Pfahl für einen 1,40 m hohen Koppelzaun mindestens zwei Meter lang sein. Der Abstand der Pfähle untereinander ist abhängig von der Stärke der Querriegel – in der Regel 3 m. Nach dem Einschlagen werden die Pfähle oben abgeschrägt, damit das Regenwasser besser ablaufen kann. Mit Holzschutzmitteln sollte bei rohen Pfählen auf jeden Fall der untere Pfahlteil bis 20 cm über dem Boden behandelt werden – besser ist jedoch ein totaler Holzschutz. Das früher oft praktizierte Ankohlen der Weidepfosten hat sich als völlig nutzlos erwiesen – es macht die Oberflä-che des Holzes porös, das Eindringen von Feuchtigkeit wird dadurch nicht verhindert.

Die billigste – jedoch recht umständliche – Art, die Koppeln zu verschließen, sind die in Hufeisen oder zwischen Pfählen geführten Riegel. Für Weiden, auf denen die Pferde mehrere Tage oder Wochen stehen, genügt diese Art der Absperrung. Werden die Pferde jedoch nur stundenweise auf die Koppel getrieben, empfiehlt sich der Bau von Drehtoren: Arbeitszeiteinsparung. Übrigens sollen die Tore grundsätzlich den Dimensionen des Zaunes angepaßt sein. Die Torverschlüsse können im Grunde gar nicht stabil genug sein. Bewährt haben sich hier massive Schubriegel (oben und unten), die durch Karabinerhaken noch zusätzlich gesichert sind. Weidetore, die an Verkehrsstraßen liegen oder weit vom Hof entfernt sind, sollten zusätzlich durch eine Kette mit Vorhängeschloß abgesperrt werden.

# Ernährungslehre, Füttern und Tränken, Giftpflanzen

Gerd Gewalt

Das Pferd lebte über Jahrtausende in Prärien, Pampas und Savannen. Dort stand ihm ein weiter Lebensraum, in dem es frei umherstreifen konnte, zur Verfügung. Auf der Nahrungssuche wählte es instinktiv aus dem reichhaltigen Angebot aus Gräsern, Kräutern und Sträuchern das aus, was es für seine Ernährung brauchte. Seine Verdauungsorgane sind daher auf eine kontinuierliche Nahrungsaufnahme, unterbrochen von kleinen Ruhepausen, eingerichtet.

Genügend Bewegung erhielt das wildlebende Pferd, indem es morgens und abends oft weit entfernte Wasserstellen aufsuchte. Hierdurch wurden die Verdauungsorgane angeregt, und kurze Galopps gewährleisteten eine gute Sauerstoffversorgung des Organismus. Beobachtungen an wildlebenden Pferden haben gezeigt, daß diese je nach topographischen Gegebenheiten und Vegetation 10–30 km täglich zurücklegten.

Zwar hat sich das Pferd im Laufe von Jahrhunderten der Haustierhaltung an die neuen, veränderten Lebensbedingungen angepaßt; man sollte jedoch bei der Fütterung bemüht sein, seinen ursprünglichen Lebensgewohnheiten so nahe wie möglich zu kommen.

## Futterbestandteile

### Energie- und Nährstoffe

Das Pferd nimmt über das Futter die notwendigen Energie- und Nährstoffe auf. Diese Nährstoffe unterteilt man in vier Gruppen: Energieträger, Baustoffe, Mineralien, Vitamine.

### Energieträger

Energieträger sind die Kohlenhydrate und Fette sowie im Überschuß aufgenommenes Eiweiß. Bei Pferdefuttermitteln bilden die Kohlenhydrate die Hauptenergieträger. Grundelemente der Kohlenhydrate sind die Einfachzucker, aus denen durch Verbindung in verschiedenen Kombinationen die Mehrfachzucker gebildet werden. In den Pferdefuttermitteln sind dies vorwiegend Rohrzucker, Stärke und Zellulose (Milchzucker). Während des Verdauungsprozesses werden diese Mehrfachzucker durch die im Körper vorhandenen Enzyme in Einfachzucker zerlegt, bevor sie von den Darmwänden aufgesaugt und über den Blutkreislauf zu den einzelnen Körperzellen transportiert werden können. Dort übernehmen sie die Ernährung dieser Zellen und versorgen die Muskeln mit der für die Arbeitsleistung erforderlichen Energie.

Eine Ausnahme unter den Energieträgern bildet die Zellulose, denn die kann nicht durch körpereigene Enzyme, sondern nur durch die im Darm lebenden Mikroorganismen zerlegt werden. Man zählt daher Zellulose zu den Struktur- und Ballaststoffen.

Fette spielen in der Pferdeernährung eine völlig untergeordnete Rolle. Dies geht schon aus dem geringen Fettanteil im Pferdefutter hervor. Gras und Heu weisen nur Spuren von Fett auf, und selbst in Hafer und Kleie sind nur ca. 4 % Fett enthalten.

### Baustoffe (Eiweiße = Proteine)

Eiweiße sind Baustoffe, aus denen Körpersubstanzen wie Muskulatur, Bindegewebe, Organe, Blut, Verdauungssekrete usw. gebildet werden. Grundelemente der Eiweiße sind ca. 28 verschiedene Aminosäuren, aus denen sich Eiweiße unterschiedlicher Zusammensetzung aufbauen lassen, wie sie in den Futtermitteln vorhanden sind. Durch die im Körper vorhandenen Enzyme, Verdauungssäfte und Mikroorganismen werden diese dann wieder in Aminosäuren zerlegt, welche über die Darmwände und die Blutzirkulation zu den einzelnen Organen transportiert werden, wo sie zum Wachstum oder zur Reparatur abgenutzter Zellen benötigt werden. Steht dem Körper mehr Eiweiß zur Verfügung als er benötigt, so wird das überschüssige Eiweiß ähnlich wie Kohlenhydrate und Fette zur Energiegewinnung genutzt.

## Mineralstoffe (Mengenelemente, Spurenelemente)

Mineralstoffe dienen zum Aufbau des Skeletts und zur Regulation des Körperstoffwechsels. Kalzium, Phosphor, Magnesium, Natrium, Kalium und Chlor bezeichnet man als Mengenelemente, da sie in geringen Mengen im Körper vorkommen (es werden mehrere Gramm pro Tag benötigt). Eisen, Kupfer, Kobalt, Zink, Mangan, Jod und Selen nennt man Spurenelemente, da sie nur in Spuren im Organismus vorliegen.

Die Aufgaben, welche die Mineralstoffe im Körper zu übernehmen haben, sind in der nachfolgenden Tabelle wiedergegeben. Diese Angaben sollen andeuten, wie außerordentlich wichtig eine ausreichende Versorgung der Pferde mit Mineralstoffen ist.

| Mengenelemente | Kalzium Phosphor | Stabilität und Funktion des Knochengerüsts, Blutgerinnung, Energiestoffwechsel in der Muskulatur |
| | Magnesium | Funktion vieler Enzyme in Nerven- und Muskelgewebe |
| | Natrium Kalium Chlor | Regulation des Säuren-, Basen- und Wasserhaushaltes, Funktion von Muskel- und Nervengewebe |
| Spurenelemente | Eisen | Bildung von rotem Blut- und Muskelfarbstoff, Sauerstofftransport in Blut und Gewebe |
| | Kupfer | Blut-, Blutgefäß- und Pigmentbildung, Knochenentwicklung |
| | Kobalt | In Vitamin B12 Kobaltmangel = Vitamin-B12-Mangel |
| | Zink | Struktur und Funktion der Haut, Fermentreaktionen in Kohlenhydrat- und Eiweißstoffwechsel |
| | Mangan | Knochen und Fettstoffwechsel |
| | Jod | Steuerung des Stoffumsatzes (Jod ist Bestandteil der Schilddrüsenhormone) |
| | Selen | Muskelstoffwechsel |

## Vitamine

Vitamine sind sehr komplizierte chemische Verbindungen. Man gliedert sie in fettlösliche Vitamine, wie z. B. A, D, E und K, sowie in wasserlösliche Vitamine, wie z. B. $B_1$, $B_2$, $B_6$, $B_{12}$ und C.

Um zu zeigen, wie wichtig eine ausreichende Vitaminversorgung in der Pferdefütterung ist, werden in der folgenden Tabelle die Hauptaufgaben, welche einige dieser Vitamine im Körper zu erfüllen haben, wiedergegeben. Die Tabelle enthält allerdings nur die wichtigsten Vitamine, denn alle heute bekannten Vitamine hier aufzuführen würde den Rahmen dieses Kapitels übersteigen.

| fettlösliche Vitamine | A | Aminosäurenstoffwechsel, Zellaufbau von Haut und Schleimhaut, Sehfähigkeit, Knorpelzellfunktion und Skelettwachstum, Infektabwehr |
| --- | --- | --- |
| | D | Kalzium- und Phosphorstoffwechsel, Mineralisation des Skeletts, Kalzium- und Phosphorausscheidung, Regulierung der Aktivität der Nebenschilddrüse |
| | E | Fruchtbarkeit, Wachstum, Funktion der Zellmembranen, Funktionsfähigkeit der Muskulatur, Funktionsfähigkeit der Blutgefäßwände, Pigmentstoffwechsel |
| | K | Blutgerinnung |
| wasserlösliche Vitamine | $B_1$ | Kohlenhydratstoffwechsel, Aktionsfähigkeit des Nervengewebes, Herzmuskeltätigkeit |
| | $B_2$ | Nahrungsausnutzung, Wachstum, Netzhautfunktion und Sehvorgang |
| | $B_6$ | Kohlenhydrat-, Eiweiß- und Fettstoffwechsel, Funktionsfähigkeit des zentralen Nervensystems |
| | $B_{12}$ | Aminosäurenverwertung, Wachstum, Blutbildung |
| | C | Oxydierungsvorgänge im Organismus, Kollagensynthese Nucleinsäure- u. Aminosäurehaushalt, Wachstum, Eisenstoffwechsel, Blutbildung, Aufbau Binde- u. Knochengewebe, Infektabwehr, Funktionserhaltung der Blutbahnen, Erhaltung der Geschlechtsfähigkeit, Antistreßfaktor (Kälte) |

## Struktur- und Ballaststoffe

Das Pferd ist als Pflanzenfresser auf strukturiertes, rohfaserreiches, schwer verdauliches pflanzliches Material angewiesen, die sogenannten Struktur- und Ballaststoffe. Diese Struktur- und Ballaststoffe nimmt das Pferd mit dem Rauhfutter auf. Sie sorgen für eine langsame Nahrungsaufnahme sowie gründliches Kauen und Einspeicheln. Hierdurch wird das Futter nicht nur mechanisch genügend zerkleinert, sondern durch den Speichel außerdem in einen lockeren Brei verwandelt, der vom Magensaft gut durchtränkt werden kann.

Im weiteren Verlauf der Verdauung regen diese schwer verdaulichen Ballaststoffe nicht nur die Darmtätigkeit an, damit der Futterbrei kontinuierlich weiterbefördert wird, sondern versorgen auch die im Dickdarm vorhandenen Mikroorganismen mit Nahrung. Sie sorgen außerdem im Dickdarm für einen langsamen, gleichmäßigen Abbau der Futterstoffe. Hierdurch wird verhindert, daß es zu einer stoßweisen Vergärung leichter abbaubarer Kohlenhydrate (Kraftfutter) kommt, was durch übermäßige Gasbildung zu Kolik führen würde. Außerdem sorgen die Struktur- und Ballaststoffe für einen Füllungsdruck im Magen-Darm-Kanal und das damit verbundene Sättigungsgefühl, was sich wiederum regulierend auf die Nahrungsaufnahme auswirkt.

Werden nicht genügend Ballaststoffe gefüttert, so entsteht eine Reihe von Risiken. Durch ungenügendes Kauen können sich an den Backenzähnen Haken bilden. Durch ungenügende Einspeichelung besteht die Gefahr von Schlundverstopfung und Fehlgärung im Magen, welche zur Kolik führt. Des weiteren werden durch ungenügende Beschäftigung und Sättigung Stalluntugenden wie Koppen, Weben und Benagen der Futterkrippen begünstigt.

# Bau und Funktion der Verdauungsorgane

## Maulhöhle

Das Pferd nimmt das Futter vorwiegend mit den Lippen und der Zunge auf. Nur gelegentlich, z. B. beim Grasen, werden die Schneidezähne mitbe-

nutzt. In der Maulhöhle wird das Futter anschließend zwischen den Backenzähnen zermahlen. Während des Kauens wird jeder Futterbissen gründlich eingespeichelt und durchgeweicht, bevor er durch die Schlundröhre abgeschluckt wird und in den Magen gelangt.

Am Mageneingang befindet sich ein starker Schließmuskel. Dieser öffnet sich nur für den Augenblick, in welchem eine Portion Futterbrei, aus der Schlundröhre kommend, den Mageneingang passiert. Die ganze sonstige Zeit verschließt er den Mageneingang dauernd und automatisch. Auch bei Magenüberfüllung oder Aufgasung im Magen bleibt er wegen dieses automatischen Funktionierens geschlossen. Daher ist es dem Pferd unmöglich zu erbrechen, und es besteht dann die Gefahr eines Magenrisses.

## Magen

Der Magen des Pferdes ist mit ca. 15 l Fassungsvermögen relativ klein und auf die kontinuierliche Aufnahme kleiner Futtermengen eingestellt. Der Magen besteht aus dem an der Schlundeinmündung befindlichen drüsenlosen Anfangsteil (Vormagen) und dem wesentlich größeren Hauptmagen. Im Anfangsteil (Vormagen) findet eine bakterielle Verdauung statt, die an sich von keiner großen Bedeutung ist. Wird jedoch der Magen plötzlich mit stärkereichen, feinstrukturierten Futtermitteln überladen, so können diese Bakterien auf den Hauptmagen übergreifen, und es kommt zu einer Fehlgärung, verbunden mit einer starken Aufgasung im Magen, die zur Kolik führen kann.

Im Hauptmagen werden die Futterbissen mit der von den Schleimhautdrüsen abgesonderten Magensäure vermischt. Diese tötet die aus dem Vormagen eingewanderten Bakterien, löst die Mineralien, Spurenelemente und Vitamine aus dem Futter und ermöglicht zusammen mit dem Ferment Pepsin die Freisetzung von Futtereiweißstoffen und deren Zerlegung in kleinere Eiweißbausteine.

## Dünndarm

Vom Magen aus gelangt der Futterbrei in den Dünndarm. Dort wird zunächst durch das von der Bauchspeicheldrüse gelieferte Sekret, das Natriumkarbonat enthält, die im Futterbrei enthaltene Magensäure neutralisiert. Dieses Sekret enthält außerdem mehrere Verdauungsfermente. Diese Fermente, zusammen mit der von der Leber produzierten Galle (das Pferd hat keine Gallenblase) und dem Darmsaft, der von den,in der Darmwand zahlreich vorhandenen Drüsen abgesondert wird, zerlegen im Futterbrei vorhandene Stärke und Mehrfachzucker in Einfachzucker. Außerdem spalten sie das im Magen bereits in kleinere Eiweißstoffe zerlegte Futtereiweiß in seine kleinsten Bauelemente, die Aminosäuren. Die Gallenflüssigkeit bringt außerdem das im Futter vorhandene Fett in eine feine Verteilung, die es einem weiteren Ferment ermöglicht, dieses in seine Bauelemente Glycerin und Fettsäuren zu trennen. Von den Darmwänden werden diese Bauelemente (Einfachzucker, Aminosäuren und Fettsäure) aufgesaugt und der Leber zugeführt, die diese so aufbereitet, daß sie über den Blutkreislauf den einzelnen Zellen und Geweben zugeführt werden können. Dort werden aus den Aminosäuren neue Eiweißstoffe, z. B. zum Aufbau von Muskulatur, gebildet. Die Einfachzucker und Fettsäuren dienen als Energiequellen, die bei Arbeitsleistung angezapft werden.

Die bei diesem Ab- und Aufbauprozeß nicht verwertbaren Produkte werden über die Blutbahn zu den Nieren transportiert. Diese reinigen das Blut und scheiden die nicht verwertbaren Abbauprodukte über den Harn aus.

## Dickdarm

Die soeben beschriebenen Verdauungsprozesse haben lediglich die Faserstoffe unverdaut überstanden. Diese gelangen mit dem Futterbrei in den Dickdarm, der aus dem Blinddarm, dem Grimmdarm und dem Mastdarm besteht. Blinddarm und Grimmdarm sind eine Art Gärkammer. Hier werden Faserstoffe durch die dort vorhandenen Mikroorganismen zersetzt. Dabei entstehen aus diesen Kohlenhydraten organische Säuren, die über die Darmwand ins Blut gelangen und unmittelbar zur Energiegewinnung verwendet werden. Im letzten Teil des Dickdarms wird dem Darminhalt Wasser entzogen, und es bilden sich die Kotballen.

# Futtermittel

## Grünfutter

Grünfutter kann während der Weideperiode die Funktion des Heus teilweise oder ganz übernehmen. Es sorgt für eine ausgeglichene Nährstoffversorgung und liefert die erforderlichen Struktur- und Ballaststoffe. Für Pferde am geeignetsten ist Grünfutter von Dauergrünland in einer Zusammensetzung von 60−70 % Gras, 10−20 % Klee und 10−20 % Kräuter. Von den verschiedenen Grünfuttersorten vom Acker eignen sich für die Pferdefütterung Grünmais, Grünroggen, Grünhafer oder Liesch bzw. Timotheegras. Nur in geringen Mengen hingegen dürfen Rotklee, Luzerne oder Esparsette verfüttert werden, am besten nur als Anteil von 10−20 % einer Grasration, andernfalls zusammen mit Stroh oder ca. 3,5−5 cm langem Häcksel.

Wird das Grünfutter nicht während des Weidegangs von den Pferden selbst aufgenommen, sondern soll es im Stall gefüttert werden, so muß es täglich frisch gemäht, sofort abgeladen und in dünner Schicht an einem schattigen Ort ausgebreitet werden. Mit dem Rasenmäher kurz geschnittenes Gras ist als Pferdefutter ungeeignet und hochgradig gefährlich. Junges Grünfutter (zu Beginn der Vegetationsperiode) sollte nur in kleinen Mengen und mit Häcksel vermischt gefüttert werden. Die Umstellung der Pferde von Heu auf Grünfutter muß allmählich erfolgen.

Diese Hinweise sind unbedingt zu beachten, da es sonst leicht zu Erkrankungen des Magen-Darm-Traktes kommen kann (Durchfall, Kolik).

Der Nährstoffgehalt von Grünfutter variiert stark im Laufe einer Vegetationsperiode, was bei der Zusammenstellung von Futterrationen berücksichtigt werden muß. Der Anteil an verdaulicher Energie beträgt bei Grünfutter vor dem Schossen ca. 2,5 MJ je kg, bei überständigem Gras jedoch nur 1,7 MJ je kg. Junges Gras hat nur einen sehr geringen Rohfaseranteil (ca. 30 g je kg ursprünglicher Substanz!). Auch dies ist bei der Futterzusammenstellung unbedingt zu beachten. Die Zufütterung von Heu, Stroh oder Häcksel ist in diesem Fall unerläßlich. Während der Wachstumsperiode nimmt der Rohfasergehalt zu und erreicht bei überständigem Gras einen Wert von 120 g je kg.

# Heu

Heu ist neben Weide und Grünfutter das wichtigste Futtermittel. Es dient nicht nur der Ernährung, sondern liefert gleichzeitig die für eine einwandfreie Funktion der Verdauungsorgane unentbehrlichen Rohfaser- und Ballaststoffe und gibt durch sein Volumen dem Pferd ein Gefühl der Sättigung.

Für die Fütterung von Pferden ist der erste Schnitt von Wiesenheu, das kurz vor oder in der Blüte gewonnen wird, am geeignetsten. Luzerne und Kleeheu sind wegen ihres hohen Proteingehaltes für die Pferdefütterung weniger geeignet und dürfen allenfalls zusammen mit gutem Wiesenheu in kleinen Mengen verfüttert werden (maximal 1 Teil Kleeheu mit 4 Teilen Wiesenheu). Mit Vorsicht ist auch Heu vom zweiten Schnitt (Grummet, Öhmd) einzusetzen (ausreichend ablagern). Grummet sollte – wenn überhaupt – nur in kleinen Mengen zusammen mit gutem Wiesenheu verfüttert werden.

Während der ersten Wochen nach dem Schnitt macht das Heu einen Fermentierungs- und Schwitzvorgang durch. Deshalb darf es frühestens 10 Wochen nach dem Einbringen verfüttert werden. Bei vorzeitiger Fütterung besteht erhebliche Kolikgefahr.

Für den Nichtlandwirt ist in Ballen gepreßtes Heu am leichtesten zu transportieren, zu lagern und zu handhaben. Vor dem Füttern sollte Ballenheu auf seine Qualität überprüft werden (nicht im Stall!). Man achte beim Aufschütteln auf Verunreinigungen, Giftpflanzen (Adlerfarn, Adonisröschen, Herbstzeitlose, Kreuzkraut) und auf Schimmelpilznester. (Schimmelpilzbefallenes Heu führt zu Koliken, Allergien und Atembeschwerden!)

Da das Wohlbefinden und die Gesundheit des Pferdes in hohem Maße von der Heuqualität abhängen, sollte man auf folgende Kriterien achten: Gutes Heu hat eine grünliche bis grüngraue Farbe. Es sollte einen gewissen Anteil an Klee und Kräutern aufweisen. Es faßt sich trocken, resch, rauh an und riecht süßlich, aromatisch frisch. Beim Aufschütteln darf es nicht stauben.

Schlechte Heuqualität erkennt man an folgenden Eigenschaften: Das Heu ist gelbbraun oder ausgebleicht, ausgewaschen, je nachdem, ob es während des Fermentiervorgangs überhitzt wurde oder nach dem Schnitt verregnet ist. Schlechtes Heu riecht muffig, brandig, schimmlig. Staubt Heu beim Aufschütteln stark, besteht Verdacht auf Schimmelpilz- und Milbenbefall. Zu spät eingebrachtes Heu hat harte, verholzte Stengel. Sind seine anderen Qualitätsmerkmale in Ordnung, so kann man es zwar füttern, es hat jedoch – bei hohem Rohfaseranteil – geringere Nährwerte als gutes, rechtzeitig eingebrachtes Heu.

# Stroh

Stroh dient als Futter und Einstreu sowie zur Beschäftigung der Pferde. Es hilft Stalluntugenden wie Koppen, Weben oder Klopfen gegen die Boxenwände zu vermeiden. Es sorgt ferner durch seinen hohen Rohfaseranteil für eine einwandfreie Funktion des Verdauungstraktes und für ein Sättigungsgefühl. Zur langsameren Futteraufnahme und verstärkten Kautätigkeit bei hoher Speichelproduktion verwendet man gehäckseltes Stroh (Länge mindestens 3–5 cm, da zu kurzes Stroh zu Verdauungsstörungen führen kann).

Als Futterstroh eignet sich vor allem Haferstroh, auch Gersten- und Sommerweizenstroh werden von den Pferden gerne gefressen. Als Einstreu ist Hafer- oder Weizenstroh ebenfalls am besten geeignet.

Gutes Stroh ist gelblich bis goldfarben, fühlt sich trocken und rauh an und ist geruchlos. Beim Aufschütteln von Strohballen prüfe man das Stroh gründlich. Es darf nicht schimmlig oder muffig sein und muß frei sein von Staub, Verunreinigungen, Unkräutern, Rost- und Brandpilzen.

Nicht geeignet in der Pferdehaltung, weder zur Fütterung noch zur Einstreu, sind Spreu, Bohnen- oder Erbsenstroh. Da nicht nur der Nährstoffgehalt, sondern auch der Mineralstoffgehalt von Stroh sehr gering ist, ist es nur bedingt möglich, einen Teil der Heuration durch Stroh zu ersetzen. Da ein Teil der Einstreu von den Pferden gefressen wird, darf auch für die Einstreu nur Stroh von guter Qualität verwendet werden.

# Rüben und Rückstände der Zuckerrübe

## Gehaltsrüben (gehaltvolle Futterrüben), Zuckerrüben, Möhren

Gehalts- und Zuckerrüben haben einen hohen Zuckeranteil in der Trockensubstanz. Dieser Zucker wird vom Körper schnell resorbiert und verwertet. Wegen ihres süßen, saftigen Geschmacks werden sie von Pferden gerne gefressen und sorgen für geschmackliche Abwechslung in der Futterration. Sie wirken außerdem verdauungs- und appetitanregend.

Gehalts- und Zuckerrüben müssen gründlichst gereinigt werden. Blätter und die grünen Köpfe müssen entfernt werden, da andernfalls der anhaftende Sand und Schmutz zu Kolik und Durchfall führen kann.

Möhren sind ebenfalls süß und saftig. Sie haben einen hohen Karotingehalt (Vorstufe des lebensnotwendigen Vitamin A). Dieser Karotingehalt nimmt auch während der Lagerung kaum ab. Über die Reinigung gilt das oben Gesagte. Vor dem Füttern schneidet man die Möhren in Längsrichtung auf, um der Gefahr einer Schlundverstopfung vorzubeugen.

## Trockenschnitzel

Trockenschnitzel sind das nach Entzuckerung der Zuckerrübe verbleibende, getrocknete Rübenmark. Wegen ihres süßen Geschmacks werden sie gern gefressen. Ihr Energiewert entspricht etwa dem von Hafer.

Trockenschnitzel müssen mindestens 6 Stunden vor der Fütterung eingeweicht werden. Da sie stark quellen, können sie andernfalls Schlundverstopfung und Magenriß verursachen. Zum Einweichen nimmt man auf 4 l Wasser 1 kg Schnitzel. Da Trockenschnitzel zur Säuerung und Gärung neigen, sollten sie während des Quellvorgangs in einem kühlen, feuchten Raum gelagert werden. Sie müssen aus diesem Grund auch jeden Tag frisch zubereitet werden.

Melasseschnitzel nennt man Trockenschnitzel, die mit ca. 15 % Melasse vermischt wurden.

## Melasse

Melasse ist ein Rückstand der Zuckerverarbeitung. Es handelt sich um die Restsubstanz des Zuckersaftes, aus der durch Kristallisation kein weiterer Zucker mehr gewonnen werden kann. Melasse ist eine sirupartige bräunliche Flüssigkeit mit einem Zuckergehalt von ca. 50 %. Da sie den Appetit anregt, füttert man sie mit Vorliebe an schlechte Fresser. In begrenzter Menge gefüttert, ist sie außerdem verdauungsanregend.

Da die Handhabung von Melasse schwierig ist, wird sie meist Trockenschnitzeln oder Getreidenachprodukten beigemischt. So ist sie auch Bestandteil des sogenannten „Patent"- oder „Reformhafers".

Enthält die Futterration Rüben, Trockenschnitzel oder Melasse, so ist auf peinliche Sauberkeit der Futterkrippen vor und nach der Fütterung zu achten, da diese Futtermittel schnell in Gärung übergehen und dann zu Koliken führen können. Der ranzige Geruch schlecht gereinigter Krippen oder Futterschüsseln kann außerdem dazu führen, daß die Pferde die Futteraufnahme daraus verweigern.

# Getreide und Getreidenachprodukte

## Hafer

Hafer ist in Westeuropa in der Pferdefütterung von großer Bedeutung. Heu und Hafer sind die zwei wichtigsten Komponenten in fast jeder Pferdefutterration. Am verbreitetsten sind die gelb- und weißspelzigen Hafersorten. Außerdem gibt es noch schwarzspelzige Sorten.

Guter Hafer ist hart, trocken und glänzend. Die Körner sind groß (10—12 mm) und rund. Das Litergewicht von gutem Hafer beträgt 550—650 g. Mittlere Qualitäten haben ein Litergewicht von 500—550 g. Guter Hafer ist geruchlos. Beim Zerkauen von Haferkörnern schmecken diese zunächst mehlig, leicht nußartig, später süßlich. Schneidet man ein Korn auf, ist sein Inhalt hellweiß, mehlig.

Schlechte oder minderwertige Haferqualitäten erkennt man an folgenden Eigenschaften: Die Körner sind klein und schmal, das Litergewicht liegt unter 500 g. Ein rostiger, grauer oder graubrauner Belag bzw. Staub in den Längsfurchen des Korns deutet auf Pilzbefall, Schimmel oder Saatgutbehandlung hin. Grüne Färbung und teigiger Inhalt sind Zeichen für unreifen Hafer. Weitere Erkennungsmerkmale für schlechte Qualität sind dumpfer, muffiger oder saurer, ranziger Geruch sowie ein scharfer, bitterer Geschmack. Verunreinigungen durch Erde, Steinchen, Mäusekot und Unkrautsamen weisen auf ungenügende Reinigung hin. Zeigt Hafer einen dieser Fehler, ist er für die Pferdefütterung ungeeignet und kann zu Erkrankungen und Vergiftungen führen.

Hafer muß wie alle Getreidearten nach der Ernte ablagern und darf erst nach drei bis vier Monaten verfüttert werden. Bei vorzeitiger Fütterung besteht die Gefahr von Verdauungsstörungen.

Aufgrund seines hohen Spelzanteils und seiner Größe wird Hafer gut gekaut und bedarf im allgemeinen keiner besonderen Zubereitung. Bei jungen Pferden und alten Pferden mit Zahnschäden sowie bei nervösen Pferden empfiehlt es sich, den Hafer zu quetschen. Durch das Quetschen wird eine etwas bessere Ausnutzung im Verdauungstrakt erreicht. Zu fein gequetschter oder geschroteter Hafer ist ungeeignet, da er zu Zusammenballungen neigt und zu Verdauungsstörungen führen kann. Gequetschter Hafer ist nur 1–2 Wochen lagerfähig und muß trocken gelagert werden, andernfalls wird er muffig und schimmlig und darf nicht verfüttert werden. Wird Hafer zu gierig gefressen, empfiehlt es sich, ihn mit Häcksel zu vermischen. Er wird dann langsamer gefressen, gründlicher gekaut und eingespeichelt und besser verdaut.

Patenthafer oder Reformhafer sind Kraftfuttermischungen, die von Futtermittelherstellern angeboten werden. Sie enthalten ca. 40–50 % Hafer (gewalzt), Weizenkleie, Melasse, Haferschalen, Malzkeime, Leinsaatschrot, Mineralstoffe, Spurenelemente und Vitamine.

## Gerste

Nach Hafer ist Gerste für Pferde das geeignetste Getreidekorn. Im Vorderen Orient wird sie meist anstelle von Hafer verwendet. Der Futterwert von Gerste ist höher als der von Hafer. 1 kg Hafer entspricht 0,9 kg Gerste.

Gerste gibt es als Sommer- und als Wintergetreide. Beide sind für die Pferdefütterung geeignet. Wegen des harten Spelzenmantels muß Gerste vor dem Füttern gequetscht oder grob geschrotet werden. Will man einen Teil der Haferration durch Gerste ersetzen, empfiehlt sich eine langsame Erhöhung des Gerstenanteils über mehrere Tage, um Verdauungsstörungen zu vermeiden.

## Mais

Mais wird vor allem in Amerika in großen Mengen in der Pferdefütterung verwendet. Er ist eiweiß- und rohfaserärmer als Hafer, weist eine gute Verdaulichkeit und einen hohen Nährwert auf. 1 kg Hafer entspricht 0,8 kg Mais. Bei geringer Arbeit und Maisfütterung neigen die Pferde zum Fettansatz. Mais kann zwar ohne vorherige Zubereitung gefüttert werden, wenn die Pferde dies gewöhnt sind. Es empfiehlt sich jedoch, ihn grob zu quetschen.

## Weizenkleie

Weizenkleie ist ein Mühlennachprodukt. Es sind die feinen Schalen, die plättchenartig beim Mahlvorgang vom Mehlkörper des Weizens abgespalten werden. Weizenkleie ist gelblich-rötlich, pulvrig trocken und riecht mehlig bis nußartig. Weizenkleie wirkt leicht abführend und infolge ihres hohen Stärkeanteils mästend. Es sollen daher täglich nicht mehr als 0,5 kg verfüttert werden. Bei Fütterung größerer Weizenkleiemengen besteht außerdem die Gefahr von Verkleisterungen im Darm mit den daraus folgenden Erkrankungen des Verdauungstraktes.

Da Weizenkleie staubt, wird sie vorzugsweise naß verfüttert (siehe Mash) oder mit Melasse benetzt. Beide Varianten werden von den Pferden gern gefressen und sind ausgesprochen appetitanregend. Weizenkleie ist hygroskopisch, sie muß daher trocken gelagert werden. Bei falscher Lagerung wird sie dumpf, muffig und bildet Klumpen. Sie darf dann nicht mehr verfüttert werden.

# Leinsamen

Leinsamen ist nicht nur ein Futtermittel, sondern auch ein Heilmittel bei Verdauungsstörungen. Die im Leinsamen enthaltenen Schleimstoffe quellen im Wasser leicht auf und können im Darmtrakt größere Wassermengen binden. Sie bilden außerdem eine Schutzschicht über die Schleimhäute des Magen-Darm-Traktes.

Guter Leinsamen ist glänzend, kaffeebraun, frei von Schmutz und Fremdstoffen und riecht nußartig bis ölig (nicht ranzig!). Er enthält über 30 % Fett, welches überwiegend aus ungesättigten Fettsäuren besteht. Diese verleihen dem Fell und Langhaar einen besonderen Glanz. Die ungesättigten Fettsäuren sind sehr oxidationsempfindlich. Leinsamen wird daher rasch ranzig und ist nach dem Quetschen oder Schroten nur noch sehr begrenzt haltbar. Unter Einwirkung von Feuchtigkeit entsteht bei Leinsamen durch einen chemischen Abspaltungsprozeß hochgiftige Blausäure. Er muß daher völlig trocken gelagert werden. Durch Abkochen (15 min.) läßt sich diese Gefahr bannen.

Die Maximalmenge Leinsamen, die täglich pro Pferd gefüttert werden darf, beträgt 120 g (Fohlen 50 g). Leinsamen muß vor der Fütterung geschrotet oder gequetscht werden, da seine harte Schale eine Verdauung verhindert. Man kann ihn trocken unter das Kraftfutter mischen oder als Brei verfüttern. Hierzu kocht man 4 Teile Wasser mit 1 Teil Leinsamen 15 Minuten lang auf und läßt es vor dem Füttern etwa auf Körpertemperatur abkühlen (siehe Mash).

## Mash

Mash ist eine Art Brei aus Weizenkleie, Leinsamen oder einer Mischung von Weizenkleie und Hafer. Es ist sehr schmackhaft und darmverträglich und anzuraten als Ergänzung der Futterration kranker und rekonvaleszierender Pferde, da die in den Zutaten enthaltenen Schleimstoffe einen Schutzfilm für die Magen- und Darmschleimhäute bilden, wodurch Heilungsprozesse im Magen-Darm-Trakt beschleunigt werden. Kranken Pferden kann man 2- bis 3mal je Woche Kleiemash füttern.

Nach der Fütterung von Mash sind die Futterkrippen oder Futterschüsseln gründlich zu säubern, da Futterreste innerhalb weniger Stunden sauer und ranzig werden und unter Umständen die Pferde am folgenden Tag die Futteraufnahme aus diesen Futtergefäßen verweigern.

---

*Leinsamenmash*
Zur Herstellung eines Leinsamenmashs nimmt man 3 l Wasser, schüttet 100 g Leinsamen hinein und läßt das Ganze 15 Minuten unter kräftigem Rühren aufkochen. Das 15minütige Kochen ist wichtig, da andernfalls von dem im Leinsamen enthaltenen Linamarin, einem Glycosid, unter Feuchtigkeitseinfluß die hochgiftige Blausäure abgespalten wird. Nach ca. 40 Minuten Abkühlen und Prüfen der Temperatur kann man das Mash füttern.

---

*Kleiemash*
Zur Zubereitung eines Kleiemashs benötigt man ca. 1 Stunde. Man gibt zunächst 500 g Weizenkleie sowie 25 g grobes Kochsalz in einen Topf und übergießt das Ganze mit 3 l kochendem Wasser unter ständigem Rühren. Dann bedeckt man den Topf mit einem Sack und läßt ihn 40 Minuten stehen, bis der Brei so weit abgekühlt ist, daß er für die Hand angenehm warm ist. Die Temperatur prüft man, nachdem man vorher nochmals kräftig umgerührt hat. Zur geschmacklichen Abrundung kann man dem Mash noch 1 oder 2 Handvoll gequetschten Hafer oder eine Tasse Sirup oder Sirupwasser (1 Teil Sirup, 4 Teile Wasser) zugeben. Auch kann man kurz vor dem Füttern gut zerkleinerte Äpfel oder Möhren unterrühren.
Anstelle eines reinen Weizenkleie-Mashs kann man auch ein Mash aus gleichen Teilen Weizenkleie und gequetschtem Hafer ansetzen.

---

## Mineralfutter

Bei der Ermittlung einer Futterration nach dem Schema S. 69 ergeben sich aus dem Vergleich der aus der Rationsberechnung erhaltenen Werte an Kalzium, Phosphor und Natrium und den Werten aus der Ermittlung des Nährstoffbedarfs Differenzen. Meist wird es sich um eine Unterversorgung mit bestimmten Mineralsalzen handeln. Dieser Mangel ist durch Zufütterung von Mineralfutter zu kompensieren.

Mineralfutter sind Mineralstoffgemische, die neben Mengen- und Spurenelementen auch Vitamine enthalten. Damit sie besser von den Pferden angenommen werden, gibt der Hersteller dem Mineralfutter noch gewisse Gewürzstoffe zu.

Mineralfutter sollen in der Regel einen hohen Kalzium- und geringen Phosphorgehalt aufweisen. In den Futterrationszusammenstellungen besteht nämlich selten ein Phosphor-, häufig jedoch ein

Kalziummangel, da alle Getreidearten und Getreidenachprodukte einen hohen Phosphorgehalt, aber geringe Kalzium- und Natriumwerte aufweisen. Ein Mineralfutter, das die in der Futterration auftretenden Mineralstoffmängel optimal (weder Über- noch Unterversorgung) korrigiert, wird es nicht geben. Im Einzelfall ist jenes Mineralfutter am besten geeignet, das die Futterration am vollständigsten ergänzt.

In welchen Mengen Mineralfutter zugefüttert werden muß, kann man anhand der oben erwähnten Differenz zwischen Soll- und Istwert und mittels den von den Herstellern erhältlichen Angaben über die Inhaltsstoffe ihres Mineralfutters errechnen.

## Mischfutter

Mischfutter ist ein industriell, unter Berücksichtigung ernährungswissenschaftlicher Grundsätze hergestelltes Futter. Es vereinfacht die Fütterung durch seine gleichmäßige Qualität und seinen ausgeglichenen Nährstoffgehalt. Alle Mischfutter unterliegen den futtermittelrechtlichen Bestimmungen. Jeder Futtersack enthält einen Beipackzettel, der über die Inhaltsstoffe Auskunft gibt. Aufzuführen sind: Rohprotein, Rohfett, Rohfaser sowie Angaben über die Mengenelemente Kalzium und Phosphor. Außerdem finden sich auf dem Zettel Angaben über die Zusatzstoffe (sofern vorhanden), die eventuell zugesetzten Spurenelementverbindungen in Form von Salzen der Elemente Eisen, Kupfer, Zink, Mangan, Jod und Kobalt sowie die Vitamine mit Angaben der Art, Menge und der Haltbarkeitsdauer. Mischfutter wird meist pelletiert geliefert. Das erleichtert Lagerung, Transport, Dosierung und Zuteilung und reduziert die Staubentwicklung. Es sollte möglichst nicht länger als 6 Wochen gelagert werden (Herstelldatum ist auf dem Beipackzettel oder auf dem Sack vermerkt). Man lagert die Futtersäcke in einem trockenen, kühlen Raum und sorgt durch einen Lattenrost oder ein anderes Isoliermaterial für Abstand zu Fußboden und Wänden. Falsch gelagertes oder zu altes Futter kann durch Bakterien, Hefen, Pilze oder Milben zersetzt werden und zu Gesundheitsstörungen führen. Außerdem geht der Vitamingehalt während der Lagerung zurück. Jede Umstellung auf Mischfutter sollte allmählich vorge-

nommen werden, da unbekanntes Futter von Pferden zunächst nur zögernd angenommen wird.

### Ergänzungsfutter

Als Ergänzungsfutter bezeichnet man ein Mischfutter, das zur Energie-, Eiweiß-, Mineral- und Wirkstoffergänzung der Gesamtration dient.

Ergänzungsfutter zu Heu und Hafer soll die Nährstofflücke der Grundfuttermittel ausfüllen und hat daher einen hohen Kalzium- und Vitamingehalt. Von den meisten Herstellern wird eine Menge von ca. 1 kg pro Pferd und Tag empfohlen.

Ergänzungsfutter zu Heu ist ein Mischfutter, das alleine, nur mit Heu zusammen, eine vollwertige Futterration ergibt. Es ist in seiner Zusammensetzung ähnlich wie das Ergänzungsfutter zu Heu und Hafer, jedoch ist der Mineral- und Vitamingehalt etwas niedriger, da es in größeren Mengen gefüttert wird.

### Alleinfutter (Mischfutter zu Stroh)

Bei der Fütterung von Alleinfutter ist lediglich die Zufütterung von mindestens 2 kg guten Strohs pro Pferd und Tag erforderlich, um den Rauhfutterbedarf zu decken.

Der Energiegehalt von Alleinfutter sollte nicht zu hoch sein (10 bis 11 MJ/kg), und die Trockengrünanteile dürfen nicht zu stark zerkleinert sein. Es empfiehlt sich bei Alleinfutter, die Tagesmenge auf vier Mahlzeiten zu verteilen.

Alleinfutter ohne Strohzufütterung ist abzulehnen, denn das Alleinfutter reicht volumenmäßig nicht aus, um für ein mechanisches Sättigungsgefühl zu sorgen. Außerdem entsteht durch die kurze Freßzeit Langeweile, was zu Stalluntugenden führen kann, und durch ungenügende Kautätigkeit und ungenügende Einspeichelung kann es u. U. zu Zahnhaken bzw. zu Schlundverstopfung kommen.

## Salzleckstein

In der Mineralstoffversorgung des Pferdes besteht häufig ein Natriummangel, besonders bei Weidegang und bei Verfütterung von Heu intensiv gedüngter Weiden. Der Natriumbedarf steigt außerdem stark an, wenn es zu Schweißbildung, z. B. nach intensiver Arbeit kommt.

Den Natriumbedarf kann man durch Zufüttern von

Viehsalz decken. Viehsalz enthält ca. 37 % Natrium. Auch jodiertes Speisesalz (z. B. Lüneburger Jodsalz) ist geeignet. Lose verfüttert, gibt man der Kraftfutterration je Tag und Pferd etwa 1 Eßlöffel zu. Praktischer ist es, einen Salzleckstein so anzubringen, daß er von den Pferden immer erreicht werden kann. Dieses zu Würfeln gepreßte Viehsalz, dem häufig noch Jod zugesetzt wird, sollte auch auf der Weide angebracht werden. Entweder legt man den Leckstein in eine Schale oder auf eine Holzunterlage, da andernfalls das Gras in der näheren Umgebung zugrunde geht, oder man befestigt ihn mit einer Schnur am Koppelzaun bzw. einem extra dafür angebrachten Pfosten. Eine Überversorgung mit Natrium, die zu erhöhter Wasseraufnahme und dadurch bedingtem Durchfall führt, tritt in der Regel nur auf, wenn längere Zeit vorher ein erheblicher Natriummangel bestand.

# Zusammenstellung einer Futterration

## Auswahl der Futtermittel

Bei der Beschreibung der Futtermittel haben wir uns auf die am häufigsten in der Pferdefütterung verwendeten beschränkt. Wie im Abschnitt „Struktur- und Ballaststoffe" S. 58 geschildert, ist eine ausreichende Versorgung des Pferdes mit strukturierten, rohfaserreichen Futtermitteln unerläßlich. Das heißt, das Pferd benötigt täglich eine ausreichende Heuration. Während der Weideperiode kann Heu weitgehend durch Grünfutter ersetzt werden. Im Frühjahr, zu Beginn der Weideperiode, sollte Heu und Stroh zugefüttert werden, da Grünfutter im Schossen zu wenig Rohfaseranteile hat (nur stundenweise grasen lassen). Im Herbst und Spätherbst ist je nach Zustand der Weide evtl. ebenfalls die Zufütterung von Heu angezeigt, um den Energiebedarf zu decken.

Muß die Futterration auch den Energiebedarf für Muskelarbeit decken, so sind die zweitwichtigsten Futterrationsbestandteile Getreide, Getreidenachprodukte bzw. Ergänzungsfutter. Da die Futterration schmackhaft und abwechslungsreich sein soll,

empfiehlt sich als dritte Komponente die Zugabe von Gehalts- oder Zuckerrüben, Möhren, Trockenschnitzeln (vorher einweichen!), Äpfeln oder Melasse. In der Ration sollten jedoch nicht mehr als 4 kg Gehalts- oder Zuckerrüben bzw. Möhren, nicht mehr als 1,5 kg Trockenschnitzel oder Äpfel und nicht mehr als 0,5 kg Melasse enthalten sein.

## Feststellung des Nährstoffgehaltes

Die Nährstoffgehalte der beschriebenen Futtermittel können der Tabelle 1, Seite 66 entnommen werden.

## Ermittlung des Energie- und Nährstoffbedarfs

Um eine Futterration zusammenstellen zu können, muß man zunächst den Nährstoffbedarf ermitteln. Außer von dem Gewicht des Pferdes und der zu leistenden Arbeit ist der Energiebedarf noch von einer Reihe anderer Faktoren abhängig. So wirken sich rassebedingte Unterschiede in der Dichte des Haarkleides oder des Temperaments auf den Energiebedarf bei Isländern, Norwegern oder Haflingern in der Regel niedriger aus als bei Vollblutpferderassen bzw. Rassen mit hohem Vollblutanteil. Von weiterem Einfluß ist die Temperatur. Mit sinkender Temperatur steigt der Energiebedarf. Aber auch das Wetter übt einen gewissen Einfluß auf den Energiebedarf aus. So steigt dieser z. B. bei Weidepferden an kühlen, windigen, regnerischen Tagen, da bei solchem Wetter die Isolierung von Haarkleid und Unterhautfettgewebe nicht mehr voll funktioniert. Aus den angegebenen Gründen können die in Tabelle 2 und 3 angegebenen Werte nur Richtwerte sein, die individuell den jeweiligen Gegebenheiten angepaßt werden sollten.

Da der Energiebedarf stark von der geforderten Leistung abhängt, muß der Gesamtbedarf nach Erhaltungsbedarf und Bedarf für Muskelarbeit getrennt ermittelt werden.

In den beiden unten stehenden Tabellen findet man Angaben über die erforderlichen Mengen verdaulicher Energie, welche in MJ angegeben wird. Als weitere Maßeinheit findet man häufig in der Literatur MCal (1 MCal = 4,186 MJ). Der Eiweißbedarf wird als verdauliches Rohprotein in g angegeben. Er

Tabelle 1: Nährstoffgehalte der wichtigsten Futtermittel für Pferde, bezogen auf 1 kg ursprüngliche Substanz (nach Schneider 1947, DLG-Tabelle 1974)

| | Trockensubstanz | Rohfaser | v. E. | v. Rp. | Ca | P | Na |
|---|---|---|---|---|---|---|---|
| | | g | MJ | g | g | g | g |
| Grünfutter in Schossen | 180 | 45 | 2,1 | 30 | 1,5 | 0,8 | 0,1 |
| Grünfutter, Beginn bis Mitte Blüte | 210 | 54 | 1,9 | 28 | 1,7 | 0,7 | 0,2 |
| Luzerne, Beginn der Blüte | 230 | 70 | 2,2 | 27 | 5,0 | 0,7 | 0,4 |
| Rotklee, Beginn bis Mitte Blüte | 210 | 50 | 2,1 | 24 | 3,6 | 0,7 | 0,2 |
| Wiesenheu, Beginn bis Mitte Blüte | 870 | 268 | 7,5 | 52 | 5,1 | 2,3 | 0,3 |
| Wiesenheu, Ende der Blüte | 870 | 290 | 7,1 | 50 | 5,0 | 2,1 | 0,2 |
| Wiesenheu, nach der Blüte | 860 | 307 | 6,7 | 46 | 4,8 | 2,0 | 0,2 |
| Lieschgrasheu, nach der Blüte | 850 | 293 | 8,0 | 38 | 4,0 | 2,0 | 0,2 |
| Rotkleeheu, Beginn bis Mitte Blüte | 870 | 283 | 8,4 | 75 | 15,0 | 3,4 | 1,0 |
| Luzerneheu, Beginn bis Mitte Blüte | 870 | 268 | 8,4 | 115 | 14,3 | 2,2 | 0,4 |
| Haferstroh | 870 | 400 | 5,4 | 9 | 3,5 | 0,7 | 2,5 |
| Sommerroggenstroh | 880 | 413 | 5,4 | 10 | 3,0 | 1,0 | 1,4 |
| Sommerweizenstroh | 900 | 408 | 5,0 | 8 | 2,0 | 0,7 | 1,5 |
| Zuckerrüben | 240 | 13 | 3,3 | 10 | 0,8 | 0,4 | 0,5 |
| Zuckerschnitzel | 930 | 59 | 13,9 | 30 | 3,7 | 1,2 | 1,8 |
| Möhren | 130 | 12 | 1,9 | 10 | 0,6 | 0,5 | 0,9 |
| Trockenschnitzel | 910 | 180 | 11,9 | 59 | 8,3 | 1,0 | 1,2 |
| Melasseschnitzel, getrocknet | 900 | 140 | 11,1 | 49 | 4,9 | 1,1 | 2,3 |
| Melasse | 770 | – | 11,1 | 80 | 1,4 | 0,2 | 6,9 |
| Hafer, mittel | 880 | 102 | 11,3 | 87 | 0,6 | 3,6 | 0,3 |
| Gerste | 870 | 47 | 13,0 | 83 | 0,5 | 3,9 | 0,3 |
| Mais | 870 | 25 | 13,6 | 68 | 0,2 | 3,6 | 0,2 |
| Leinsamen | 910 | 77 | 14,2 | 168 | 2,0 | 6,1 | 0,8 |
| Weizenkleie | 870 | 111 | 9,7 | 112 | 1,5 | 12,0 | 0,7 |
| Ergänzungsfutter zu Heu – Hafer | 870–900 | 80–120 | 10,5 | 70–100 | 10,0 | 4 | 2,0 |
| Ergänzungsfutter zu Heu | 870–900 | 80–100 | 11,3 | 70–80 | 10,0 | 4 | 2,0 |
| Mischfutter zu Stroh („Alleinfutter") | 870–900 | 130–180 | 10,9 | 60–90 | 6–8 | 4–6 | 1,5 |

sollte möglichst nicht allzu hoch über dem errechneten Wert liegen, da ein Eiweißüberschuß Leber und Nieren belastet.

*Erhaltungsstoffwechsel*

Werden Pferde nicht gearbeitet, so muß lediglich der Bedarf im Erhaltungsstoffwechsel durch die

Futterration gedeckt werden. Den in diesem Fall erforderlichen Energie- und Eiweißbedarf kann man der Tabelle 2 entnehmen.

Tabelle 2: Täglicher Energie- und Eiweißbedarf ausgewachsener Pferde im Erhaltungsstoffwechsel

| Lebendmasse | verdauliche Energie pro Tier/Tag | verdauliches Rohprotein pro Tier/Tag |
|---|---|---|
| kg | MJ | g |
| 100 | 18,9 | 100 |
| 200 | 31,4 | 160 |
| 300 | 41,9 | 220 |
| 400 | 52,3 | 270 |
| 500 | 62,8 | 320 |
| 600 | 71,2 | 360 |

(Lt. Hoffmann u. a. 1967, Wooden u. a. 1970, Knox u. a. 1970, Argenzio u. Hintz 1970, Weidenhaupt 1977, Barth u. a. 1977, Löwe u. Meyer)

## Muskelarbeit

Werden Pferde gearbeitet, so benötigen sie zusätzlich zu der für den Erhaltungsstoffwechsel erforderlichen Energie weitere Energie für die zu leistende Muskelarbeit. Dieser zusätzliche Energiebedarf ist vorwiegend abhängig von dem Gewicht des Pferdes, der jeweiligen Gangart, in der geritten wird, und der Zeitspanne, in der eine bestimmte Gangart geritten wird.

Tabelle 3: Zusätzlich zum Erhaltungsbedarf erforderlicher Bedarf an verdaulicher Energie und verdaulichem Rohprotein für Bewegungsleistungen pro 100 kg Lebendmasse je Stunde

| Bewegungsart | verdauliche Energie MJ | verdauliches Rohprotein g |
|---|---|---|
| Schritt | 0,63 | 3,3 |
| leichter Trab | 2,10 | 11,2 |
| mittlerer Trab | 5,23 | 27,8 |
| Galopp | 10,05 | 53,4 |

(nach Zuntz u. Hagemann 1898, Hintz u. a. 1971)

## Mineralstoffbedarf

Zur Ermittlung des Nährstoffbedarfs gehört auch die Errechnung des Mineralstoffbedarfs, zumindest der wichtigsten Mineralstoffe Kalzium, Phosphor und Natrium. In Tabelle 4 sind die Werte je 100 kg Lebendmasse für verschiedene Bewegungsleistungen an einem Tag angegeben.

Tabelle 4: Mineralstoffbedarf je 100 kg Lebendmasse je Tag

| Bewegungsleistung | Kalzium g | Phosphor g | Natrium g |
|---|---|---|---|
| keine | 4 | 2,5 | 1,5 |
| gering | 4,5 | 2,5 | 2,5 |
| mittel | 4,5 | 3 | 5 |
| stark | 5,0 | 3,5 | 6* |

je nach Schweißbildung auch mehr
(nach Loewe/Meyer)

## Gesamtenergiebedarf

Der Gesamtenergiebedarf eines arbeitenden Pferdes ergibt sich also aus dem Erhaltungsbedarf und dem zusätzlichen Aufwand für Muskeltätigkeit. Um den Gesamtbedarf zu ermitteln, bedient man sich der Tabelle 5 auf Seite 68, in welche die entsprechenden Werte aus den Tabellen 2, 3 und 4 einzutragen sind.

# Kombination der Futtermittel zur Ration

Bei der Zusammenstellung der Futtermittel eines Tages verwendet man dann die Tabelle 6 und geht am zweckmäßigsten folgendermaßen vor:
- Man trägt zunächst in Tabelle 6, Zeile 1, die geplante Heuration ein, und zwar zweckmäßigerweise 1 kg Heu je 100 kg Lebendmasse.
- In die 2. Zeile trägt man die zweite Komponente (Möhren oder Rüben usw.) ein, die zur geschmacklichen Abrundung der Ration verfüttert werden soll.
- Als nächstes stellt man fest, welcher Bedarf an verdaulicher Energie aufgrund des errechneten Energiebedarfs noch durch die dritte Komponente (z. B. Ergänzungsfutter, Getreide, Getreidenach-

Tabelle 5.

| | | v. E.<br>MJ | v. Rp.<br>g | Ca<br>g | P<br>g | Na<br>g |
|---|---|---|---|---|---|---|
| Erhaltungsstoffwechsel lt. Tab. 2 | | | | | | |
| Zusätzlicher Bedarf für Bewegungsleistung (Werte aus Tab. 3 x Bewegungsdauer x Lebendgewicht in 100 kg) | Schritt | | | | | |
| | Trab | | | | | |
| | Galopp | | | | | |
| Mineralstoffbedarf lt. Tab. 4 (Werte x Lebendgewicht in 100 kg) | | | | | | |
| Gesamtbedarf | | | | | | |

produkte, Mischfutter) zu decken ist. Dieser Wert geteilt durch den in Tabelle 1 für das Futtermittel angegebenen Wert „v. E. in MJ" ergibt die Menge in kg, die davon benötigt wird. Die entsprechenden Werte trägt man dann in Zeile 3 ein.

● Nun addiert man die erhaltenen Werte und trägt die Summe in Zeile 4 („Gesamtration") ein.

● Jetzt vergleicht man diese Summe mit den errechneten Bedarfswerten (Zeile 5). Unten ist eine entsprechende Zeile für Anmerkungen zum Ergebnis dieses Vergleichs vorgesehen (Zeile 6).

● Sodann sollte man die Ergebnisse in der Reihenfolge ihrer Wichtigkeit bewerten:

1. Die verdauliche Energie in der Gesamtration sollte möglichst genau mit dem Bedarfswert übereinstimmen.

2. Das verdauliche Rohprotein muß den Bedarf decken, sollte jedoch nicht erheblich über dem Bedarfswert liegen, da dies zu einer Belastung von Leber und Nieren führt. Besteht ein erheblicher Überschuß, so sind für die Komponenten 2 oder 3 eiweißärmere Futtermittel einzusetzen.

3. Die Gesamtration sollte einen Anteil von 16–22 % Rohfaser in der Trockenmasse haben, da eine

gesunde Ernährung, wie auf S. 58 beschrieben, nur bei ausreichender Versorgung mit Struktur- und Ballaststoffen gewährleistet ist. Liegt der Anteil unter 16 %, so ist bei den Komponenten 2 oder 3 für ein rohfaserreicheres Futtermittel zu sorgen.

4. Als nächstes überprüft man die Mineralstoffversorgung. Der errechnete Bedarf muß gedeckt sein. Dies ist bei Natrium selten der Fall. Es ist daher immer ein Salzleckstein zurlDeckung des Natriumbedarfs anzubringen. Das Kalzium-Phosphor-Verhältnis sollte 1,5 : 1 bis 3 : 1 betragen. Werden diese absoluten Bedarfswerte für die Mineralstoffe nicht erreicht, ist die Zufütterung einer Mineralstoffmischung erforderlich. Anhand der Herstellerangaben kann man errechnen, welche Menge an Mineralstoffmischung man zufüttern muß, um den fehlenden Betrag auszugleichen.

Eine Futterzusammenstellung nach obigem Schema bietet die Gewähr, daß grobe Fütterungsfehler vermieden werden. Der exakte Nährstoffbedarf ist jedoch, wie oben bereits erwähnt, außerdem von einer Reihe weiterer Faktoren abhängig, die rechnerisch nicht erfaßt werden können.

Ist das Pferd in guter körperlicher Verfassung, so

Tabelle 6.

| Futtermittel | Menge in kg | Trocken-substanz g | Roh-faser g | v. E. MJ | v. Rp. g | Ca g | P g | Na g |
|---|---|---|---|---|---|---|---|---|
| 1 | | | | | | | | |
| 2 | | | | | | | | |
| 3 | | | | | | | | |
| 4 Gesamtration | | | | | | | | |
| 5 Gesamtbedarf lt. Tabelle 5 | | | | | | | | |
| 6 (Eigene Anmerkungen) | | | | | | | | |

gibt eine Gewichtskontrolle, die von Zeit zu Zeit durchzuführen ist, Aufschluß über eventuell erforderliche Änderungen der Futterration. Solche Änderungen sind langsam vorzunehmen und durch weitere Gewichtskontrollen zu überprüfen.
Weitere Anhaltspunkte sind Glanz und Aussehen des Haarkleides, Kautätigkeit und Kotkonsistenz.

## Berechnungsbeispiel

Ein Isländer, 300 kg Lebendgewicht, geht in einem Ferienreitbetrieb täglich 4 Stunden im Gelände, davon 2,5 Stunden Schritt, 1 Stunde leichten Trab und 0,5 Stunden Galopp. Laut Tabelle 2 beträgt die für den Erhaltungsstoffwechsel erforderliche verdauliche Energie 41,9 MJ und der Bedarf an verdaulichem Rohprotein 220 g. Man trägt zunächst diese Werte in die obere Zeile von Tabelle 5 ein.
Hierzu kommt der Energiebedarf für die zu leistende Muskelarbeit laut Tabelle 3:
*Verdauliche Energie*
2,5 Std. Schritt   x  0,63 MJ x 3 =   4,72 MJ

1,0 Std. Trab      x  2,10 MJ x 3 =   6,30 MJ
0,5 Std. Galopp   x 10,05 MJ x 3 = 15,07 MJ
*Verdauliches Rohprotein*
2,5 Std. Schritt   x   3,3 g x 3 = 24,75 g v. Rp.
1,0 Std. Trab      x 11,2 g x 3 = 33,6  g v. Rp.
0,5 Std. Galopp   x 53,4 g x 3 = 80,1  g v. Rp.
Diese Werte trägt man in die Zeilen 2, 3, 4 von Tabelle 5 ein.
Der Mineralstoffbedarf für mittlere Bewegungsleistung beträgt laut Tabelle 4:
Kalzium    4,5 g x 3 = 13,5 g Kalzium
Phosphor 3   g x 3 =  9,0 g Phosphor
Natrium  5   g x 3 = 15,0 g Natrium
Diese Werte trägt man in die Zeile 5 von Tabelle 5 ein, addiert als nächstes die Werte der einzelnen Spalten und trägt die Summen in Zeile 6 dieser Tabelle unter „Gesamtbedarf" ein.
Damit haben wir als Grundlage zu allem weiteren den Gesamtbedarf an v. E., an v. Rp. und an Mineralien für einen Tag berechnet.

**Tabelle 5**
**(Berechnungsbeispiel)**

| | | e. E.<br>MJ | v. Rp.<br>g | Ca<br>g | P<br>g | Na<br>g |
|---|---|---|---|---|---|---|
| Erhaltungsstoffwechsel lt. Tab. 2 | / | 41,9 | 220 | / | / | / |
| Zusätzlicher Bedarf für Bewegungsleistung (Werte aus Tab. 3 x Bewegungsdauer x Lebendgewicht in 100 kg) | Schritt | 4,72 | 24,75 | / | / | / |
| | Trab | 6,30 | 33,6 | / | / | / |
| | Galopp | 15,07 | 80,1 | / | / | / |
| Mineralstoffbedarf lt. Tab. 4 (Werte x Lebendgewicht in 100 kg) | / | / | / | 13,5 | 9 | 15 |
| Gesamtbedarf | / | 67,99 | 358,45 | 13,5 | 9 | 15 |

Die Werte dieses errechneten Gesamtbedarfs tragen wir jetzt in die Zeile 5 der Tabelle 6 („Gesamtbedarf") ein.

Nun gehen wir davon aus, daß 3 kg Heu (1 kg je 100 kg Lebendgewicht) gefüttert werden sollen, ferner 1 kg Möhren zur geschmacklichen Abrundung der Futterration. Der restliche Energiebedarf soll durch Ergänzungsfutter zu Heu gedeckt werden.

Um die Futtermittel zur Ration zu kombinieren, entnimmt man zunächst die Nährstoffgehalte für Heu und Möhren der Tabelle 1 und multipliziert die Werte mit den zu verfütternden Mengen. Die Ergebnisse trägt man in Zeile 1 (Heu) und Zeile 2 (Möhren) von Tabelle 6 ein.

Laut Beipackzettel des Herstellers hat Ergänzungsfutter zu Heu folgende Nährstoffgehalte pro kg:

Laut unserer Berechnung beträgt der Gesamtbedarf 68 MJ verdauliche Energie. Durch Heu und Möhren werden 24,4 MJ aufgebracht. Es müssen folglich noch 43,59 MJ durch Ergänzungsfutter aufgebracht werden. Das sind 43,59 MJ (durch Ergänzungsfutter aufzubringender Energiebedarf): 11,3 MJ (v. E. je 1 kg Ergänzungsfutter) = 3,86 kg Ergänzungsfutter. Dieses Mengen-Ergebnis wird in Zeile 3, Spalte 1 der Tabelle 6 eingetragen.

Nun möchte man die Werte von Trockensubstanz, Rohfaser, v. Rp., Ca, P, Na in diesen 3,86 kg Ergänzungsfutter wissen. Dazu multipliziert man die übrigen Werte des Beipackzettels mit 3,86 und trägt die erhaltenen Werte in die übrigen Spalten der Zeile 3 von Tabelle 6 ein.

Nun kann man die einzelnen Spalten von Tabelle 6

| | Trocken-<br>substanz<br>g | Roh-<br>faser<br>g | v. E.<br>MJ | v. Rp.<br>g | Ca<br>g | P<br>g | Na<br>g |
|---|---|---|---|---|---|---|---|
| Ergänzungsfutter zu Heu | 880 | 90 | 11,3 | 75 | 10 | 4 | 2 |

Tabelle 6
(Berechnungsbeispiel)

| Futtermittel | Menge in kg | Trocken-substanz g | Roh-faser g | v. E. MJ | v. Rp. g | Ca g | P g | Na g |
|---|---|---|---|---|---|---|---|---|
| 1 Heu | 3 | 2610 | 804 | 22,5 | 156 | 15,3 | 6,9 | 0,9 |
| 2 Möhren | 1 | 130 | 12 | 1,9 | 10 | 0,6 | 0,5 | 0,9 |
| 3 Ergänzungsfutter | 3,86 | 3397 | 347 | 43,6 | 289 | 38,6 | 15,4 | 7,7 |
| 4 Gesamtration | | 6137 | 1163 | 68 | 455 | 54,5 | 22,8 | 9,5 |
| 5 Gesamtbedarf lt. Tabelle 5 | | | | 67,99 | 358,45 | 13,5 | 9 | 15 |
| 6 (Eigene Anmerkungen) | | | 19 % Roh-faser in der Trok-kensub-stanz | stimmt | noch nicht zuviel | 1,5 : 1 | | −5,5 |

addieren und die jeweiligen Summen in der Zeile „Gesamtration" eintragen.

In die Zeile „Gesamtbedarf lt. Tabelle 5" haben wir ja inzwischen zu späteren Vergleichszwecken die mit Hilfe der Tabelle 5 errechneten Werte für den tatsächlichen Bedarf eingetragen.

Nun kann man die Ergebnisse im Hinblick auf die Punkte 1–4, S. 68 nachprüfen:

1. Der Bedarf an verdaulicher Energie ist gedeckt.
2. Der Bedarf an verdaulichem Rohprotein ist eben-falls gedeckt. Eine Überversorgung in diesem Um-fang ist tolerierbar.
3. Der Rohfaseranteil in der Trockensubstanz be-trägt (1163 x 100) : 6137 = 18,95 % und ist damit gut.
4. Die Versorgung mit Kalzium und Phosphor ist reichlich, das Verhältnis Kalzium/Phosphor ist mit 13,5 : 9 = 1,5 : 1 gut. Es besteht jedoch eine Unter-versorgung bei Natrium von 5,5 g. Es muß folglich Viehsalz zugefüttert werden.

Da Viehsalz ca. 37 % Natrium enthält, müssen (100 x 5,5) : 37 = 15 g Viehsalz zugefüttert werden, sofern den Pferden kein Leckstein zur Verfügung steht.

Wie oben gesagt, bestehen zwischen verschiede-nen Rassen deutliche Unterschiede im Energiebe-darf. Da in dem Berechnungsbeispiel ein Island-pferd gefüttert werden soll, das ähnlich wie Norwe-ger, Haflinger oder Shetlandponys ein ruhiges Tem-perament, dichtes Haarkleid und starkes Unterhaut-fettgewebe hat, im Energiebedarf folglich unter den Werten liegt, die z. B. für Pferde mit hohem Vollblutanteil erforderlich sind, kann man das Ergänzungsfutter um ca. 10–15 % reduzieren. Es wären daher nicht 3,86 kg Ergänzungsfutter, sondern nur ca. 3,5 kg zu füttern.

## Rationsbeispiele

### Weidegang

Weidegang ist die den natürlichen Bedürfnissen des Pferdes gemäßeste Fütterung. Während der Vegetationsperiode kann der Nährstoffbedarf für den Erhaltungsstoffwechsel durch Weidegang gedeckt werden. Um ganz sicherzugehen, daß der Mineralstoffbedarf gedeckt ist, empfiehlt es sich, Mineralfutter zuzufüttern. Die erforderlichen Mengen kann man den Angaben der Mineralfutterhersteller entnehmen. Wird Arbeitsleistung verlangt, so muß die für Muskelarbeit erforderliche Energie durch die Zufütterung von Kraftfutter (Hafer, Ergänzungsfutter) gedeckt werden. Ein Salzleckstein zur Deckung des Natriumbedarfs sollte immer frei zugänglich sein. Zu Beginn der Vegetationsperiode ist langsam von Heu auf Weide umzustellen.

### Heu/Hafer- bzw. Heu/Hafer/Ergänzungsfutter-Ration

In der AID-Publikation 77/1981 „Pferdehaltung und -fütterung" werden für verschiedene Arbeitsbelastungen für Reitpferde die folgenden Rationen empfohlen:

Unter leichter Arbeit versteht man einen Energiebedarf für Muskelarbeit, der bis 25 % über dem Erhaltungsbedarf liegt. Unter mittlerer Arbeit versteht man einen Energiebedarf für Muskelarbeit, der 20–50 % über dem Erhaltungsbedarf liegt. Unter schwerer Arbeit versteht man einen Energiebedarf für Muskelarbeit, der über 50 % des Erhaltungsbedarfs liegt. Den Erhaltungsbedarf kann man der Tabelle 2, Seite 67, entnehmen. Aus der Tabelle 3, Seite 67, kann die für die Muskelarbeit zusätzlich erforderliche Energie entnommen werden. Hieraus ergibt sich, ob man für die Futterration leichte, mittlere oder schwere Arbeit zugrunde legen muß. Ein Salzleckstein muß auch hier den Pferden immer zur Verfügung stehen.

Die obigen Angaben sind Beispiele, die variiert werden können. So kann der Hafer ganz oder teilweise durch Ergänzungsfutter zu Heu ersetzt werden. Beträgt der Energiebedarf des Ergänzungsfutters 11,3 MJ, kann im Verhältnis 1 : 1 ausgetauscht werden. Bei höheren Energiegehalten muß die Ergänzungsfuttermenge reduziert werden. Bei der Fütterung von Ergänzungsfutter zu Heu kann auf die Zufütterung von Mineralfutter verzichtet werden, bei einer Heu/Hafer-Ration empfiehlt es sich, Mineralfutter (Menge laut Herstellerangabe) zuzufüttern.

|  | erwachsene Pferde 600 kg | Kleinpferde 400 kg | Ponys 200 kg |
|---|---|---|---|
| Erhaltung | 5 kg Wiesenheu<br>3 kg Hafer | 4 kg Wiesenheu<br>2 kg Hafer | 2 kg Wiesenheu<br>1 kg Hafer |
| leichte Arbeit | 6 kg Wiesenheu<br>5 kg Hafer | 4 kg Wiesenheu<br>3,5 kg Hafer | 2 kg Wiesenheu<br>2 kg Hafer |
| mittlere Arbeit | 6 kg Wiesenheu<br>5 kg Hafer<br>1 kg Ergänzungsfutter | 4 kg Wiesenheu<br>3 kg Hafer<br>1 kg Ergänzungsfutter | 2 kg Wiesenheu<br>1,5 kg Hafer<br>1 kg Ergänzungsfutter |
| schwere Arbeit | 6 kg Wiesenheu<br>6 kg Hafer | 4 kg Wiesenheu<br>3 kg Hafer<br>2 kg Ergänzungsfutter | 2 kg Wiesenheu<br>1 kg Hafer<br>2 kg Ergänzungsfutter |

*Rationsbeispiel für einen Wanderritt*
Ein Islandpferd (350 kg) und ein Großpferd (500 kg) befinden sich auf einem Wanderritt. Die Entfernung zwischen den Übernachtungsstationen beträgt im Durchschnitt 34,28 km Luftlinie, d. h. 48 km Reitstrecke (34,28 km x 1,4). Im Schritt wird Tempo 10 geritten, im Trab Tempo 5. Zwei Drittel der Zeit wird Schritt und ein Drittel Trab geritten. Dies ergibt ein Tempo von 7,5, d. h. bei 48 km 6 Stunden reine Reitzeit, davon 4 Stunden Schritt und 2 Stunden Trab.
Gefüttert wird während des Rittes gutes Heu (Beginn bis Mitte Blüte) und Hafer mittlerer Qualität. Es ergeben sich folgende Futterrationen:

| *Islandpferd* | *Großpferd* |
|---|---|
| 3,5 kg Heu | 5 kg Heu |
| 3,9 kg Hafer | 5,2 kg Hafer |

Es empfiehlt sich, zu obiger Ration Mineralfutter (Menge laut Herstellerangabe) zuzufüttern.
Um einen Natriummangel zu vermeiden, erhält der Isländer täglich 30 g, das Großpferd 45 g Viehsalz zu seiner Futterration.
In den beiden obigen Beispielen wurde eine Heu/Hafer-Ration zugrunde gelegt, da diese Futtermittel am einfachsten an den jeweiligen Übernachtungsstationen zu erhalten sind. Besteht die Möglichkeit, das Kraftfutter (evtl. sogar das Heu) an die Übernachtungsstation zu fahren, oder wird die Gruppe von einem Troßfahrzeug begleitet, kann der Hafer teilweise oder auch ganz durch Ergänzungsfutter zu Heu ersetzt werden. In diesem Fall kann auf die Zufütterung von Mineralfutter verzichtet werden.
Wird die gesamte Strecke im Schritt geritten, vermindert sich der Energiebedarf. In diesem Fall lautet die Futterration wie folgt:

| *Islandpferd* | *Großpferd* |
|---|---|
| 3,5 kg Heu | 5 kg Heu |
| 3,4 kg Hafer | 4,4 kg Hafer |

# Technik des Fütterns und Tränkens

## Futterlagerräume

Falls räumlich möglich, sollte man den Jahresbedarf an Heu und Stroh einmal jährlich einkaufen, da beim Kauf kurz nach der Ernte und bei geschlossener Abnahme eines Jahresbedarfs günstigere Futterpreise erzielt werden können. Am zweckmäßigsten kauft man das Rauhfutter in hochdruckgepreßten Ballen, denn diese sind am platzsparendsten zu lagern und am einfachsten zu transportieren. Es wird aber auch über Nachteile berichtet; gelegentlich werden beim Preßvorgang Erdklumpen oder feuchte Partien mit eingepreßt, um die sich während des Fermentierungsprozesses Schimmelpilznester bilden können. Werden die Ballen vor der Fütterung nicht gründlich aufgeschüttelt, können diese zur Heustauballergie führen.
Der Platzbedarf für einen Jahresbedarf Heu beträgt pro Pferd (bei hochdruckgepreßten Ballen) ca. 12 m$^3$ und für Stroh 26 m$^3$. Hinzu kommt ein toter Raum von ca. 8 m$^3$, um die Futtermittel erreichen zu können. Der Jahresbedarf von Heu und Stroh pro Pferd erfordert folglich einen Gesamtraumbedarf von ca. 46 m$^3$. Der Raum muß trocken und gut belüftet sein. Befindet er sich über dem Stall, so ist durch eine Feuchtigkeitssperre dafür zu sorgen, daß Feuchtigkeit aus dem Stall nicht in die unteren Rauhfutterschichten eindringen kann.
Bei wenigen Pferden empfiehlt es sich, den Haferbedarf für ein Vierteljahr zu kaufen und zu lagern. Da Ergänzungsfutter Vitaminzusätze enthält, die nur begrenzt haltbar sind, sollte Ergänzungsfutter nur in Mengen für 6 Wochen eingekauft werden. Für die Lagerung von Hafer und Ergänzungsfutter benötigt man einen kleinen, trockenen und gut zu lüftenden Raum. Boden und Wände sollten gemauert oder aus spaltfreien Holzdielen erstellt werden. Für Türen und Fenster verwendet man am zweckmäßigsten Stahlprofiltüren und -fenster. Vor dem Fenster bringt man ein Fliegengitter an. Mit diesen Maßnahmen kann man Nager sicher vom Kraftfutter fernhalten. In ca. 10 cm Abstand von Boden und Wänden

bringt man Lattenroste an, auf denen man das Kraftfutter feuchtigkeitsgeschützt lagern kann.

## Fütterungseinrichtungen

Für die Fütterung von einem oder mehreren Pferden ist eine Futterkiste nach wie vor gut geeignet. Die Kiste muß stabil und mit einem gut schließenden Deckel versehen sein. Durch eine Trennwand teilt man die Futterkiste in ein Abteil für Hafer und ein zweites für Ergänzungsfutter. Damit das Futter keine Feuchtigkeit vom Boden aufnehmen kann, sollte sie einen Bodenabstand von ca. 10 cm haben.

Bei einem großen Stall lohnt sich die Anschaffung eines Futterwagens, mit dem man das Kraftfutter an die Boxen fahren kann. Diese Futterwagen sind aus nichtrostendem Stahl gefertigt und haben einen wannenförmigen Boden, damit sich keine Futterreste in den Ecken absetzen können.

Zum Dosieren der Futterration benötigt man einen 5-Liter-Meßbecher aus Hartkunststoff mit Viertelliter-Teilstrichen. Zum Transport der Futterrationen von der Futterkiste zur Futterkrippe kauft man sich am besten noch ein paar Kunststoffschüsseln.

Als Futterkrippen eignen sich Keramikkrippen oder Krippen aus rostfreiem Stahl. Bei Keramikkrippen sollte die Untermauerung sich nach unten hin verjüngen, damit sich die Pferde beim Fressen nicht die Vorderfußwurzelgelenke anschlagen. Seit einiger Zeit werden Eckfuttertröge bevorzugt, da sie Platz sparen und keine Ecken vorhanden sind, an denen sich die Pferde verletzen können.

Die Futterkrippen bringt man auf der Stallgassenseite der Boxen an. Die Oberkante der Futterkrippe sollte in Schultergelenkhöhe des Pferdes sein (ca. 90 cm über der Einstreu). Oberhalb der Futterkrippen bringt man zur Arbeitserleichterung Futterluken mit ca. 20 cm Höhe in der Boxenwand an, um die Futterkrippen einfacher beschicken zu können. Bei Laufställen ist u. U. eine durchgehende Futterkrippe auf einer Laufstallseite zweckmäßiger. Um Futterneid und Unruhe in Laufställen während des Fütterns zu vermeiden, bindet man die Pferde während des Fütterns an und schirmt sie durch Trennwände, welche an der Futterkrippenseite fest installiert sind, voneinander ab.

Heuraufen werden heute nicht mehr verwendet, da sie Schädigungen des Rückens begünstigen und herabfallender Heustaub und Futterpartikel die Bindehaut reizen können. Man füttert daher heute das aufgeschüttelte Heu auf dem Boden in einer Ecke der Box.

Futterkiste oder -wagen müssen vor jeder Neufüllung gründlich gereinigt werden. Peinliche Sauberkeit ist auch bei Meßbecher und Futterkrippen erforderlich. Vor allem nach der Fütterung von Mash oder Trockenschnitzeln ist sofort nach der Fütterung die Krippe gründlich zu reinigen.

## Fütterungszeiten

Von Natur aus ist das Pferd auf eine kontinuierliche Nahrungsaufnahme in kleinen Mengen eingestellt. Um eine Überlastung des Magen-Darm-Traktes zu vermeiden, ist daher eine möglichst häufige Fütterung anzustreben. Ist nur der Erhaltungsbedarf zu decken, so ist mindestens zweimal, möglichst jedoch dreimal täglich zu füttern. Wird von dem Pferd Arbeitsleistung verlangt (höhere Kraftfuttermengen), so ist mindestens dreimal täglich zu füttern. Der Abstand zwischen den Fütterungen beträgt dann 6 Stunden während des Tages bei einer 12stündigen Nachtpause (z. B. 7.00, 13.00, 17.00). Wird in größeren Abständen gefüttert (z. B. mehr als 12 Stunden), so nimmt die Zahl und Aktivität der Darmbakterien ab, was eine schlechte Verdauung von rohfaserreichen Futtermitteln zur Folge hat.

Pferde gewöhnen sich an einen bestimmten Fütterungsrhythmus. Der einmal gewählte Rhythmus soll möglichst genau eingehalten werden, da bei Abweichungen Unruhe im Stall und evtl. sogar Verdauungsstörungen die Folge sind.

## Futterzuteilung

Die tägliche Kraftfutter- und Heuration wird am zweckmäßigsten wie folgt auf den Tag verteilt:

Morgens: ⅓ Kraftfutter, ¼ Heu
Mittags: ⅓ Kraftfutter, ¼ Heu
Abends: ⅓ Kraftfutter, ½ Heu

Meist wird zuerst Kraftfutter und dann Heu gefüttert. Für die Verdauungsvorgänge ist es jedoch besser, zunächst Heu vorzulegen und nach 10−15 Minuten das Kraftfutter zu verabreichen.

Mehliges Kraftfutter und feinpulvrige Kraftfutterbestandteile sollte man mit Wasser anfeuchten. Das Heu wird zunächst außerhalb des Stalls aufgeschüttet und auf seine Qualität geprüft. Bei heuallergischen Pferden feuchtet man das Heu vor dem Füttern mit Wasser an. Wird Kraftfutter zu hastig gefressen, vermischt man es zweckmäßigerweise mit Häcksel. An Ruhetagen ist die Kraftfutterration zu kürzen, da sonst die Gefahr von „Feiertagskrankheiten" (Verschlag und Hufrehe) besteht.

Während des Fressens beobachtet man die Pferde ab und zu. Bei zu langsamem, vorsichtigem Kauen sind Lippen, Zunge und Zähne zu prüfen. Nach der Fütterung ist mindestens eine Stunde Ruhe nötig, damit das Verdauungssystem ungestört arbeiten kann.

Futterwechsel (selbst von einer Heu- oder Kraftfuttersorte auf die andere) müssen allmählich vorgenommen werden, um Verdauungsstörungen zu vermeiden. Besondere Gefahr besteht bei der Umstellung von Heu auf Weide. Man läßt daher nur stundenweise grasen und füttert vor dem Auftrieb Heu. Vor dem Auftrieb auf die Weide sollte kein Kraftfutter gefüttert werden, da es durch den hohen Keimgehalt des Grases zu einer übermäßigen Gärung im Darm und damit zu einer Aufgasungskolik kommen kann.

## Wasserbedarf und -qualität

Regelmäßiges und ausreichendes Tränken ist für das Wohlbefinden und für die Gesundheit des Pferdes von größter Bedeutung. Am zweckmäßigsten ist es, wenn die Pferde jederzeit ihren Wasserbedarf an einer Selbsttränke decken können. Wird mit Eimern getränkt, ist vor und nach dem Füttern satt zu tränken, mindestens 3 x täglich, an heißen Tagen häufiger. In diesem Fall sollte man für die Nacht einen Eimer in der Box anbringen, aus dem das Pferd saufen kann.

Einem naßgeschwitzten Pferd mit erhöhten Puls- und Atmungswerten darf man zunächst nur wenige Schluck Wasser gewähren. Das Satttränken darf erst erfolgen, wenn das Pferd abgetrocknet ist und sich Puls und Atmung normalisiert haben. Neigt ein Pferd zu hastigem Saufen, empfiehlt es sich, eine Handvoll Heu auf das Tränkgefäß zu legen.

Die von einem Pferd aufgenommene tägliche Wassermenge ist recht unterschiedlich. Sie ist u. a. abhängig von den Wasserverlusten des Körpers über Nieren, Kot und Schweiß, von der Raum- bzw. Außentemperatur, von der Arbeitsleistung und dem Futter (z. B. Heu oder Gras). Als Anhaltspunkt kann man von 20–60 Litern täglich ausgehen.

Das Wasser muß frisch, farblos, geruchlos, klar, ohne Beigeschmack und frei von gesundheitsschädlichen Stoffen sein. Diese Eigenschaften sind bei Wasser aus öffentlichen Wasserleitungsnetzen in der Regel gegeben, lediglich gegen besonders stark gechlortes Wasser sind vereinzelt Abneigungen festzustellen. Die günstigste Wassertemperatur beträgt 8°–12° C. Zu kaltes Wasser kann bei Pferden, die nicht daran gewöhnt sind, zu Darmkatarrh führen, während zu warmes Wasser schlaff macht und nicht erfrischt.

Tränkt man aus einer Eigenwasserversorgung oder aus Gräben oder Teichen, sollte zunächst eine Wasseranalyse angefertigt werden, die sich auf pH-Wert, Schwefelwasserstoff, Ammonium, Nitrat, Nitrit, Eisen, Salz (NaCl), Sulfate, fäkale Colikeime, fäkale Streptokokken und Salmonellen erstreckt.

## Tränkeeinrichtungen

Am zweckmäßigsten ist eine Selbsttränke, da sie es dem Pferd erlaubt, zeitgerecht und regelmäßig zu saufen. Ist ein Offenstall mit Stromanschluß und frostsicher verlegter Wasserleitung vorhanden, empfiehlt sich für den Winter eine heizbare Selbsttränke. Besteht weder Wasser- noch Stromversorgung, kann im Winter ein Wasserfaß aufgestellt werden, das man zunächst gut isoliert. Mit einer kleinen Propangasheizung kann man den Wasserinhalt eines solchermaßen isolierten Fasses oberhalb der Frostgrenze halten (Propangasinstallation pferdesicher anbringen!). Anstelle der Selbsttränke kann man in einem Laufstall auch einen Wasserbottich installieren, dessen Wasserzulauf über ein Schwimmersystem selbsttätig geregelt wird. Bei hohem Grundwasserspiegel können auf Weiden sogenannte Membran- oder Kolbenpumpentränken angebracht werden. Anderenfalls empfiehlt sich für die Weide ein Wasserfaß mit angebauter Selbsttränke. Das Faß sollte nicht zu groß und möglichst gut isoliert sein, damit das Wasser nicht absteht (regelmäßig füllen!) und nicht zu warm wird, und es muß an einem schattigen Ort aufgestellt werden.

Alle genannten Tränkeeinrichtungen sind täglich auf ihre einwandfreie Funktion zu prüfen und mindestens zweimal wöchentlich mit einer Bürste gründlich zu reinigen.

In einer Box bringt man zweckmäßigerweise die Selbsttränke an der der Futterkrippe gegenüberliegenden Wand an, um eine ständige Wasseraufnahme während des Fressens und eine dadurch bedingte ungenügende Einspeichelung zu vermeiden. Steht keine der oben beschriebenen Einrichtungen zur Verfügung, muß mit Eimern getränkt werden. Es empfiehlt sich, für jedes Pferd einen Eimer (mit Namen beschriftet) anzuschaffen, um eine Infektionsgefahr über Wassereimer auszuschließen. Selbstverständlich müssen auch die Wassereimer regelmäßig gereinigt werden und immer peinlich sauber sein, da unsaubere Tränkgefäße zu Verdauungsstörungen und Wasserverweigerung führen können.

## Fütterung von Wanderreitpferden

### Konditionierung für einen längeren Wanderritt

Bevor man einen längeren Wanderritt antreten kann, muß man die Psyche, die Muskeln und Sehnen, die Atmungsorgane und den Blutkreislauf des Wanderreitpferdes auf die hohen Anforderungen, die ein langer Wanderritt an es stellt, vorbereiten.

Es soll an dieser Stelle nicht auf die Einzelheiten dieser sehr wichtigen Konditionierung eingegangen werden. Wissenswertes hierzu findet man in dem Kapitel „Planung, Vorbereitung und Durchführung eines Wanderritts" auf Seite 149 ff. Es soll hier lediglich an einem Trainingsbeispiel die allmähliche Anpassung an die bei dem Wanderritt erforderliche Futtermenge demonstriert werden. Zu vermerken ist noch, daß an den Ruhetagen die Kraftfutterration zu halbieren ist. Außerdem ist die in dem Futterbeispiel angegebene Zufütterung von Viehsalz wichtig, da andernfalls ein erheblicher Natriummangel entsteht.

*Trainingsbeispiel:*

Ein Isländer (350 kg Lebendgewicht) wird, bei einem Ruhetag je Woche, täglich 2 Stunden geritten, davon 106 Minuten Schritt und 14 Minuten leichter Trab. Das Reitgelände ist leicht hügelig.

Es soll ein 10tägiger Wanderritt unternommen werden. Geplant ist eine Reitstrecke von täglich ca. 48 km. Geritten werden soll Tempo 7,5. Das entspricht einer reinen Reitzeit von 4 Stunden Schritt und 2 Stunden leichtem Trab. Das Gelände auf dem Wanderritt ist ebenfalls leicht hügelig. Die Übernachtungsstationen werden vor dem Ritt festgelegt, und Heu und Ergänzungsfutter werden dort im voraus deponiert. Die erforderliche Ausrüstung wird auf dem Pferd mitgenommen. Die Konditionierung für diesen Ritt wird auf 6 Wochen angesetzt:

*1. Woche*
2½ Std. Ritt täglich, davon 133 min. Schritt + 17 min. leichter Trab, ohne Gepäck = 13,3 km Schritt + 3,4 km Trab = Tempo 9, 1 Ruhetag

*2. Woche*
3 Std. Ritt täglich, davon 159 min. Schritt + 21 min. leichter Trab, ½ Gepäck = 15,9 km Schritt + 4,2 km Trab = Tempo 9, 1 Ruhetag

*3. Woche*
3 Std. Ritt täglich, davon 145 min. Schritt + 35 min. leichter Trab, ⅓ Gepäck = 14,5 km Schritt + 7 km Trab = Tempo 8,4, 1 Ruhetag

*4. Woche*
4 Std. Ritt täglich, davon 180 min. Schritt + 60 min. leichter Trab, ⅓ Gepäck = 18 km Schritt + 12 km Trab = Tempo 8, 1 Ruhetag

*5. Woche*
4 Std. Ritt täglich, davon 180 min. Schritt + 80 min. leichter Trab, ⅓ Gepäck = 16 km Schritt + 16 km Trab = Tempo 7,5, 1 Ruhetag

*6. Woche*
2 x 4 Std. Ritt wie Woche 5, 1 x 48 km Ritt in Tempo 7,5, 3 x 4 Std. Ritt wie Woche 5, 1 Ruhetag

Daraus ergibt sich folgender Fütterungsplan:

| | |
|---|---|
| Vor der Konditionierung | 3,5 kg Heu<br>2,34 kg Ergänzungsfutter<br>25 g Viehsalz oder Salzleckstein |
| 1. Woche | 3,5 kg Heu<br>2,46 kg Ergänzungsfutter<br>25 g Viehsalz oder Salzleckstein |
| 2. Woche | 3,5 kg Heu<br>2,59 kg Ergänzungsfutter<br>25 g Viehsalz oder Salzleckstein |
| 3. Woche | 3,5 kg Heu<br>2,7 kg Ergänzungsfutter<br>30 g Viehsalz oder Salzleckstein |
| 4. Woche | 3,5 kg Heu<br>3,08 kg Ergänzungsfutter<br>30 g Viehsalz oder Salzleckstein |
| 5. Woche | 3,5 kg Heu<br>3,23 kg Ergänzungsfutter<br>30 g Viehsalz oder Salzleckstein |
| 6. Woche | 3,5 kg Heu<br>3,35 kg Ergänzungsfutter<br>30 g Viehsalz oder Salzleckstein |
| Wanderritt | 3,5 kg Heu<br>3,93 kg Ergänzungsfutter<br>35 g Viehsalz oder Salzleckstein |

## Füttern und Tränken während eines Wanderritts

Für die Fütterung auf einem Wanderritt gibt es drei Möglichkeiten:
1. Man reitet aufs Geratewohl los und kauft das Futter am Übernachtungsort.
2. Man bereitet die jeweiligen Übernachtungsquartiere vor und deponiert dort vorher das notwendige Futter.
3. Man führt das Futter in einem Troßfahrzeug mit.

Entscheidet man sich für die erste Möglichkeit, kann man die Pferde über Nacht auf eine Weide stellen und als Kraftfutter Hafer einkaufen. Es ist in diesem Fall empfehlenswert, wenigstens eine Mineralfuttermischung und Kochsalz oder Viehsalz mitzuführen, um die Mineralstoffversorgung damit zu verbessern und Natriummangel zu vermeiden. Bedenken gegen diese Art der Fütterung ergeben sich bei der Weide, denn die Gefahr ist groß, daß vor allem gegen Ende der Vegetationsperiode nur noch kahlgefressene Weiden anzutreffen sind, für diese Art der Fütterung aber unbedingt Weiden mit gutem Bewuchs benötigt werden. Man kann die Pferde aber auch in einem Stall oder Behelfsstall unterbringen und Heu und Hafer füttern. Dies hat den Vorteil, daß die Rauhfutterversorgung konstanter ist. Es bleiben jedoch gewisse Qualitätsprobleme, da Heu und Hafer nicht immer in der gewünschten Qualität erhältlich sein werden.

Es ist unter diesen Gesichtspunkten günstiger, die Übernachtungsquartiere für Reiter und Pferde vor dem Ritt festzulegen. Bei dieser Gelegenheit prüft man, ob Heu, Stroh und Hafer in guter Qualität vorhanden sind, oder man deponiert selbst Heu und Hafer bzw. Ergänzungsfutter zu Heu, falls die Pferde normalerweise damit gefüttert werden. Hierdurch ist eine Versorgung in konstanter und optimaler Qualität gewährleistet.

Wählt man die dritte Möglichkeit, ein Begleitfahrzeug mitzuführen, ist es ebenfalls empfehlenswert, die Quartiere vorher zu beschaffen. Kraftfutter und, falls erforderlich, sogar Heu können im Begleitfahrzeug mitgenommen werden, man kann so die Pferde auch in der Mittagspause mit Heu und Kraftfutter versorgen.

Wichtig ist es, daß man sich bereits vor Beginn des Konditionstrainings für eine dieser Möglichkeiten entscheidet, da die Pferde während des Trainings auf die gewählte Futterart und Menge kontinuierlich umgestellt werden müssen.

### Fütterung mit Hafer und Weide

Voraussetzung ist an jedem Übernachtungspunkt eine Weide in gutem Zustand. Andernfalls besteht die Gefahr, daß die Futterration zuwenig Ballaststoffe enthält, was zu Kolik führen kann.

Beim Eintreffen wird zunächst der Zaun geprüft und die Weide auf Unrat und Giftpflanzen abgesucht.

Bei Obstbaumwiesen empfiehlt es sich, im Herbst das Fallobst abzulesen, da bei zuviel Fallobst Durchfall die Folge sein kann. Kauft man den Hafer am Ort, muß man die Qualität prüfen und sich vergewissern, daß er genügend abgelagert ist. Morgens wird zunächst getränkt und nach ca. 15 Minuten ein Drittel der Haferration vorgelegt. Nach weiteren 45 Minuten (Zeit zum Frühstücken) kann geputzt und gesattelt werden. Vor dem Abritt bietet man den Pferden nochmals Wasser an. Unterwegs ist wo immer möglich zu tränken. Mittags tränkt man und läßt ein bis eineinhalb Stunden grasen. Anschließend füttert man ein Drittel der Haferration, die man mitgenommen hat. Vor dem Weiterritt empfiehlt es sich, die Pferde noch eine halbe Stunde ruhen zu lassen, und vor dem Abritt ist das Nachtränken nicht zu vergessen.

Abends läßt man die Pferde zunächst ca. 30 Minuten grasen und tränkt dann. Nach einer weiteren Stunde füttert man ein Drittel der Haferration und das Mineralfutter (Menge laut Hersteller) und fügt der Kraftfutterration noch – je nach Länge der absolvierten Reitstrecke, Wetter und Schweißabsonderung – 20 bis 40 g Kochsalz oder Viehsalz hinzu. Nach weiteren ein bis zwei Stunden nochmals tränken.

## Fütterung mit Hafer und Heu

Hat man sich für die Heu/Hafer-Fütterung entschieden, so bringt man abends die Pferde in einem Stall bzw. Behelfsstall unter. Wird das Futter am Ort gekauft, gründliche Qualitätskontrolle nicht vergessen!

Die Fütterung während eines Wanderritt-Tages geschieht hier wie folgt:
Morgens legt man zunächst ein Drittel der Tages-Heuration vor und tränkt. Nach ca. 30 Minuten füttert man die Hälfte der Haferration. Nach einer weiteren Stunde kann man putzen, satteln und abreiten, nicht ohne vorher nochmals Wasser anzubieten. Mittags tränkt man, läßt die Pferde 1 bis 2 Stunden grasen und vor dem Abritt möglichst eine halbe Stunde ruhen. Abends wird zunächst ein Drittel der Heuration gefüttert und getränkt. Nach ca. 30 Minuten gibt man die zweite Hälfte der Haferration, zusammen mit Mineralfutter und Salz. Nach ca. 1 bis 2 Stunden wird nachgetränkt und das letzte Drittel der Heuration vorgelegt.

Wenn Sie die Übernachtungsquartiere vor dem Ritt festgelegt und Heu, Hafer bzw. Ergänzungsfutter deponiert haben, ist der Tagesablauf derselbe wie gerade beschrieben. Der Vorteil liegt in der konstanten Futterqualität und darin, ergänzungsfuttergewohnte Pferde nicht für den Wanderritt auf Hafer umstellen zu müssen.

Am komfortabelsten ist es, wenn die Reitgruppe von einem „Troßauto" begleitet wird. So kann auch mittags Heu und Hafer bzw. Ergänzungsfutter gefüttert werden. Bei langen Reitstrecken und relativ schnellen Tempi und den dann evtl. erforderlichen Kraftfuttermengen über 5 bis 6 kg täglich ist eine Aufteilung des Kraftfutters auf 3 Rationen unerläßlich.

Morgens füttert man zunächst ein Viertel der Heuration und tränkt. Nach ca. 30 Minuten gibt man ein Drittel der Hafer- bzw. Ergänzungsfutterration. Nach etwa einer weiteren Stunde kann geputzt, gesattelt und abgeritten werden. Vorher nochmals nachtränken.

Mittags füttert man ein Viertel der Heuration und tränkt. Nach ca. 30 Minuten legt man ein Drittel der Hafer- bzw. Ergänzungsfutterration vor. Danach läßt man die Pferde vor dem Weiterritt noch eine Stunde ruhen. Vor dem Abritt das Nachtränken nicht vergessen.

Abends erhalten die Pferde zunächst die Hälfte der Heuration. Wenn die Pferde trocken und die PA-Werte normal sind, kann getränkt werden. Nach ca. 1 Stunde füttert man ein Drittel der Hafer- oder Ergänzungsfutterration, zusammen mit den 20 bis 40 g Salz (bei Hafer Mineralfutter zusätzlich). Nach weiteren 1 bis 2 Stunden nochmals tränken.

## Allgemeine Hinweise

Da bei Behelfsunterkünften selten Futterkrippen anzutreffen sind, empfiehlt es sich, einen Futterbeutel mitzuführen. Falls ein Troßfahrzeug die Gruppe begleitet, kann man auch Futterschüsseln mitnehmen. In diesem Fall sollte man für jedes Pferd auch einen Eimer mitführen. Es kann vorkommen, daß Pferde die Wasseraufnahme aus fremden Eimern verweigern. Säuft das Pferd andererseits zu hastig, legt man eine Handvoll Heu auf den Eimer.

Zur Einstreu nur gutes Futterstroh verwenden, da die Pferde davon fressen, und schlechte Qualität zu Darmerkrankungen führen kann.

Kraftfuttermittel sollte man nie im Stall stehenlassen. Reißt sich ein Pferd über Nacht los, kann es sich überfressen, und eine Kolik ist die Folge.
Will man die Pferde mittags grasen lassen, muß man Gewißheit haben, daß sie nicht weglaufen. Auf jeden Fall legt man ihnen ein Stall- oder Minihalfter an, damit man sie stets leicht an die Raststellen zurückholen kann. Ist man sich nicht sicher, kann man zwischen zwei Bäumen ein Seil spannen, in das man einen Karabinerhaken mit einem zweiten Seil einklinkt, welches dann als Laufleine dient, oder man befestigt das Laufseil an einem Ende mit einem Pflock in den Boden. Man sollte die Pferde dann aber nicht ohne Aufsicht lassen, da sie sich mit den Beinen in dem Anbindeseil verwickeln können.
Bei der Auswahl des Rastplatzes achte man darauf, daß dieser nicht durch Spritz- oder Düngemittel verunreinigt ist. Bei der Deponierung des Heus und Kraftfutters an den einzelnen Übernachtungsstationen ist sicherzustellen, daß die Futtermittel luftig und trocken gelagert werden und das Kraftfutter vor Nagern gesichert untergebracht wird.

# Fehler bei Fütterung und Futtermitteln

Fehler beim Füttern und bei den Futtermitteln können zu den unterschiedlichsten, teilweise schweren Erkrankungen führen, wie Magen-Darmkatarrh, Verstopfung, Blähungen, Magenriß, Schlundverstopfung, Verkleisterung des Magens, Sandkoliken, Verschlag und Hufrehe. Die im folgenden beschriebenen Fehler sind daher unbedingt zu vermeiden:
- unregelmäßige Fütterungszeiten
- zu wenige Mahlzeiten bei zu großen Futtermengen je Mahlzeit
- zu reichliche Fütterung bei ungenügender Bewegung
- plötzliche Futterwechsel, besonders beim Übergang von Heu auf Grünfutter
- zu frühzeitiges Arbeiten der Pferde nach der Fütterung (mindestens 1 Stunde Ruhe nach beendeter Futteraufnahme)
- ungenügende Ruhe während und nach der Fütterung

- unsaubere Futterkrippen und Selbsttränken
- einseitige Strohfütterung
- Futterneid führt zu hastiger Futteraufnahme und damit zu ungenügendem Kauen und Einspeicheln.

Bei den nachfolgenden Futtermitteln ist zu beachten:
- Junges Grünfutter, Luzerne, Klee, Kohl, Äpfel und Brot dürfen nur in kleinen Mengen gefüttert werden.
- Trockenschnitzel dürfen nur in begrenzter Menge und nach gründlichem Einweichen gefüttert werden.
- Heu und Hafer dürfen erst nach genügender Ablagerung (ca. 10 Wochen) verfüttert werden.
- Weizen und Roggen dürfen, da sie rohfaserarm und stärkereich sind, nur in kleinen Mengen und in Verbindung mit Häcksel gefüttert werden.

Für Pferde absolut ungeeignet sind folgende Futtermittel:
- von Schimmelpilz befallenes Heu, Stroh, Getreide, Brot oder Mischfutter
- in Haufen gelagertes Grünfutter
- angefaulte oder gefrorene Rüben, Möhren, Äpfel oder Kartoffeln
- zu kurz gehäckseltes Stroh
- Rasenmähergras
- zu fein gemahlenes Getreide

Beim Tränken sind folgende Fehler zu vermeiden:
- Tränken des noch schwitzenden Pferdes unmittelbar nach der Arbeit
- zu kaltes Wasser
- verunreinigtes Wasser
- zu große Wasseraufnahme während des Fressens
- Wassermangel durch ungenügendes Tränken oder wegen defekter Selbsttränke

# Giftpflanzen

Die Gefahr, daß Pferde Giftpflanzen mit dem Futter oder während eines Wanderrittes rein zufällig aufnehmen, darf keinesfalls unterschätzt werden. Aus diesem Grund sollte jeder Reiter und Pferdebesitzer die Giftpflanzen kennen, damit er die Weide und das Heu daraufhin kontrollieren und unterwegs prüfen kann, an welchen Stellen er die Pferde unbeschadet anbinden oder grasen lassen kann. Giftpflanzen auf der Weide werden von den Pferden zwar meist gemieden, jedoch sollte man sich auf den sicheren Instinkt nicht verlassen. Da durch Trocknung des Grünfutters Geschmack und Geruch der Giftpflanzen verändert werden, ist es für die Pferde schwierig, Giftpflanzen aus dem Heu zu selektieren. Man prüfe daher beim Aufschütteln des Heus, ob Sumpfschachtelhalm, Adlerfarn, Adonisröschen, Herbstzeitlose oder Kreuzkraut darin vorhanden sind, und sortiere sie aus.

Vergiftungszeichen sind u. a.: Koliken, Durchfall, Kurzatmigkeit, extrem niedrige und hohe Pulswerte, Lähmungen, Schaumaustritt aus Maul und Nüstern, Appetitlosigkeit, Schwäche, starkes Schwitzen sowie verändertes Verhalten wie Taumeln, Aufregung und Nervosität.

---

> Die Behandlung von Vergiftungen bei Pferden ist ausschließlich dem Tierarzt vorbehalten.

Auch was Soforthilfe-Maßnahmen anbelangt, kann der medizinische Laie praktisch überhaupt nicht tätig werden. Erstens kann er kaum erkennen, ob die vorliegenden Krankheitszeichen einer Vergiftung entsprechen, zweitens kann er noch weniger die genossene Giftart aus dem Symptombild erkennen, so daß für ihn gezielte Hilfsmaßnahmen unmöglich sind.

Aber auch die wenigen allgemeinen Sofortmaßnahmen sind dem Tierarzt vorbehalten. In vielen Fällen ist es grundsätzlich richtig, eine Magenspülung zu machen, anschließend gleich Aktivkohle zur Adsorption des Giftes und Abführmittel zu seiner schnellen Ausscheidung zu geben. Dies aber muß mit Hilfe des Magenschlauches geschehen, mit dem ein Laie auf gar keinen Fall umgehen darf!

Der Tierarzt entscheidet auch, ob weitere, spezifisch einzusetzende Medikamente gegeben werden können oder müssen. Diese werden teils über das Futter, teils ebenfalls mit dem Magenschlauch oder intravenös verabreicht.

Für diese Entscheidung braucht der Tierarzt möglichst viele Indizien zur Erkennung des Giftes. Hier bietet sich die einzige Gelegenheit, wo der Reiter wirklich aktiv werden kann. Er sollte sich Gedanken machen, durch welche Vegetationsarten er die letzten Stunden oder am Vortage geritten ist. Durch Sumpfgebiete oder durch Wohnviertel mit Gärten und Zierpflanzen, wo sein Pferd einmal unbeobachtet „genascht" haben könnte, oder an stark und bunt blühenden Wiesen entlang? Je genauer er dem Tierarzt Auskunft geben kann, desto eher ist es diesem möglich, den Kreis der in Frage kommenden Giftpflanzen einzuengen und eine exakte Diagnose zu stellen.

Als weitere Maßnahme sollte der Reiter nicht nur bei Vergiftungsverdacht, sondern bei allen plötzlich auftretenden Krankheitszeichen zunächst die Fütterung einstellen, das Pferd am Grasen hindern und auch vorhandenes Heu wegräumen. Einmal um eine evtl. weitere Aufnahme von giftigen Pflanzen zu verhindern, zweitens um den Magen des Pferdes nicht noch weiter zu füllen, damit es der Tierarzt (und das Tier!) bei der möglicherweise folgenden Magenspülung leichter hat.

Im übrigen hat der Reiter nichts anderes zu tun, als auf dem schnellsten Weg den nächsten Tierarzt herbeizurufen.

Die Anwendung von Hausmittelchen, von denen man immer wieder hört, wie z. B. dem Pferd literweise Kaffee einzuflößen oder ähnliches, ist ganz sicher nicht richtig und kann verheerende Folgen haben.

Im folgenden haben wir ca. 50 Giftpflanzen nach der Häufigkeit ihres Vorkommens, ihrer Giftigkeit (wobei die Aussagen der Experten hier teilweise auseinandergehen) und ihren bevorzugten Standorten zusammengestellt. Giftpflanzen, die an Standorten vorkommen, welche während eines Wanderrittes für die Pferde erreichbar sind, wurden in größerem Umfang aufgenommen, während von seltenen Zierpflanzen, die vorwiegend in Gärten und Parkanlagen anzutreffen sind, nur die wichtigsten in der Auflistung enthalten sind.

Die Pflanzen sind in alphabetischer Reihenfolge mit deutschen und lateinischen Namen, ihren Standorten, ihren Giftstoffen sowie mit den Vergiftungserscheinungen aufgeführt. Auf ausführliche Beschreibung ihrer Erkennungsmerkmale wurde verzichtet, da sie für den Laien zu schwer verständlich sind. Die mit ✳ gekennzeichneten Pflanzen sind auf den Seiten 89–92 abgebildet. Weitere gute Abbildungen von Giftpflanzen sind in den zu diesem Thema genannten Büchern (S. 204) zu finden.

**Adlerfarn** (*Pteridium aquilinum*)
Standorte: trockene und feuchte Laub- und Nadelwälder, Kahlschläge, Heide
Giftstoffe: Adonitoxin, Cymarin, Magnoflorin nin, Pteridin
Giftige Pflanzenteile: gesamte Pflanze
Vergiftungserscheinungen: Erregbarkeit, Taumeln, verminderte Reflexe, völlige Erschöpfung

**Frühlings-Adonisröschen** (*Adonis vernalis*) ✳
Standorte: Kiefernwald
Giftstoffe: Adonitoxin, Cymarin, Magnoflorin
Giftige Pflanzenteile: im Kraut
Vergiftungserscheinungen: Reizung der Maulschleimhaut, Störung der Herzfunktion. Vergiftungen bei Pferden wegen des scharfen Pflanzengeschmacks selten.

**Besenginster** (*Sarothammus scoparius*) ✳
Standorte: Sand und Heide, sonnige, felsige Plätze, Zierpflanze
Giftstoffe: Spartein
Giftige Pflanzenteile: Samen und Sproß
Vergiftungserscheinungen: Erregung und Lähmungserscheinungen (nach Aufnahme größerer Mengen)

**Bilsenkraut** (*Hyoscyamus niger*) ✳
Standorte: Wegränder, Brachland, Schutthalden
Giftstoffe: Hyoscypikrin, Tropanalkaloide wie in der Tollkirsche
Giftige Pflanzenteile: alle Pflanzenteile, besonders die Wurzel
Vergiftungserscheinungen: Unruhe, Erregung, Gleichgewichtsstörungen, erhöhter Puls. Wegen des unangenehmen Geruchs sind Tiervergiftungen selten.

**Schutt-Bingelkraut, Wald-Bingelkraut** (*Mercurialis annua, – perennis*)
Standorte: Schutt, Zäune, kalkreiche Äcker, Laubwälder und Gebüsche
Giftstoffe: Saponine
Giftige Pflanzenteile: die gesamte Pflanze, Giftabnahme durch Trocknung
Vergiftungserscheinungen: Durchfall, Nervenlähmungen, Leberschädigung, Vergiftungen selten

**Buchsbaum** (*Buxus sempervirens*) ✳
Standorte: Friedhöfe, Parkanlagen, Gärten
Giftstoffe: Buxin, Buxanin, Buxatin, Buxandrin, 750 g Blätter bei Pferden tödlich
Giftige Pflanzenteile: Blätter und Rinde
Vergiftungserscheinungen: Lähmungen des Zentralnervensystems, Kolik, Schwindel

**Drachenwurz, Schlangenwurz** (*Calla palustris*) ✳
Standorte: Waldsümpfe, Torfmoore, Ufer von Teichen und Seen
Giftstoffe: ein chemisch nicht eindeutig bestimmter, dem Aroin nahestehender Giftstoff
Giftige Pflanzenteile: vorwiegend Blätter und Beeren
Vergiftungserscheinungen: Haut ätzend, Herzanfälle, Krämpfe und Lähmung des Zentralnervensystems

**Eibe** (*Taxus baccata*)
Standorte: als Ziergewächs in Parkanlagen und Gärten, selten wild in Wäldern
Giftstoffe: Taxin, geringe Mengen blausäurehaltiger Verbindungen, Ephedrin
Giftige Pflanzenteile: alle Teile der Pflanze, besonders die Nadeln, 150 g Nadeln sind für Pferde tödlich
Vergiftungserscheinungen: Bewegungsstörungen, Kreislaufschwäche, oberflächliche Atmung bis zum Tod durch Atemlähmung.
Pferde können 5 Minuten nach Fressen von Nadeln ohne vorherige Vergiftungsanzeichen tot zusammenbrechen.

**Eisenhut, blauer, –, gelber** (*Aconitum napellus, – vulparia*) ✳
Standorte: hauptsächlich Alpen und Mittelgebirge, Bachufer und Wälder

Giftstoffe: Aconitin. 3 mg Aconitin sind für ein Pferd tödlich
Giftige Pflanzenteile: gesamte Pflanze, beim Lagern geht die Giftwirkung schnell verloren
Vergiftungserscheinungen: Kolik, beschleunigte, später verlangsamte Atmung und Tod durch Atemlähmung

**Fingerhut, wolliger, –, gelber, –, roter** (*Digitalis lanata, – lutea, – purpurea*) ✳
Standorte: lichte Wälder, buschige Abhänge, Lichtungen und Kahlschläge, auch Zierpflanze
Giftstoffe: Digitonin, Digitoxin, Gitaloxin, Gitonin, Gitoxin
Giftige Pflanzenteile: Blätter und Samen
Vergiftungserscheinungen: Reizung der Schleimhäute, Herzrhythmusstörungen, verstärkte Harnabsonderung

**Weißer Germer** (*Veratrum album*) ✳
Standorte: feuchte Weiden und Wiesen, vorwiegend in Höhen zwischen 1000 und 2700 m
Giftstoffe: Protoveratrin, Germerin, Germidin
Giftige Pflanzenteile: alle Teile der Pflanze, bereits geringe Mengen sind tödlich, wegen des unangenehmen Geschmacks sind jedoch Vergiftungen selten
Vergiftungserscheinungen: Speichelfluß, Durchfall, erhöhte Harnausscheidung, Kolik, Erregung, Krämpfe, Atemnot

**Giftlattich** (*Lactuca virosa*)
Standorte: Schutthalden, Ödland
Giftstoffe: Lactucin, Lactupikrin
Giftige Pflanzenteile: gesamte Pflanze
Vergiftungserscheinungen: Schweißausbruch, Erregung, Bewegungsstörungen

**Goldregen** (*Laburnum anagyroides*) ✳
Standorte: Zierstrauch in Gärten und Anlagen, auch verwildert auf Holzschlägen und bebuschten Hügeln
Giftstoffe: Gytisin, auch getrocknete Pflanzen giftig
Giftige Pflanzenteile: Blüten, Samen und Wurzeln
Vergiftungserscheinungen: Kolik, Schweißausbruch, Krämpfe, Erregung, Bewegungsstörungen, bis Tod durch Atemlähmung

**Gundermann** (*Glechoma hederaceum*) ✳
Standorte: Wiesen, Wälder, Wegränder
Giftstoffe: Marrubiin und Gerbstoffe
Vergiftungserscheinungen: Schwitzen, Zittern, Schleimausfluß aus dem Maul, röchelnde, von Husten unterbrochene Atmung, nach großen Mengen Tod infolge Herzschwäche

**Gift-Hahnenfuß** (*Ranunculus sceleratus*) ✳
Standorte: Teichufer, feuchte Wiesen, feuchte Äcker
Giftstoffe: Ranunclin, Anemonin, Saponine
Giftige Pflanzenteile: gesamte Pflanze, im Heu ungefährlich. Tödliche Vergiftungen bei Pferden nur bei massenhaftem Auftreten im Weidegras, wird außerdem meistens gemieden.
Vergiftungserscheinungen: Schleimhautentzündung, Kolik, Nierenentzündung und Lähmung des Zentralnervensystems

**Heckenkirsche, rote, Wald-Geißblatt** (*Lonicera xylosteum, – periclymenum*) ✳
Standorte: als Unterholz von Laub und Mischwald, an Waldrändern, als Zierstrauch in Gärten und Anlagen
Giftstoffe: Xylostein, Saponine
Giftige Pflanzenteile: vorwiegend Beeren, auch Blätter
Vergiftungserscheinungen: Schweißausbruch, beschleunigter Puls, Zuckungen in den Gliedmaßen, Krämpfe, Kollapserscheinungen

**Herbstzeitlose** (*Colchicum autumnale*) ✳
Standorte: Wiesen und feuchte, lichte Waldungen
Giftstoffe: Colchicin; tödliche Giftmenge: wenige Gramm Samen
Giftige Pflanzenteile: gesamte Pflanze, besonders Blüte und Samen
Vergiftungserscheinungen: erste Symptome nach 2–6 Stunden. Kolik, blutiger Urin, aufsteigende zentrale Lähmung. Nach 3 Krankheitstagen sterben ca. 50 % der vergifteten Tiere infolge Atemlähmung.

**Hundspetersilie** (*Aethusa cynapium*) ✳
Standorte: Äcker, brachliegende Böden, Gartenunkraut
Giftstoffe: Aethusin, Aethusanol, Coniin

Giftige Pflanzenteile: Kraut
Vergiftungserscheinungen: Bewegungsstörung, Muskellähmung, Kolik, Atemlähmung. Pflanze wird wegen ihres unangenehmen Geruchs von Pferden selten gefressen.

**Betäubender Kälberkropf** (*Chaerophyllum temulum*) ✳
Standorte: Gebüsche, Zäune, Mischwälder
Giftstoffe: Chaerophyllin
Giftige Pflanzenteile: Sproß und Samen
Vergiftungserscheinungen: Bei Aufnahme größerer Mengen Chaerophyllin mit dem Grünfutter Betäubung, Durchfall, Lähmungen

**Kartoffel** (*Solanum tuberosum*)
Standorte: Kulturpflanze
Giftstoffe: Solanin, Solanidin
Giftige Pflanzenteile: Blüten, Beeren und unreif geerntete Kartoffeln, auch Keime und Augen von auskeimenden Kartoffeln, verschimmelte Kartoffeln (nur einwandfreie Kartoffeln verfüttern!)
Vergiftungserscheinungen: Auflösung der roten Blutkörperchen, Durchfall, Krämpfe, Lähmungen, unregelmäßige Atmung

**Jakobs-Kreuzkraut** (*Senecio jacobaea*) ✳
Standorte: sonnige Hügel, Waldränder
Giftstoffe: Jacobin, Jacolin, Jacozin, Seneciphyllin
Giftige Pflanzenteile: gesamte Pflanze. Pflanze behält ihre Giftigkeit im Heu und nach Silierung (frische Pflanzen werden von Pferden nur selten aufgenommen)
Vergiftungserscheinungen: Kolik, Gelbsucht, blutiger Durchfall, nervöse Störungen

**Lebensbaum** (*Thuja*)
Standort: Ziergehölz in Garten, Parkanlagen, oft als Hecke
Giftstoffe: Thujon, Fenchon, Sabinen
Giftige Pflanzenteile: gesamte Pflanze
Vergiftungserscheinungen: Schleimhautreizend, Krämpfe, Kolik, Durchfall; Folgeerkrankung: Leber und Nierendegeneration

**Lupine, blau, –, gelbe, –, vielblättrige** (*Lupinus angustifolius, – luteus, – polyphyllus*)

Standorte: Böschungen, Kahlschläge, Waldränder, verbreitete Zierpflanze
Giftstoffe: Lupanidin, Lupinidin, Giftwirkung bleibt im Heu erhalten
Giftige Pflanzenteile: vorwiegend Samen
Vergiftungserscheinungen: Speichelfluß, Schluckbeschwerden, Unruhe, Krämpfe, Gelbsucht, Tod kann bis zu 5 Tage nach Aufnahme durch Atemlähmung auftreten

**Maiglöckchen** (*Convallaria majalis*) ✳
Standorte: lichte Laub- und Mischwälder, Gebüsche, Zierpflanze
Giftstoffe: Convallatoxin, Convallarin, Convallosid
Giftige Pflanzenteile: gesamte Pflanze, besonders in Blüten
Vergiftungserscheinungen: Kolik, Absinken der Pulsfrequenz, Herzrhythmusstörungen, bei entsprechender Menge, die allerdings von Pferden wohl kaum aufgenommen wird, Kollaps und Herzstillstand

**Nachtschatten, bittersüßer** (*Solanum dulcamara*) ✳
Standorte: feuchte Wälder und Gebüsche, Ufer
Giftstoffe: Soladulcin, Solasonin
Giftige Pflanzenteile: gesamte Pflanze, besonders Beeren
Vergiftungserscheinungen: Auflösung der roten Blutkörperchen, Durchfall, Erregung, Krämpfe, Lähmungen, erhöhter Puls, Atemnot

**Nachtschatten, schwarzer** (*Solanum nigrum*)
Standorte: Äcker, Gärten, Schuttplätze, Ödland
Giftstoffe: Solasonin, Solasodin
Giftige Pflanzenteile: gesamte Pflanze, besonders unreife Früchte (tödliche Dosis für Kinder 6–10 unreife Beeren)
Vergiftungserscheinungen: Durchfall, Erregung, Lähmungen, Auflösung der roten Blutkörperchen

**Nieswurz, schwarze** (*Helleborus niger*) ✳
Standorte: nur vereinzelt in subalpinen Buchen- und Kiefernwäldern, als Zierblume in Gärten und Anlagen, Vergiftungsgefahr wegen des seltenen Vorkommens relativ gering

Giftstoffe: Saponin, Helleborin, Hellebrin. Giftwirkung bleibt nach Trocknung erhalten
Giftige Pflanzenteile: gesamte Pflanze, besonders Wurzeln und Samen
Vergiftungserscheinungen: Schleimhautreizung, Koliken, Durchfall, Herzschwäche, Atemnot

**Osterluzei, aufrechte** (*Aristolochia clematitis*) ✳
Standorte: Weinberge, Hecken, Zäune
Giftstoffe: stickstoffhaltige Aristolochiasäure
Giftige Pflanzenteile: vorwiegend Wurzeln, aber auch übrige Pflanze
Vergiftungserscheinungen: Appetitabnahme, Verstopfung, Nierenentzündung. In einigen Fällen Atemlähmung, besonders Pferde sind empfindlich.

**Pfaffenhütchen** (*Euonymus europaea*) ✳
Standorte: Laubwälder, Waldränder, Gebüsche, auch als Zierstrauch in Anlagen und Gärten
Giftstoffe: Evobiosid, Evomonosid, Evonosid
Giftige Pflanzenteile: gesamte Pflanze
Vergiftungserscheinungen: nach ca. 15 Stunden Kolik, Krämpfe, Durchfall, Kreislaufstörungen, Vergiftungen bei Pferden selten

**Wasser-Pferdesaat, röhrige Pferdesaat** (*Oenanthe aquatica, Oenanthe fistulosa*) ✳
Standorte: moorige Wiesen, Ufer von Gräben, Seen und Sümpfen
Giftstoffe: Oenanthotoxin
Giftige Pflanzenteile: gesamte Pflanze
Vergiftungserscheinungen: nach einer halben Stunde Erregung und Krämpfe

**Rhododendron**
Standorte: häufige Zierpflanze
Giftstoffe: Andromedotoxin
Giftige Pflanzenteile: besonders Blätter
Vergiftungserscheinungen: Krämpfe, Störungen im Zentralnervensystem

**Robinie, weiße, falsche Akazie** (*Robinia pseudoacacia*)
Standorte: Zier- und Forstbaum
Giftstoffe: Phytotoxin Robin, Robinin
Giftige Pflanzenteile: Rinde, Samen und Blätter
Vergiftungserscheinungen: nach Aufnahme von Rinde und Laub Kolik, Lähmungserscheinungen, Durchfall

**Schierling, gefleckter** (*Conium maculatum*) ✳
Standorte: Hecken, Wegränder und Zäune, brachliegende Böden
Giftstoffe: Conin, tödliche Giftmenge (beim Rind) 4 kg der frischen Pflanze
Giftige Pflanzenteile: gesamte Pflanze, besonders reife Früchte
Vergiftungserscheinungen: Schluckbeschwerden, Speichelfluß, taumelnder Gang, Lähmungen bis Tod infolge Atemlähmung

**Schöllkraut** (*Chelidonium majus*) ✳
Standorte: Gemäuer, Zäune, Gebüsch, Schutt, auch Laubwälder
Giftstoffe: 10 verschiedene Alkaloide, u. a. Chelerythrin, Chelidonin, Spartein, Chelidoxanthin, Sanguinarin
Giftige Pflanzenteile: vorwiegend Wurzel, aber auch Kraut
Pflanze wird wegen ihres unangenehmen Geschmacks von Pferden selten gefressen.
Vergiftungserscheinungen: Reizung der Haut, Kolik, Harndrang, Benommenheit bis Tod im Kollaps

**Seidelbast** (*Daphne mezereum*) ✳
Standorte: Laub- und Mischwälder, als Zierstrauch in Gärten und Parkanlagen
Giftstoffe: Mezerein, Daphnan, tödliche Giftmenge für Pferde 30 g Rinde oder Beeren
Giftige Pflanzenteile: gesamte Pflanze, besonders Beeren und Rinde
Vergiftungserscheinungen: Hautreizung der Schleimhäute, Schluckbeschwerden, Kolik, Unruhe, Atemnot, bei entsprechender Menge Tod im Kollaps

**Stechapfel** (*Datura stramonium*) ✳
Standorte: Ödland, Schuttplätze, Waldränder
Giftstoffe: L-Hyoscyamin, Atropin, Scopolamin
Giftige Pflanzenteile: gesamte Pflanze
Vergiftungserscheinungen: Unruhe, allgemeine Erregung, Schüttelkrämpfe, erhöhter Puls, Lähmungen

**Gift-Sumach** (*Rhus toxicodendron*)
Standorte: Zierstrauch
Giftstoffe: Toxicodendrin
Giftige Pflanzenteile: Milchsaft der Pflanze
Vergiftungserscheinungen: blutiger Durchfall, Magen-Darmentzündung, Kolik, Erregung

**Sumpfschachtelhalm** (*Equisetum palustre*)
Standorte: nasse Wiesen, Gräben, Ufer
Giftstoffe: Palustrin, Palustridin
Vergiftungserscheinungen: Erregbarkeit, taumelnder Gang, Aufhören der Reflexe, bei entsprechender Menge Verenden infolge völliger Erschöpfung

**Taumel-Lolch** (*Lolium temulentum*)
Standorte: Getreideäcker, selten
Giftstoffe: Temulin
Giftige Pflanzenteile: vorwiegend reife Früchte, Samen
Vergiftungserscheinungen: Taumeln, Lähmungen, Krämpfe, da sehr selten, kaum noch Vergiftungen

**Schwarze Tollkirsche** (*Atropa bella-donna*) ✷
Standorte: Bergwälder, Kahlschläge, Ränder von Waldwegen
Giftstoffe: L-Hyoscyamin, Atropin, bereits geringe Mengen tödlich
Giftige Pflanzenteile: Blätter, Samen und Wurzeln
Vergiftungserscheinungen: Unruhe, Erregung, Schüttelkrämpfe, Lähmungen, Tod durch Atemlähmung

**Gift-Wasserschierling** (*Cicuta virosa*)
Standorte: nur bei ausreichender Feuchtigkeit an Sümpfen, Teichrändern, Gräben
Giftstoffe: Cicutoxin, Cicutol. Tödliche Dosis: wenige Gramm der frischen Pflanze, bzw. ein walnußgroßes Stück vom Wurzelstock
Giftige Pflanzenteile: gesamte Pflanze
Vergiftungserscheinungen: nach einer halben Stunde starke Erregung und Krämpfe, nach einer weiteren halben Stunde Tod infolge Atemlähmung

**Wasser-Schwertlilie** (*Iris pseudacorus*)
Standorte: Verlandungszonen, Erlenbrüche, Gräben
Giftstoffe: Iridin, Irisin
Giftige Pflanzenteile: gesamte Pflanze
Vergiftungserscheinungen: blutige Durchfälle

**Zypressen-Wolfsmilch, Sonnen-Wolfsmilch** (*Euphorbia cyparissias, – helioscopia*)
Standorte: Äcker, lichte Wälder, trockene Heide und Grasland, Gärten
Giftstoffe: Euphorbon
Giftige Pflanzenteile: Milchsaft, gesamte Pflanze
Vergiftungserscheinungen: Hautentzündungen, Durchfall, Krämpfe, Kreislaufschädigung. Infolge des unangenehmen Geschmacks der Wolfsmilch sind Vergiftungen bei Pferden sehr selten.

**Zaunrübe, schwarzbeerige, –, rotbeerige** (*Bryonia alba, – dioica*)
Standorte: Hecken, Gebüsche, Waldränder
Giftstoffe: Triterpenoide, Bryonin, Bryonidin, Saponine
Tödliche Dosis beim Menschen 50 Beeren
Giftige Pflanzenteile: gesamte Pflanze, vor allem Beeren und Wurzelsaft
Vergiftungserscheinungen: örtlich stark reizend, bei hohen Dosen zentrale Lähmung

# Die Pflege des Pferdes
## Erika Heyl

Das Putzen des Pferdes dient der Reinigung der Haare und der Haut von Staub, Schmutz und Hautabsonderungen, wie Schuppen und Schweiß. Gleichzeitig ist es eine Massage, welche die Durchblutung der Haut und die Hautatmung fördert. Überdies trägt es zum Vertrauen zwischen Mensch und Tier bei, sofern man dabei ruhig und fachgerecht vorgeht. Somit ist es eine notwendige Maßnahme für das körperliche und psychische Wohlbefinden des Pferdes. Tägliches Putzen ist unabdingbar für Pferde, die im Stall gehalten werden. Anders verhält es sich bei Robustpferden, worauf weiter unten näher eingegangen wird.

Kardätsche

Gummistriegel

Wurzelbürste

## Putzzeug

Jedes Tier sollte sein eigenes Putzzeug haben, hauptsächlich um ein Übertragen eventueller Hautkrankheiten zu vermeiden. Das Putzzeug besteht aus Kardätsche, Striegel, Wurzelbürste, Lappen aus Wolle, Baumwolle oder Leinen, 2 Schwämmen, Mähnenkamm, Schweißmesser, Hufkratzer. Für Robustpferde mit langem Winterfell empfiehlt sich außerdem noch ein Enthaarer.

Schweißmesser

## Technik des Putzens

Zum Putzen wird das Pferd aus dem Offenstall, der Weide, Box oder dem Ständer auf einen sauberen, ruhigen Platz geholt. Dieser muß gute, stabile Anbindemöglichkeiten haben, am besten einen einbetonierten Anbindebalken oder fest im Mauerwerk verankerte Ringe.
Das Tier soll, wenn möglich, beidseitig angebunden werden. Man kann hierzu Ketten oder Stricke mit Panikhaken verwenden. Hat man Stricke ohne Panikhaken, so befestigt man sie mit Panikknoten (s. Abb. 22).

Mähnenkamm

Hufkratzer

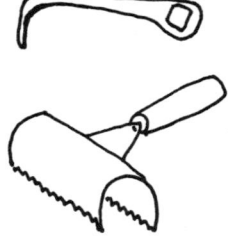

Enthaarer

Abb. 21. Putzzeug.

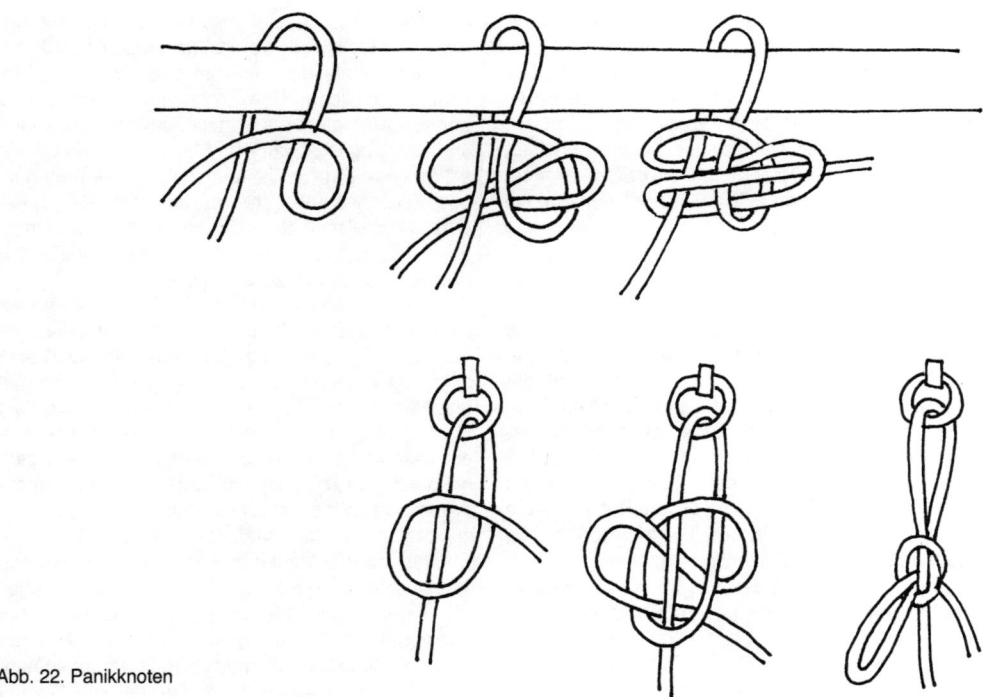

Abb. 22. Panikknoten

## Fellpflege

Zuerst erfolgt das Aufrauhen des Felles mit dem Striegel zur Beseitigung von Schmutzkrusten. Durchgestriegelt werden nur die bemuskelten Körperteile. Man verwendet den Striegel niemals für Kopf, untere Gliedmaßen und Hüftknochen. Gummistriegel eignen sich am besten, da sie keine Verletzungen hervorrufen können.

In langen, ruhigen Strichen wird anschließend der aufgeraute Staub mit der Kardätsche aus dem Fell geputzt. Dabei streift man die Kardätsche jedesmal am Striegel ab. Der mit Staub gefüllte Striegel wird ausgeklopft. Das Putzen des Kopfes verlangt besondere Vorsicht. Man löst das Halfter, streift es um den Hals und reinigt dann den Kopf behutsam mit der Kardätsche. Bauch, Innenseite der Beine und

Fesselbeugen dürfen beim Putzen nicht vernachlässigt werden, sie werden ebenfalls mit der Kardätsche gereinigt. Nüstern, Maulspalte, Augenwinkel, Unterseite der Schweifrübe und After sollten bei Bedarf mit einem Schwamm ausgewaschen werden. Für Kopf und After müssen zwei verschiedene Schwämme benutzt werden. Die Schwämme häufig in heißem Wasser ausspülen!

## Pflege des Langhaars

Schopf, Mähne und Schweif werden mit der Hand verlesen. Mähnenkamm und Schweifwurzel können mit der Wurzelbürste gereinigt werden. Zur Schweifpflege selbst gehören weder Kamm noch Bürste. Man reißt damit zu viele Haare aus. Bei sehr starker Verschmutzung können die Langhaare mit warmem

Wasser und Schampon gewaschen werden. Hinterher aber gut ausspülen!

Das Frisieren (Verziehen, Rasieren) von Schopf, Mähne und Schweif sollte bei Wanderreitpferden unterlassen werden. Sie brauchen das volle Haar zum Schutz gegen Witterungseinflüsse und Fliegen. Möchte man an einem Turnier o. ä. teilnehmen, so wirken geflochtene Mähne und Schweif ebenso ordentlich.

## Hufpflege

Der Hufpflege muß besondere und regelmäßige Aufmerksamkeit gewidmet werden. Unbeschlagenen Pferden werden alle 2–3 Wochen mit der Raspel die Hufränder gerundet. Lose und tote Hornteile von Sohle und Strahl werden mit dem Hufmesser – aber nur vom Fachmann – entfernt. Die Eckstreben sind zu schonen. Das Erneuern des Hufbeschlages richtet sich nach dem Hufwachstum des einzelnen Tieres. Es muß jedoch rechtzeitig, mindestens alle 6–10 Wochen erfolgen.

Vor dem Reiten wird der Huf mit einem Kratzer geräumt und der Beschlag geprüft. Nach der Arbeit wird gründlicher gesäubert. Tägliches Waschen schadet dem Huf nicht. Das Hufhorn ist quellfähig und wird nach Feuchtigkeitsaufnahme elastischer. Um das Austrocknen zu verhindern, sollen die Hufe nach dem Waschen in noch feuchtem Zustand (aber nicht tropfnaß) gefettet werden, vor allen Dingen an Ballen und Kronrand. Es darf nur gutes, im Fachhandel erhältliches Huffett benutzt werden. Mineralische Fette und Öle sind sehr schädlich für die Hufe und absolut ungeeignet.

Um das Hufwachstum anzuregen, kann man Lorbeeröl mehrmals wöchentlich in den Kronrand einmassieren. Ob und wann wir Hufteer verwenden sollen, kann uns am besten der Hufschmied sagen. Man hüte sich davor, die Glasurschicht des Hufes mit harten Gegenständen zu verletzen. (Siehe auch Kapitel „Hufkunde, Hufkorrektur, Hufpflege", Seite 94 ff.)

## Pflege von Robustpferden

Leben unsere Pferde im Offenstall (Auslauf) oder auf der Weide (mit Unterstand), so sind sie auf jeden Fall den Witterungseinflüssen ausgesetzt. Sie haben die Möglichkeit der gegenseitigen Fellpflege, und sie können sich wälzen und scheuern. Hier wäre ein tägliches Putzen, besonders wenn nicht geritten wird, nicht nur unnötig, sondern unter Umständen sogar schädlich. Man würde damit die schützende Fett- und Staubschicht entfernen. Robustpferde werden daher nur vor dem Reiten geputzt. Hierbei muß besondere Sorgfalt auf die Reinigung der Sattellage verwendet werden, um Druck- und Scheuerstellen zu vermeiden.

Alle robust gehaltenen Pferde und Ponys haben eine mehr oder weniger starke Behaarung der Fesselgelenke, den sogenannten Kötenbehang. Dieser bietet einen natürlichen Schutz gegen Verletzungen und Nässe. Er darf auf keinen Fall entfernt werden. Nach Ausritten ist diesen Stellen besondere Aufmerksamkeit zu schenken. Man bürstet die Beine mit der Kardätsche oder wäscht sie mit lauwarmem Wasser ab und achtet darauf, daß die Fesselbeugen sauber und trocken sind. Dies ist wichtig, um die Entstehung von Mauke zu vermeiden. An warmen Tagen sind die Tiere auch für eine „Ganzwäsche" mit klarem Wasser oder für einen Gang in die Schwemme dankbar. Möchte man das Pferd nach einem Ausritt abwaschen, muß man darauf achten, daß es zuvor abschwitzt. Die Nierenpartie nie mit kaltem Wasser abspritzen, nur abschwammen! Jedes gesunde Pferd wird sich hinterher – so man es nur läßt – ausgiebig wälzen. Läßt man dies nicht zu, so streift man das Wasser mit dem Schweißmesser ab.

Bei kaltem Wetter und im Winter sollte man beim Reiten nach Möglichkeit vermeiden, daß die Pferde schwitzen. Leider ist das nicht immer zu erreichen, deshalb sollte man vor jedem Ritt auch die nötige Zeit einplanen, um hinterher sein Pferd sachgerecht versorgen zu können. Es muß Zeit bleiben, das Pferd sich wälzen zu lassen und es gründlich mit Stroh oder besser alten Handtüchern trocken zu reiben (führen allein nützt im Winter nichts). Auch das Abreiben mit Sägemehl hat sich bewährt. Anschließend mit dem Gummistriegel leicht durchputzen! Offenstallpferden kann anschließend noch eine Schicht Weizenstroh aufgelegt werden, es bleibt auch ohne Decke längere Zeit liegen. Pferden in Boxen und Ständern legt man auf die Strohschicht

Schöllkraut

Bittersüßer Nachtschatten

Aufrechte
Osterluzei

Wasser-
Pferdesaat

Drachenwurz

Roter Fingerhut

Frühlings-Adonisröschen

Buchsbaum            Efeu-Gundermann          Schwarze Nieswurz
                                                              (Christrose)

Hundspetersilie       Maiglöckchen       Blauer Eisenhut     Jakobs-Kreuzkraut

Stechapfel

Goldregen

Rote Heckenkirsche

Pfaffenhütchen

Betäubender Kälberkopf

Seidelbast

Weißer Germer

Schwarze Tollkirsche

Gefleckter Schierling

♂

Eibe

♀

Gift-Hahnenfuß

Schwarzes Bilsenkraut

Besenginster

Herbstzeitlose

noch eine Decke und verschnallt sie. Mit dem Auflegen der Strohschicht kann ein Nachschwitzen sehr langhaariger Tiere aufgefangen werden.

Eine Decke ohne Strohzwischenlage auf ein nasses Fell zu legen ist nicht sinnvoll, da zwischen Decke und Fell die zum Trocknen erforderliche Luft nicht zirkulieren kann. Das Tier schwitzt zunächst unter der Decke weiter, die Decke wird feucht, und dann ist es bis zur Erkältung nicht mehr weit. Naßgeschwitzte Offenstallpferde nach dem Abreiben zugfrei stellen, eventuell im Stall füttern!

# Pflege an einem Wanderritt-Tag

Morgens werden die Tiere erst geputzt, wenn sie in Ruhe gefressen haben. Die erste Pause nach Beginn des Rittes sollte spätestens nach einer Stunde erfolgen, um den Tieren die Möglichkeit zum Strahlen (Stallen) zu bieten. Jetzt werden auch die Sättel, Packtaschen usw. auf richtigen Sitz kontrolliert und die Eisen und Beine der Tiere nochmals untersucht. Nur bei größeren Pausen nimmt man das Gebiß heraus und löst, so vorhanden, den Schweifriemen. In dem Fall wird auch der Gurt gelockert. Das bedeutet jedoch, daß vor dem Weiterreiten neu gesattelt werden muß. Möchte man absatteln, so achtet man darauf, ob das Pferd stark schwitzt. Ist dies der Fall, hängt es vom Wetter und der Umgebung ab, ob man den Sattel noch einige Zeit mit offenem Gurt auf dem Pferderücken liegen läßt. Der Reiter muß hierbei anwesend bleiben, um ein Wälzen verhindern zu können. Wenn bei kleineren Pausen nicht abgesattelt wird, so müssen unbedingt die Steigbügel hochgeschnallt werden, um gefährliche Unfälle zu vermeiden!

Unterwegs nutzt man jede Möglichkeit, sein Pferd trinken zu lassen. Ist es sehr heiß, gießt man auch Wasser an die Beine. Kommt man an saubere Bäche, kann man das Pferd auch hindurchgehen lassen oder kurze Zeit hineinstellen. Man achte aber unbedingt darauf, daß die Uferränder flach und fest und nicht sumpfig sind. Auch bei Geröll ist Vorsicht geboten. Bei sehr langen Pausen wird grundsätzlich abgesattelt. Dann wird die Sattellage nach Druckstellen untersucht, Beine und Eisen werden kontrolliert, eventuell abgewaschen, und anschließend darf sich das Pferd wälzen.

Vor dem Weiterreiten wird gründlich geputzt, werden nochmals die Beine abgefühlt, die Hufe geräumt, und man bietet dem Pferd noch einmal Wasser an.

Bei der Ankunft am Zielort verfährt man in gleicher Weise wie bei langen Pausen, zusätzlich kühlt man die Beine. Die letzten 500 m vor einer längeren Pause und vor dem Zielort sollte das Pferd mit gelockertem Bauchgurt geführt werden. Dies verhindert oftmals Drücke aufgrund von Durchblutungsstörungen.

# Hufkunde, Hufkorrektur, Hufpflege
Armin Kasper

Auch Wanderreiter, die sich auf vielen anderen reiterlichen Gebieten längst profunde Kenntnisse und Fähigkeiten erworben haben, denken oft mit Schrecken daran, wie hilflos sie auf einem längeren Ritt dastehen könnten, sollte sich unterwegs ein Eisen lockern, sich verbiegen oder verlorengehen. Sicher wird jeder Reiter in den Rittpausen Zustand und Sitz des Beschlags kontrollieren, besonders auch nach dem Durchreiten tiefer Böden; auf hartem Untergrund wird er hören, ob ein loses Eisen klingelt – aber all das hilft ihm nicht weiter, wenn praktische Arbeit am Huf oder am Beschlag notwendig wird. Meist ist in fremder Umgebung auch ein Schmied nicht leicht zu erreichen. So kann ein lockeres Eisen einen Tag Zwangspause, wenn nicht gar den Abbruch eines langgeplanten Rittes bedeuten.

Deswegen sollte jeder Reiter, besonders der Wanderreiter, Kenntnisse in der Hufkunde besitzen, die wichtigsten Grundsätze der Hufkorrektur und des Beschlags kennen und praktisch anwenden können, wenn auch der Beschlag selbst Sache des Hufschmiedes ist.

Als Voraussetzung für die handwerkliche Fähigkeit, am Huf zu arbeiten, gelten die theoretischen Grundkenntnisse über Entwicklung und Bau des Hufes, seine korrekte Stellung und die notwendigen Pflegemaßnahmen.

Die Naturgeschichte weist den Stammvater aller Einhufer als fuchsgroßes Tier aus, entstanden vor ca. 50 bis 60 Millionen Jahren. Dieses „Hyracotherium", im Volksmund „Eohippus" – Pferd des Eozäns – genannt, war ein kleiner Blätterfresser und hatte hinten je drei, vorn je vier Zehen. Wenn auch dieses Vorläuferpferdchen noch mit allen Zehen auftrat, so war doch die stärkere Ausbildung der mittleren Zehe bereits deutlich zu erkennen, und im Laufe der Entwicklungsgeschichte wurde aus dem flüchtigen Zehengänger der Einhufer.

An der mittleren Zehe bildete sich eine Hornkappe aus, die Seitenzehen verschwanden oder verkümmerten (Griffelbeine). Durch die geringere Auftritt-

fläche des harten Hufes erreichte das Pferd nun höhere Geschwindigkeiten und konnte so seinen Feinden besser entkommen. Die heutige Form des Hufes steht somit in direktem Zusammenhang mit der Entwicklungsgeschichte und dem Verhalten des Pferdes.

Ein paar tausend Jahre Gebrauch durch den Menschen haben dieses seit 50 Millionen Jahren instinktgeprägte Verhalten nicht weggezüchtet. Würden die Pferdehalter dieser Tatsache bei der Behandlung und Erziehung ihrer jungen Pferde konsequenter Rechnung tragen, könnten viele mechanische Zwangsmittel bei Hufpflege und Beschlag vermieden werden.

## Gewöhnung des jungen Pferdes an Hufpflege und Beschlag

Eine der wichtigsten Lektionen im Leben des jungen Pferdes ist die Gewöhnung an die Arbeit am Huf bei Pflege und Beschlag. Dem Pferd unter Aufbietung aller Kraft das Bein hochzureißen, weil der Schmied mit dem Eisen zum Brennen bereitsteht, führt mit Sicherheit zu Widersetzlichkeiten und löst Fluchtreaktionen aus. Hier kann nichts verlangt werden, was dem Pferd nicht vorher mit Geduld und ohne Zeitdruck beigebracht wurde:
- ruhig stehen
- angebunden stehen
- alle vier Hufe erst für kurze Zeit, später auch länger auf Kommando einzeln anheben
- die Hufe auf einen Bock oder die Oberschenkel des Aufhalters stellen und dort belassen
- Klopfen, Raspeln und Schneiden am Huf dulden
- sich am ganzen Körper anfassen lassen
- metallische Geräusche in nächster Nähe ertragen
- Feuer und Geruch von verbranntem Horn ertragen

Wird das junge Pferd nach jeder kleinen Lektion belohnt, am Anfang durch Leckerbissen und Klopfen, später nur noch durch Klopfen und gelegentliche Leckerbissen, wird es also unter Berücksichtigung seines Lernvermögens erzogen statt gezwungen, dann wird es weder den Huf aus der haltenden Hand strampeln, noch sich widersetzen.

Ein solchermaßen erzogenes Pferd behandelt ein Hufschmied gerne, und er ist sicher auch bereit, bei der Erziehungsarbeit mitzuwirken, wenn der Halter den Zeitverlust mit einer Flasche Wein oder einem kleinen Aufpreis ausgleicht.

Folgendes sollte der Pferdehalter bei der Gewöhnung an die Arbeiten am Huf berücksichtigen:

- Pferde verstehen die Bedeutung der Kommandos nicht am Wortsinn, sondern mehr am Klang der Stimme und aus der Situation heraus.
- Sie sind in ihrer Aufnahmefähigkeit begrenzt, lernen am besten in kleinen „Häppchen", durch ständiges Wiederholen in der gleichen Art, aus Erfahrung.
- Pferde erspüren Stimmungen des Menschen – Ängste, Aggressionen oder Ruhe und Vertrauen – und reagieren entsprechend darauf.

Diese Reaktionen sollte der Pferdehalter durch genaues Beobachten seines Pferdes im Laufe der Zeit kennenlernen, bis er sie schließlich im voraus erahnen und die entsprechenden Gegenmaßnahmen einleiten kann.

Grundvoraussetzungen für die erfolgreiche Arbeit mit Pferden – auch für die Arbeit am Huf – sind Selbstkontrolle, Ruhe und Geduld.

# Der Bau des Hufes

Der Pferdehuf ist ein komplexes Gebilde aus Knochen, Knorpeln, Sehnen, Bändern, Horn, Haut, Blutgefäßen und Nerven. Er ist wohl der wichtigste Teil des Pferdes, der die Last trägt, alle Bewegungen abfängt, den Körper vom Boden isoliert und im Notfall auch zur Verteidigung eingesetzt werden kann. Ohne Huf kein Pferd – dieser Ausspruch ist jedem Laien geläufig.

Die Bodenfläche der Hornkapsel besteht aus den Ballen, den Eckstreben mit Eckstrebenwinkeln, der Hornsohle, dem Hornstrahl mit Strahlfurchen und dem Tragrand mit äußerem Teil (Hornwand) und

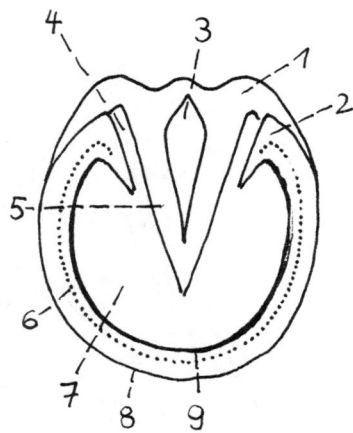

Abb. 23. Bodenfläche des Hufes
1 Hornballen
2 Eckstrebe mit Eckstrebenwinkel
3 mittlere Strahlfurche
4 seitliche Strahlfurche
5 Strahl
6 Weiße Linie
7 Sohle
8 Tragrand der Hornwand
9 Tragrand der Sohle

innerem Teil (Sohlenrand), getrennt durch die weiße Linie (Abb. 23).

Der Längsschnitt durch den Huf zeigt, daß nur ein relativ dünner, schmerzunempfindlicher Hornmantel die mit zahlreichen Nerven und Blutgefäßen durchzogenen Teile des Hufes – das Leben – abschirmt, so daß bei Verletzungen des Hufes leicht mehrere Teile, mit denen der Hornschuh „angefüllt" ist, in Mitleidenschaft gezogen werden (Abb. 24). Da auch der kranke oder verletzte Huf einen Teil des Körpergewichts mittragen muß, ist die Heilung von Hufgebrechen meist langwierig. Dem Huf muß also schon vorbeugend ein großer Teil unserer Aufmerksamkeit um das Pferd gelten.

Der Knochenaufbau des Fußes läßt sich leicht merken, wenn man sich klarmacht, daß er im Prinzip dem des menschlichen Mittelfingers einschließlich des Mittelhandknochens entspricht. Die Knochen des Fußes heißen Röhrbein (mit Griffelbeinen), Fesselbein, Kronbein und Hufbein (mit Strahlbein).

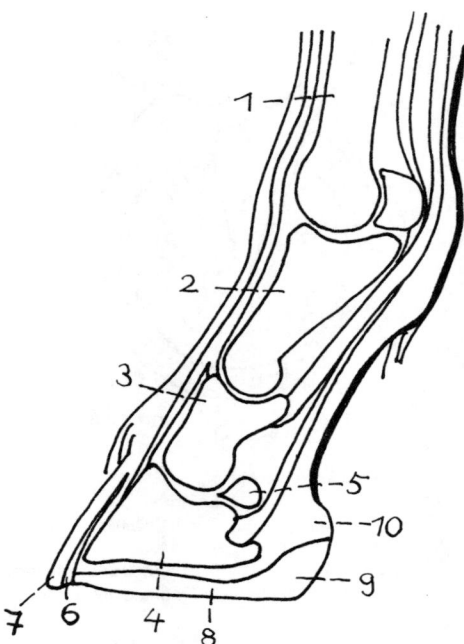

# Die Begutachtung des Hufes vor der Arbeit

Man betrachtet den zu bearbeitenden Huf von vorn, von hinten und von der Seite, um Aufschluß über die momentane Hufstellung zu erhalten.

In der Ansicht von vorn und hinten (Abb. 25) sollte eine gedachte Linie von der Mitte des Fesselgelenkes abwärts eine andere gedachte Linie an der Fußebene im rechten Winkel in der Mitte des Hufes treffen. Weicht der Winkel davon ab, ist der Fuß uneben und muß entsprechend korrigiert werden. Um den Winkel genau zu bestimmen, ist ein möglichst waagrechter Untergrund nötig, eine schräge Stehfläche führt oft zu falschem Zurichten.

Von der Seite gesehen verläuft eine gedachte Linie parallel zur vorderen und hinteren Hufwand durch den mittleren Huf und die Fessel. Der Winkel zur Bodenfläche beträgt beim normalen Vorderhuf 45 bis 50 Grad, beim Hinterhuf 50 bis 55 Grad. (Abb. 26).

Der Blick von oben über die Sohle des aufgenommenen Hufes rundet das Bild des momentanen Hufwachstums und der Stellung ab.

Dieses Gesamturteil sollte sich am Idealbild orientieren, dabei aber Rasseeigenarten, z. B. die Hufstellung des Isländers, nicht außer acht lassen. Auch die Länge und Winkelung der Fessel muß dabei beachtet werden. Ein Pferd mit einer Fuß- und Fesselachse, die z. B. flacher als normal ist, läßt sich durch die Korrektur des Hufes allein nicht steiler stellen, ohne ein falsches Zurichten zu riskieren. Hier kann ein fachgerechter Beschlag Abhilfe schaffen (Abb. 27).

Abb. 24. Der Fuß des Pferdes

| | |
|---|---|
| 1 Röhrbein | 6 Weiße Linie |
| 2 Fesselbein | 7 Zehenteil der |
| 3 Kronbein | Hornwand |
| 4 Hufbein | 8 Hornsohle |
| 5 Strahlbein | 9 Hornstrahl |
| | 10 Strahlkissen |

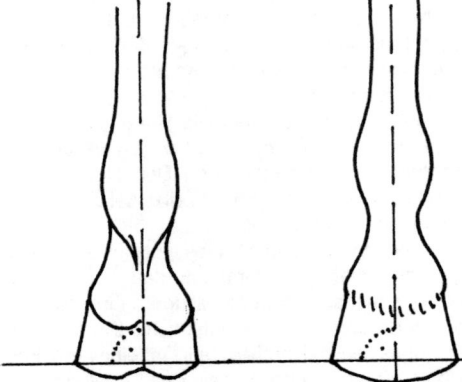

Abb. 25. Korrekte Hufstellung von vorn und hinten

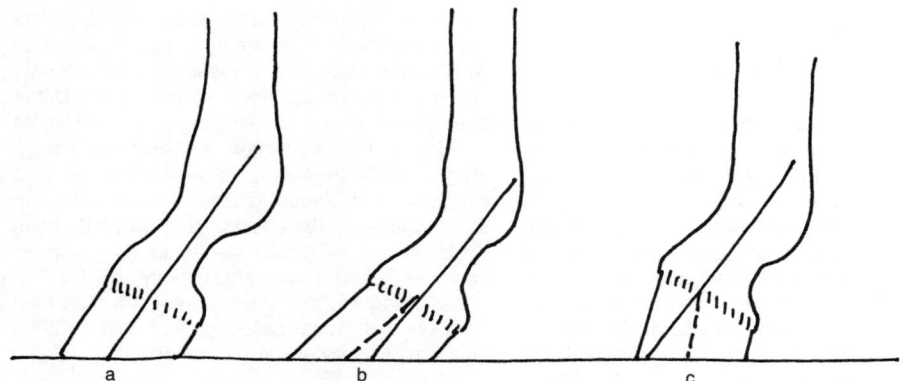

Abb. 26. Hufstellung von der Seite: a) korrekt, b) zu spitz, c) zu stumpf

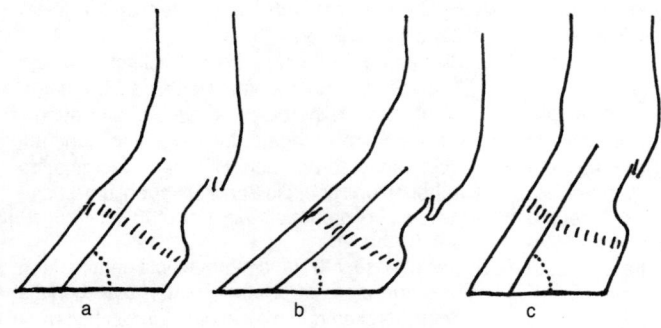

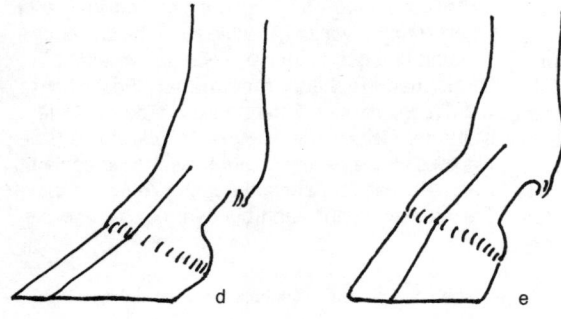

Abb. 27. a) Normale Fuß- und Fesselachse (ca. 47 Grad); b) Fuß- und Fesselachse flacher als normal (weniger als 45 Grad vorn und 50 Grad hinten); c) Fuß- und Fesselachse steiler als normal (mehr als 50 Grad vorn und 55 Grad hinten); d) unterbrochene Fußachse mit zu langer Zehe und zu niedrigen Trachten; e) unterbrochene Fußachse mit zu kurzer Zehe und zu hohen Trachten

97

# Die Arbeit am unbeschlagenen Huf

Der Wanderreiter, der um die Bedeutung des Hufes weiß, wird diesen bei der regelmäßigen Musterung seines Pferdes nicht mehr übersehen. So wird er z. B. bemerken, wenn der äußere Teil des Tragrandes nach dem Reiten ausgefranst und scharfkantig geworden ist, vielleicht einige Teile herausgebrochen sind oder wenn der Huf auf einer Seite oder im Bereich der Trachten stärker abgelaufen ist. Gehört das Pferd zu denen, die durch artgemäße Aufzucht und Haltung eine gute Hornbeschaffenheit und eine normale oder im Toleranzbereich liegende Fußstellung haben, lassen sich solche kleineren Mißstände mit etwas Übung durch ein paar Handgriffe fachgerecht selbst beseitigen.

Stellungsfehler und Hufdefekte allerdings sollten ausschließlich vom erfahrenen Schmied, in schwierigen Fällen unter Hinzuziehung des Tierarztes, behandelt werden.

Da man bei der täglichen Arbeit am Huf oft keinen Halter zur Verfügung hat, hat sich die im folgenden beschriebene amerikanische Halteart, bei der die Vorderhufe zwischen die Knie geklemmt und die Hinterhufe auf die Oberschenkel gelegt werden, als ausgesprochen vorteilhaft erwiesen. Der Ungeübte wird zwar beim Arbeiten zunächst ziemliche Rükken- und Beinschmerzen verspüren, die aber bald durch das stolze Gefühl vergessen sind, die wichtigsten Arbeiten alleine ausführen zu können und auch unterwegs nicht mehr hilflos dazustehen.

Für das Pferd sind diese Haltepositionen nicht unnatürlich. Die Arbeit in Kniehöhe beansprucht Gelenke, Sehnen und Bänder des Pferdes nicht schmerzhaft.

Das Ausziehen der Beine in ungewohnte Richtungen, wie es zur Vorbereitung des Pferdes auf Hufpflege und -beschlag angewandt wird, ist auch zur Lösung der verspannten Rückenmuskulatur nach langen Ritten sehr zu empfehlen und wird bei ruhigem Vorgehen auch von jungen Pferden leicht begriffen und akzeptiert. Dies um so mehr, als der Hobby-Schmied wegen der ungewohnten Körperhaltung meist den Huf häufig absetzt.

Man sollte diese Allein-Arbeit mit dem Pferd auch insofern nicht unterschätzen, als sie mit prägend für das Verhältnis des Besitzers zu seinem Gefährten wirkt. Unbeeinflußt und unabgelenkt von mehr oder weniger guten Ratschlägen wohlmeinender Dritter bleibt er sensibler für die Regungen seines Pferdes und kann Abstellwünschen vor allem des jungen Pferdes schon im Ansatz entgegenkommen, ohne sich auf einen Kampf einlassen zu müssen. Ein solchermaßen vorbereitetes Pferd wird bald ohne Probleme auf drei Beinen stehen. Es wird Schmied und/oder Aufhalter nicht durch unkontrolliertes Herumgehampel aus der Ruhe bringen und deswegen mit Sicherheit immer besser gefegt* oder beschlagen sein als ein schlecht erzogenes Pferd.

## Die Arbeit am rechten Vorderhuf

1. Werkzeug bereitlegen, Handschuhe und Beinschutz (Lederschürze, Chaps) anziehen.
2. Hufstellung von vorn und hinten und von der Seite kontrollieren.
3. Sich dem Pferd ruhig nähern, Blickrichtung zum Schweif. Mit der rechten Hand das Pferdegewicht durch Fingerdruck an die Schulter auf die andere Seite verlagern. Mit der linken Hand am Bein hinabfahren, den Huf nach Kommando anheben und über die Sohle schauen, um festzustellen, wo geraspelt werden muß (Halteposition 1, Abb. 28).
4. Huf in die rechte Hand nehmen, mit dem rechten Bein vortreten, den Huf von hinten zwischen die Beine stecken und mit beiden Händen halten.
5. Den Huf in Kniehöhe halten, die Fußspitzen nach innen drehen, und den Huf zwischen den Knien festklemmen (Halteposition 2, Abb. 29).
6. Mit der Raspel den Tragrand plan raspeln, dabei im Wechsel von der Trachte zur Zehe und umgekehrt und quer über den Zehenteil arbeiten.

Da sich barfuß gehende Pferde je nach Fesselachse den Trachten- oder Zehenbereich stärker ablaufen, sollte der Reiter regelmäßig auf die korrekte Stellung des Hufes passend zum Fesselstand achten. Nach der alten Schmiederegel „Zehen kürzen, Trachten schonen" kann bei den meisten Pferden

---

* fegen = zurichten des unbeschlagenen Hufes

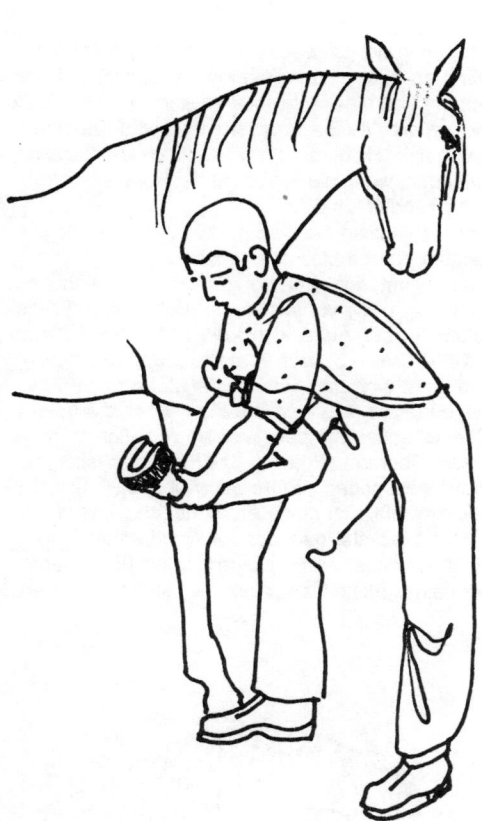

Abb. 28. Halteposition 1

Abb. 29. Halteposition 2

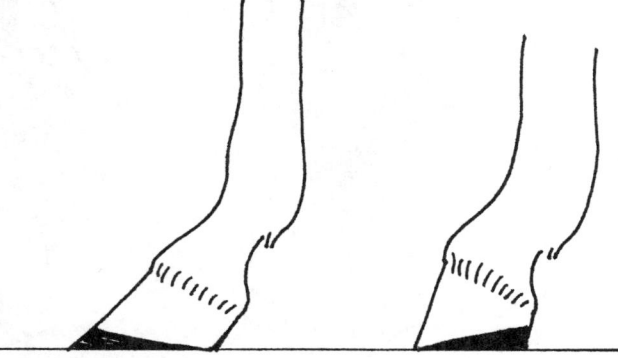

Abb. 30. Links Korrektur durch Kürzen der Zehen; rechts: Korrektur durch Kürzen der Trachten

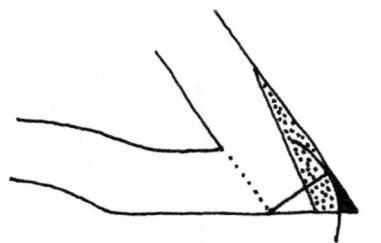

Abb. 31. Punktierte Fläche: Falsch berundeter Tragrand; schwarze Fläche: korrekt berundeter Tragrand

durch Beraspeln nur des Zehenteils die Stellung korrigiert werden. Neigt das Pferd zur steilen Stellung, müssen die Trachten gekürzt werden (Abb. 30).

Eine Nachkontrolle von oben, von vorn und von der Seite stellt sicher, daß der Huf nicht schief geraspelt wurde. Anfänger sollten häufiger kontrollieren und erste Versuche wenn möglich unter Aufsicht eines Fachmannes unternehmen.

Ist man in der Lage, eine leichte Raspel mit einer Hand zu führen, kann man in Halteposition 1 die scharfe Tragrandkante so rundfeilen (brechen), daß ein weiteres Ausfransen verhindert wird. Dazu raspelt man im Halbkreis um die Kante und ist erst dann zufrieden, wenn die Probe mit der Hand sich angenehm rund anfühlt (Abb. 31).

Und so wird an der Außen- bzw. Innenwand des rechten Vorderhufes gearbeitet:

Man nimmt den Huf auf (Position 1), zieht ihn vorsichtig nach vorne heraus, dreht dabei für die Arbeit an der Außenwand die Hüfte seitlich zum Pferd (Position 3) bzw. vom Pferd weg (Position 4) und setzt sich den Huf mit der Zehe nach unten zeigend kurz über dem Knie zwischen die beiden Oberschenkel. Mit dem rechten (Position 3) bzw. linken Oberarm (Position 4) drückt man sich das Pferdebein gegen den Körper (Abb. 32).

Leichter läßt sich diese Arbeit natürlich mit einem Bock bewerkstelligen, der auf Wanderritten jedoch nicht vorhanden ist. Hier kann u. U. ein Baumstumpf oder ein Markstein als „stummer" Aufhalter dienen.

Abb. 32. Links: Halteposition 3; rechts: Halteposition 4

Durch die regelmäßige Bearbeitung der Hufwand mit einer feinen Feile bis etwa 1 cm vom Tragrand entfernt wird die Oberfläche poliert und verdichtet sich so mit der Zeit zu maximaler Stabilität.

Die Sohle sollte bei normaler Beschaffenheit etwa in der Stärke des äußeren Tragrandes mittragen. Aus dem Sohlenkörper sollte – wenn überhaupt – nur das lose, bröckelige Horn entfernt werden. Hochwachsende Eckstreben drücken schon bei geringer Belastung auf die Lederhaut; man gleicht sie mit dem Hufmesser bis fast auf die Sohle an.

Das Beschneiden des Strahls sollte man sich zuerst von einem Fachmann zeigen lassen und in dessen Beisein die ersten Schnitte tun. In der Regel muß der Strahl viel weniger beschnitten werden, als dies landläufig der Fall ist, da er einen Teil des Bodendrucks aufnehmen soll. Dadurch wird der Huf im Trachtenbereich gedehnt (Hufpumpe, Hufmecha-

nismus) und die Versorgung mit Blut und Nährstoffen sichergestellt. Lediglich faule Stellen und Taschen, unter denen Fäulnisherde sitzen, sollten weggeschnitten werden. Der Strahl darf aber nicht über die Höhe des Tragrandes hinaus reichen, da sonst der Druck auf das Hufbein zu stark wäre.

Ein nach seiner Aufgabe und nicht dem schönen Aussehen nach zubereiteter Huf wird mit der Zeit immer stabiler. Xenophon spricht in seinem Buch „Über die Reitkunst" davon, daß der Krieger die Hufe seines Pferdes dadurch widerstandsfähiger macht, daß er es auf einem gepflasterten Steinfußboden hält und es zum Fressen auf einen Platz stellt, auf den runde, faustgroße Kieselsteine geschüttet wurden. Die Kieselsteinmassage wird auch heute mit Erfolg angewendet, wo es darum geht, festes Horn zu erzielen.

Abb. 33. Halteposition 7

Abb. 34. Halteposition 8

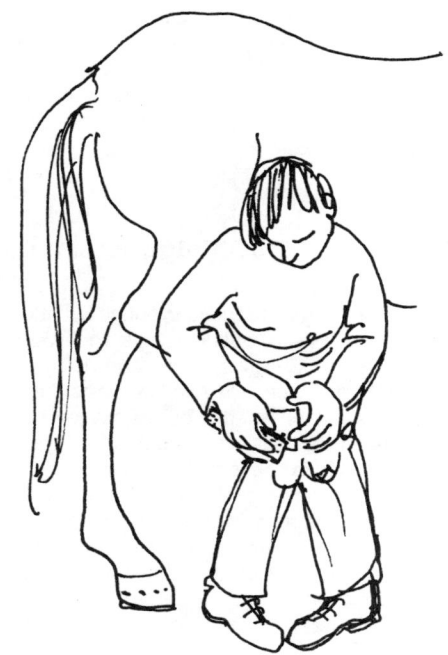

## Die Arbeit am rechten Hinterhuf

1. Die rechte Hand, Blickrichtung zum Schweif des Pferdes, von der Schulter über den Rücken zur Hüfte gleiten lassen. Mit der linken Hand am Bein hinabfahren bis zum Fesselkopf.
2. Mit der rechten Hand leicht gegen die Hüfte drücken, mit der linken das Bein anziehen und zwar aus anatomischen Gründen das Hinterbein grundsätzlich erst leicht nach vorne und dann erst nach hinten hinaus (Position 5).
3. Mit dem rechten Bein vortreten, mit der linken Hand den Huf auf die Innenseite des rechten Oberschenkels ziehen (Position 6).
4. Die rechte Hand von der Hüfte lösen und damit den Huf an der Zehe packen. Mit dem linken Bein einen Schritt vortreten. Der Huf liegt nun auf dem linken Knie, das Röhrbein auf dem rechten Oberschenkel. Mit dem rechten Oberarm das Bein am Sprunggelenk zu sich herandrücken (Position 7). In dieser Position können Sohle, Strahl und Tragrand bearbeitet werden (Abb. 33).

Will man bei größeren Pferden an der äußeren Hufwand arbeiten, kann man nach Position 6 die Hüfte unter das Pferd drehen und den Huf, wie in Position 3 und 4 beschrieben, auf die Oberschenkel dicht über dem Knie setzen (Position 8, Abb. 34). Zur Arbeit an der Innenwand dreht man die Hüfte nach außen, vom Pferd weg (Position 9).

## Die Arbeit am beschlagenen Huf

Wenn ein Pferd ohne zu zögern und ohne Schaden an den Hufen feste Straßen und steinige Wege marschiert, ist ein Beschlag nicht nötig. Brechen aber die Hufe stark aus, und zeigt das Pferd durch vorsichtiges Auftreten an, daß es Schmerzen verspürt, ist es an der Zeit, das Geläuf zu wechseln oder einen Beschlag anpassen zu lassen.

Da man in Europa längere Ritte nur in Ausnahmefällen mit unbeschlagenem Pferd unternehmen kann, sollte jeder Gelände- und Wanderreiter ein lockeres Eisen nachziehen und einen abgebrochenen Nagel ersetzen können.

Stellt man unterwegs bei der Hufkontrolle fest, daß

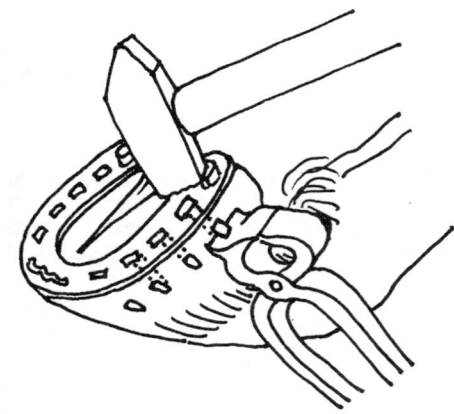

Abb. 35. Nagel nachziehen

sich ein Eisen leicht anheben läßt, alle Nagelköpfe und Nieten aber an ihrem Platz sitzen, muß man die Nägel nachziehen: Man hält die Kante der Beschlagzange oder ein ähnliches Werkzeug hinter das Niet und zieht mit mittelstarken Schlägen auf den Nagelkopf den Nagel nach. Aufgebogene Nieten werden anschließend mit leichten Hammerschlägen oder mit dem Clincher, einem amerikanischen Spezialwerkzeug (s. S. 104), an die Hufwand angelegt.

Fehlt bei der Kontrolle ein Nagelkopf, muß nachgenagelt werden: Zuerst entfernt man den im Horn verbliebenen Nagelrest. Man biegt das Niet auf, indem man einen Schraubenzieher, einen kleinen Meißel o. ä. anlegt und diesen mit leichten Hammerschlägen unter das umgebogene Nagelende treibt. Am aufgebogenen Niet kann nun der Nagelrest mit der Zange gepackt und herausgezogen werden. Dabei sollte man darauf achten, daß die Austrittsöffnung nicht unnötig vergrößert wird und daß man mit der Zangenkante nicht unnötig fest auf die Hufwand drückt.

Sollte beim Aufbiegen das Niet abbrechen, muß man den Nagelrest mit einer stumpfen dünnen Sonde (Splinttreiber, abgezwickter Hufnagel) mit aller Vorsicht so weit heraustreiben, bis er sich fassen läßt.

Ist der Nagelkopf nicht abgerissen, sondern abgelaufen, wird man den Nagelrest natürlich in Richtung des Eisens zurückschlagen und herausziehen, da der untere Nagelstumpf dicker ist als der Nagelkanal.

Der neue Nagel wird nun mit der abgeschrägten Spitze (Zwicke) nach innen in den Nagelkanal gedrückt und mit festem Druck so weit durchgeschoben, bis seine Spitze an der Austrittsöffnung zu sehen ist. Jetzt kann man mit dem Hammer den Nagelkopf in die Nagelfalz des Eisens treiben. So ist sichergestellt, daß der Nagel auf jeden Fall im alten Kanal bleibt. Das herausstehende Ende wird 3 mm über der Wand abgekniffen, angezogen, die scharfen Kanten befeilt und an der Hufwand angelegt. Auf ein neues Nietbett sollte man bei einem solchen Notbehelf unterwegs verzichten, meist ist das passende Werkzeug auch nicht vorhanden.

Sollte das Eisen schon dünn sein, der neue Nagelkopf also über die Hälfte womöglich als einzelner hervorstehen, muß man damit rechnen, daß er durch den Aufprall am Boden nach hinten umgebogen bzw. herausgezogen wird. Sollte dies der Fall sein und sollte der Beschlag mit den verbliebenen Nägeln nicht mehr halten, muß das Eisen abgenommen werden.

## Das Abnehmen eines Eisens

1. Huf wie oben beschrieben aufnehmen und zwischen den Knien in Arbeitsposition bringen.
2. Die an der Hufwand anliegenden Nagelstümpfe (Nieten) etwas mehr als rechtwinklig aufbiegen und zurückschlagen.
3. Den aus der Nagelfalz ausgetretenen Nagelkopf mit der Zange packen und den Nagel heraushebeln.

Anfänger sollten jeden Nagel einzeln aufbiegen, zurückschlagen und herausziehen und danach jedesmal den Fuß absetzen.

Die Methode des Zurückschlagens ist zwar zeitaufwendiger, aber schonender als die Arbeit mit der Abreißzange. Jeder der einmal als Aufhalter fungiert hat, weiß, mit welcher Kraft man unter Umständen gegenhalten muß und welche Verdrehungen Gelenke und Bänder auszuhalten haben, wenn das Eisen mit der Abreißzange heruntergehoben wird.

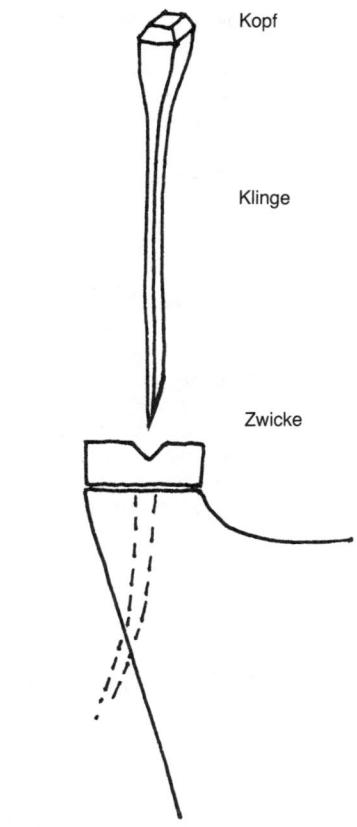

Abb. 36. Nagel ersetzen

Geht unterwegs auf einem Wanderritt ein Eisen verloren, beraspelt man den Tragrand des Hufes wie oben beschrieben, nimmt auch das gegenüberliegende Eisen ab, damit das Pferd symmetrisch geht, und führt das Pferd (Gepäck evtl. auf andere Pferde verteilen) bis zum nächsten Telefon, von wo ein mobiler Schmied oder ein Transporter bestellt werden kann.

Sehr empfehlenswert ist für solche Situationen die Mitnahme eines passenden „easy-boots", mit dem man problemlos auf jeden Fall bis zum nächsten Schmied reiten kann.

Fortgeschrittene Hobby-Schmiede können unter Umständen auch ein verlorenes, unverbogenes Eisen als Notbehelf wieder in die alten Löcher nageln, um bis zum nächsten Schmied zu reiten. Im allgemeinen sollte der Laie diese Arbeit aber dem Schmied überlassen.

## Werkzeug

Als Notwerkzeug für alle Fälle, das – gut eingepaßt in ein Ledertäschchen – ständig am Sattel verbleiben kann, hat sich folgendes bewährt:

1. Leichte Knipex-Rödel-Zange, nachträglich versehen mit einer angeschweißten Klopffläche, ist Hammer und Zange in einem. Schwerer ist die mit einer angeschliffenen Klopffläche versehenen Knipex-Beschlagzange; noch schwerer, aber auch vielseitiger verwendbar ist die Farmer-Zange.

2. Zum Aufbiegen der Nieten und zum Gegenhalten beim Nachziehen eignet sich ein entsprechend angefeilter stabiler Hufkratzer als Kombinationswerkzeug.

Mit diesen beiden Werkzeugen ist der geübte Hobby-Schmied in der Lage, im Notfall ein Niet zu lösen, einen Nagelstumpf zu ziehen, einen verlorenen Nagel zu ersetzen, ein Eisen abzunehmen und im Extremfall ein abgerissenes unverbogenes Eisen wieder nachzunageln.

Ersatznägel in der richtigen Größe gehören ebenfalls zur Notausrüstung. Abgekniffen können sie bei Bedarf auch als Treiber benutzt werden.

Bei längeren Ritten sollte eine komplette Ausrüstung, bestehend aus leichtem Hammer, Beschlagzange, Raspel, Hufmesser, Ersatzeisen und Ersatznägeln, nicht fehlen. Hat das Pferd Hufe, die sich für den Gebrauch von Hufschuhen eignen, wird einer für Notsituationen mitgenommen. Solchermaßen vorbereitet und ausgerüstet kann man allen Eventualitäten gelassen entgegensehen.

Abb. 37. Werkzeug. a) Knipex-Rödel-Zange mit angeschweißter Klopffläche; b) Nipper; c) angefeilter Hufkratzer; d) Clincher

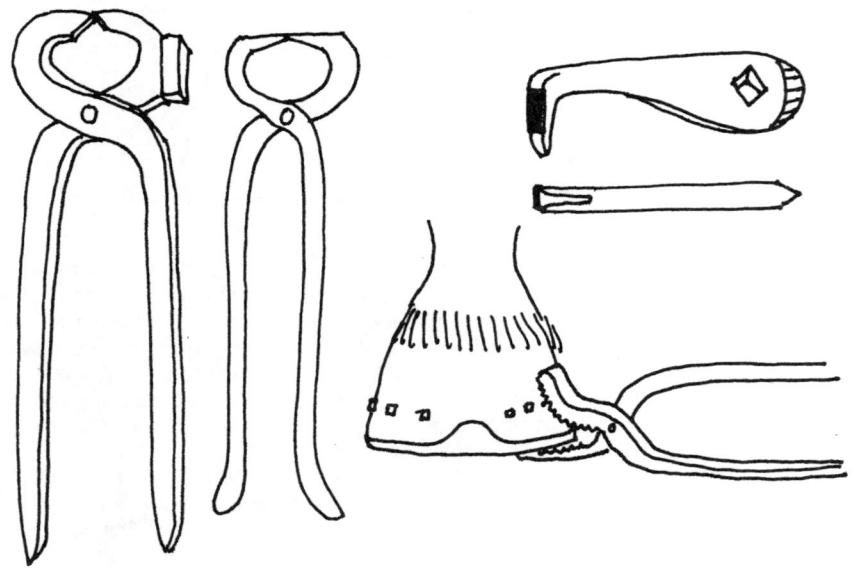

Zusammen mit der oben beschriebenen, amerikanischen Aufhaltemethode gibt es auch zwei aus Amerika stammende Werkzeuge, die dem allein arbeitenden Hobby-Schmied die Arbeit erleichtern: *Der Nipper* ist eine Zange, die zum Abkneifen des hochgewachsenen Tragrandes verwendet wird. Er ersetzt die Hauklinge, deren Gebrauch einige Übung und einen Aufhalter erfordert. Außerdem kann man mit dem Nipper am Huf arbeiten, ohne zu klopfen. Dies quittiert das Pferd allemal mit ruhigerem Stehen. Auch mit dem *Clincher* (Krokodil) kann das lästige und zum Teil schmerzhafte Klopfen an der Hornwand vermieden werden. Das eingetriebene, auf 3 mm abgekniffene Nagelende wird mit der gerundeten Backe des Clinchers an die Hornwand angedrückt. Ein Zurückweichen des Nagels wird dadurch verhindert, daß die andere Backe am Nagelkopf gegendrückt.

Diese Werkzeuge sind nicht billig, vereinfachen die Arbeit aber ungemein, vor allem dann, wenn man alleine arbeiten muß oder will.

## Hufpflege

Für die Pflege des korrigierten Hufes braucht es nicht viel. Regelmäßiges Säubern der Sohle und der Strahlfurchen mit dem Hufräumer und gelegentliches gründliches Säubern mit Wasser und Wurzelbürste genügen meist, um ein von Natur aus gesundes Horn zu erhalten. In trockenen Perioden oder bei Stallpferden, die immer ganz trockenstehen, sollte dem Huf regelmäßig Feuchtigkeit zugeführt werden durch Einstellen in fließendes Wasser, feuchte Lehmpackungen u. ä., damit das Horn nicht spröde wird und reißt. Danach werden Hufrand und Sohle eingefettet, um die Feuchtigkeit im Huf zu halten. Regelmäßiges Einfetten nach dem Waschen verhindert außerdem bei Pferden, die öfters im eigenen Mist stehen, das Einwirken der Harnsäure und Fäulnisstoffe auf das Horn und beugt so der Strahlfäule vor.

In der nassen Jahreszeit kann vor allem bei Robustpferden durch das Fetten der Hufwand und Teeren des vorher gründlich gereinigten Strahls und seiner Furchen vermieden werden, daß das Horn zuviel Feuchtigkeit aufnimmt, quillt und dadurch unstabil wird.

Die Pflege des beschlagenen Hufs unterscheidet sich kaum von der des unbeschlagenen. Man sollte hier nur auf eventuell zwischen Eisen und Horn eingeklemmte Steine achten und beim Reinigen der Hufsohle nie mit dem Hufräumer unter das Eisen fahren. Auf diese Art und Weise löst man nämlich das sich teils zersetzende Horn heraus und schafft eine Fäulniskammer zwischen Eisen und Tragrand. Außerdem lockern sich Nägel in diesem Bereich leichter, da der Huf nicht mehr plan aufliegt; der Verlust des Eisens wird so vorprogrammiert.

Soll das Hornwachstum angeregt werden, bedient man sich am besten der Kronenrolle. Diese, ein dicker Strick aus saugfähigem Material, wird mit Lorbeeröl getränkt und um den Kronrand gelegt. Die Wirkung ist nach einigen Wiederholungen im Abstand von 2 bis 3 Tagen oft verblüffend.

Butler empfiehlt das Einreiben des Kronrandes mit Jodtinktur, um durch eine milde Reizung die Wachstumszone anzuregen. Aber Vorsicht, bei zu häufigem Anwenden kann sich die Haut am Kronsaum lösen!

Strahlfäule, die stinkende Zersetzung des Hornstrahls und immer eine Folge mangelnder Hufpflege und schlechter Stallhaltung, wird mit folgenden Mitteln behandelt: Kupfervitriol wird mit einem Wattebausch in die Strahlfurchen eingedrückt und wirkt dort adstringierend, aber auch leicht ätzend und ist deshalb mit Vorsicht anzuwenden. In leichteren Fällen empfiehlt sich die Behandlung mit Jod- oder Myrrhentinktur.

Hufteer eignet sich nicht zur Heilung der Fäulnis, kann aber vorbeugend eingesetzt werden. Ähnlich wie Hufteer wirkt Hipposol-Spray, mit dem Vorzug, daß es einfacher in der Anwendung ist.

Wenn man bedenkt, daß der Huf im Trab und Galopp mit ca. 100 km/h aufsetzt, kann man sich vorstellen, welchen Erschütterungen Horn, Gelenke, Sehnen und Bänder ausgesetzt sind. Weiches, schonendes Geläuf bzw. bei schlechterem Untergrund konsequentes Schrittreiten, regelmäßige Pflege und Korrektur der Hufe sind daher unabdingbare Voraussetzungen dafür, nach einem längeren Ritt mit heilen Pferdebeinen nach Hause zu kommen, und dafür, daß das Pferd seine Gesundheit und Leistungsfähigkeit bewahrt und nicht vorzeitig unbrauchbar wird.

# Pferdekrankheiten und Gesundheitsvorsorge

Helga Mumme

## Erkennen einer Krankheit

Um einem erkrankten Pferd helfen zu können, muß man es zuerst einmal als solches erkennen. Man sollte deshalb sein gesundes Pferd täglich genau anschauen, um eventuelle Abweichungen vom Normalzustand feststellen zu können.

Ein gesundes Pferd zeichnet sich durch folgende Merkmale aus: Aufmerksamkeit, Interesse für die Umgebung, lebhaftes Ohrenspiel, klare glänzende Augen, geräuschlose Atmung, glänzendes und glattes Fell, kühle klare Beine, normalen Durst und guten Appetit, lebhaftes Kauen, hellgelben und trüben Urin, bräunliche und mäßig feste Kotballen und taktreinen, freien Gang.

Die normalen Puls-, Atmungs- und Temperaturwerte betragen: Puls 30 bis 40 pro Minute, Atmung 8 bis 24 pro Minute, Temperatur 37,5 bis 38,2° C. Bei Fohlen sind diese Werte höher: Temperatur 37,5 bis 38,5° C, Puls ca. 60 pro Minute. Jede Abweichung von diesen Merkmalen und Daten deutet auf eine Erkrankung hin, die unter Umständen einer raschen Behandlung durch den Tierarzt bedarf.

Häufige Merkmale von Erkrankungen sind Teilnahmslosigkeit, Unruhe, Schweißausbrüche, Appetitlosigkeit, getrübtes Auge, rauhes und mattes Fell, Husten, eitriger Nasenausfluß, unregelmäßige Atmung in Ruhe, schlecht riechender, dunkler Kot, schlechter Geruch des Atems, Stöhnen, häufiges Wälzen, Steifheit, Fieber, schnelle Atmung und hoher Puls in Ruhe, jegliche Art von Lahmheit.

Stellt man eines dieser Merkmale fest, empfiehlt es sich, Temperatur, Atmung und Puls zu messen (siehe dazu Kapitel „PAT – Messung", Seite 116 f.). Das Pferd hat leichtes Fieber, wenn seine Temperatur 38,2 bis 39° C. beträgt. Von mittlerem bis hohem Fieber spricht man bei Temperaturen über 39° bis 40,5° C.

Zu diesen Messungen gehört etwas Übung. Es ist daher ratsam, sie rechtzeitig zu lernen, um sie im Krankheitsfall sicher durchführen zu können.

Ist man sich über die Art der Erkrankung, ihre Harmlosigkeit und ihre Behandlung nicht absolut sicher, sollte man in jedem Fall den Tierarzt rufen. *Die folgende Beschreibung der wichtigsten Krankheiten – gegliedert nach Körperregionen – soll dem Pferdehalter zur Information dienen und ihn nicht zur Selbstdiagnose und -behandlung verleiten, wo es sich ausschließlich um die Aufgabe des Tierarztes handelt.*

## Erkrankungen im Kopfbereich

### Zahnerkrankungen, Zahnhaken

*Ursachen:* Das Pferd zermalmt seine Nahrung. Hierbei nutzen sich seine Backenzähne ungleichmäßig ab. Dadurch können an den unteren und oberen Backenzähnen scharfe Ränder, Spitzen oder Haken entstehen. Ungenügende Abnutzung wird durch zu wenig Rauhfutter, z. B. bei Fütterung von Alleinfutter, begünstigt.

*Symptome:* Zahnerkrankungen erkennt man an schlechtem Fressen, hastigem oder aber besonders vorsichtigem Kauen, am Herausfallenlassen angekauten Futters.

*Behandlung:* Diese erfolgt durch den Tierarzt, der die Zähne abraspelt und, wenn erforderlich, einen schmerzhaften Zahn entfernt.

*Vorbeugen:* Immer für genügend Rauhfutter sorgen. Neigt das Pferd zu Zahnhaken, sollte man Hafer unzerquetscht füttern. Außerdem empfiehlt sich eine jährliche Vorsorgeuntersuchung durch den Tierarzt, die mit den unten beschriebenen Impfungen zusammen durchgeführt werden kann.

### Lidbindehautentzündung

*Ursachen:* Meist starker Staub (Blütenstaub, schlechte Stalluft) oder andere Reizstoffe, die ins Auge gelangt sind.

*Symptome:* Das Auge tränt, anfangs ist der Ausfluß schleimig, später kann er eitrig werden.
*Behandlung:* Auf Anordnung des Tierarztes mit Borwasser und Augensalben.

## Ladendruck

*Ursachen:* Der Ladendruck ist eine Schädigung des Unterkiefers, verursacht durch zu scharfe Zäumung, harte Hand des Reiters, heftiges Temperament des Pferdes.
*Symptome:* Das Pferd wehrt sich gegen das Gebiß und schlägt mit dem Kopf. In schweren Fällen sind auch Wunden oder Quetschungen an der Lade sowie Schleimhaut- und Knochenhautschäden erkennbar.
*Behandlung:* Schleimhautverletzungen heilen sofort nach Beseitigung der Ursache. Das Pferd darf bis zur völligen Ausheilung kein Gebiß tragen. In schweren Fällen ist der Tierarzt hinzuzuziehen.

## Druse

Druse ist eine bakterielle Infektionskrankheit, die mit Fieber verbunden zu einer Entzündung der Nasen- und Rachenschleimhaut und zu einer Vereiterung der Kehlgang- und Luftsacklymphknoten führt. Sie tritt meist bei Pferden im Alter bis zu fünf Jahren auf und kann bei Fohlen tödlich sein. Als Folgekrankheit kann u. a. Kehlkopfpfeifen auftreten.
*Ursachen:* Schlecht gelüftete und zu warme Stallungen, wenig Bewegung im Freien, große Anstrengung, momentan schwache gesundheitliche Konstitution, plötzlicher Witterungsumschlag, schlechte Fütterung begünstigen die Anfälligkeit. Ansteckung durch mittelbaren (Pfleger, Futter) oder unmittelbaren Kontakt mit kranken Pferden.
*Symptome:* Die Nase des Pferdes sondert zunehmend ein zunächst schleimiges, dann eitriges Sekret ab. Die Freßlust läßt stark nach. Große Schluckbeschwerden, trockener Husten. Die Lymphknoten des Kehlkopfbereiches schwellen deutlich sichtbar an. Beschleunigter Puls und stark erhöhte Temperatur.
*Behandlung:* Durch den Tierarzt mit Antibiotika, Zugsalben und Packungen. Der Pferdehalter sorgt für reine Luft im Stall, Fütterung mit Mash oder Gruel. Das Pferd ist bis zum völligen Abklingen der Krankheit von jeglicher Arbeit zu verschonen.
*Vorbeugen:* Meiden drusekranker Pferde, zweckmäßige Ernährung, Abhärtung durch viel Bewegung im Freien.

## Erkrankungen im Bereich der Kopfhöhlen (= Nasennebenhöhlen)

*Ursachen:* Meist handelt es sich um eine bakterielle Infektion.
*Symptome:* Glasiger, klarer Nasenausfluß ist beim gesunden Pferd naturgemäß in geringem Maße vorhanden. Eitriger Ausfluß deutet immer auf eine Erkrankung der Luftwege oder Kopfhöhlen hin, besonders wenn er mit Husten verbunden ist.
*Behandlung:* Die Behandlung muß durch den Tierarzt erfolgen. Das Pferd darf nicht gearbeitet werden.
*Vorbeugen:* Frische Luft im Stall und genügend Bewegung im Freien. Meiden von Ansammlungen fremder Pferde (Turniere, Gestüte, Reitställe).

# Erkrankungen im Bereich der unteren Atemwege

Atemwegserkrankungen, meist verbunden mit Husten, stellen eine große Gefahr für das Pferd dar. Man unterscheidet Infektionskrankheiten und allergische Erkrankungen.

## Infektionskrankheiten

*Ursachen:* Die Entstehung wird durch Straßen- oder Futterstaub, schimmeliges Heu und Stallausdünstungen (Ammoniak) begünstigt. Bei Robustpferden mit langem Winterfell besteht Erkältungsgefahr, wenn das Fell schweißnaß wird. Es ist deshalb unbedingt darauf zu achten, langhaarige Pferde im Winter trocken zum Stall zurückzubringen oder zumindest naß nicht der Zugluft auszusetzen.
*Symptome:* Das Pferd hustet und hat vermehrten Nasenausfluß, der am Anfang wäßrig, später eitrig ist, eventuell erhöhte Temperatur.
*Behandlung:* Ziehen Sie sofort einen Tierarzt hinzu,

da eine bereits im Anfangsstadium behandelte Erkrankung am besten ohne Folgeschäden ausheilbar ist, bei ungenügender Behandlung dagegen die Gefahr einer chronischen Erkrankung besteht, die langfristig zur gefürchteten Dämpfigkeit führen kann. Hustende Pferde dürfen nicht gearbeitet werden. Auch nach völligem Ausheilen der Krankheit sollte erst nach einer Woche mit leichter Arbeit begonnen werden. Im Stall ist für viel frische Luft zu sorgen. Am besten ist ein Offenstall, wenn die Pferde daran gewöhnt sind. Während der Erkrankung Staubentwicklung vermeiden, angefeuchtetes Heu füttern.

*Vorbeugen:* Schutzimpfung, frische Luft und regelmäßige Bewegung. Bei Wanderritten meiden von Reitställen und Gestüten.

## Allergische Erkrankungen

*Ursachen:* Meist handelt es sich um Allergien gegen Heu- oder Hallenstaub.

*Symptome:* Das Pferd hustet.

*Behandlung:* Nur in Wasser eingeweichtes Heu oder Fertigfutter (Pellets) und Stroh füttern. Heuallergische Pferde sollten im Offenstall oder in einer Außenbox gehalten werden. Selbstverständlich darf auch den anderen Pferden im gleichen Bestand kein trockenes Heu verfüttert werden. Die Futterumstellung muß sofort erfolgen, da es sonst zu einer chronischen Atemwegserkrankung kommen kann, die später zum unheilbaren Lungendampf führt.

*Vorbeugen:* Artgemäße Haltung (gut belüfteter Stall, Offenstall) und regelmäßige Bewegung im Gelände.

# Erkrankungen des Magen-Darmtrakts

Das Pferd als Steppentier ist es gewohnt, stetig, in einem großen Zeitraum, kleine Futtermengen aufzunehmen. Der Magen des Pferdes ist sehr klein, also schnell gefüllt, und der Darm, in dem ein Großteil der Verdauung stattfindet, ist sehr lang. Pferde können aufgrund eines sehr festen Magenverschlusses weder erbrechen noch aufstoßen. Bei der heute üblichen Pferdehaltung wird diesen Tatsachen häufig zu wenig Rechnung getragen; die Tiere erhalten zu viel konzentriertes Futter, dadurch entstehen zu lange Freßpausen, was die Tiere wiederum dazu verführt, zu gierig zu fressen.

Die häufigste und gefährlichste Erkrankung im Magen-Darm-Bereich ist die Kolik.

## Kolik

Kolik ist ein Sammelbegriff für schmerzhafte Zustände in der Bauchhöhle, häufig verursacht durch Aufgasung, Verstopfung, Darmverschluß oder Darmverlagerung.

*Ursachen:* Futterumstellung, z. B. zu schnelle Umstellung auf Weide, schlechtes, schimmliges Futter, zu frisches Heu oder Getreide, ungenügendes oder unregelmäßiges Tränken (Selbsttränke defekt), ungewohnt viel konzentriertes Futter, Futterration nicht der Arbeit entsprechend, Wetteränderungen und Aufregungen.

*Symptome:* Unruhe, typische Streckhaltung der Hinterbeine, häufiges Umsehen zum Bauch, Schwitzen, Scharren mit den Vorderfüßen, Schlagen mit den Hinterfüßen gegen den Bauch, häufiges Wälzen, Versuche zu misten und Wasser zu lassen. Das Pferd hat starke Bauchschmerzen. Weitere Symptome können ein erhöhter Puls (50 bis 80) sowie das Fehlen der normalen Darmgeräusche sein.

*Behandlung:* Kolik kann bei Nichtbehandlung und Selbsthilfe schnell zum Tod des Pferdes führen, z. B. durch Magenriß, daher sofort den Tierarzt rufen! Falls das Pferd in einer Box steht, sollte man es herausnehmen, z. B. auf eine Koppel, um Festliegen beim Wälzen zu verhindern. Man deckt das Pferd warm ein und vermeidet jegliches Fressen. Wälzen bei Kolik schadet nicht, wenn sich das Pferd nicht heftig hinwerfen will, was wiederum zu Verletzungen führen könnte. Die Behandlung durch den Tierarzt ist je nach Art der Kolik völlig verschieden, unter Umständen ist sogar eine Operation erforderlich.

*Vorbeugen:* Kolik vermeidet man am sichersten durch korrektes, regelmäßiges Füttern in kleinen Rationen und genügend frisches Wasser, das möglichst ständig zugänglich sein sollte. Zu achten ist außerdem auf einwandfreie Futterqualität.

## Magen-Darm-Parasiten

### Bandwürmer und Rundwürmer

Der Bandwurm des Pferdes ist in Deutschland selten. Er ist 2 bis 8 cm lang. Bei starkem Bandwurmbefall kann es zu Koliken und Erschöpfung kommen.

Es gibt verschiedene Arten von Rundwürmern, die sehr ernste Schäden anrichten können, da die Larven die Darmwände durchdringen und auf ihrer Wanderung im Körper innere Organe schädigen können.

*Ursachen:* Ungenügende Stallhygiene und zu dichter Weidebesatz sind Hauptursachen für Verwurmung.

*Symptome:* Stumpfes, glanzloses Fell, matter Blick, mangelnde Leistungsbereitschaft, bei sehr starker Verwurmung Abmagerung trotz ausreichender Fütterung, bei Fohlen dicker Bauch.

*Behandlung:* Erwachsene Pferde sollten mindestens dreimal im Jahr entwurmt werden, Fohlen im ersten Jahr sechsmal, tragende Stuten vier Wochen vor der Geburt. Das Wurmbekämpfungsmittel sollte öfters gewechselt werden, um eine Gewöhnung der Würmer an das Präparat zu verhindern (Tierarzt zu Rate ziehen).

*Vorbeugen:* Tägliches Misten im Stall und mindestens zweimal wöchentliches Ablesen des Mistes auf der Weide sind die wichtigsten Vorbeugungsmaßnahmen. Falls möglich, sollte man während der Weideperiode die Weiden im dreimonatigen Wechsel nicht beweiden, denn in dieser Zeit sterben die meisten fortpflanzungsfähigen Stadien der Parasiten ab. Bei Oxyurenbefall, einer Rundwurmart, kontrolliert man regelmäßig die Afterrosette auf gelbliche Eischnüre und entfernt diese gegebenenfalls sofort.

### Magendasseln (Gastrophilus)

*Ursachen:* Die Pferdedassel, ein bremsenartiges Insekt, das etwa von Juni bis September auf der Weide anzutreffen ist, legt ihre Eier vorwiegend an den Haarspitzen der Vorderbeine ab. Die sich daraus entwickelnden Larven werden vom Pferd abgeleckt und gelangen so in den Magen, wo sie sich festsetzen.

*Symptome:* Hellgelbe Eier, meistens an den Haarspitzen der Vorderbeine. Bei starkem Befall Verdauungsstörungen (Durchfall, Koliken), Abmagerung.

*Behandlung:* Regelmäßiges Entfernen der Eier mit einem stumpfen Messer oder Stahlwolle, Abwaschen mit Essigwasser.

Die medikamentöse Behandlung gegen Dasselfliegenlarven sollte, vor allem bei Weidepferden, im Januar durchgeführt werden (Dosierung problematisch! Tierarzt!).

## Kreuzverschlag

*Ursachen:* Kreuzverschlag entsteht durch zuviel Kraftfutter bei nicht ausreichender Bewegung, oft an Ruhetagen, daher im Volksmund auch „Feiertagskrankheit" genannt. Es handelt sich um eine Vergiftung durch ungenügenden Abbau schädlicher Stoffwechselprodukte, die nach Ruhezeiten bei erneuter Bewegung freigesetzt werden.

*Symptome:* Bewegungsstörungen der Hinterhand, die sich als „steifer Gang" äußern. Hinzu kommt plötzlich auftretender Schweißausbruch sowie meist eine Empfindlichkeit in der Kreuzgegend. Der Harn ist dunkel bis schwarzbraun.

*Behandlung:* Sofort einen Tierarzt rufen! Das Pferd darf möglichst nicht bewegt werden. Auf keinen Fall darf es, wenn der Kreuzverschlag während eines Ausritts auftritt, nach Hause geritten werden. Falls der Tierarzt nicht zum Pferd kommen kann, muß es verladen werden, da jede weitere Bewegung schadet. Man deckt das Pferd warm ein und verhindert, daß es sich hinlegt.

*Vorbeugen:* Regelmäßige Bewegung und Anpassung der Kraftfutterration an die geforderte Leistung.

## Hautkrankheiten

### Hautparasiten

*Ursachen:* Befall mit Läusen, Milben oder Pilzen. Die Erkrankungen sind hochgradig ansteckend. Die Ansteckung erfolgt durch direkten Kontakt mit anderen infizierten Tieren oder über das Sattel- und Putzzeug.

*Symptome:* Juckreiz, häufiges Scheuern, Haarausfall, Überempfindlichkeit der Ohren (Milben in den

Ohren). In fortgeschrittenem Stadium Knötchenbildung, Bläschen oder nässender Hautausschlag.

*Behandlung:* Man wäscht das Pferd im Abstand von einer Woche zweimal mit einem Mittel gegen Pilze (Defungit) und gegen Milben und Läuse (Allugan). Tritt danach keine Heilung ein, ist unbedingt der Tierarzt hinzuzuziehen. Dieser wird zunächst feststellen, ob es sich um Läuse, Milben oder Pilze handelt, und danach eine entsprechende spezifische Behandlung einleiten.

*Vorbeugen:* Man sorgt für einen hygienisch einwandfreien Stall. Außerdem sind vorbeugende Abwaschungen mit einem Desinfektionsmittel, vor allem zu Beginn des Sommers, zu empfehlen. Regelmäßige Fellkontrolle und Pflege. Jedes Pferd muß sein eigenes Putz- und Sattelzeug haben.

## Sommerekzem

Das Sommerekzem tritt häufig bei Importpferden aus kälteren Regionen (Isländer, Fjordpferde) auf, aber auch zuweilen bei einheimischen Rassen. Es handelt sich um ein allergisches Hautleiden, das hauptsächlich von Mai bis September auftritt. Besonders betroffen ist meist die Haut an der Mähne und an der Schweifrübe, aber auch an Stirn, Bauch und Kruppe.

*Ursachen:* Die Ursachen sind noch nicht völlig geklärt. Es handelt sich jedoch vorwiegend um eine Überempfindlichkeit gegenüber Insektenstichen durch Kriebelmücken, welche besonders auf feuchten Wiesen und in der Nähe von Seen und Mooren anzutreffen sind. Diese Insekten sind vor allem zwei Stunden vor bis zwei Stunden nach Sonnenuntergang aktiv.

*Symptome:* Knötchen oder Bläschen, starker Juckreiz, ständiges Scheuern, im fortgeschrittenen Zustand offene, oft eiternde Wunden.

*Behandlung:* Die Behandlung ist sehr langwierig und eine endgültige Heilung schwer möglich. Verschiedene Ekzemmittel bringen Erfolg, z. B. Einreiben der betroffenen Hautstellen mit Triplexan, Ägidienberger Emulsion, Ballistolöl, Melkfett u. a. Es empfiehlt sich, einen Tierarzt hinzuzuziehen, der durch Spritzen verschiedener Vitaminkomplexe, durch Verordnen von Penochron oder Dermaculin eine Besserung der Erkrankung erreichen kann. In besonders schweren Fällen – wegen seiner Nebenwirkungen als letztes Mittel – wird ein Cortison-Präparat eingesetzt.

*Vorbeugen:* Vorsichtig dosierter Weidegang, d. h. zwei Stunden vor bis zwei Stunden nach Sonnenuntergang müssen die Pferde im Stall gehalten werden. Im Stall sind Insekten möglichst zu vernichten. Bei sehr empfindlichen Tieren sollte man unter Umständen völlig auf Weidegang verzichten und die Tiere bei Heufütterung in einem Auslauf und Offenstall halten. Vor dem Ausritt reibt man die Pferde mit einem Fliegenschutzmittel ein.

## Mauke

*Ursachen und Symptome:* Mauke ist eine Hautentzündung in der Fesselbeuge. Die Haut ist gerötet und warm, verbunden mit einer Schwellung. Manchmal treten Bläschen auf. Es wird eine gelbliche oder rötliche Flüssigkeit ausgeschieden; später bilden sich Krusten und Risse, die besonders in der Bewegung Schmerzen verursachen, was wiederum zur Lahmheit führen kann. Ursachen sind beispielsweise Salzwasser und Industriegifte im Gelände (Streusalz), kleinere Verletzungen, wie durch Stoppeln beim Galoppieren über abgemähte Getreidefelder, sehr oft auch feuchte, unsaubere Einstreu.

*Behandlung:* Die Fesselbeuge wird desinfiziert und mit antibiotikahaltiger Salbe eingerieben. Lange Haare werden entfernt. Ein Verband, der in der Fesselbeuge entsprechend gepolstert sein muß, wird nur in schweren Fällen angelegt. Keine Salben verwenden, die die Luftzufuhr verhindern (Vaseline, Zinksalbe), da die Mauke verursachenden Bakterien unter Luftabschluß hervorragend gedeihen. Das Pferd sollte nicht bewegt werden.

*Vorbeugen:* Saubere Einstreu; nach dem Reiten Fesselbeugen säubern, danach gründlich abtrocknen.

## Satteldruck

*Ursachen:* Nicht passender Sattel, scheuernde Satteltaschen, Unsauberkeit zwischen Sattelunterlage und Haut; eine nicht oder schlecht aufgekammerte Satteldecke, die auf Widerrist oder Wirbelsäule aufliegt und reibt; schlechter Sitz des Reiters.

*Symptome:* Im Anfangsstadium weiche, warme Schwellung, bei wiederholtem Druck chronische, sich verhärtende Entzündung; oder Hautabschürfung mit Flüssigkeitsabsonderung und starker Schwellung.

*Behandlung:* Leichte Druckstellen behandelt man mit Essigsaurer Tonerde und feuchtwarmen Umschlägen (Alkohol), infizierte, offene Wunden mit Lebertran- oder Antibiotikasalben auf Anordnung des Tierarztes. Absolutes Reitverbot bis zur völligen Ausheilung.

*Vorbeugen:* Gut angepaßter Sattel, der glatt und ebenmäßig auf dem Pferderücken aufliegt, gute Widerristfreiheit gewährleistet und nicht auf die Wirbelsäule drückt. Sättel müssen regelmäßig alle paar Jahre nachgepolstert werden. Auch eine knollig gewordene Polsterung führt zu Satteldruck. Sehr wichtig ist auch eine fachgerechte Anbringung der Satteltaschen. Sie dürfen auf keinen Fall auf der Pferdehaut scheuern. Auf Wanderritten sollte man in den Pausen den Sattelgurt lockern, den Sattel abheben oder ganz abnehmen, um den Blutfluß in der Haut des Rückens zu fördern. In jedem Fall ist danach neu zu satteln und aufzukammern. Nach einem längeren Ritt empfiehlt es sich, die Sattellage mit einer Mischung von Wasser und Alkohol (1 : 1) abzuwaschen. Unerläßlich ist auch die regelmäßige Reinigung von Sattel, Satteldecke und Sattelgurt.

# Wunden

## Kleine Wunden

*Behandlung:* Man entfernt die Haare um die Wunde und trägt eine antibiotikahaltige Salbe auf (beim Tierarzt erhältlich).

## Einschuß, Phlegmone

Schwillt ein verletzter Körperteil an, kann ein Einschuß vorliegen. Es handelt sich dabei um eine Entzündung des Unterhautbindegewebes. Schon winzige Verletzungen können zu einem Einschuß führen. Meist hat das Pferd dabei Fieber.

*Behandlung:* Messen Sie die Temperatur und zie-

hen Sie einen Tierarzt hinzu. In leichten Fällen helfen Verbände mit Rivanol oder Entozon getränkter Watte.

## Großflächige Wunden

*Behandlung:* Sofort den Tierarzt rufen, da das Nähen einer Wunde nur kurze Zeit nach der Verletzung möglich ist. Bis zum Eintreffen des Tierarztes legt man, um starken Blutverlust zu vermeiden, einen Verband an. Hierzu bedeckt man die Wunde zunächst mit einer Schicht möglichst sterilen Mulls (fasert nicht), die die Wunde voll bedecken muß. Darüber kommt eine dreifache Schicht Watte, die für eine saugfähige Polsterung sorgt, und das ganze wird mit Binden umwickelt.

## Tiefe Wunden

*Behandlung:* Rufen Sie sofort den Tierarzt! Bei tiefen Wunden entstehen meist starke Blutungen. Stellen Sie fest, ob es sich um eine venöse oder arterielle Blutung handelt. Bei venöser Blutung quillt oder fließt das Blut aus der Wunde, bei arterieller Blutung spritzt das Blut im Rhythmus des Herzschlags.

Bei arterieller Blutung muß sofort eine Aderpresse angelegt werden. Hierzu legt man ein Polster, z. B. ein nicht geöffnetes Verbandspäckchen, auf den Arterienverlauf oberhalb der Wunde und drückt dieses mit einer schmalen Binde oder einem Lederriemen fest auf die Arterie, bis die Blutung nachläßt. Merken Sie sich die Uhrzeit, da eine Aderpresse niemals länger als eine halbe Stunde angelegt werden darf. Falls der Tierarzt nicht innerhalb dieser Zeit anwesend ist, muß die Aderpresse für ca. 1 Minute gelöst und dann etwas weiter oberhalb oder unterhalb neu angelegt werden. Länger angelegte Aderpressen können zum Absterben der betroffenen Gliedmaßen führen. Anschließend versieht man die Wunde mit einem Druckverband.

Bei venöser Blutung entfällt die Aderpresse, und man legt gleich einen Druckverband an. Hierzu legt man eine Schicht Mull auf die Wunde, darauf einen festen Gegenstand, z. B. ein ungeöffnetes Verbandspäckchen, und umwickelt das ganze fest mit einer Binde, wobei an den „gesunden" Stellen mit

Watte gepolstert werden sollte. Druckverbände dürfen nur kurze Zeit (bis zum Eintreffen des Tierarztes) angelegt bleiben, um die Gefahr von Abschnürungen zu vermeiden. Die Behandlung von tiefen und großflächigen Wunden ist bis zur völligen Heilung Aufgabe des Tierarztes.

Jedes Pferd muß gegen Wundstarrkrampf geimpft sein, gegebenenfalls ist die Impfung durch den Tierarzt aufzufrischen.

## Augenverletzungen

Bei Augenverletzungen jeglicher Art, auch äußerlichen, unbedingt den Tierarzt holen. Selbst nur ganz milde Hilfsmittel verwenden, wie z. B. Kamillentee. Alles andere ist dem Tierarzt zu überlassen.

## Erkrankungen im Bereich der Extremitäten

### Weichteilschäden

Weichteilschäden sind Prellungen, Blutergüsse, Sehnenzerrungen, Sehnenrisse.

*Ursachen:* Hauptursachen sind Verzerrungen, Stauchungen und Schlagverletzungen.

*Symptome:* Lahmheit, Schwellungen und vermehrte Wärmeentwicklung der betroffenen Gliedmaßen. Lahmt ein Pferd plötzlich während eines Rittes, und ergibt eine Prüfung der Hufe (eingetretene Steine, Nägel) keinen Befund, besteht Verdacht auf Sehnenzerrung oder Sehnenriß. In diesem Fall muß das Pferd nach Hause geführt, bei starker Lahmheit verladen werden.

Eine geringe, fast nicht wahrnehmbare Lahmheit kann unter Umständen durch Überanstrengung bei einem längeren Wanderritt auftreten. Man erkennt das meist an einer leichten Schwellung oder vermehrter Wärme vorwiegend an den empfindlichen Sehnen der Rückseite des Röhrbeins, vom Vorderfußwurzelgelenk oder Sprunggelenk abwärts.

*Behandlung:* Bei geringgradiger Lahmheit können kühlende Verbände mit Burowscher Mischung oder Essigsaurer Tonerde in ein oder zwei Tagen Besse-

rung bringen. Tritt in dieser Zeit keine Besserung ein, sowie in allen anderen Fällen von ausgeprägter Lahmheit, ist ein Tierarzt hinzuzuziehen.

Absolute Ruhe ist in solchen Fällen oberstes Gebot. Bei Sehnenerkrankungen ist eine völlige Heilung sehr langwierig, und oft bleibt eine Sehne leicht umfangsvermehrt, obwohl das Pferd nicht lahmt.

*Auftragen eines entzündungshemmenden Verbandes:* Man tränkt drei Lagen Watte, Zellstoff oder Ähnliches in Essigsaure Tonerde oder Burowsche Mischung und legt diese um die geschwollene Stelle. Darauf kommt eine wasserdichte Lage (z. B. Plastikfolie), und das ganze wird dann mit einer Binde umwickelt. Bevor die Watte austrocknet, wird diese von oben her mit der verwendeten Lösung nachgefeuchtet.

## Knochenerkrankungen

Die wichtigsten Knochenerkrankungen im Beinbereich sind Schale und Spat. Beides sind chronische Gelenkentzündungen, die mit einer Knochenauftreibung um das befallene Gelenk verbunden sind. Sie sind meist auf zu frühe Arbeit oder Überanstrengung zurückzuführen und führen häufig zu chronischer Lahmheit.

*Behandlung:* Durch den Tierarzt. Nur bei langer Zeit völliger Ruhe besteht Aussicht auf Heilung.

## Erkrankungen im Hufbereich

### Hufrehe

Hufrehe ist eine nicht eitrige, sehr schmerzhafte Entzündung der Huflederhaut, welche im fortgeschrittenen Zustand zu einer Senkung des Hufbeins führen kann. Tritt meist an beiden Vorderhufen auf.

*Ursachen:* Eiweißüberfütterung, z. B. durch zuviel Grünfutter beim ersten Weidegang, übermäßige Belastung, vor allem auf harten Wegen, Verhalten der Nachgeburt bei Stuten (Geburtsrehe).

*Symptome:* Große Druckempfindlichkeit der Hufsohle, die zu einer starken Lahmheit auf beiden Vorderhufen führt. In schweren Fällen hohes Fieber.

*Behandlung:* Die Behandlung muß durch den Tierarzt in Zusammenarbeit mit dem Hufschmied erfolgen. Bis zum Eintreffen des Tierarztes feuchtkalte Umschläge zur Linderung der Schmerzen.

*Vorbeugen:* Fütterung entsprechend der Arbeit und Vermeiden harter Wege. Bei gebärenden Stuten muß zwei Stunden nach der Geburt die Nachgeburt abgenommen werden.

## Eitrige Huflederhautentzündung

*Ursachen:* Verletzungen der Hufsohle (Vernagelung, Nageltritt) oder Quetschungen des Hufs.
*Symptome:* Wie bei der Hufrehe Druckempfindlichkeit der Hufsohle und Lahmheit.
*Behandlung:* Die Behandlung erfolgt durch den Tierarzt in Zusammenarbeit mit dem Hufschmied. Er schneidet das Horn nach bis zum Entzündungsherd, damit der Eiter abfließen kann. Anschließend wird ein mit Desinfektionsmittel getränkter Verband angelegt.

## Strahlfäule

*Ursache:* Strahlfäule entsteht durch fäulnisartige Auflösung des Hornstrahls infolge ungenügender Pflege, schlammigen Untergrundes oder bei engen Hufen.
*Symptome:* Der Strahl riecht faulig und löst sich ab.
*Behandlung:* Den Strahl gründlich säubern und einen mit Jodoformäther oder Kupfervitriol getränkten Wattebausch in die Strahlfurche drücken.
*Vorbeugen:* Saubere Einstreu und trockener Untergrund. Bestreichen Sie bei nassem, feuchtem Untergrund den Strahl und die Hufsohle dünn mit Holzteer. Fragen Sie jedoch bei jedem Beschlag Ihren Hufschmied, ob Sie die Holzteerbehandlung fortsetzen sollen.

## Vernagelung

*Ursache:* Ein fehlerhaft eingeschlagener Hufnagel. Wird ein Nagel zu dicht ans „Leben" genagelt, so entsteht Nageldruck, der zu einer Entzündung führt.
*Symptome:* Innerhalb weniger Tage nach dem Beschlag starke Lahmheit.
*Behandlung:* Die Behandlung erfolgt durch den Tierarzt. Falls Sie einen längeren Wanderritt planen, sollte der Beschlag mindestens acht Tage vor dem Ritt durchgeführt werden, damit sich eine eventuelle Vernagelung rechtzeitig vor dem Ritt herausstellt.

# Schutzimpfungen

## Tetanus (Wundstarrkrampf)

Da die Tetanusbazillen im Pferdemist besonders gedeihen, ist eine Impfung gegen Wundstarrkrampf für Pferd und Reiter unbedingt notwendig. Zunächst muß eine Grundimmunisierung durch zwei Injektionen im Abstand von 4 bis 6 Wochen erfolgen. Eine dritte Impfung erfolgt nach einem Jahr. Eine Wiederholungsimpfung ist bei Verletzungen und ansonsten alle zwei Jahre erforderlich.

## Tollwut

Eine Tollwutschutzimpfung ist bei Weidepferden unbedingt erforderlich, da die Tollwut in Deutschland immer wieder aufflackert. Die Grundimmunisierung erfolgt durch eine Impfung. Anschließend muß jährlich eine Impfung durchgeführt werden.

## Influenza

Gerade beim Pferd mit seinen sehr empfindlichen Atmungsorganen kann eine schlecht ausgeheilte Influenza zu einer chronischen Erkrankung der Atemwege und in der Folge zu Dämpfigkeit führen. Bei Impfung gegen Influenza erfolgt zunächst eine Grundimmunisierung durch zwei Injektionen im Abstand von 4 bis 6 Wochen und eine dritte Impfung nach weiteren sechs Monaten. Eine Wiederholungsimpfung ist anschließend alle neun Monate erforderlich.

## Husten

Es gibt heute einen zwar relativ teuren, aber lohnenden Impfstoff, der gegen fünf verschiedene Hustenerreger schützt (Resequin). Zunächst wird eine Grundimmunisierung durch zwei Injektionen im Abstand von acht Wochen erreicht. Eine dritte Injektion erfolgt nach sieben Monaten, Wiederholungsimpfungen sind dann alle neun Monate erforderlich.

Bei allen Impfungen (außer Tollwut) muß bei Fohlen eine Grundimmunisierung vorgenommen werden, für die in kürzeren Abständen geimpft wird (der Tierarzt gibt die entsprechenden Empfehlungen). Da Impfungen insgesamt zum Kompetenzbereich des Tierarztes gehören, ist es ratsam, regelmäßig das Gespräch mit dem Tierarzt zu suchen, um die aktuellen und eventuellen neuen Impfabstände zu erfragen. Da sich nämlich durch Neuentwicklungen bei der Toxoidherstellung die Immunisierungswirkung verbessert und ändert, ändern sich im Laufe der Zeit auch die empfohlenen Impfabstände.

## Gesetzliche Gewährsmängel

Treten die im folgenden beschriebenen Fehler und Krankheiten innerhalb von 14 Tagen nach dem Kauf eines Pferdes auf, muß der Verkäufer das Pferd zum vollen Preis zurücknehmen.

Um sich beim Pferdekauf vor Übervorteilungen und Überraschungen zu sichern, läßt man das Pferd vor Vertragsabschluß durch einen Tierarzt untersuchen und zieht darüber hinaus noch einen unparteiischen Fachmann zu Rate.

## Dummkoller

Dummkoller ist eine unheilbare Krankheit des Gehirns, bei der das Bewußtsein des Pferdes gestört ist. Sie entsteht durch eine allmählich einsetzende oder akut auftretende Gehirn- und/oder Gehirnhautentzündung.

## Periodische Augenentzündung

Periodische Augenentzündung oder „Mondblindheit" bezeichnet eine Entzündung des Innenauges, die plötzlich und ohne äußere Veranlassung auftritt. Die Hornhaut ist bleifarbig getrübt, die Pupille verengt, und ein graugelbes Sekret wird abgesondert. Starker Lichtreiz und Tränenfluß veranlassen das Pferd, das Auge möglichst nicht zu öffnen. Die Erkrankung erscheint häufig in periodischen Abständen wieder. In der Zwischenzeit scheint das Auge gesund zu sein.

## Rotz

Rotz ist eine ansteckende, chronisch verlaufende Infektionskrankheit, die nicht heilbar ist. Man unterscheidet Lungen-, Nasen- und Hautrotz. Lungen- und Nasenrotz äußern sich durch Nasenbluten, Husten mit blutigem Schleim und schleimigen Ausfluß aus den Nasenlöchern. Bei Hautrotz bilden sich Geschwüre in der Unterhaut, die nach einiger Zeit aufbrechen. Rotz tritt in Mitteleuropa praktisch nicht mehr auf. Rotz ist auch für den Menschen ansteckend.

## Koppen

Koppen ist eine Untugend des Pferdes. Bei Anspannen der vorderen Halsmuskulatur dringt beim Einatmen Luft in die Speiseröhre. Die Atemluft wird entweder heruntergeschluckt oder deutlich hörbar wieder ausgestoßen. Die meisten Pferde setzen hierbei mit den Schneidezähnen auf dem Krippenrand oder einem anderen Gegenstand auf.

Koppende Pferde befinden sich häufig in einem schlechten Ernährungszustand. Sie haben oft einen aufgetriebenen Bauch und neigen vermehrt zu Kolikanfällen. Ihre Leistungsfähigkeit kann durch das Koppen beeinträchtigt werden.

Koppen entsteht offensichtlich durch Langeweile in der Box. Artgemäß gehaltene Pferde (Robusthaltung) zeigen diese Untugend nicht. Dem Übel ist nur schwer beizukommen. Die sicherste Abhilfe schafft eine Operation, welche nach neuesten Operationsmethoden in Tierkliniken durchgeführt wird und heute eine sehr hohe Erfolgsrate hat.

## Kehlkopfpfeifen

Kehlkopfpfeifen besteht in einer einseitigen Lähmung des Kehlkopfes. Durch Erschlaffung eines Stimmbandes tritt eine Verengung des Kehlganges ein. Hierdurch bekommt das Pferd bei der Arbeit zu wenig Luft. Gleichzeitig entstehen im Kehlkopf Geräusche, die als Kehlkopfpfeifen bezeichnet werden. Die hiermit verbundene Atemnot kann zu einem Erstickungsanfall führen. Durch eine Operation kann die Atemnot des Pferdes behoben werden.

## Dämpfigkeit

Dämpfigkeit ist ein Krankheitszustand, der mit chronischen, unheilbaren Atembeschwerden verbunden ist und kann durch Erkrankungen der Lunge und des Herzens verursacht werden. Während gesunde Pferde 8 bis 24 Atemzüge in der Minute machen, atmet ein dämpfiges Pferd etwa doppelt so schnell. Die Atembewegung wirkt angestrengt. Das Pferd bläht beim Einatmen jedesmal die Nüstern und preßt die Atemluft mit der Bauchmuskulatur wieder aus der Lunge. Hierdurch entsteht beim Ausatmen am Rippenbogen die sogenannte Dampfrinne.

## Stallapotheke

Die Stallapotheke soll peinlich sauber und kein Stapelplatz für alte, angebrochene Medikamente sein. Sie sollte folgendes enthalten:

1 gebogene Schere
1 Pinzette
1 Thermometer
5 Verbandsklammern
5 Sicherheitsnadeln
1 Arterienabbinder
1 Rolle Klebeband (ca. 6 cm breit)
1 Rolle Leukoplast
2 Pakete Watte (mindestens 30 cm breit)
3 Päckchen sterile Gazekompressen
3 Verbandspäckchen
3 Pakete Mullbinden (ca. 8 cm breit)
2 elastische Binden (ca. 10–12 cm breit)
1 Flasche Alkohol (ca. 200 ccm)
1 Flasche Pyoctanin
1 Spraydose Antibiotika-Pyoctanin (umweltfreundlich!)
1 Flasche hautverträgliches Desinfektionsmittel (z. B. Merfen)
1 Tube Lebertransalbe
1 Tube antibiotische Salbe
1 Dose antibiotischer Wundpuder
Essigsaure Tonerde
Tabletten (Burow)
Acetatpulver
1 Tube Mobilat
Ballistol-Öl
Holzteer
Lorbeeröl
Pulver zum Abwaschen gegen Milben und Läuse (Alugan)
Pulver gegen Pilze (Defungit)

Damit in eiligen Fällen langes Suchen vermieden wird, sollte in der Stallapotheke aber auch immer zu finden sein:
Telefon-Nummer und Adresse des Tierarztes (und eines zweiten Tierarztes, für den Fall, daß der erste nicht erreichbar ist), die Telefon-Nummer von Polizei, Feuerwehr und Notarzt, die Impfpässe der Pferde.

# PAT-Messung

Nastja Koehne

Ein wichtiges Mittel für den Pferdehalter, sich ein Bild über den Gesundheitszustand und die Kondition seines Pferdes zu machen, sind die Messungen von

**P**-uls,

**A**-tmung und

**T**-emperatur.

PAT-Messungen sollte daher jeder Reiter durchführen können, insbesondere aber derjenige, der sich auf einen Wanderritt, eine Jagd oder auf einen Distanzritt vorbereitet.

PAT-Messungen sind außerdem insofern nützlich und aufschlußreich, als sie dem Pferdebesitzer deutlich eine beginnende Krankheit seines Pferdes anzeigen (siehe Kapitel „Pferdekrankheiten"). Es empfiehlt sich, die Messungen zu Hause immer wieder zu üben, um unterwegs und im Krankheitsfall rasch und sicher vorgehen zu können und das Pferd Stethoskop, Thermometer und die entsprechenden Handgriffe schon kennt.

## Der Puls

Der Herzmuskel des Pferdes pumpt das Blut in alle Körperteile. Die Welle des vom Herzen ausgestoßenen Blutes wird durch den ganzen Körper fortgesetzt. Sie wird durch rhythmische Erhebungen der Gefäßwände tastbar. Bei Arbeit durchfließt mehr Blut das Herz. Die Kontraktion des Herzmuskels wird stärker und beschleunigt sich. Bei jedem Herzschlag verändert sich das Herz in Volumen und Lage.

Die Frequenz des Herzschlages ist meßbar hinter dem linken Ellbogenhöcker. Bei manchen Pferden kann man den Herzspitzenstoß mit der Hand tasten; eine sicherere Methode ist jedoch die Messung mit dem Stethoskop.

Jeder Herzschlag besteht aus zwei Tönen. Der erste Ton ist der Anspannungston und klingt etwa wie ein dunkles „pu-u-h", der zweite Ton ist der Klappenschlußton und klingt wie ein kurzes „dop". Ein „pu-u-h-dop" wird wie ein Pulsschlag gezählt.

Hat man kein Stethoskop zur Hand, kann man den Puls durch leichten Druck der drei mittleren Finger an der meist unbehaarten Unterseite der Schweifrübe oder an der Unterkante der Ganaschen fühlen. Bei dünnhäutigen und weniger behaarten Rassen fühlt man den Puls auch oberhalb und unterhalb des Vorderfußwurzelgelenkes.

Der Puls eines in Ruhe befindlichen Pferdes liegt bei 30 bis 50 Schlägen pro Minute und steigt an, je mehr sich das Pferd anstrengt. Diese Pulsbeschleunigung ist ganz normal. Wichtig ist nur, daß die Werte sich schnell wieder beruhigen. Je schneller sie sich nach einer Anstrengung den individuellen Normalwerten wieder nähern, desto besser trainiert ist das Pferd.

## Die Atmung

Bei der Atmung nimmt die Luft ihren Weg von der Nasenhöhle, wo sie vorgewärmt, vorgereinigt und angefeuchtet wird, durch Kehlkopf und Luftröhre in die Lunge. Dort erfolgt der Gasaustausch zwischen Sauerstoff ($O_2$) und Kohlendioxid ($CO_2$).

Um den Atem zu messen, legt man die flache Hand gegen die Flanke des Pferdes und zählt die Heb- und Senkbewegungen. Man kann aber auch die flache Hand oder die Wange an die Nüstern halten. Beide Messungsarten sind jedoch unter Umständen nicht sehr genau. Besser ist es, ein Stethoskop gegen Kehlkopf oder Luftröhre zu halten, wobei einmal Einatmen und einmal Ausatmen als ein Atemzug gezählt werden. In Ruhe atmet ein Pferd 8 bis 24 mal pro Minute.

Wenn das Pferd sich anstrengt, steigen die Atemwerte oft rapide an und werden, besonders bei Isländern, mit weit über 100 Atemzügen pro Minute oft kaum mehr differenzierbar. Dies muß noch kein Grund zur Beunruhigung sein, wenn die Atmung

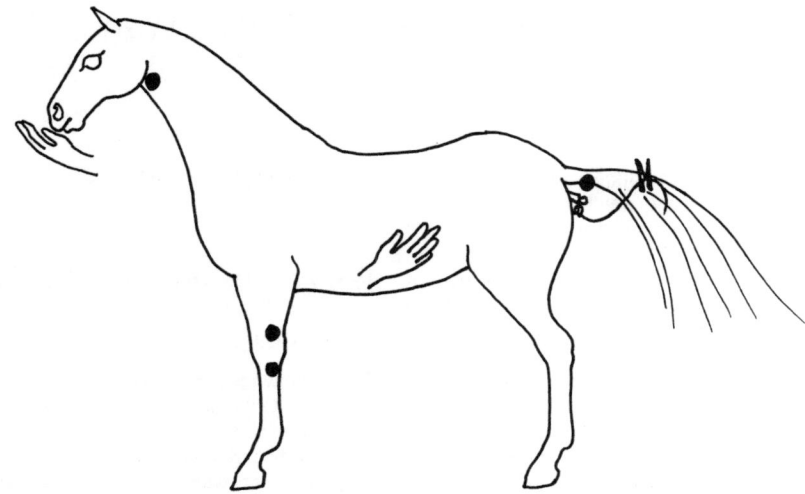

Abb. 38. Pulsmessen: an der Unterkante der Ganaschen, ober- oder unterhalb des Vorderfußwurzelgelenks, an der Unterseite der Schweifrübe. Messen des Atems: flache Hand vor den Nüstern oder an der Flanke. Fiebermessen: Thermometer mit Bindfaden und Wäscheklammer versehen.

sich nach 10 bis 15 Minuten wieder beruhigt. Bei Distanzritten darf ein Pferd nach der Pause Puls- und Atemwerte von höchstens 72/72 haben, um weiter geritten werden zu dürfen. Dies kann auch für den Wanderreiter als Richtwert gelten.

Die Atmung beruhigt sich oft schneller, wenn man das Pferd nicht stehen läßt, sondern es im Schritt herumführt.

Puls und Atmung mißt man 15 Sekunden lang und multipliziert die Werte dann mit vier.

## Die Temperatur

Wie der Mensch, hat auch das Pferd eine körpereigene Temperaturregulierung. Einfluß auf die Körpertemperatur haben Alter, Geschlecht, Zyklus, Trächtigkeit und schließlich Muskelarbeit und Aufregung. Die Schwankungsbreite liegt bei 1 bis 2 Grad. Pferde unter 5 Jahren haben eine Normaltemperatur von 37,5 bis 38,5 Grad, Pferde über 5 Jahren von 37,5 bis 38 Grad. Bei der Arbeit entsteht für das

Pferd das Problem der Wärmeabgabe. Sie erfolgt durch die beim Schwitzen entstehende Verdunstungskälte.

Muß das Pferd bei geringen Außentemperaturen oder Nässe Wärme bilden, so kann dies auf 3 Arten geschehen: zitterfrei – das heißt, der Körper greift auf seine Fettschicht zurück, durch Kältezittern, eine unwillkürliche Muskelarbeit, und durch willkürliche Muskelarbeit.

Die Temperatur des Pferdes mißt man mit einem gewöhnlichen Fieberthermometer. Günstig ist es, das Ende des Thermometers mit einem Bindfaden und einer Wäscheklammer zu versehen, damit man durch Anklammern am Schweif das Thermometer nicht während der ganzen Meßdauer halten muß, ein zu tiefes Eindringen in den After verhindert wird und das Thermometer nicht auf den Boden fallen kann.

Zur Einführung stellt man sich seitlich hinten neben das Pferd, hebt die Schweifrübe an und schiebt das eingefettete Thermometer mit leichten Drehungen in den After. Nach 3 Minuten liest man die Temperatur ab.

# Ausrüstung von Reiter und Pferd für einen Wanderritt

Pierre Burkhardt

Die Frage nach der Ausrüstung für einen Wanderritt ist nicht nur eine Frage der Erfahrung, sondern vielfach auch eine „Glaubensfrage", insbesonders wenn man beachtet, daß schon der Begriff „Wanderreiten" so vielfältig wie nur möglich ausgelegt wird. Die Antwort darauf wird demzufolge möglichst viele Aspekte des Wanderreitens berücksichtigen. Für alle Sparten gilt aber der Grundsatz: „So wenig Ausrüstung wie möglich, so viel wie nötig."

Der Hauptgedanke des Wanderreiters ist die optimale Entlastung des Pferdes, er muß sein Pferd stets gelöst, trotzdem aber immer unter Kontrolle im gewählten Reitstil beherrschen können.

Unterwegs versorgt der Wanderreiter sein Pferd selber, er kennt die Futterrationen, die Freß- und Ruhezeiten seines Pferdes, er pflegt es und wird es auch, soweit erforderlich, nach Verletzungen behandeln können.

Er bereitet sein Pferd physisch und psychisch auf längere Wanderritte vor, wozu auch das Bewältigen von Geländeschwierigkeiten mit Abrutsch, Aufstieg, Bach- und Flußüberquerungen gehört. Er hat dabei die stete Kontrolle über den Zustand des Pferdes.

Der Wanderreiter ist geübt im Kartenlesen, kennt die Giftpflanzen und die Verhaltensregeln im Verkehr und gegenüber der Umwelt, beherrscht Knoten und Anbinderegeln, das einwandfreie Satteln, Zäumen und Bepacken des Pferdes.

Im Gegensatz zum wettkampfmäßigen Reiten mit viel Trab und Galopp im Schwebesitz, Springen vertikaler und horizontaler Hindernisse, zweihändiger, direkter Zügelführung und leichten, flachen Sätteln mit kurzen Bügeln lehnt sich das „Arbeits"-wanderreiten im Prinzip an die Treibermethoden aller Welt an:

- viel raumgreifender, langer Schritt, kurzer, ausgesessener Trab (gleichmäßige Belastung aller vier Beine), ruhiger Galopp;
- Springen nur bei Bedarf, meist nur horizontaler Hindernisse wie Bäche oder Gräben;
- einhändige, lose und indirekte Zügelführung;

- stützende Sättel mit langen Bügeln (z. B. Western, Gardian).

## Die Ausrüstung des Pferdes

### Der Sattel

Die Sattelwahl wird davon abhängen, ob man das Reiten im Gelände mehr mit Schwerpunkt Richtung Wettkampf oder als Wanderreiten in ruhigem Tempo betreibt sowie davon, ob und wieviel Gepäck mitgenommen werden soll. Eine allgemeingültige Regel gibt es da nicht.

Für alle Satteltypen gelten aber die folgenden Hinweise, deren Beachtung beim Sattelkauf jedem Wanderreiter viel nachträglichen Ärger ersparen wird:

- Jeder Sattel muß dem Pferd unbedingt passen; ein neuer Sattel muß zuerst „eingeritten" werden, bevor man ihn auf einen Wanderritt mitnimmt.
- Der Reiter muß sich im Sattel wohl fühlen und entspannt reiten können.
- Die Widerristfreiheit muß bei jedem Sattel ausreichend sein (bei gebrauchtem Sattel etwa 5 cm, bei neuem Sattel einige Zentimeter mehr, da sich jeder neue Sattel noch setzt). Sättel mit Kunststoffbäumen (sowohl Sättel europäischer wie amerikanischer Art) können sich unerwartet stark verformen, oft über Jahre hinweg. Also genügend Widerristfreiheit einplanen oder noch besser keine Sättel mit Kunststoffbäumen wählen.
  Die große Widerristfreiheit ist wichtig, da die Pferde unterwegs abnehmen, sich der Sattel dadurch stets setzt und ein Druck an der empfindlichen Stelle des Widerrists schwere Folgen haben kann. Auch bietet eine genügende Widerristfreiheit Gewähr für eine gute Lüftung.
- Das Gewicht muß auf eine möglichst große Fläche verteilt werden.
- Massive und stabile Anbindevorrichtungen müs-

sen von Anfang an am Sattel vorhanden sein. Nachträglich angenähte Ösen bewähren sich meistens nicht, da sie zu schwach sind.

● Die hinteren Gepäckstücke müssen auf dem Sattel liegen können und dürfen nicht nur auf der Schabracke liegen. Trachtensättel eignen sich dabei sehr gut.

## Die Flachsättel

*Dressur-, Spring-, Rennsättel* sind für ganz spezielle Disziplinen hergestellte, spezialisierte Sättel (lange bzw. kurze Bügel mit abgewinkeltem Knie und Pauschen). Sie eignen sich für das Wanderreiten überhaupt nicht.

*Der Vielseitigkeitssattel* ist ein Mittelding zwischen dem Dressur- und Springsattel, er ist für sportliches Wanderreiten mit normallangen Bügeln und wenig Gepäck bestens geeignet (viel Leichttraben, Springen von Hindernissen). Auf übermütigen und bokkenden Pferden wird der Reiter sehr schnell müde, da er stets angespannt reitet. Leider sind viele der im Handel erhältlichen Sättel nicht mit den erforderlichen Ösen und Anbindehaken für das Packzeug versehen, und eine solide Anbindevorrichtung läßt sich im nachhinein nicht immer einfach herstellen. Von Nachteil ist außerdem die kleine Auflagefläche des Sattels auf dem Pferderücken und die damit verbundene schlechte Verteilung des Gewichts von Reiter und Gepäck. Das hintere Gepäck liegt immer auf dem Pferderücken. Eine sehr gute Polsterung mittels rechteckiger Filzschabracke oder mehrfach zusammengefalteter Wolldecke ist absolut erforderlich. Die vielfach verwendeten Baumwollschabraken sind zwar pflegeleicht, aber zu wenig polsternd.

*Der Trachtensattel* ist im Prinzip ein Vielseitigkeitssattel mit Trachten: Er besitzt die Vorteile des Vielseitigkeitssattels ohne dessen Nachteile, denn die meisten Trachtensättel wurden schon bei der Herstellung mit Ösen und Haken versehen. Das Gewicht wird auf eine wesentlich größere Fläche verteilt, und das hintere Gepäck liegt nicht mehr auf dem Pferderücken, sondern auf den Trachten. Das Gewicht wird besser verteilt, und die Lüftung der Kammer bleibt gewährleistet.

Für Kleinpferde wurden spezielle Sättel entwickelt, die auch mit Schweifriemenaufhänger versehen sind.

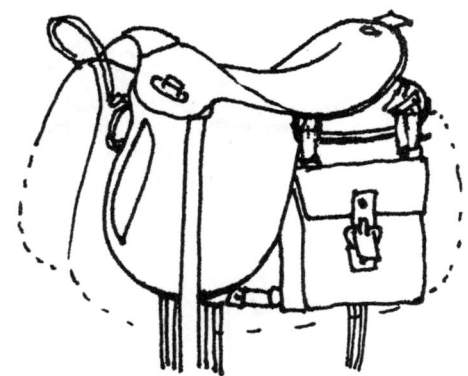

Abb. 39. Trachtensattel mit korrekt befestigter hinterer Einzelpacktasche. Beim Trachtensattel kann auch ein oben zusammengebundenes Packtaschenpaar verwendet werden (s. S. 126).

*Armeesättel:* Die europäischen Armeesättel basieren alle auf dem Prinzip des Trachtensattels. Sie sind sehr robust und passen auf beinahe jedes Pferd. Solide Eisenhaken sind überall vorhanden. Da heute beinahe keine Armeesättel mehr hergestellt werden, können sie meist nur noch als Gelegenheitskauf erworben werden.

Der Armeesattel ist einer der bestgeeigneten Sättel für Wanderreiter, wenn auch nicht für jeden bequem. Auch ist er recht schwer und deshalb für Kleinpferde nicht unbedingt geeignet.

## Die Arbeitssättel

*Der McClellansattel* ist ein Mittelding zwischen Flachsattel und Arbeitssattel. Ursprünglich ebenfalls ein Armeesattel (der kanadischen Polizei), wird er heute auch in sehr leichter Ausführung angeboten (6 bis 7 kg) und ist deshalb bei den Freunden des Distanzreitsportes beliebt. Der Sattel bietet eine gute Sicherheit des Sitzens und wird meist mit langen Bügeln (indirekte Zügelhaltung) geritten. Am Sattel sind viele Anbindemöglichkeiten vorhanden, und die Lüftung des Pferderückens ist optimal gewährleistet. Als Nachteil wird manchmal seine große Härte empfunden.

*Der Westernsattel* ist ein äußerst bequemer und sicherer Sattel und erfreut sich deshalb immer größerer Beliebtheit. Er ist ein stützender Sattel für die

119

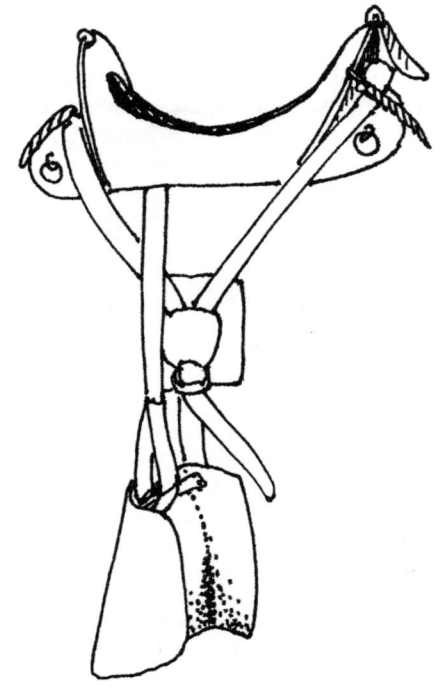

Abb. 40. McClellan-Sattel

Abb. 41. Westernsattel

Benützung mit langen Bügeln und indirekter Zügelführung. Dank seiner Sicherheit reitet man entspannter (vor allem bei unberechenbaren Pferden) und ermüdet deshalb viel weniger.

Der Westernsattel ist ähnlich aufgebaut wie ein Trachtensattel, nur sind die „Trachten" des Westernsattels in Leder eingepackt und gegen das Pferd zusätzlich mit einer Lage Schaffell gepolstert. Dies ergibt eine ausgezeichnete Polsterung, aber auch eine wesentliche Reduktion der Rückenbelüftung. Anbindemöglichkeiten sind am Westernsattel zur Genüge vorhanden, und am Horn lassen sich auch allerlei Sachen befestigen. Die heutigen „pleasure riding"-Sättel besitzen leider Kunststoffbäume, die sich mit der Zeit verformen und bei Unfällen

gefährliche Spieße bilden können. Besser sind Arbeitssättel mit Holzbäumen, welche mit Rohhaut überzogen sind. Sie sind aber nicht nur teuer, sondern auch sehr schwer. Die meisten Westernsättel besitzen einen „Quarterhorse"-Baum, der auf Pferden mit schmalen und hohen Widerristen nicht paßt. Bäume mit entsprechender hoher Widerristfreiheit sind nicht immer serienmäßig zu kaufen.

Der Gardiansattel ist der Arbeitssattel der Camargue und ist mit dem Westernsattel zu vergleichen. Man sitzt im Gardiansattel aber noch wesentlich mehr gestützt als im Westernsattel und kann damit in hügeligem Gelände oder bei Sprüngen kaum mehr den Pferderücken entlasten. Die meisten Gardiansättel sind Maßsättel und daher sehr teuer.

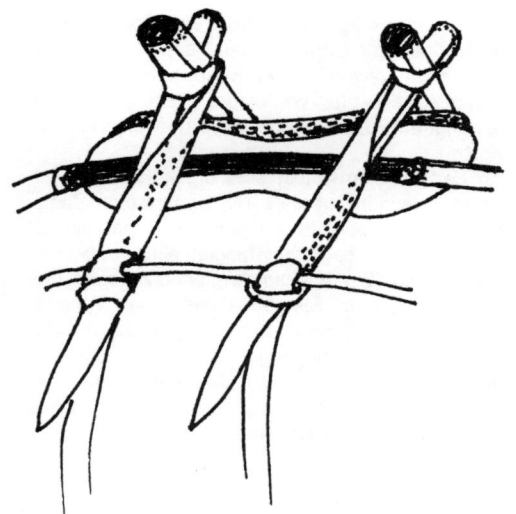

Abb. 42. Amerikanischer Packsattel

## Die Steigbügel

Die zu den europäischen Sätteln gelieferten Bügel sind nicht nur gefährlich (Hängenbleiben bei einem Sturz – die eingebaute Sicherheitsschnalle für die Steigbügelriemen funktioniert leider bei vielen Sätteln nicht, und das Vorhandensein dieser Schnalle deutet bereits auf die Gefährlichkeit der Bügel hin!), sondern auch unpraktisch. Außerdem ist die Steifigkeit der schmalen Lederriemen viel zu gering im Verhältnis zum Gewicht der Metallsteigbügel, die infolgedessen, wenn sie lose herabhängen, bei jedem Schritt viel zu große Pendelbewegungen vollführen. In den letzten Jahren sind verbesserte Sicherheitssteigbügel auf den Markt gekommen, Patentlösungen für die anderen Probleme sind keine vorhanden.

Westernbügel, die auf die schmalen Steigbügelriemen klassischer europäischer Sättel passen, können im Handel bezogen, solche für breite Riemen durch Eigenbau angepaßt werden.

### Der Packsattel

Unter den vielen vorhandenen Ausführungen ist nur eine für Wanderreiter zweckmäßig: der leichte Packsattel, wie er in Nordamerika in verschiedenen Ausführungen verwendet wird. Die früher, aber auch noch heute verwendeten Militärpacksättel (Trainpacksättel) eignen sich zwar sehr gut und passen auf jedes Pferd, sind jedoch wegen ihres hohen Gewichtes (bis über 20 kg) für die Freizeitreiterei unzweckmäßig.

Der amerikanische Packsattel ist extrem leicht (nur ein paar Kilogramm); er besteht aus zwei Holztrachten, die mit je zwei Hölzern vorne und hinten verbunden sind. Dennoch ist er sehr widerstandsfähig. Eine sehr gute und dichte Polsterung ist erforderlich, um eventuelle Druckstellen zu vermeiden. Zwei Gurte, ein Vorder- und Hinterzeug sorgen für Stabilität.

Aus dem reichhaltigen Zusatzsortiment kann der Wanderreiter zum Packsattel passende Packkisten erwerben, die nur am Packsattel eingehängt zu werden brauchen; ein Oberteil und eine Regenplane vervollständigen das Sortiment.

Abb. 43. Westernbügel, an schmale Bügelriemen angepaßt

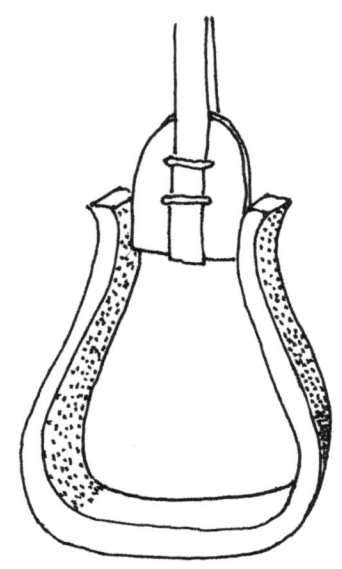

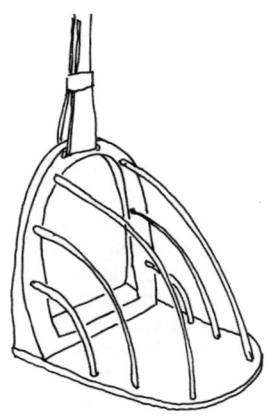

Abb. 44. Gardian-Bügel, Marke „Eigenbau"

Abb. 45. Tapadero

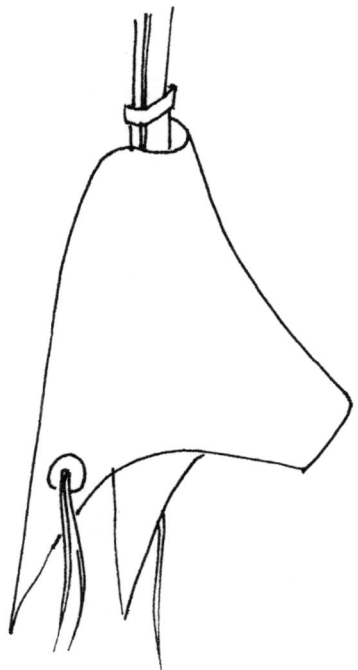

Eine weitere Möglichkeit ist die Verwendung eines Steigbügels für Gardiansättel. Bastler können ihn aus einem konventionellen Bügel selbst herstellen durch Zuschweißen von einem Flacheisen für die verlängerte Fußplatte und von Rundeisen für den Korb.

An den Westernsätteln sind die konventionellen amerikanischen, mit einem Blech verstärkten Sperrholzbügel angebracht. Besser sind Bügel, die mit Rohhaut oder Leder überzogen sind (Leder als Gleitschutz). Einen absoluten Schutz gegen das Hängenbleiben im Steigbügel bieten die „Tapaderos", das sind lederne Schutzhüllen, die auf der Vorderseite der Steigbügel montiert werden und diesen vollständig umhüllen. Sie bieten einen vorzüglichen Regenschutz und im Winter auch einen guten Kälteschutz (mit Lammfell füttern!).

## Sattelunterlagen

*Baumwoll-Sattelunterlagen:* Satteldecken sind sehr praktisch und pflegeleicht. Für einen Wanderritt mit Gepäck sind sie aber unbenützbar, weil sie auf die Sattelform geschnitten sind, so daß sämtliche Gepäckstücke direkt auf dem Pferd liegen (Scheuerstellen unvermeidlich, Drücke). Größere Schabraken sind oft mit aufgenähten kleinen Taschen versehen, deren Inhalt dann nur durch die Schabracke vom Pferd getrennt ist und jede Sattelbewegung

Abb. 46. Baumwollschabracke

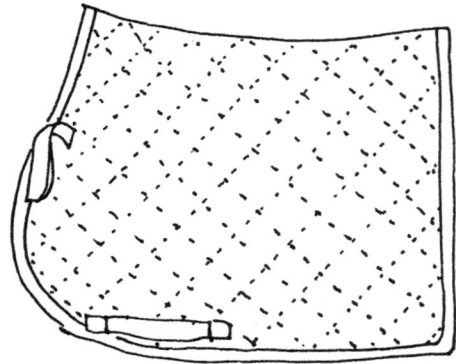

mitmacht. Scheuerstellen sind zwangsläufig die Folge.

Große und dickere, gut zusammengenähte Baumwollschabracken sind durchaus brauchbar, wenn sie unterwegs gewaschen werden können. Einmal richtig verschwitzt, dürfen sie nicht mehr verwendet werden, da die Gefahr von Druckstellen groß wird. *Leder-Satteldecken* bewähren sich gut und lassen sich täglich mit Sattelseife einfach putzen. Schabracken sind kaum erhältlich, sondern nur auf Sattelform zugeschnittene Decken. Daher nur für Ritte ohne Gepäck.

*Filz-Sattelunterlagen* können in jeder beliebigen Form zugeschnitten werden, also auch in großer rechteckiger Form, damit jedes Gepäckstück darauf zu liegen kommt. Nur eine gute Filzqualität aus Naturfasern kaufen! Die Filzschabracke läßt sich nicht einfach pflegen und kann nicht unbegrenzt oft gewaschen werden. Am einfachsten im trockenen Zustand bürsten.

*Eine Wolldecke* ist für Wanderritte mit viel Gepäck die beste Sattelunterlage; zweimal gefaltet, bietet sie während acht Tagen stets eine frische Seite. Ob der offene Teil der Decke vorne (zur besseren Lüftung) oder hinten (damit sich kein Dreck zwischen die Deckenlagen schieben kann) liegen soll, bleibt jedem Reiter anheimgestellt. Beim Satteln ist peinlichst darauf zu achten, daß die Decke keine Falten wirft.

Die Wolldecke kann auch als Kälteschutz für Pferd und Reiter benützt werden, solange sie nicht unter dem Sattel verwendet wird. Aber Vorsicht vor Verschmutzung!

*Pads/Navajodecken* werden bei Westernsätteln verwendet und eignen sich sehr gut. Da der Westernsattel unten mit einer Schaffellage versehen ist, rutscht die erste Lage unter dem Sattel nicht. Es ist deshalb wichtig, vor allem bei druckempfindlichen Pferden, daß nicht nur ein Pad (Satteldecke) unter dem Westernsattel verwendet wird, sondern auch noch zusätzlich eine einmal gefaltete Navajodecke (wollige Zierdecke). Die Bewegungsebene zwischen Pferd und Sattel liegt damit nicht mehr ausschließlich direkt auf dem Pferderücken. Durch die sehr dicke Polsterung leidet die Belüftung des Pferderückens etwas; gewisse Pferde neigen deshalb zu Drücken, auch wenn der Sattel paßt. In diesem Fall sind sogenannte „Orthopedicpads" geeignet. Sie bestehen aus dem gleichen Material, das in Betten Chronischkranker verwendet wird. Obschon aus Kunstfasern hergestellt, bewähren sie sich sehr gut und besitzen eine unglaubliche Dampf- und Wasserdurchlässigkeit. Das Pferd schwitzt zwar darunter sehr stark, zu Druckstellen kommt es aber nicht. Das Pad selbst kann nach dem Reiten einfach abgespritzt werden, braucht dann allerdings längere Zeit, bis alles Wasser abgetropft ist (das Material selbst nimmt kein Wasser auf).

*Lammfellunterlagen* eignen sich gut, sind aber sehr teuer. Im Handel sind nur auf Sattelform zugeschnittene Lamm- oder Schaffelldecken erhältlich; Größen, die für Wanderritte mit Gepäck tauglich sind, müssen speziell angefertigt werden. Am besten wird eine Filzschabracke als Grundlage dazu verwendet, die man mit Schaffell unterlegt. Die Pflege erfolgt durch Bürsten im trockenen Zustand. Wichtiger Nachteil, wie bereits erwähnt, ist der hohe Gestehungspreis.

*Kunstfellunterlagen* sind pflegeleicht und von vielen Reitern geliebt. Meistens sind nur Decken erhältlich, die außerdem sehr weich sind und demzufolge gern zu Falten neigen. Manche Pferde zeigen eine allergische Reaktion bei der Benützung solcher Unterlagen.

## Sattelgurte

Je breiter ein Sattelgurt ist, desto angenehmer ist er für das Pferd. Er muß außerdem sauber und weich sein. Die Schnallen sollen auf dem Schweißblatt aufliegen, keinesfalls tiefer. Viele Sättel haben Gurtstrippen, die dies nicht zulassen. Die Schnallen dürfen aber auch nicht zu hoch kommen, da jedes Pferd unterwegs abnimmt und der Gurt dann zu lang wird. Für empfindliche Pferde seien Gurte mit einer elastischen Zwischenlage empfohlen.

*Schnurengurte* mit genügender Breite sind sehr praktisch und nicht allzu teuer. Zur täglichen Pflege bürstet man den Gurt nach dem Trocknen. Waschen ist auch gut, nur läßt sich das unterwegs kaum allzuoft bewerkstelligen. Falls der Gurt mit Waschmitteln behandelt wird, sollte unbedingt gut gespült werden, damit keine Waschmittelreste Allergiereize provozieren!

Abb. 47. Bosal

nämlich am Kopf des Pferdes. Der Zaum wird dann über das Halfter angezogen. Der Nasenriemen wird am einfachsten weggelassen.

Die Zäumung muß für das Pferd möglichst angenehm sein, das Pferd steht möglichst wenig am Zügel und braucht somit auch kein eng geschnalltes Reithalfter. Bei zweihändiger, direkter Zügelführung wird mit der Trense geritten (Wassertrense – ohne mundwinkelschonende Gummiringe, weil das Pferd darunter schwitzt mit eventuell darauffolgendem Ausschlag –, Gummitrense, Olivenkopftrense, D-Trense usw.). Bei heftigeren Pferden ist ein Pelham durchaus angebracht. Kandaren mit Unterlegtrensen und sonstige Spezialgebisse haben auf dem Trainingsplatz, richtig angewendet, durchaus ihre Berechtigung, auf einem Wanderritt sind sie absolut ungeeignet, da das Pferd möglichst wenig Leder und Stahl am Kopf haben sollte. Bei einhändiger, indirekter Zügelführung und gut ausgebildetem Pferd bewährt sich eine Westernkandare sehr gut; eine weiche Zügelhand ist selbstverständlich absolute Voraussetzung dafür. Für das Pferd optimal ist eine gebißlose Zäumung mit dem echten Hackamore (Bosal und Mecate). Beim Kauf eines Bosals ist darauf zu achten, daß dieses nur aus Rohhaut ohne Stahlseele besteht. Die Originalmecate aus geflochtenen Pferdehaaren ist sehr schön, aber sehr teuer und in unserem doch eher feuchten Klima weniger geeignet. Sehr praktisch und recht billig ist ein Segelschot (rundgeflochtenes Seil) aus Kunstfasern mit einem Durchmesser von etwa 2 cm.

Auch das mechanische Hackamore kann durchaus benützt werden. Wie bei allen Gebissen ist auch hier nicht die Frage von Wichtigkeit, wie scharf das Gebiß ist, sondern wie der Reiter damit umzugehen vermag.

Der Anbindestrick wird unterwegs am besten um den Pferdehals verknotet – aber so, daß er sich unter keinen Umständen festziehen kann. Wird für unterwegs ein kleines Halfter verwendet, so ist für die Nacht ein solides Stallhalfter zu empfehlen. Nylonhalfter sind sehr leicht, können aber in Notfällen kaum reißen. Dies hat auch schon zu schweren Verletzungen von Pferden geführt. Für die Nacht hat sich eine Anbindekugel bestens bewährt. Der Anbindestrick wird dann durch einen Ring geführt, und die Kugel sorgt dafür, daß der Strick stets gespannt

Gurte aus Mohairwolle sind sehr geeignet, weich und für das Pferd angenehm. Sie werden für Westernsättel verwendet und meist in Breiten von über 12 cm angeboten.
Ledergurte sind für empfindliche Pferde sehr geeignet. Sie müssen sehr sauber und weich gehalten werden und sind teurer als Schnurgurte.

## Halfter und Zaumzeug

Unterwegs werden die Pferde immer wieder angebunden, ein Halfter mitzuführen ist deshalb ein unbedingtes Muß. Ob das nun ein kleines, feines Halfter oder ein massives Stallhalfter ist, kann jeder Wanderreiter selbst entscheiden. Daß man die Pferde nicht am Zügel anbindet, sollte selbstverständlich sein.
Damit das Halfter unterwegs stets einsatzbereit ist, bleibt es am besten dort, wo es gebraucht wird:

Abb. 48. Gebiß mit Karabinern ins Halfter eingeschnallt

ist. Die Wahrscheinlichkeit, daß das Pferd in den Strick steht, wird damit sehr verringert.

Eine sehr praktische Kombination von Halfter und Zaumzeug erhält man, indem man das Halfter für das Anbringen des Gebisses verwendet. Das Gebiß wird mittels eines Karabiners oder etwas ähnlichem beidseitig an den seitlichen Halfterringen befestigt.

## Das Packpferd

Muß auf einem Wanderritt viel Material mitgenommen werden (meistens viel zu viel, das meiste braucht man doch nicht!), so stellt sich die Frage nach dem Mitführen von Packpferden. Der Vorzug besteht hauptsächlich in der Entlastung der Reitpferde. Mit einem Zeitgewinn ist nicht zu rechnen. Im Gegenteil. Neubefestigen der Packlast, Probleme beim Führen der Packpferde, schwierige Stellen im Gelände, das sind eher verzögernde Elemente. Das Freilaufenlassen der Packpferde ist bei uns in Europa nur in ganz seltenen Ausnahmefällen zu verantworten.

Zeit gewinnen kann man mit Packpferden nur, wenn ein Teil der Reiter oder der Verantwortlichen die Packpferdkolonne auf direkten Wegen separat zum nächsten Lager führt und die übrigen Reiter dann unbekümmert ihren Ritt unternehmen können.

Das Führen eines Packpferdes (in Deutschland zwei, in der Schweiz eines pro Reiter gemäß geltendem Recht) ist nicht so einfach, und das Reittier des Führers muß sich an das Packpferd gewöhnen; das Packpferd darf nicht zu schnell und schreckhaft sein und muß stets vertrauensvoll folgen. Dies alles verlangt eine minuziöse Vorbereitungsarbeit.

### Packsattelzubehör

Die Packkisten, in denen sich allerlei gut verstauen läßt, sind bereits erwähnt worden. Auch sehr gut bewährt haben sich Seesäcke, die sich beidseits des Packsattels befestigen lassen. Wie bei den Sattelpacktaschen ist auch beim Beladen der Packpferde äußerst peinlich auf absolute Gewichtsgleichheit zu achten. Auf dem Packsattel lassen sich noch ein weiterer Seesack, Zeltteile oder dergleichen verstauen, bevor das Ganze mit Seilen absolut fest verbunden wird. Bewährt hat sich das Anlegen eines Seiles mit einem zusätzlichen (dritten) Bauchgurt über die ganze Bepackung. Man darf nicht vergessen, daß auch ein Packpferd manchmal bokken oder durchgehen kann, und nichts ist unangenehmer als über mehrere Kilometer Material einzusammeln. . . Bei unbeständigem Wetter wird das ganze Gepäck mit einer Plane zugedeckt.

Daß die Sattelunterlagen so weit seitlich hinabreichen müssen, daß kein Gepäckstück in direkten Kontakt mit dem Pferd kommt, um Scheuerstellen und Drücke zu vermeiden, sollte selbstverständlich sein.

## Das Packzeug am Reitpferd

Der Wanderreiter wird stets einen Kompromiß zwischen Vollständigkeit des Gepäcks und geringem Gewicht finden müssen.

Beim Packen unbedingt zu beachten:
- gute und genügend große Sattelunterlage
- ausgewogene Packtaschenpaare
- kein direkter Kontakt der Packtaschen mit dem Pferd
- regensichere Verpackung
- genügende Befestigung am Sattel
- Ausprobieren neuer Taschen vor einem längeren Ritt

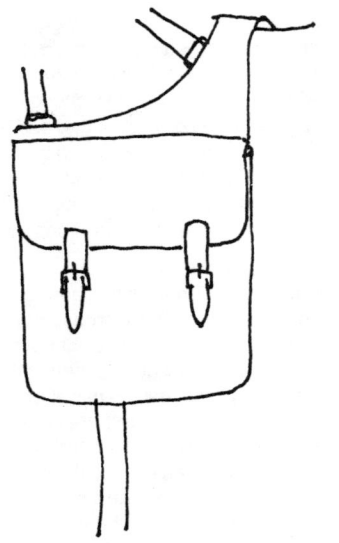

- schwere Gegenstände in den vorderen Packtaschen
- leichtere und voluminöse Gegenstände in den hinteren Packtaschen
- keine harten und spitzen Gegenstände auf der Pferdeseite in den Packtaschen
- Gegenstände, die man unterwegs sicher oder mit größerer Sicherheit brauchen wird, sowie Notapotheke zuoberst in die Packtaschen
- Keine Packtasche ist wasserdicht. Es empfiehlt sich deshalb, den Inhalt der Packtaschen sortiert in Plastikbeutel zu verpacken. Gefrierbeutel haben sich dafür bestens bewährt, da sie weniger zu Kondenswasser neigen.

Die mitgenommenen Sachen können in folgenden verschiedenen Taschen verstaut werden:
- hintere Sattelpacktaschen
- vordere Sattelpacktaschen
- Mantelsack, Schlafsack
- Proviantsack, Futterbeutel, Haferschlauch
- Kartentasche, seitliche Taschen

Abb. 49. Satteltaschenpaar für Trachten- und Westernsattel (oben) und leichte amerikanische Nylon-Satteltasche (unten)

### Die hinteren Satteltaschen

Aussehen und Befestigung dieser beiden Satteltaschen hängen vom jeweiligen Satteltyp ab.

Beim Vielseitigkeitssattel sollte man unbedingt zwei Einzeltaschen verwenden, da sonst das gesamte Gewicht der Satteltaschen über den Verbindungssteg auf der Wirbelsäule des Pferdes lastet (Abb. 39).

Bei der Verwendung von Einzeltaschen hängt das gesamte Gewicht an den Befestigungshaken des Sattels. Die Satteltaschen besitzen oben mindestens zwei Anhängevorrichtungen (besser noch zwei in Reserve), nach vorne einen Riemen zum Sattelgurt und unten einen Verbindungsgurt zur gegenüberliegenden Satteltasche, der die Packtaschen beim Reiten am „Flattern" hindert. Dieser hintere Gurt darf nicht zu lose sein (am besten mit einer elastischen Zwischenlage) und muß unten in Bauchmitte eine Verbindung zum Sattelgurt aufweisen, um nicht nach hinten zu verrutschen, das Pferd könnte sonst mit seiner Hinterhand im Gurt hängenbleiben.

Beim Trachtensattel können die beiden Packtaschen oben zusammengebunden sein, da das Gewicht über die Trachten verteilt wird. Ein Abreißen

von Haken und Ösen ist kaum zu befürchten, da sie nur zur Stabilisierung, nicht aber zur Gewichtsübertragung verwendet werden. Im übrigen wie beim Vielseitigkeitssattel.

Beim Westernsattel wird das Gewicht ähnlich wie beim Trachtensattel über das obere Verbindungsteilstück übertragen. Da der Westernsattel bereits einen hinteren Sattelgurt besitzt, beschränkt sich die Befestigung auf die oberen Lederriemen und unten vorne am hinteren Sattelgurt.

Ob die Satteltaschen aus Leder, Segeltuch oder Kunststoff/Kunstleder sind, spielt keine Rolle. Auch Fahrradtaschen können durchaus gut sein. Das Verschließen der Taschen ist Geschmacksache, der Verschluß sollte aber narrensicher sein.

Sehr zu empfehlen ist eine spezielle Satteltasche aus den Vereinigten Staaten mit extrem leichtem Gewicht (etwa 600 g) und sehr viel Platz. Sie ist aus wasserdichtem Nylon hergestellt und besteht aus drei beziehungsweise fünf Teilen (je nach Variante): seitlich je zwei (eine) Taschen und in der Mitte eine mantelsackähnliche Tasche. Wegen ihres Aufbaues eignet sich diese Satteltasche nur für Sättel, die hinter der Sitzfläche noch eine Verlängerung besitzen, welche die Satteltasche aufnehmen kann (Trachtensattel/Westernsattel).

Die hinteren Satteltaschen können selbstverständlich auch aus beidseitig je zwei Taschen bestehen. Jeder Wanderreiter muß sich mit der Zeit „seine" Packtaschen an seine Bedürfnisse anpassen. Darum sind sehr viele solcher Taschen „Eigenfabrikat". Noch ein Wort zu den „Packtaschen", die direkt auf die Baumwollschabracken aufgenäht sind: Zum Verstauen eines Taschentuches sind sie sicher zu gebrauchen, aber nicht für viel mehr: Denn erstens drückt der Inhalt unmittelbar auf das Pferd, da keine weitere Unterlage dient als Gleit- und Rutschfläche sowie als Polsterung dient, wodurch es sehr schnell zu Scheuer- und Druckstellen kommt, und zweitens sind sie viel zu klein, um ohne Wölbung der ganzen Schabracke etwas darin verstauen zu können.

### Die vorderen Satteltaschen

Die vorderen Packtaschen werden meist schmal und lang sein, um noch auf der Satteluntergage aufzuliegen. Sie können an speziellen Haken oben am Vorderzwiesel und gegen „Flattern" am Vordergeschirr befestigt werden.

Ideal sind zu den Militärsätteln passende Packtaschen (vordere wie hintere), da sie genau die richtige Form und auch die richtigen Anbindevorrichtungen am richtigen Ort besitzen.

### Mantelsack, Schlafsack, Regenschutz

Größere Gegenstände werden teils hinter dem Sattel (auf der Trachten!) aber nicht auf dem Pferderücken angeschnallt. Beim Westernsattel ist dies problemlos, da dort bereits Lederbänder vorhanden sind und nur eventuell verlängert werden müssen. Werden Mantelsack und Schlafsack mitgenommen – Regenschutz ist ja immer dabei –, so empfiehlt es sich, Mantelsack und Regenschutz hinten (Regenschutz oben) und den Schlafsack vor dem Vorderzwiesel anzubinden. Dies ermöglicht ein noch einigermaßen bequemes Auf- und Absteigen ohne allzu große „Bergsteigerkünste". Der Schwerpunkt des hinteren Gepäcks darf nicht über dem Sattel liegen, da sonst Sattel und Gepäck nicht mehr im Gleichgewicht sind und – vor allem beim Führen bergab – ins seitliche Rutschen kommen.

### Weitere Verstauungsmöglichkeiten

Der Haferschlauch für mindestens zwei Futterrationen: Er kann als Armeebestände gekauft werden, ist jedoch für den Freizeitreiter meist viel zu groß. Er ist ein Segeltuchschlauch mit zwei festen Enden und einem Schlitz in Längsrichtung in der Mitte. Am besten näht man sich einen solchen selber (Längsschlitz mit Klettverschluß sichern!) und wählt ihn so groß, daß neben der Futterration auch gerade noch der Futterbeutel hineinpaßt, der aus Hanf oder dergleichen gefertigt ist und notfalls auch als Wasserkübel dienen kann.

Kartentasche: Sehr gut sind die beidseitig durchsichtigen Taschen von etwa 30 x 40 cm. Darin lassen sich mehrere Karten problemlos verstauen, und der sichtbare Kartenausschnitt ist groß genug. Verschlossen wird die Kartentasche mit einem Klettverschluß; ein längeres Band erlaubt ein Tragen um den Hals. Kompaß, Bleistift, Notizblock, Maßstab usw. können zwar in der Kartentasche verstaut werden, wenn diese stabil aus Leder gearbeitet ist, müssen beim Betrachten der Karte aber stets mitgehalten werden und baumeln bei jeder Bewegung herum. Darum ist es ratsam, nur die gerade benötigten Karten in die Kartentasche und alles andere griffbereit in eine der vorderen Packtaschen zu stecken. Nähte der Kartentasche wasserfest verkleben!

*Weitere Taschen:* Dem Erfindergeist sind keine Grenzen gesetzt. Mit der Zeit wird sich jeder Wanderreiter „seine" Ausrüstung nach seinen eigenen Bedürfnissen zusammenstellen. Manchem sind viele kleinere Taschen lieber als wenige große; auch Munitionstaschen aus Armeebeständen können gute Dienste leisten, sei es am Sattel oder am Gurt; eine Feldflasche kann ebenfalls sehr willkommen sein. Es gibt auch Lederflaschen, die in Südfrankreich hergestellt werden; sie sind zwar nicht billig, im Gebrauch aber sehr zuverlässig und ohne feste Kanten. Von billigeren Produkten sei dringend abgeraten, denn sie halten selten lang dicht und lassen sich nicht reparieren.

# Die Ausrüstung des Reiters

## Die Kleidung

Der Wanderreiter ist mehrere Tage lang in engem Kontakt mit dem Pferd und wird zwangsläufig dabei etwas schmutzig. Der Wanderritt besteht neben Reiten auch aus „Wandern" und findet bei jedem Wetter statt. Die Kleidung wird demzufolge einfach, der Witterung und der Temperatur leicht anpassungsfähig, robust, unempfindlich gegen Schmutz und vor allem angenehm im Tragen sein.

*Die Schuhe* sollen guten Schutz bieten und sowohl zum Laufen wie zum Reiten geeignet sein. Turnschuhe sind im Umgang mit Pferden nicht zu empfehlen, da sie den Fuß gegen einen eventuellen mit Eisen und Stollen bewehrten Huftritt zu wenig schützen. Leichtere Berg- bzw. Wanderschuhe sind da schon wesentlich geeigneter. Um sie weich zu bekommen, werden sie mit Lederöl „bearbeitet". Breite Schuhe bedingen aber auch breite Steigbügel, in denen man wiederum leichter hängenbleibt. Hier können Camarguesteigbügel Abhilfe schaffen. Nachteilig ist, daß bei diesen Schuhen Waden und Knöchel nicht gegen Schläge geschützt sind. Lederstiefel werden von vielen Wanderreitern gern getragen – oft flache Westernstiefel. Auch sie lassen sich durch eine Behandlung mit Lederöl weich kriegen. Praktisch sind auch Stiefeletten aus Leder.

Gummistiefel sind in morastigem Gelände und beim Durchqueren von Bächen sicher unübertreffbar, für eine lange Tragdauer aber wegen des Schwitzens der Füße nicht zu empfehlen. Dasselbe gilt für manchen Lederstiefel mit einem Kunstfaserfutter. Problematisch sind halbe Sohlen und Sohlen mit groben Profilen, die leicht am Steigbügel hängenbleiben und bei einem Sturz vom Pferd gefährlich werden können. Also eine durchgehende Gummisohle verwenden.

Reitet man mit einem europäischen Sattel, so ist auf die Stiefelhöhe und Sattelblattlänge zu achten: Nichts ist unangenehmer, als wenn bei jedem Schritt die Stiefeloberkante an der Sattelblattunterkante hängenbleibt.

*Hosen:* Ob man Reithosen, Jodhpurs, Jeans, Cordhosen oder etwas Ähnliches bevorzugt, spielt im Grunde genommen keine Rolle. Wichtig ist, daß sie passen und sowohl beim Reiten wie beim Laufen angenehm zu tragen sind. Zu achten ist auf eventuelle Nähte an der Innenseite des Beines, die beim Reiten schmerzen könnten!

Sehr geeignet sind Chaps, über Jeans getragen. Sie schützen und wärmen ausgezeichnet bei Wind und kaltem Wetter sowie bei Regen. Zu empfehlen sind Chaps aus glattem Leder, deren Beinnähte nur bis knapp unter das Knie reichen. Wildlederchaps mit Reißverschluß bis zum Knöchel sind für Wanderritte ungeeignet und werden bei längerem Regen trotz Einfetten zum Schwamm.

*Regenschutz:* Bei ruhigen Pferden ist ein großer Regenponcho aus kräftigerem Material unübertreffbar. Er schützt nicht nur den Reiter, sondern auch das halbe Pferd samt Gepäck. Es gibt Ponchos, die innen mit einer saugfähigen Baumwollage ausgestattet sind, so daß man darin nicht so schnell zum Schwitzen neigt wie in den billigen, knisternd flatternden Kleinponchos. Diese besseren Ponchos sind auch wesentlich größer (ca. 160 x 260 cm) und mit Ösen versehen, so daß sie auch einmal als Plane oder Zelt verwendet werden können. Durch das größere Gewicht flattern sie kaum und verursachen dann auch kaum ein Geräusch. Der Preis ist der Qualität entsprechend recht hoch.

Die kleineren Ponchos sind für kurze Regengüsse sehr praktisch, da sie leicht sind und wenig Platz beanspruchen. Die meist auf der Innenseite angebrachte Isolierschicht läßt aber – vor allem beim Laufen – reichlich Kondenswasser entstehen, so daß der Reiter mit der Zeit auch naß wird.

Gut bewährt hat sich eine Kombination beider Ponchotypen: der bessere und schwerere für den Reiter bei langdauerndem Regen und der leichtere für Kurzregen und für den Sattel mit Gepäck, wenn bei langdauerndem Regen gelaufen wird.

Der Reiterregenmantel ist – neben seinem stolzen Preis – auch sehr schwer, mit der Zeit nicht wasserdicht (Nähte) und bei Nichtgebrauch wegen seines Volumens kaum zu verstauen.

Ölzeug, bestehend aus Jacke und Hose, ist absolut wasserdicht, beim Laufen schwitzt man aber recht stark, und Sattel und Gepäck sind absolut ungeschützt.

Windjacken werden sehr schnell naß, wenn man sie nicht dauernd imprägniert. Ihr Vorteil ist, daß man fast nicht darunter schwitzt. Ihr Nachteil: Sie sind nicht sehr strapazierfähig und für Dauerregen absolut ungeeignet.

Als Beinschutz gegen Regen kann man Chaps tragen, Sattel und Gepäck werden dann aber durchnäßt. Man kann sich auch eine Schürze aus einem wasserfesten Material zusammenschneiden. Vorteil: Sattel und Gepäck bleiben trocken wie beim Poncho, und die Schürze flattert weniger.

*Handschuhe:* Ob Leder, Baumwolle, Wolle oder eine Kombination oder überhaupt keine Handschuhe – das muß jeder Reiter selber wissen. Mit Handschuhen kann man verschwitzte und regennasse Zügel besser halten, und sie schützen die Hände gegen Verletzungen und Witterungseinflüsse.

*Hut:* bietet einen guten Schutz gegen Sonne und Regen; Brillenträger wissen ihn zu schätzen, da die Brille bei Regen trocken bleibt. Gut bewährt haben sich breitrandige Westernhüte aus Filz. Hüte sind auf die Dauer nicht wasserdicht und sollten deshalb bei Regen mit einem überziehbaren Plastikschutz versehen werden. So behalten sie ihre Form.

*Pullover und Jacken:* Sowohl Frieren als auch Schwitzen sind unangenehme Nebenerscheinungen bei einem Wanderritt. Es ist deshalb wichtig, daß man während des Ritts, ohne die ganze Gruppe anhalten zu müssen, seine Kleidung dem jeweiligen Wärmebedürfnis anpassen kann. Das geht am einfachsten mit einer „Zwiebelschalenkleidung", das

heißt bei Bedarf wird jeweils eine Lage entfernt oder ergänzt. Wichtig sind schweißsaugende Kleidungsstücke, die auch gut trocknen. Hier sind Naturfasern unübertrefflich.

## Was man auf einem Wanderritt brauchen kann

Es gibt viele Sachen, die jeder Reiter auch bei kürzeren Ritten stets dabei haben sollte; eine Verletzung kann schwere Folgen zeigen, wenn sie nicht sofort behandet werden kann, auch wenn man „nur" eine oder zwei Stunden vom Heimatstall entfernt ist. Eine Minimalausrüstung sollte also stets dabei sein, ohne daß damit eine große Packtasche mitgeführt werden muß. Zwei seitliche Taschen, die stets am Sattel befestigt sind, genügen und können unschätzbaren Dienst leisten. Nur stoßsichere Verpackungen verwenden!

### *Ausrüstung für einen Eintagesritt*
*Für jeden Reiter:*
Taschenmesser
Taschenlampe, Stiefellampe
Streichhölzer
Lederschnüre
Ausweispapiere (für Reiter und Pferd)
Sonnenbrille, für Brillenträger: Ersatzbrille mit Metalletui (stoßfest)
Notizpapier und Bleistift, Notrufnummern von Tierarzt/Hufschmied
Kleingeld (zum Telephonieren)
Striegel und Bürste (wenn über Mittag abgesattelt wird)
Schwamm
Hufkratzer, am besten als Stollenschlüssel (kann als Hammer verwendet werden)
Easyboot
Halfter und Anbindestrick
Haferschlauch und Futterbeutel
im Sommer Ohrenschutz
Zwischenverpflegung (Früchtebrot, Trockenobst, Honigkuchen u. ä., keinesfalls weiches Obst, Joghurt oder Getränke in Tüten!!)
Regenschutz
Karten und Kompaß
evtl. Feldflasche

evtl. Photoapparat
evtl. persönliche Medikamente

*Einmal in der Gruppe (Kollektivausrüstung):*
Anbindeseil (mindestens 15 m lang)
Lampen mit Ersatzbatterie und Ersatzbirne
Ledernähzeug
Kompaß und Anschlußkarten
Kleines Hufbeschlagswerkzeug: Hufmesser, Hufnägel und Beißzange, Stollenschlüssel = Hufkratzer
kleine Notapotheke mit Dingen, die für Reiter und Pferd verwendet werden können: Desinfektionsmittel, Wundpuder, Schere, Pinzette, Watte, Gazebinde, Bandage, Pflaster, Wundsalbe, Schmerzmittel
evtl. Mittagessen für die Gruppe

## Zusätzliche Ausrüstung für mehrtägige Ritte
*Für jeden Reiter:*
zweiter Anbindestrick mit Kugel
Sattelseife mit Schwamm, Lederfett oder Leueröl
Ersatzkleidung, Pullover, Jacke, Socken, Unterwäsche, Hemd,
Badehose
leichte Schuhe
Taschentücher und feuchte Handtüchlein aus Papier
Toilettenartikel
evtl. Schlafsack mit wasserdichter Unterlage
Zeltausrüstung, Eßgeschirr, Besteck usw.

*Einmal in der Gruppe (Kollektivausrüstung):*
Lebensmittel
vollständiges Hufbeschlagswerkzeug
vollständige Notapotheke
Seile zum Anbinden der Pferde zwischen Bäumen
Lederreparaturwerkzeug
wichtige Ersatzstücke (Steigbügelriemen usw.)
Nähzeug
Reiseliteratur und Gesangbuch
ev. Biwakausrüstung: Zelte für Reiter und die Küche, Planen für Sattel und Ausrüstung, Kochutensilien, Grill, Eimer, Säge, Axt, Pickel
Bei grenzüberschreitenden Ritten entsprechende Papiere und Formulare

## Die Notapotheke
- Desinfektionsmittel in Form einer Kleinpackung, z. B. Merfen-Orange, Dijozol, Sepso-Tinktur u. v. a.
- Desinfektionsmittel zur Reinigung großer Flächen in Trockenform zum Auflösen, z. B. Clorina-Pulver, Chinosol-Tabletten u. v. a.
- Steril verpackte Einmalspritzen ohne Nadel (um Desinfektionsmittel gegebenenfalls in das Wundgebiet zu spülen)
- Steril verpackte Waschbeutel (einseitig mit Schwamm, anderseits mit kleiner Bürste, bereits mit Desinfektionsmittel getränkt, braucht nur noch in Wasser getränkt zu werden)
- Sterile Gaze oder z. B. besser: Folioplast-S-Platten
- Elastische Binden oder besser: Idealhaftbinden (etwa 10 Stück in verschiedenen Breiten; Mullbinden erweisen sich meist als unpraktikabel)
- Watte (kleiner, nicht platzraubender Vorrat)
- Druckverbände in Form, sog. „Verbandpäckchen", 6 oder mehr, verschiedene Größen
- Verbandschere, eine „feine anatomische" Pinzette
- Wundsalbe, antibiotisch, z. B. Leukomyzin, Nebacetin, Soframycin, Myacyne, Fucidine, Sulmycin u. v. a.
- Wund-Gel für Flächenwunden, die nicht verbunden werden können, z. B. „Brand- und Wundgel", Salvizol-Gel u. v. a.
- Augensalbe für Pferd und Reiter. Vorsicht: für unsere Zwecke niemals cortisonhaltige Augensalben! Besser: Actovegin-Augengel oder antibiotische Augensalben, wie z. B. Kanamytrex, Refobacin, Batrax u. v. a.
- Wundpuder für kleinere Verletzungen (desinfizierend, z. B. Merfen, oder antibiotisch, z. B. Nebacetin, Tyrosur, Cicatrex, Refobacin u. v. a.)
- Mittel zur Behandlung von Prellungen und Blutergüssen, z. B. Mobilat, Lasonil, Reparil-Gel u. v. a.
- Lebertransalbe o. ä.
- „Burow"-Tabletten
- Schmerz-, Fieber- und Durchfallmittel
- Leukoplast, 2,5 cm x 5 m
- Hansaplast, 8 cm x 1 m, oder Curaplast-Schnellverbände oder Hansaplast-Sortiment
- 1 Rolle starkes Klebeband, z. B. Tesaband
- Sicherheitsnadeln, 20 Stück, verschiedene Größen
- Plastikfolie
- Bandagen

- Dreiecktücher, bei Gruppenritt 5 Stück
- Isolationsdecken („Rettungsdecken"), bei Gruppenritt 2 Stück
- Fieberthermometer mit Schnur und Wäscheklammer zum Befestigen am Schweif

Keine Flüssig-Wundspray-Dosen in die Satteltaschen! Explosionsgefahr durch Wärmeentwicklung oder Schlag!

## Erläuterungen zu den Ausrüstungsgegenständen

Im Sommer bewährt sich die Mitnahme eines Ohrenschutzes und von Fliegenschutzmitteln für Pferd und Reiter. Vergewissern Sie sich aber vorher, daß das Mittel etwas nützt und zu keinen allergischen Reaktionen führt.

Das Anbinden der Pferde wird mit Anbindestricken und eventuell mit der Kugel erfolgen. Pferde, die gerne stark zurückziehen, werden mit einer „Gummizwischenlage" angebunden. Am einfachsten schneidet man sich einen etwa 3 bis 4 cm breiten Streifen von einem Schlauch eines ausgedienten Autoreifens zurecht und bindet ihn zwischen Halfter und Anbindehaken. Letzterer sollte aus einem Panikhaken bestehen, damit das Pferd jederzeit losgebunden werden kann. Pferde, die diese Haken selber öffnen, kann man zusätzlich mit einem Gummistück oder einer Lederschnur sichern.

Im Wald sollen die Pferde nicht direkt an den Bäumen angebunden werden (Anknabbern der Rinde, Verletzen der Wurzeln), sondern an Seilen, die zwischen den Bäumen gespannt werden. Je näher die Pferde zueinander stehen, desto geringer die Verletzungsgefahr (idealer Abstand ca. jeweils 1,5–2,5 m).

Damit sich die Pferde nicht entlang dem Seil bewegen können (der Knoten kann nie fest genug sein, daß er von den Pferden nicht verrutscht werden kann), verwendet man am besten Seile mit eingeflochtenen Ringen. Zum Schutz der Baumstämme werden kleinere Äste zwischen Seil und Rinde gelegt. Die Pferde können auch an den untersten Ästen eines großen Baumes angebunden werden. Eine Beschädigung des Stammes ist auf diese Art ebenfalls ausgeschlossen.

Das Putzzeug besteht aus Striegel, grober und

Abb. 50. Anbinden mit Anbindekugel

feiner Bürste, Wollappen, Hufkratzer, eventuell Mähnenbürste und Kamm, wobei letztere beiden kaum von jedem Reiter mitgenommen werden sollten. Als Hufkratzer ist ein Stollenschlüssel bestens geeignet, man kann ihn gleichzeitig als Hammer verwenden und auch fest verklemmte Steine damit loslösen. Der Stollenschlüssel sollte fest am Sattel befestigt werden, damit er beim Reiten nicht baumelt.

Als Hufbeschlagswerkzeug sollte unbedingt so viel mitgenommen werden, daß ein Eisen abgenommen werden und die Hufkante gebrochen werden kann, also Beißzange und Rinnmesser. Daneben sind Hufnägel unbedingt mitzunehmen, da unterwegs oft kaum zu beschaffen, während Werkzeuge schnell zu organisieren sind. Als Hufschutz bei einem verlorenen Eisen haben sich Hufschuhe (Easyboot oder dergleichen) bestens bewährt, denn damit kann der Wanderritt bis zum Auffinden eines Hufschmiedes fortgesetzt werden, ohne daß der Huf verletzt wird oder die Hufwand ausreißt.

Bei längeren Ritten sollten auch Raspel, Unterhauer, Hauklinge, Hammer (in dieser Reihenfolge)

Abb. 51. Anbinden im Wald zwischen Bäumen

nicht fehlen. Da nur schwere Hufzangen erhältlich sind, genügt bei kleineren Ritten eine kleinere Beißzange; wird ein vollständiges Hufbeschlagswerkzeug mitgenommen, gehört auch eine Hufzange dazu.

Die Notapotheke darf bei keinem noch so kleinen Ritt fehlen. Kleinere Gegenstände wie Heftpflaster, kleine Schere, Desinfektionsstift, Mückenstift usw. gehören in jede Satteltasche. Bei Bedarf kann sich somit jeder Teilnehmer selber verarzten, ohne viel Umtriebe zu verursachen. Bei schwereren Verletzungen oder bei Verletzungen des Pferdes ist die Gruppenapotheke anzuwenden.

Der Inhalt ist derart zu gestalten, daß möglichst viele Gegenstände sowohl für den Reiter als auch für das Pferd verwendet werden können. Die oben wiedergegebene Auswahl ist weder vollständig noch einzig richtig. Es gibt hunderte ähnliche Präparate mit ähnlicher Wirkung. Wichtig ist nur, eines davon dabei zu haben. Bei den meisten Ritten soll die Notapotheke die Zeitspanne bis zum Eintreffen des

Arztes überbrücken helfen, sofern ärztliche Hilfe erforderlich ist. Bei Ritten in Regionen, in welchen keine sofortige ärztliche Hilfe möglich ist, muß die Notapotheke von einem Arzt zusammengestellt werden, und ein ärztlich geschulter Teilnehmer muß den Wanderritt begleiten.

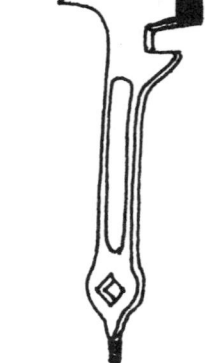

Abb. 52. Stollenschlüssel

# Pflege von Zaum- und Sattelzeug

Erika Heyl

Die Pflege von Zaum- und Sattelzeug wird oft als sehr lästig empfunden. Man sollte sich jedoch klarmachen, daß man durch die regelmäßige Pflege nicht nur das Leder geschmeidig hält, sondern einen wichtigen Beitrag zu seiner eigenen Sicherheit leistet. Denn schlecht gepflegtes Leder wird brüchig und reißt bei plötzlicher Beanspruchung schnell.

Schon bei der Zubereitung des Leders wird auf seine spätere Verwendung geachtet. Es gibt verschiedene Gerbungen: Gerbung mit Pflanzenextrakten, Gerbungen mit Chromsalzen oder Kombinationen von beiden Arten.

Für Sattelzeug wird heute vorzugsweise Chromgerbung verwendet. Fachleute erkennen die Gerbungsart am Geruch, doch für den Laien genügt es zu wissen, wie man gutes Leder erkennt. Es ist geschmeidig, aber trotzdem fest, mit einer glatten, weichen, aber nicht faserigen Unterseite. Die Einfärbung spielt keine Rolle.

Besonders bei Zaumzeug und Steigbügelriemen ist darauf zu achten, daß sich beim Biegen unter leichtem Druck keine Risse in der Oberseite zeigen. Solches Leder wäre ungeeignet. Hier kann man auch mit viel Öl und Fett keine Geschmeidigkeit mehr erreichen.

Besitzt man nun ein wirklich gutes Zaum- und Sattelzeug, so sollte man ihm auf keinen Fall mit irgendwelchen billigen Ölen und Fetten zu Leibe rücken. In jedem Reitsportgeschäft gibt es gute Lederpflegemittel. Diese Mittel erhalten und erhöhen die Qualität bzw. die Reißfestigkeit des Leders. Außerdem sind sie, was außerordentlich wichtig ist, hautfreundlich für die Pferde.

Das Sattelzeug sollte als Erstbehandlung eine gründliche Fettung oder Ölung erhalten. Hierbei reibt man nicht nur die Oberseite, sondern besonders die Unterseiten ein! Man verwendet dazu sowohl für Fett als auch Öl einen kurzen, festen Pinsel. Zum Abschluß wird das Leder mit einem weichen Lappen abgerieben. Für Rauhleder (Wildleder) am Sattel verwendet man weder Fett noch Öl, sondern Lederspray.

Die Häufigkeit der Reinigung des Sattelzeugs mit Sattelseife hängt von der Beanspruchung ab. Die Sattelseife wird mit feuchtem Schwamm oder Lappen aufgetragen und nach dem Trocknen mit einem Tuch abgewischt.

Wer die Mühe und Arbeit dieser Pflege scheut, kann auch heute auf dem Markt erhältliche Kombi-Produkte verwenden. Diese Pflegemittel reinigen und pflegen das Leder, ohne zu fetten. Manchen Reithosen wird dies angenehm sein.

Wer zusätzlich sein Sattelzeug noch imprägnieren will, erhält in seinem Reitsportgeschäft sicher einen guten Spray.

Sattelgurte und Zügel aus textilem Material wäscht man bei Bedarf mit Feinwaschmittel, wobei auf gutes Nachspülen zu achten ist.

Sind am Oberleder von Zaum oder Sattel durch den Gebrauch Abschürfungen aufgetreten, können diese Stellen mit entsprechender Lederfarbe ausgebessert werden. Die Farbe wird mit einem Pinsel aufgetragen und kann nach dem Trocknen wie gewohnt gepflegt werden. Diese Farben eignen sich auch zum Neu- oder Umfärben von Zäumen und sind nach Behandlung mit Lederpflegemitteln völlig wasserfest.

Zur Reinigung von Metallteilen am Zaum- und Sattelzeug verwendet man am besten ein handelsübliches Metallputzmittel, selbstverständlich jedoch nicht für das Gebiß! Dieses wird ausschließlich (nach jedem Ritt!) mit Wasser gesäubert.

## Lederreparatur

Oft möchte man bei einem Tagesritt seine Satteltaschen nicht mit zuviel Ersatzteilen belasten. Was aber wirklich nicht viel Platz einnimmt, ist eine Ledernadel und etwas gewachster Lederzwirn, ein Taschenmesser mit einem Pfriem sowie ein oder zwei kleine, vorgelochte Lederstückchen. Und schon ist man für Notfälle am Lederzeug gerüstet.

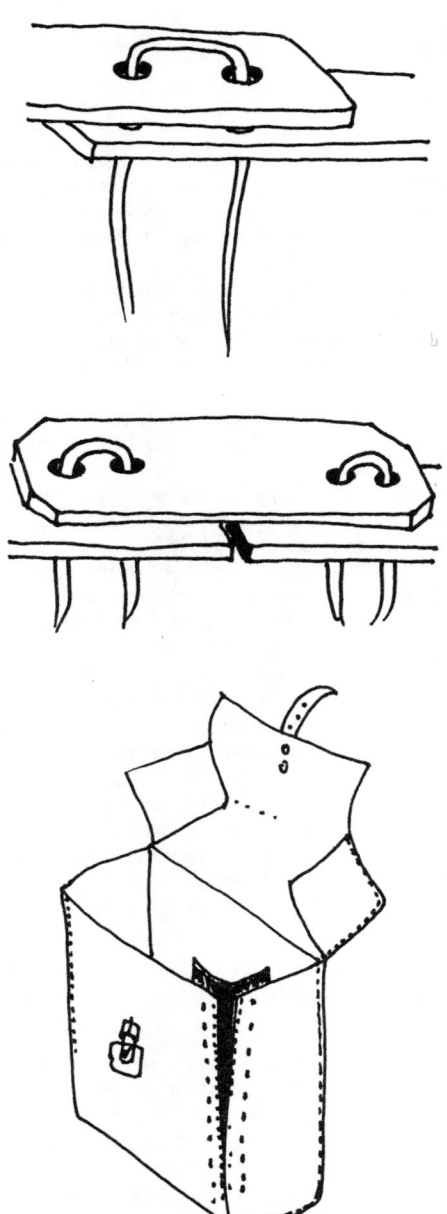

Die nebenstehenden Darstellungen zeigen eine schnelle, einfache und trotzdem haltbare Reparatur, einmal bei einem Zügelriß o. ä., wo eine Verkürzung keine Rolle spielt (Abb. 53a), und zum anderen, bei einem Teil, wo die Länge bzw. der Abstand genau eingehalten werden muß (Abb. 53b).

Bei länger dauernden Wanderritten, besonders auch mit einer größeren Gruppe, muß das Lederreparaturzeug etwas umfangreicher sein. Dazu gehört:

| |
| --- |
| 1 Lochzange<br>1 Ledermesser<br>1 Ahle<br>1 Tube Pattex<br>mehrere Ersatznadeln<br>Sattelzwirn<br>einige Lederriemchen, rund, 30 bis 40 cm lang, zum Binden<br>geflochtene Perlonschnur, $\varnothing$ 3 bis 4 mm<br>einige Riemenstückchen<br>etwas breiteres Gewebeband, ca. 5 cm |

Die dünnen, runden Lederriemchen sind besonders gut geeignet für Zügel- und Zaumzeugreparaturen. Das Gewebeband ist bei aufgerissenen Satteltaschen hilfreich.

Hier reißen meist die Nähte so völlig aus, daß ein bloßes Nachnähen nicht genügt. Man unterlegt also die Stellen mit dem Gewebeband, klebt es eventuell auch mit Pattex und kann dann eine haltbare Naht legen.

Abb. 53 Lederreparatur. Oben: Verkürzen des gerissenen Teils; Mitte: Aneinanderstoßen der gerissenen Teile; unten: Reparatur einer Satteltaschen-Naht (Unterlegen eines Gewebebandes)

# Kleine Reitkunde für Wanderreiter

Angela Paysan

## Wanderreitstil

Der Wanderreiter, der sechs bis acht Stunden im Sattel sitzt und in ständig wechselnden Gangarten 25 bis 65 Kilometer pro Tag zurücklegen will, muß logischerweise in einem anderen Stil reiten als ein Dressur-, Spring- oder Jagdreiter. Demnach ist der durchschnittliche Vereins- oder Bahnreiter oft in einiger Verlegenheit, wenn er an einem Wanderritt teilnehmen will.

Es ist hier nicht der Ort, Reittheorien darzulegen und gegeneinander abzuwägen. Klar ist, daß der Wanderreiter so zwanglos wie möglich reiten muß, um mit seinen Kräften und denen seines Pferdes möglichst lange auszukommen.

Allen Reitstilen der Welt, die mit Bügeln geritten werden, ist eines gemeinsam: der tiefe Absatz! Tief im Sattel zu sitzen ist eine Grundvoraussetzung, die Verbindung zum Pferd optimal herzustellen. Die Cowboys und Gardians reiten mit sehr langen Bügeln, gestreckten Beinen, aufrechtem Oberkörper und durchhängenden Zügeln und sitzen alle Gangarten aus.

Dieser Stil ist für das Reiten von langen Strecken sehr gut geeignet. Kann allerdings weder Roß noch Reiter von einer Stunde zur anderen auf eine neue Reitweise umstellen, und ich sehe auch keinen Grund, warum man unbedingt auf das herrliche Leichttraben und den Jagdgalopp verzichten sollte. Wir übernehmen also von den Gebrauchsreitstilen das, was uns praktisch erscheint und was zum eigenen Stil und zum eigenen Pferd paßt.

Langgestreckte Beine setzen einen sicheren, unabhängigen Sitz voraus, weil man sonst immer wieder die Bügel verliert. Beim Umstellen werden die Bügel nur allmählich verlängert. Das „Unterschenkel ran" entfällt bei gestreckten Beinen, es ist ja auch nur sinnvoll, wenn Pferd und Reiter wie einst bei der Kavallerie genau der Größe nach zusammengestellt werden und zusammenpassen, sonst ist der Unterschenkel ohne abgespreiztes Knie gar nicht an den

Pferdeleib zu bringen – bei Ponys und Kleinpferden sowieso nicht.

Cowboys, Gardians und Gauchos „lenken" grundsätzlich mit einer Hand, denn die andere brauchen sie zum Arbeiten. Auch wir können eine freie Hand sehr gut gebrauchen: für die Landkarte, zum Deuten und Zeigen, um einen Apfel zu pflücken oder um etwas aus der Packtasche zu holen. . .

Das Reiten mit einer Hand erfordert eine Änderung der ganzen Zügelführung. Berittene Hirten halten ihre Zügel ganz locker zwischen Daumen und Zeigefinger meist der linken Hand und lenken durch leichtes Anlegen des Zügels am Hals und durch deutliche Gewichtsverlagerung, wodurch im Maul kein Zug mehr nötig ist. So kann das Pferd in frei ausbalancierter Selbsthaltung gehen. Die Hand wird ziemlich hoch gehalten und spielt mehr oder weniger ausgeprägt über dem Widerrist hin und her.

Zum ausbalancierten Sitz gehört das gerade, aufrechte Kreuz. Wenn vorne die Zügel durchhängen, das Pferd frei, in eigener Haltung geht, muß man an anderer Stelle ein etwaiges Stutzen rechtzeitig spüren und verhindern können. Diese Kontaktstelle ist das Kreuz.

Daß man das Kreuz zum Treiben und Verhalten braucht, ist bekannt und gilt im „klassischen" wie im „Langstreckensitz" gleichermaßen.

Das Kreuz (das heißt die Wirbel über den Beckenknochen) ist in Ruhestellung senkrecht über der Wirbelsäule des Pferdes. Wenn man etwas einsitzt, spürt man die Flächen der beiden Sitzknochen. Der Schwerpunkt des Reiters liegt genau über dem Schwerpunkt des Pferdes. Wird der Schwerpunkt des Reiters seitlich verschoben, versucht das Pferd, die Gewichtsverlagerung wieder auszugleichen, indem es seinen Schwerpunkt wieder unter den des Reiters schiebt, also in die gewünschte Richtung tritt. Das sind dann richtungsgebende Gewichtshilfen. Will man also nach rechts, sitzt man rechts etwas mehr ein, spürt rechts den Sitzknochen, die Zügelhand weist leicht nach rechts, der durchhängende Zügel berührt links den Hals, das Pferd tritt

Abb. 54. Leichtes Anlegen des Zügels am Hals und deutliche Gewichtsverlagerung – so lenkt der berittene Hirte sein Pferd.

nach rechts. Es ist erstaunlich, wie schnell Pferde auf diese Hilfe eingehen, selbst wenn sie bisher immer nur mit Zügel annehmen und nachgeben (in diesem Fall rechts annehmen) geritten wurden. Wenn ein Reiter dieses Reiten mit Gewicht und durchhängendem Zügel ausprobieren will und es klappt nicht, so ist er fast immer in der Hüfte eingeknickt und hat damit das Gewicht nicht richtig verlagert. Sagt man dann: „Lege dich ganz in die Kurve wie beim Fahrradfahren" dann geht es plötzlich. Niemand kommt auf die Idee, beim Fahrrad nur den Lenker herumzureißen, ohne mit dem Körper mitzugehen, er würde ja umkippen.

Jeder Befehl muß von hinten, von Kreuz, Gewicht und Schenkel kommen, und von vorne, von Hand und Stimme, nur noch mit den letzten Feinheiten versehen werden.

Jede Hilfe wird in Bewegungsrichtung gegeben, zum Beispiel „schiebt" das Kreuz bei der Parade die Hinterhand an die möglichst leicht angenommenen Zügel heran, nicht umgekehrt, wie man bei Anfängern immer wieder sieht: angezogene Zügel und vornüberfallender Reiter.

Es gilt, für lange Strecken einen Sitz zu finden, der mit einem Minimum an Muskelkraft und einem Maximum an Balance Einigkeit und Verständigung, also Harmonie mit dem Pferd ermöglicht und gewährleistet.

So etwa sieht der Wanderreiter aus: Das Kreuz ist gerade, die Beine hängen lang und tief in den Bügeln, Absätze tief, die Schultern sind locker, bei aufrechtem Kreuz können sie gar nicht vornüberhängen. „Brust raus und Schultern zurück" wäre verkrampft und unnötig. Die Arme hängen leger, die Zügel sind in einer Hand und umspielen stets leicht den Pferdehals, Nacken und Kopf sind unverkrampft und gelöst, der Blick schweift in die Weite. . .! Das Pferd unter diesem Reiter trägt sich selbst, es tritt hinten gut unter, hebt den Kopf, spitzt die Ohren und sieht sich selbst interessiert um. So kann es kaum faul und verschlafen auf der Zügelhand herumlungern und auseinanderfallen.

Beide – Pferd und Reiter – sind so viel länger belastbar und ermüden viel weniger, wenn sie genügend Vertrauen ineinander haben, den lockeren Stil in allen Gangarten durchzuhalten. Wenn ein Pferd, das gewöhnt ist, „durchs Genick gestellt" geritten zu werden, zur Entspannung den langen Zügel gewährt bekommt, streckt es sich zuerst wohlig, macht einen sehr langen Hals, und die Schritte werden raumgreifender.

Die meisten Pferde werden den Kopf am langen Zügel nicht dauernd hängenlassen wie beim Entspannen nach konzentriertem Reiten. Sie werden sehr bald mehr oder weniger Selbsthaltung entwickeln und sich umsehen, das Ohrenspiel wird aufmerksamer auf den Reiter und die Umgebung gerichtet, besonders, wenn man zum Treiben kommt. Meist beruhigen sich Pferde, sobald der Zügelzug gelockert wird.

Abb. 55. So sehen der Wanderreiter und sein Pferd aus . . .

Manche Pferde neigen, wenn sie diesen Reitstil nicht gewohnt sind, zunächst zum Stürmen. Dann heißt es: Gut sitzen und das Pferd beobachten! Bei allzuviel Stallmut läßt man zuerst den Hauptdampf mit einem möglichst gleichmäßigen langen Trab ab und reitet dann wieder Schritt am langen Zügel, bis das ganz selbstverständlich wird; dann erst, mit der gleichen Ruhe und Gelassenheit, im Tempo zule-gen. Das aufrechte Kreuz bleibt, aber die Hilfen werden immer minimaler. Wenn ein weiches „Hooo" mit Einsitzen genügt, um eine Parade im Galopp auszuführen, so braucht nicht mehr getan zu werden. Die Hilfen müssen nur verständlich sein. Es erfordert ein großes Einfühlungsvermögen des Reiters, in jedem Moment durch den Sattel zu spüren, was das Pferd in der nächsten Sekunde vor

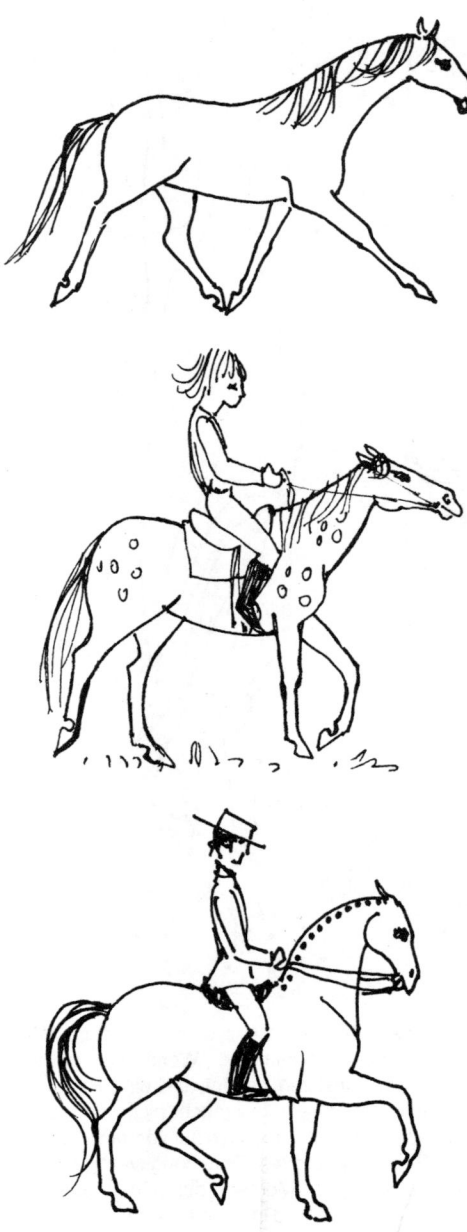

hat, und entsprechend zu reagieren. Läßt man die Zügel locker, ohne mit dem Kreuz am Pferd zu sein, kann es einen Seitensprung machen oder stolpern oder den Kopf ins Gras stecken oder das Nebenpferd in den Hals beißen, ohne daß der Reiter etwas ahnt und rechtzeitig reagieren kann.

Man muß also sein Hinterteil sensibilisieren – verzeihen Sie die drastische Formulierung –, so daß man nicht ständig auf das Pferd „schauen" muß, sondern daß Reaktionen und Handeln über die Kontaktstelle „Kreuz" ablaufen können. Es geht also darum, sozusagen von der bewußten zur unterbewußten Konzentration zu finden, ohne daß man Kopf und Hand ständig am Pferd hat!

Wenn man einmal gelernt hat, genau in der Bewegung des Pferdes mitzuschwingen – ganz leicht und trotzdem durch das gerade Kreuz immer in engstem Kontakt zum Pferd –, wenn man gelernt hat zu erfühlen, was das Pferd als nächstes tut, und schnell und sicher ohne ständige Anspannung reagieren kann, wenn man alle nötigen Hilfen so geben kann, daß das Pferd auf Andeutung reagiert, dann hat man die Harmonie erreicht, die nötig ist, lange Strecken ohne Anstrengung zu reiten und zu genießen!

Das kann Tage dauern, das kann Jahre dauern, manche lernen es auch nie – aber das sind die wenigsten.

Um keine Mißverständnisse aufkommen zu lassen: Wenn ein Dressurreiter (oder Spring- oder Jagdreiter) solches liest, dreht sich ihm mit Recht der Magen um. Reiten und Reiten sind zweierlei: Wanderreiten ist Entspannung – bei aller Aufmerksamkeit und Balance –, ist, sich im Gleichklang mit dem Pferd im Gelände zu bewegen. Das kann „in der Herde" – *also nicht allein!* – mit guten Pferden und rücksichtsvollen Mitreitern recht schnell gehen! Echtes Dressurreiten ist höchste Konzentration, wo-

Abb. 56. Oben: Freischwingender Trab, wie ihn das Pferd in der Herde zeigt, mit federnder, S-förmig gebogener Wirbelsäule – das ist auch der richtige Wandertrab, der Kraft spart und Leistung bringt.
Mitte: Die Reiterin kommt nicht in den Rhythmus. Das Pferd drückt den Rücken weg, wirft!
Unten: In der Dressur versammelter Trab. Das Pferd tritt vermehrt unter und geht in höchster Konzentration.

bei jeder Muskel bewußt bewegt, jeder Schritt einzeln „herausgeritten" wird. In diesem Leistungssport ist der Gleichklang mit dem Pferd – das Ziel jeder Reiterei – nur in sehr langer konsequenter Schulung erreichbar.

Wenn ein Wanderreiter, dem 10-Stundenritte nichts ausmachen, während einer klassischen Dressurstunde getrimmt wird, packt ihn ein gewaltiger Muskelkater. Genauso ergeht es dem Dressurreiter, wenn er versucht, 10 Stunden seinen Stil beizubehalten.

# Verhalten in schwierigem Gelände

Im allgemeinen wird man sich im Gelände auf Wegen befinden. Wo noch ein Schlepper fahren kann, bewegt sich ein Pferd meist problemlos. Aber selbst auf Wegen, die auf der Karte als brauchbar (zweispurig) eingezeichnet sind, kann es Hindernisse geben. Manchmal sind Waldwege von Holzziehschleppern so tief zerfurcht oder die tiefen Rillen mit grobem Gerümpel ausgefüllt, daß man nur mit äußerster Vorsicht im leichten Sitz darüber balancieren kann. Meist kann man, wenn solche Stellen nicht zu umgehen sind, das Pferd seinen Weg selbst suchen lassen.

## Überwinden von Baumstämmen

Am Jahresanfang – Februar, März – wird in den Wäldern Holz geschlagen; oft versperren dann Baumstämme den Weg. Springen auf einem Wanderritt, in fremdem Gelände, wo man nicht immer sieht, was hinter dem Hindernis liegt, ist sträflicher Leichtsinn, also muß man klettern oder die Stämme umgehen.

Pferde können ein Hindernis bis zur Höhe des Vorderfußwurzelgelenkes bzw. des Sprunggelenkes ohne weiteres übersteigen. Man reitet im Schritt an und läßt sehr langsam Fuß für Fuß über den Stamm setzen. Wenn das Vorauspferd ruhig geht, folgen die anderen meist ohne weiteres. Eventuell absitzen und führen! Vergewissern Sie sich, ob es ein Einzelstamm ist, oder ob Sie am Anfang einer richtigen Holzernte stehen, sonst müssen Sie nach

Abb. 57. Überwinden von Baumstämmen

zehn mühsam erkletterten Stämmen doch zurück und den ganzen Wald umreiten. In flachem Gelände (Hohlwege werden schnell unpassierbar) kann man gefällte Bäume meist umgehen. Vorsicht! Auf das Unterholz achten, damit das Pferd weder in Brombeerranken oder ähnlichem hängenbleibt, noch junge Bäumchen umtrampelt. Danach kehrt man so schnell wie möglich auf den Weg zurück.

## Wasserdurchquerung

Zu den besonders reizvollen Ereignissen eines Ausrittes gehören Wasserdurchquerungen. An richtigen Furten ist der Einstieg besonders leicht. Die Böschungen sind hier so abgeschrägt, daß Fahrzeuge gut ins Wasser und wieder herauskommen. Nur, solche Furten sind selten geworden! Ab und zu führt noch ein Feldweg direkt durch einen Bach. Meistens muß man eine Weile suchen, bis man eine zum Überqueren geeignete Stelle findet.

Das Wasser muß so klar sein, daß man den Grund sieht und nicht zu tief – etwa bis zum Sprunggelenk des Pferdes. Es kommen bei dieser geschätzten Tiefe noch oft genug Stellen, an denen man schnell die Beine hochziehen muß, um kein Schwallwasser in die Stiefel zu bekommen. Große Felsbrocken müssen umgehbar sein. Stellen, an denen man den Grund nicht sieht, können wirklich grundlos sein. Der Spaß hört sicher auf, wenn Sie in so einem morastigen Loch versacken! Vorsicht, es gibt auch Grund, der fest aussieht, aber schlammig ist. Kleine, sichtbare Geröllbrocken oder Kies sind am zuverlässigsten.

Industriewasser hat entweder eine verfremdete Farbe, üblen Geruch oder schäumt stark; wenn man nach der Karte reitet, meidet man am besten von vornherein Gewässer direkt unterhalb größerer Ansiedlungen. Industriewasser sollte man unbedingt meiden. Es kann nicht nur beim Saufen giftig sein, sondern schon das Durchwaten kann genügen, um Hautausschläge zu verursachen. Besonders zu achten ist auf nutzlos gewordenes Kulturgut, wie rostende Fahrräder, Blechdosen, Maschinenteile, Flaschen usw., die oft gedankenlos ins Wasser geworfen werden und sehr gefährlich werden können. Diese Gefahr ist besonders groß in der Nähe von Brücken.

Bei natürlichen Flußufern läßt sich meistens eine Stelle finden, an der man, ohne daß die Pferde Schaden verursachen, in den Fluß kommt. Hierbei sollte man immer schon eine geeignete Ausstiegsstelle auf der anderen Seite im Auge haben; nur selten kann man ein Stück – einige zehn Meter – im Flußbett bleiben. Leider sind die meisten Ufer unserer Bäche und Flüsse reguliert. Wenn die künstlichen Ufer betoniert oder gemauert sind, ist sofort klar, daß die Gewässer für uns ungeeignet sind (meist auch für die Fische und die Dorfgänse, für die Wasserpflanzen und die Gehölze am Ufer).

Oft sind Böschungen neu mit Sträuchern und Gras bepflanzt. Dann sind sie selbstverständlich nicht bereitbar, weil die Hufe der neuen Vegetation schaden würden. Außerdem sind diese Böschungen sehr gefährlich. Sie sind mit meist nicht mehr sichtbarem Drahtgeflecht befestigt, in dem die Stollen der Hufeisen hängenbleiben können. Ein Sturz an einer solchen Stelle kann böse ausgehen.

Haben Sie eine zum Durchqueren geeignete Stelle gefunden, so reiten Sie wie beim Bergauf- und

Bergabreiten entlastend vorgeneigt, und zwar nicht nur beim Ein- und Ausstieg, sondern auch bei jedem Schritt im Wasser. Die Balance zu halten ist für das Pferd im Wasser oft erschwert, weil der Flußgrund hierzulande meist uneben und steinig ist.

Viele Pferde gehen ausgesprochen gern ins Wasser, oft treten sie aus Übermut spritzend auf die Wasseroberfläche. Wenn Sie danach gleich weiterreiten und das Wasser sauber ist, können Sie die Pferde beliebig saufen lassen. Passen Sie auf, daß Ihr Roß sich nicht plötzlich wälzt!

Andere Pferde allerdings haben eine elementare Angst vor Wasser und weigern sich sogar, durch eine Pfütze zu gehen. Reden Sie beruhigend mit dem Pferd, lassen Sie es am Wasser schnuppern, versuchen Sie, es direkt hinter einem sicheren Pferd ins Wasser zu reiten, treiben Sie es ruhig, aber unmißverständlich vorwärts, und zwar energisch.

Das Wichtigste ist, selbst Ruhe zu bewahren und kein Drama aus der Sache zu machen. Das Pferd spürt Ihre Aufregung sofort, läßt sich aber genauso von Ihrer Ruhe und Sicherheit beeinflussen. Das gilt nicht nur fürs Wasser, sondern für alle „Gefahren": flatternde Planen, ratternde Maschinen, neues Böses, Unbekanntes! Riskieren Sie am Anfang so wenig wie möglich, reiten Sie ruhig einmal einen Umweg.

Wenn Sie unbedingt an einer „Gefahr" vorbei müssen, stellen Sie das Pferd mit dem Gesicht zu dem gefürchteten Gegenstand. Bei tatsächlicher Gefahr oder Platzmangel muß man damit rechnen, daß das Pferd rückwärtstritt und dann unter Umständen erst recht in eine Gefahrenzone kommt.

Manchmal nützt es, ein paar Tritte rückwärts zu richten, bis das Pferd sich unter Ihrer Stimme und durch Streicheln beruhigt hat; dann erneut energisch vorwärtsreiten, ein paar Schritte näher an das Gefährliche heran. Im allgemeinen wird es bei jedem Versuch ruhiger auf die Gefahr zugehen und schließlich die Angst ganz überwinden. Dann heißt es loben, loben!

## Bergauf- und Bergabreiten

Pferde können erstaunlich steil aufwärts und auch abwärts gehen. Um beim Abwärtsreiten nicht über den Hals des Pferdes wie auf einer Rutschbahn

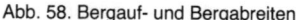

Abb. 58. Bergauf- und Bergabreiten

Man reitet grundsätzlich in der Fallinie, um nicht seitlich abzurutschen. Dabei könnte sich das Pferd nämlich überschlagen. Wichtig ist es, mit dem Pferd im Gleichgewicht zu bleiben und durch beidseitigen Schenkeldruck zu verhindern, daß es seitwärts ausbricht. Die Zügel stehen leicht an, so daß das Pferd sich gut ausbalancieren kann, aber eine sichere Führung gewährleistet bleibt.

Das gleiche gilt im Prinzip auch beim Aufwärtsreiten, nur sind die Winkel umgekehrt. Wenn man sich vorneigt, kommt man beim Aufwärtsreiten so nahe an den Pferdehals heran, daß man sich am besten gleich an der Mähne festhält. Auf keinen Fall den Zügel als Haltegriff benützen!

In beiden Richtungen läßt man das Pferd am besten soweit wie möglich seinen Weg selbst suchen. Bergauf kann man ihm sogar weitgehend die Wahl der Gangart überlassen. Kurze, steile Böschungen nehmen viele Pferde am liebsten und sichersten mit ein paar Galoppsprüngen. Bei langen Steigungen geht man bergauf Schritt, um die Pferde zu schonen. Abwärts werden Pferde schon bei einem wesentlich geringeren Neigungswinkel unsicher. Einen Wiesenweg, den man durchaus hinaufgaloppieren kann, schlendert man im Schritt hinunter.

---

Bergab treib mich nicht,
Bergauf verhalt mich nicht,
In der Eb'ne schon mich nicht,
Doch im Stall vergiß mich nicht!

---

So sagt schon eine alte Bauernregel. Oder die Fuhrleute sagten es, oder Kavalleristen oder Pferdehirten in den Bergen Afghanistans! Bei längeren Abwärtsstrecken – auch mit geringem Gefälle – sitzt man ab und führt; bei mehrstündigen Ritten tut das auch den Gelenken des Reiters gut!

hinunterzugleiten, neigt man sich vor und stützt sich mit beiden Händen auf den Mähnenkamm am Halsansatz. Damit erweist man gleichzeitig dem Pferd einen Dienst: Man entlastet seinen Rücken, denn der Schwerpunkt liegt jetzt weiter vorne, und die Hinterhand kann besser untertreten.

## Führen

Muß man führen, und das Pferd will nicht antreten, so ist es meistens sinnlos, voranzugehen und es am Zügel nachzuziehen. Man tritt im Gegenteil einen

141

Schritt zurück und unterstützt die Aufforderung „Komm" eventuell mit einem leichten Gertenschlag an die Flanke. Wichtig ist, daß man das Pferd dabei nicht direkt ansieht. Das wird als aggressiv empfunden und macht ängstlich.

Während des Führens soll das Pferd im Gebiß möglichst wenig gestört werden. Ein kurzes Anrukken mit der Hand unterstützt die Befehle, die man ausgeführt wissen will, sei es, die Richtung zu ändern oder anzuhalten.

Auf längeren Führstrecken im Gelände ist es bequem, die Zügel lang zu lassen. Man nimmt nur das Ende der Zügel in die Hand. Voraussetzung dafür ist natürlich, daß das Pferd brav hinterher oder seitlich geht und selbst Abstand hält. Mit der Gerte läßt sich dieser Abstand in der Regel andeuten. Steil bergauf oder bergab nimmt man das Pferd möglichst kurz.

Auch Führen sollte man üben! Verkehrsreiche Straßen sind hierbei grundsätzlich zu meiden, man verlege Führübungen auf unbefahrene Wege. Zu beachten ist allerdings auch, daß viele Pferde munter werden, sobald sie weichen Boden unter den Hufen spüren. Ein harter Feldweg ist deshalb am geeignetsten. Wichtig ist vor allem beim Führen in unwegsamem Gelände, daß man immer so weit seitlich vom Pferd geht, daß man nicht getreten oder von einem ausrutschenden Huf getroffen werden kann. Muß man an einer besonders „grimmigen" Maschine oder etwas anderem Unpassierbarem vorbei, so nimmt man den Zügel ganz vorschriftsmäßig kurz: rechte Hand nahe am Gebiß, den Zeigefinger zwischen beiden Zügelriemen, das freie Zügelende entweder in der anderen Hand oder, zu einer Schlinge gelegt, auch in der Rechten. Die Linke kann man dann bremsend vor die Augen des Pferdes halten oder treibend mit der Gerte an die Flanken.

# Verhalten im Straßenverkehr

Im Straßenverkehr wird dicht hintereinander ganz rechts geritten. Das sicherste Pferd geht vorne, das unsicherste in seinem Schutz an zweiter Stelle, am Schluß ein ruhiges.

Ab einer Zahl von sechs Pferden ist es erfahrungsgemäß sicherer, jeweils zu zweit nebeneinander zu gehen, denn so wird die Strecke, die ein Auto zum Überholen braucht, verkürzt. Die unruhigen gehen rechts, die ruhigen schützend auf der dem Verkehr zugewandten Seite. Vorne links geht zur Führung das sicherste, es muß den „Zug" ziehen. Ist eine geschlossene Reitergruppe länger als 25 m, muß laut Straßenverkehrsordnung eine zweite gebildet werden in einem Abstand zur ersten von wiederum 25 m, damit überholende Fahrzeuge dazwischen einscheren können.

Wo eine Strecke mit Straßenverkehr zu erwarten ist, wird die lockere Wandergruppe mit irgendeinem Stichwort, z. B. „Asphaltformation!" oder ähnlichem, in die festgelegte Reihenfolge gebracht. Das muß für Reiter und Pferde eine ganz selbstverständliche Regel sein. Während man an Straßenkreuzungen oder vor dem Einbiegen in eine befahrene Straße wartet, muß man das Pferd in voller Aufmerksamkeit halten. Auf keinen Fall fressen oder hin- und hertreten lassen! Es muß gewährleistet sein, daß alle auf ein vereinbartes Wort, zum Beispiel ein helles „Kommet!", sofort gemeinsam antreten bzw. beim Überqueren einer großen Straße antraben – die einzige Situation, in der Trab auf Asphalt nicht nur erlaubt, sondern oft aus Sicherheitsgründen sogar notwendig ist. Manchmal trabt man auch über Brükken, um die Zeit der Verkehrsstockung, die man verursacht, zu verkürzen. An gefährlichen Straßen abzusitzen, ist meist riskanter als zu reiten. Das Pferd an der Hand kann leichter ausbrechen. Vom Sattel aus hat man es zwischen Händen und Beinen mit Kreuz und Stimme besser unter Kontrolle. (Siehe auch Kapitel „Reitrecht", Seite 192 ff.)

# Nachtritt

Es kann, vor allem im Winterhalbjahr mit seinen kurzen Tagen, immer einmal passieren, daß einen auf einem Ausritt die Nacht überrascht. Kennt man dann die Wege nicht ganz genau, so bleibt einem nichts anderes übrig als auf die Straße auszuweichen, denn die übliche Orientierung nach optischen Punkten in der Landschaft ist im Dunkeln nicht möglich. Man sollte daher immer die durch die Straßenverkehrsordnung vorgeschriebene Beleuchtung mitführen. Man reitet im Schritt scharf rechts einzeln hintereinander. Der Reiter des ersten Pferdes muß eine nicht blendende Lampe mit weißem Licht nach vorne gerichtet tragen, der letzte ein rotes Schlußlicht oder eine gelbe Blinkleuchte. Es gibt sogenannte Reitlampen, Taschenlampen, die vorne weiß und hinten rot leuchten. Man kann sie am linken Arm oder am linken Stiefelschaft tragen. Vor dem Ritt muß man unbedingt die Funktion der Lampe prüfen! Wenn ein Schimmel dabei ist, läßt man ihn am Schluß gehen. Man sieht ihn leichter als ein dunkles Pferd.

Hat man ein Troßauto dabei, so kann man es hinterherfahren lassen. Seine Rücklichter schützen die Pferde vor Fahrzeugen, die von hinten kommen. Außerdem werden sie von den Scheinwerfern des Troßautos angestrahlt und sind so auch für entgegenkommende Autofahrer leichter zu erkennen.

Auf der anderen Seite ist ein Nachtritt mit einem vertrauten Pferd in einer Gegend, in der man die Feldwege kennt, also die Autostraßen meiden kann, ein ganz besonderes Erlebnis. Es ist faszinierend, mit welcher Sicherheit sich das Pferd in der nächtlichen Natur bewegt. Auch das menschliche Auge gewöhnt sich verhältnismäßig gut an die feinen Hell-Dunkel-Abstufungen einer Nacht im Freien ohne künstliches Licht, besonders wenn man allmählich in die Dämmerung hineinreitet.

Wenn man bei bereits völliger Dunkelheit startet, ist es zunächst ein höchst merkwürdiges Gefühl, plötzlich nicht mehr zu sehen, wohin die Füße treten, die einen tragen und die doch nicht die eigenen sind. Vertrauen Sie diesen Füßen ruhig! Pferde sehen ganz entschieden besser als wir. Sie können ihnen getrost die Wahl des Hufschlags überlassen.

Wald sollte man bei Nacht allerdings meiden. Unter den Bäumen ist es wesentlich dunkler als im freien Feld. Selbst wenn man den Weg sehr gut kennt, ist es fast unmöglich, kleine abzweigende Wege auszumachen. Außerdem: wenn auch das Pferd jeden Tritt richtig setzt und selbst den Einstieg in gewohnte Wege findet, vor den Ästen und Zweigen kann es Sie nicht schützen. Bei Tag ist es ein lustiges Spiel, im Trab oder gar im Galopp unter tiefhängenden Ästen und Zweigen „wegzutauchen", aber in der Dunkelheit können solche Hindernisse zu bösen Verletzungen führen.

Auf einem Feldweg, dessen Beschaffenheit man kennt, kann man auch nachts getrost traben. Galopp ist gefährlich; bei nächtlicher Beleuchtung ist die plastische Wirkung oft anders, und wenn man selbst oder das Pferd sich verschätzt, ist man im Galopp bei einem Rumpler mehr gefährdet, weil da beide Vorderbeine fast gleichzeitig in eine Unebene hineintreten, im Trab aber stets nur eines, was leichter aufzufangen ist.

Manche Pferde neigen zum Stolpern, andere gehen um so aufmerksamer, je schwieriger der Boden wird – auch nachts.

# Verhalten gegenüber Fußgängern, Landwirten, Jägern, Weidetieren

Neben einem Fußgänger ist ein Pferd ein sehr großes Tier. Es ist darum nicht weiter verwunderlich, wenn viele ängstlich auf entgegenkommende Pferde reagieren. Das sollte der Reiter in erster Linie bedenken, wenn er einem Fußgänger begegnet oder ihn gar schon von weitem flüchten sieht! Man pariert also sofort vom Trab oder gar Galopp zum Schritt durch und reitet in möglichst weitem Abstand vorbei. Selbstverständlich läßt man den Fußgängern immer die bessere Wegseite.

Der Reiter grüßt den Fußgänger! Das darf der Fußgänger erwarten, auch wenn man ihn nicht persönlich kennt. Er wird so etwas Auffälliges wie einen Reiter zu Pferde bemerken und anschauen. Manche – vor allem Bauern – fragen auch nach den Pferden. Man hält dann an und gibt freundlich Antwort.

Beim Durchreiten von Dörfern oder auf anderen Schrittstrecken kann man auch einmal absitzen, führen und Kinder – auf ruhigen Pferden – reiten lassen. Sie werden, wenn sie sich getraut haben aufzusitzen, mit hochroten Ohren vor Stolz und Aufregung da oben thronen und noch lange von ihren Kameraden beneidet und bewundert werden.

Das Verhältnis Reiter-Fußgänger ist in ganz besonderm Maße Emotionen ausgesetzt. Es ist sicher nicht immer eine bewußte Reaktion des einzelnen

Abb. 59. An Viehweiden im Schritt vorbeireiten – keinen Massengalopp riskieren!

Fußgängers gegen den jeweiligen Reiter, wenn er ängstlich oder gar ärgerlich wird, sondern vermutlich eher unwillkürlich und aus der Rolle des Pferdes in der Geschichte der Menschheit zu erklären. Jahrtausendelang war das Reitpferd Symbol des „Herren"! Wer das Pferd hatte, wer ritt, war „oben", war „Herr" oder „Herrenvolk"! Diesen geschichtlichen Einfluß darf man nicht unterschätzen, und überlieferte Begriffe wie die „Herrenreiter", die „auf dem hohen Roß sitzen" haben auf so manche Menschen zumindest im Unterbewußtsein bis heute ihre Bedeutung beibehalten. Dazu kommen oft auch Neid und Mißgunst gegen solche „die es ja haben". Woher sollen die Leute auch wissen, wieviel Sparsamkeit und eigene Arbeit einem Ausritt vorangehen? In den meisten Fällen freuen sich die Leute jedoch an jedem Pferd, wenn es der Reiter mit ein bißchen Charme versteht, ihnen die Scheu vor dem großen Tier zu nehmen. „Reiter und Ritter – Ritterlichkeit",

„Kavallerie – Kavalier" sind Wortzusammenhänge, die verpflichten! Leider lassen einige wenige Reiter immer noch eher an Zusammenhänge wie „Herren – herrisch" denken!
Landwirte werden jeden Gruß freundlich erwidern, wenn wir korrekt auf den Wegen reiten, Wiesen sind absolut tabu! Der Gruß alter Bauern – Leute, für die der Umgang mit dem Pferd einmal tägliches Brot war – wird manchmal nicht uns, sondern mehr dem Pferd gelten. Auch das sollte man verstehen.
Jagdpächter und Forstbeamte neigen gelegentlich beim Zusammentreffen mit den Reitern zu unbegründetem Aufbrausen. Hier gilt es, abzusitzen und miteinander zu sprechen! Meist stellt sich heraus, daß es sich um sehr nette Leute handelt, die sich genau wie wir ihre romantische Naturliebe erhalten haben. Wenn jeder Verständnis und Entgegenkommen für die Besonderheiten des anderen zeigt, können sich alle an der Natur erfreuen!

Kommt man direkt an Viehweiden oder Pferdekoppeln vorbei, so muß man unbedingt Schritt reiten. Rinder sind, wie die meisten Tiere, sehr neugierig; sie sehen vorbeiziehenden Pferden fasziniert zu und ziehen mit. Wenn man schnell reitet, werden die Rinder zum Mitrennen animiert und können leicht Zäune – besonders elektrische – einreißen. Dann hat man plötzlich eine Rinderherde als Begleitung und ist doch kein Cowboy.

Bei Pferden, die man auf einer Koppel trifft, muß man besonders aufpassen, denn manche Pferde, die selten auf der Weide stehen, regen sich sehr auf; eventuell muß man sich ganz langsam, Schritt für Schritt entfernen, damit bei den eingezäunten Tieren keine Panik ausbricht.

Unter keinen Umständen darf man in eine fremde Koppel eintreten. Selbst Fohlen verteidigen ihre Weide unter Umständen recht energisch. Auch ein gegenseitiges Beschnuppern der Pferde über den Zaun sollte man vermeiden. Bei dem unausbleiblichen Tritt mit dem Vorderfuß kann sich leicht eines der Tiere am Zaun verletzen. Außerdem weiß man nicht, ob die fremden Pferde gesund sind. Das soll nicht heißen, daß nicht gerade solche Begegnungen sehr reizvoll sind – aber eben auf Distanz. Man beobachte das lebhafte Mienenspiel der Tiere auf der Weide und die erhabenen Tritte, mit denen sie, Kopf und Schweif stolz erhoben, förmlich dahinschweben, um zu imponieren.

schen den beiden Schlepperradspuren einen grünen Mittelstreifen, auf dem man sehr gut traben kann. Im Trab kann man mit dem geringsten Energieaufwand zügig die meisten Kilometer bewältigen. Galopp ist beim Wandern eigentlich nur so eine Art Bonbon. Der Boden muß wirklich weich und ohne Unebenheiten sein, längere Graswege oder Waldschneisen sind heutzutage selten.

Gute Wanderpferde laufen ohne Extreme, nie verschlafen, nie blindlings davonstürmend. Sie lernen selbst, die Bodenbeschaffenheit einzuschätzen und bieten entsprechende Gänge von sich aus an. Ein geübtes Tier, wenn es gut in Form ist, bietet vielleicht einen Trab an auf einem Weg, der zu holprig aussieht, oder aber es zögert bei einer Strecke, die uns zum Galopp geeignet erscheint. Dann ist der Boden eben doch zu rutschig oder unter dem Laub löchrig und steinig, oder das Pferd ist gerade müde. Wer sein Pferd genau kennt, darf ruhig darauf eingehen. Wenn das Pferd sich unsicher fühlt, ist es im Zweifel immer besser, es zu schonen, als in Unebenheiten hineinzurumpeln.

Nur auf dem Heimweg darf man sich nicht drängen lassen, da haben es Pferde oft eilig, ohne Rücksicht auf die Bodenbeschaffenheit zu nehmen.

Die Gangart sollte man nicht zu oft wechseln. Und jedes Wasser, das sich zum Hineinwaten bietet, sollte genützt werden, um fünf oder zehn Minuten die Fesseln zu kühlen. Das erfrischt sehr.

## Gangarten und Bodenverhältnisse

Schritt ist auf jedem Boden möglich. Wenn man ein unvermeidliches Stück Asphalt zurücklegen muß, sollte man so zügig wie möglich vorwärtsreiten, allerdings ohne schwache Schrittpferde in der Gruppe zum Zackeln zu bringen. Schritt heißt es auch durch sumpfige oder über steinige Stellen, wobei man meist den Pferden die Wahl des besten Weges überlassen kann. Leichter Sitz und weiche Zügelführung, die es aber dennoch ermöglicht, ein stolperndes Pferd abzufangen, sind bei extremen Bodenverhältnissen angebracht.

Trab ist nach dem Schritt die wichtigste Gangart beim Wanderreiten. Viele Feldwege haben zwi-

## Das Wanderreitpferd

### Das Material

Freilebende Huftiere bewegen sich leichtfüßig, elegant, geschmeidig. Je weiter ein Haustier von der Größe seines „Urtiers" abweicht, um so mehr verändern sich auch die Bewegungen. Das ist besonders bei Hund und Wolf gut zu sehen. Hunde weichen weit mehr von der Wolfsgröße ab als Pferde von der Wildpferdgröße. Doggen haben z. B. sehr oft latschige, schlaksige Bewegungen. Kleinhunde trippeln zierlichst unwölfisch. Die harmonischsten, natürlichsten Bewegungen haben die der Wolfsgröße am nächsten stehenden: Jagdhunde, leichte Hütehunde, Windhunde.

Beim Pferd scheint es ähnlich zu sein. Viele sehr große Pferde fallen ohne exaktes Gerittenwerden auseinander. Das klingt vielleicht überraschend, gibt es doch kaum elegantere, taktreinere, erhabenere Bewegungen als die eines großen Sportpferdes in einer guten Dressur.

Das stimmt zweifelsfrei, aber – das so gerittene Pferd ist in dieser Eleganz ein Geschöpf seines Reiters. Es geht so, weil es mit Kreuz und Schenkeln an die Hand herangeritten wird! Diesen Dressursitz mit dieser Zügelführung hält aber weder der Reiter noch das Pferd tagelang durch.

Es muß also eine leichte, lässige Bewegung erreicht werden. Das Pferd muß sich selbst tragen, es darf auch am langen Zügel nicht auseinanderfallen, es muß den Rücken „hergeben", damit es sauber untertreten kann. Man sieht, wenn es den Hals frei trägt, wenn die Ohren lebhaft spielen. Es gibt zwar sehr große Pferde, die niemals auseinanderfallen, aber häufiger ist diese Selbsthaltung bei kleineren Tieren mit einer Größe unter 160 cm Stockmaß. Unsere Angst, daß kleinere Pferde gewichtsmäßig zu sehr belastet werden, ist meist unbegründet. Im Prinzip sind alle Pferderassen als Wanderpferd geeignet. Beim Kauf eines Wanderpferdes sollte man auf folgendes achten. Ist das Pferd:

- absolut gesund (vor allem Atmungsorgane und Beine)
- verkehrssicher
- lieb zu Menschen und Mitpferden
- schmiedefromm
- mit wacher Haltung und Selbstaufrichtung.

Wenn ein Pferd dazu neigt auseinanderzufallen, d. h. nicht stets sauber untertritt, zeigen die Gelenke früher Verschleißerscheinungen.

## Die Ausbildung

Die Ausbildung des Pferdes ist sehr wichtig, aber von mindestens ebenso großer Bedeutung sind die Fohlenjahre. Wenn ein Fohlen, wie es auf dem Bauernhof selbstverständlich war, auf der Koppel aufwächst, dann als Fohlen bei Fuß lernt, manierlich neben seiner Mutter zu gehen, in ihrem Schutz begriffen hat, was gefährlich und was harmlos ist, wenn es dann neben ihr ins Geschirr kommt, dann hat es mit Selbstverständlichkeit all das gelernt, was

es als gutes Pferd braucht. Beigebracht hat es ihm die Mutter, der es sowieso am meisten vertraut. Diese natürliche Aufzucht und Ausbildungsmethode gibt es leider kaum noch.

Der erste Ausbildungsschritt für das junge Pferd ist heutzutage die Gewöhnung an die Stimme, die Hilfen und das Reitergewicht. Hierbei ist die geduldige, systematische Arbeit an der Longe und in der Reitbahn durch einen erfahrenen Ausbilder die sicherste und solideste Methode. In dieser Ausbildungsstufe können viele Fehler gemacht werden, die zu den uns allen in der einen oder anderen Form bekannten „Macken" führen, die sich später häufig nicht mehr ganz korrigieren lassen. Wenn möglich sollte man daher sein Pferd bei einem Züchter kaufen, von dem man weiß, daß er mit der nötigen Sorgfalt und Ruhe ausbildet.

In der nächsten Ausbildungsstufe muß das Pferd mit dem Gelände vertraut gemacht werden. Man gewöhnt es an den oben beschriebenen Geländereitstil, gibt ihm Gelegenheit, sich mit den unterschiedlichen, oft schwierigen Bodenverhältnissen vertraut zu machen und die im Gelände und im Verkehr vorkommenden „Gefahrenquellen" kennenzulernen. Denn alles, was ein Pferd kennengelernt und als ungefährlich erfahren hat, stört es meistens nicht mehr.

Zur Einübung ist ein Reiter mit einem verkehrssicheren Pferd zu gewinnen, das unbeeindruckt an allen „Gefahrenstellen" vorbeigeht. Der Neuling folgt und verliert nach und nach seine Scheu. Allerdings ist es nötig, den Kandidaten vorher auf sicherer Strecke sich so „austoben" zu lassen, daß er keine Übermutsprünge mehr macht. Auch ein an sich verkehrssicheres Pferd, das eine Zeitlang gestanden hat, benützt gerne die erste Gefahrensituation dazu, einige Sprünge zu machen. Nach und nach, nicht auf einmal, werden die möglichen Schwierigkeiten bewältigt. Jede ohne Anstrengung überstandene Gefahr stärkt das Selbstvertrauen und die Verkehrssicherheit von Reiter und Pferd.

Fast für jedes Pferd gibt es eine Gefahrenschwelle, wo es sich weigert weiterzugehen oder gar kehrtmacht. Mit Strafen ist da nicht viel zu machen, und zu einer Machtprobe darf es nicht kommen. Also schickt man in solchen Situationen gleich das Pferd mit den besten Nerven voraus, und das unerfahrene folgt nach, wenn auch eventuell mit deutlichen Zeichen der Angst. Je größer das Vertrauen des Pferdes zu seinem Reiter ist, desto eher wird es zu bewegen sein weiterzugehen. Die beruhigende Stimme oder die Hand des Reiters, die fest und ruhig am Pferdehals liegt, helfen oft viel.

Manche Pferde fürchten ganz bestimmte Dinge aus manchmal völlig unbekanntem Grund. Das muß man einkalkulieren und berücksichtigen. Ist eine solche Aversion bekannt, und sieht man die Gefahr vor dem Pferd, kann man einsitzen, es warnen und trösten, und es geht dann – wenn auch manchmal schnaubend und schräg – daran vorbei. Wenn es aber die Gefahr zuerst sieht, „spinnt" es meist ein bißchen. In der Regel sind es große, unbekannte, unbewegte Objekte, die es erschrecken, oder aber kleine, bewegliche Sichtpunkte, wie die berühmte vorbeihuschende Maus.

Schlimm wird es, wenn ein Pferd grundsätzlich vor jedem großen Lkw scheut. Wenn es hinter einem ruhigen Pferd nicht lernt, ruhig zu bleiben, wird es auf die Dauer kein Wanderreitpferd. So etwas kommt vor.

Das Reiten außerhalb der behütenden Reitanlage fordert vom Pferd großes Vertrauen in seinen Reiter. Beide, Pferd und Reiter, können dieses ruhige Aufeinandereingehen nur in stetigem liebevollen Umgang und konsequentem Reiten erwerben. Diese Ausbildungsphase zieht sich über Wochen hin, möglichst immer unter Mithilfe eines erfahrenen Wanderreitpferdes. Man wird die tägliche Reit- und Ausbildungszeit nur langsam steigern und den Ausreitradius nur langsam vergrößern.

Nach einigen Wochen kann man dann seinen ersten Ritt mit Übernachtung in fremder Umgebung planen. Zur Sicherheit sollte man in diesem Fall das Quartier – in vielleicht 25 km Entfernung – schon vorbereitet haben, denn des Wanderreiters oberstes Gebot ist Gelassenheit, und beim ersten Verlassen des gewohnten Ausreitradius gibt es so viele Möglichkeiten, Fehler zu machen und Zeit zu verlieren.

Nach mehreren solchen Wochenendritten wird dann zum ersten Wochenritt gestartet. Am besten lernt das neue Pferd den Wanderrhythmus in einer Gruppe eingewöhnter Wanderreitpferde. Hinten wird unser Neuer kaum zu halten sein, und ganz

Abb. 60. Die beruhigende Hand des Reiters am Pferdehals flößt Vertrauen ein.

vorne neigt er dazu, schreckhaft und ungleich zu gehen; am unproblematischsten ist der zweite Platz, hier wird er sich am schnellsten sicher fühlen. Nach der anfänglichen Schrittphase ist eine längere Trabstrecke ideal. Danach läßt man ihn gleich am langen Zügel gehen (Nase genau auf den Schweif des Vorderpferdes gerichtet). Die Bewegungen werden länger, schwingender, nervöser Schweißausbruch hört auf, erschreckende Gegenstände sind nicht mehr so schlimm. Abends, geborgen in der Herde, vom Laufen hungrig, frißt er auch im fremden Stall. Die Tagesstrecke muß nur am Anfang so kurz sein, daß kein Pferd überfordert wird.

Hiermit ist nun die „Grundausbildung" des Wanderreitpferdes beendet. Es folgt ein kontinuierliches Training über Jahre, bis unser Neuling eines Tages ein perfektes Wanderroß ist: absolut verkehrssicher, muskelbepackt, also voll trainiert und gehfreu-dig. Es muß an jedem Hindernis ohne zu stutzen vorbeigehen und in jedem Stall gut schlafen, es muß unempfindlich gegen jeden Futterwechsel sein, es muß überall kurz angebunden ruhig stehenbleiben, auf Andeutungen von Hilfen losmarschieren und wieder anhalten.

## Verkehrssicherheit

Ein Pferd in ungenügender Kondition ist auch nicht verkehrssicher. Das ist zu bedenken, ehe man eine weite Reise antritt. Kondition und Verkehrssicher-heit gehören eng zusammen. Daß Verkehrssicher-heit anerzogen werden kann, ist am eindrucksvoll-sten an den Polizeipferden zu sehen. Nichts – außer roher Gewalt – bringt sie aus der Ruhe, dabei handelt es sich manchmal um hochgezüchtete „ner-vige" Tiere. Neben einem systematischen Kondi-tionstraining muß die Verkehrssicherheit geübt wer-den. Das heißt beileibe nicht, sich in das dichteste Verkehrsgewimmel zu stürzen, um Gefahrensitua-tionen zu provozieren, aber man sollte sicher beur-teilen lernen, welche Nervenbelastungen – von Fall zu Fall – zumutbar sind und welche nicht.

# Planung, Vorbereitung und Durchführung eines Wanderritts
Angela Paysan

## Reitrhythmus

Auf den langen trüben Winter folgt der heitere Frühling, der lebensstrotzende Sommer, der satte Herbst, der Kreis schließt sich – Ruhe – Pause – Winter.

Langsam erwacht der Tag, der Morgen dämmert, dem geschäftigen Vormittag folgt die Mittagspause – Nachmittag – Feierabend – Nachtruhe.

Der Rhythmus der Natur hat auch deren Geschöpfe geprägt. Der Stadtmensch muß das immer erst wieder lernen, wenn er in oder mit der Natur leben will. Da wir beim Wanderreiten in allem größtmögliche Harmonie erstreben, tun wir gut daran, uns dem rhythmischen Wechsel von Anstrengung und Ruhe, von Anspannung und Entspannung zu fügen. Wir können uns das leisten, keiner will siegen, was ihn dazu verleiten könnte, über die Leistungsgrenzen hinauszugehen. Wer mehrere Tage vorwärtsreiten will, muß sich darüber im klaren sein, was er von seinem Pferd verlangen kann. Wanderritte sollen keine Gewalttouren sein, sondern völlig im Rahmen gesunder Pferdekräfte.

Wir wollen so reiten, daß wir nach der Pferdereise nicht nur ein herrliches Erlebnis hatten, sondern bestens erholt in den Alltagsstreß zurückkehren, und daß unsere Pferde am Ende der Reise wacher, freudiger, leichter gehen als am Anfang. Wir und die Pferde werden vielleicht überflüssige Pfunde los, aber bestimmt werden wir alle vollgetankt mit neuer Energie heimkehren!

Harmonie braucht Zeit! Sie ist nur möglich, wenn der Reiter sein Pferd nicht mit harten Anforderungen überfällt, sondern mit Muße sattelt und packt und dann zum gemächlichen Schritt antritt. Der erste Trab, nach 15 bis 30 Minuten, ist noch langsam und zögernd. Erst allmählich löst sich die Rückenspannung, und alle Gangarten werden schwungvoll und harmonisch. Wenn nur zwei bis drei Reiter zusammen unterwegs sind, von denen jeder sein Pferd genauestens kennt, kann die Gruppe sozusagen ohne „Führung" auskommen; dann reitet mal der, mal jener vorne. Gangwünsche werden abgesprochen oder sind aus der Landschaft und der Kenntnis der Fähigkeiten des eigenen und der anderen Pferde klar. Selbst noch Richtungsmeinungen können abgesprochen werden. Nicht einmal ein festes Ziel ist nötig; zwei bis drei Pferde und Reiter kommen in jedem Dorf unter. Mit der Zahl der Beteiligten steigt die Notwendigkeit gelenkter Disziplin. Sind alle Pferde aus einem Stall, so wird ein Reiter dieses Stalles Richtung, Tempo, Pausen bestimmen. Sind die Pferde aus verschiedenen Ställen, so muß ein Reiter als Führer bestimmt werden. Nicht unbedingt für die ganze Strecke; es ist denkbar, daß verschiedene Reiter einzelne Tagesetappen oder Streckenabschnitte vorbereiten. Aber wer gerade das Sagen hat, dem sollte auch Vertrauen geschenkt werden. Man kann nicht an jeder Kreuzung eine Volksabstimmung abhalten. Sind mehr als zehn Pferde beisammen, so ergibt sich zwangsläufig die Notwendigkeit zu exakter Führung und sorgfältiger Vorausorganisation, dann sollten sich schon wieder kleinere Gruppen bilden, die getrennt reiten. Wer bei zehn Reitern und Pferden – vielleicht sogar noch doppelter Besetzung und Troßfahrzeugen – für alle Quartiere und Futter, Tempo und Pausen, Wehwehchen und Wünsche verantwortlich ist, braucht hinterher Nachurlaub!

Ich persönlich halte eine Vierer-Gruppe für ideal. Da läßt sich am besten ein allen gemäßer Rhythmus finden. Man kann die Gruppe anhalten, mit Menschen, die man unterwegs trifft, Gespräche führen. Man kommt fast immer in einem gemeinsamen Quartier unter, und alle, auch die Verantwortlichen, sind nachher erholt. Wanderreiten über viele Tage ist kein Massenunternehmen!

Der Verantwortliche muß dafür sorgen, daß die Pferdekräfte nicht ausgeschöpft werden, sondern erhalten bleiben und durch regelmäßige, ausreichende Pausen immer wieder regeneriert werden. Genauso muß er seine Reiter stets im Auge haben, und wenn einer seinen müden Punkt hat, so wird er die Pausen verlängern und das Reittempo behaglich gestalten, bis dieser Reiter wieder fit ist. Das kann geschehen, ohne daß die anderen Reiter es überhaupt merken. Wenn ein Reiter wirklich erschöpft ist nach dem bewegungsarmen Stadtleben, eben doch nicht vortrainiert genug ist, so wird das offen gesagt, und die ganze Gruppe reitet Schritt, bis der „Müde" selbst wieder nach Trab fragt, das gehört zum Rhythmus beim Wandern.

Warmlaufen lassen – Leistung mit genügend Pausen – ausklingen lassen. So etwa könnte die Rhythmusregel lauten.

Wir haben uns diesen Rhythmus angewöhnt: Zügigen Schritt, möglichst viel Trab, ab und zu als Auffrischung einen kleinen Galopp – Pausen.

Natürlich ist dies nicht die einzige Möglichkeit für die Bewältigung langer Strecken. Westernreiter (die oft kleinere Pferde reiten) reiten z. B. langsameres Tempo. Nur Trott, den kurzen Trab, den man (westernsattelgerecht) aussitzen kann, und bei jeder Gelegenheit Kanter, den verkürzten, sehr kräfteschonenden Schaukelgalopp, mit keinen oder kaum Pausen. Sie kommen bei gleicher Startkondition auf die gleiche Tagesleistung und zur gleichen Zeit ans Ziel.

Wichtig ist allerdings, daß man sich für einen Stil entscheidet und den beibehält, um auf langen Ritten gleichmäßige Leistungen zu erzielen. Das Tempo sollte in allen Gangarten so gehalten werden, daß jedes Pferd seinen eigenen, harmonischen Gang gehen kann. Im Schritt reiten wir soviel Tempo, wie nach unserer Erfahrung das langsamste Pferd ohne unangenehmes Treiben leisten kann. Vorne geht ein „Zugpferd", aber nicht das schnellste Schrittpferd, sonst kommen die anderen ins Zackeln, was man auf jeden Fall vermeiden sollte.

Die Gruppe darf ruhig auseinandergezogen gehen. Der Spitzenreiter muß nur bedenken, daß in einem solchen Fall sein Angaloppieren für den letzten Reiter einen Renngalopp bedeuten kann. Er muß daher Galopp unbedingt anzeigen, beziehungsweise, wenn er einem Reiter nicht zumuten kann, sein Pferd sicher zurückzuhalten, muß er warten, bis alle beisammen sind und gemeinsam angaloppieren können. Es ist durchaus denkbar, daß bei gleichem Tempo ein Reiter galoppiert, der andere schnell trabt. Es gibt Pferde, die auch bei sehr schnellem,

langem Trab kaum ermüden, während andere bei einem ruhigen Kanter am wenigsten Kräfte verbrauchen. Gleichmäßigkeit im Tempo ist für die Gesamtstimmung eines Wanderritts wichtiger als kurze Nervenkitzel.

Doch nicht nur für die körperliche Kräfteeinteilung ist die sorgfältige Ausgewogenheit des Rhythmus wichtig, sondern mindestens ebenso für die Nerven. Die Pferde starten mit einem gewissen Quantum an Nerven. Mit der Ruhe des Starts, Schritt und Trab, füllen sie die Vorräte noch auf. Nun verbrauchen sie z. B. einen Teil an einer Bahnschranke, danach kommt vielleicht ein langer Trab, bei dem sie nervlich wieder auftanken. Als nächstes passieren sie ein Sägewerk, dann kommt ein Wiesenweg im frischen Galopp, danach ein Düsenjäger. Wenn zwischen den einzelnen „Nervenentnahmen" genügend Zeit bleibt, durch lebhafte Bewegung in nervenschonender Umgebung oder ruhiges Ziehen in friedlicher Landschaft aufzutanken, so machen die einzelnen Belastungen nichts oder nur wenig aus. Folgen die nervenaufreibenden Situationen aber Schlag auf Schlag, so geht der Nervenvorrat zu Ende, die Sicherung brennt durch, und man muß mit erhöhter Gefahr rechnen! Auch bei an sich verkehrssicheren Pferden. Jedes Pferd hat eine Summe guter und schlechter Erinnerungen, deren Auswirkungen man kennen sollte. Pferde sind verschieden, manche haben einen schier unbegrenzten Vorrat an Nerven, andere einen geringeren.

Es gibt Pferde, die haben gar keine Nerven. Die sind dann auf die Dauer bei allem Training als Wanderpferde nicht geeignet. Sie können hervorragende Sportpferde sein, aber sie taugen nicht zum Wandern.

Wenn Reittempo, Ruhepausen und Kräfteverbrauch zusammengepaßt haben, greifen die Pferde gegen Abend nochmals freudig aus, denn sie wissen, irgendwo muß jetzt ein Stall mit Futter kommen.

# Festlegung der Strecke

Zunächst muß die Hauptrichtung für den Ritt entschieden werden. Auf einer Übersichtskarte 1 : 200 000 plant man vor: Wie kommt man unter

Umgehung von Ballungszentren und allzu vielen Steigungen in das landschaftlich schönste Gebiet oder an ein bestimmtes Ziel, z. B. den Treffpunkt eines Sternritts oder auch zu Freunden, die man zu Pferde besuchen kann.

Meist steckt die Zahl der Urlaubstage den äußeren Rahmen eines Rittes. Die Hälfte der zur Verfügung stehenden Tage minus einen Ruhetag pro Woche kann man sich vom Heimatort entfernen. Hat man also z. B. 2½ Wochen Zeit, so kann man 8 Tage an ein schönes Ziel reiten, dort einen Ruhetag und ein oder zwei Tage mit Rundritten ohne Gepäck in hübscher, fremder Umgebung verbringen und dann zurückkreiten. Da eine Strecke hin und zurück so verschieden aussieht, daß man sie oft kaum wiedererkennt, ist es sehr zweckmäßig und gar nicht langweilig, auf dem Rückweg die gleichen Quartiere zu benutzen wie auf dem Hinweg. Man kennt sie schon, hat eventuell noch Futter dort stehen, und man kann auf der Strecke die schönen Abschnitte völlig unbeschwert genießen und braucht nur diejenigen auszuwechseln, die sich auf dem Hinweg als mühsam oder hart erwiesen haben.

Man kann aber auch eine Rundreise planen oder die gesamte zur Verfügung stehende Zeit in einer Richtung und sich dann mit dem Transporter zurückholen lassen. Das bedeutet dann eben entsprechend mehr Vorbereitungsarbeit beim Quartiermachen.

## Aufteilen der Tagesstrecke

Hat man die grobe Richtung der Reise auf der 1 : 200 000-Karte festgelegt, besorgt man sich die nötigen Kartenblätter 1 : 50 000 (am besten man zieht sie gleich auf, wie im Kapitel „Karte und Kompaß", Seite 164, beschrieben).

In unseren Breitengraden hat der längste Tag im Sommer mehr als doppelt so viele Stunden Tageslicht wie der kürzeste Wintertag. Entsprechend wird man seinen Tag einteilen. Im Winter plant man, wenn überhaupt, nur eine kurze Mittagsrast ein, sind doch gerade die Mittagsstunden von der Temperatur her die angenehmsten zum Reiten. Man wird eine kürzere Tagesstrecke wählen als im Sommer, will man vor Dunkelheit am Ziel sein. Im Winter

Tabelle der Dämmerungszeiten und Tageslichtstunden. Mitteleuropäische Winterzeit.

| Datum | SA | SU | Tageslicht | |
|---|---|---|---|---|
| | | | Stunden | Minuten |
| 1. 1. | 8.27 | 16.24 | 7 | 57 |
| 1. 2. | 8.01 | 17.11 | 9 | 10 |
| 1. 3. | 7.08 | 18.02 | 10 | 54 |
| 1. 4. | 5.59 | 18.54 | 12 | 55 |
| 1. 5. | 4.55 | 19.44 | 14 | 49 |
| 1. 6. | 4.11 | 20.29 | 16 | 18 |
| 1. 7. | 4.09 | 20.42 | 16 | 33 |
| 1. 8. | 4.45 | 20.10 | 15 | 35 |
| 1. 9. | 5.34 | 19.09 | 13 | 35 |
| 1.10. | 6.22 | 18.01 | 11 | 39 |
| 1.11. | 7.14 | 16.57 | 9 | 43 |
| 1.12. | 8.04 | 16.18 | 8 | 14 |
| 21. 3. | 6.24 | 18.36 | 12 | 12 Frühlingsanf. |
| 21. 6. | 4.04 | 20.42 | 16 | 38 Sommeranf. |
| 23. 9. | 6.09 | 18.19 | 12 | 10 Herbstanf. |
| 22.12. | 8.25 | 16.16 | 7 | 51 Winteranf. |

haben zwar Roß und Reiter meist eine schlechtere Kondition, aber bei Kälte werden sich beide gern warmtraben! Man muß genügend Zeit zum Trockenreiten einplanen. Das dauert bei Kälte und Winterfell u. U. erfrierend lang! Im Sommer startet man früh, macht während der heißen Stunden eine lange Mittagspause und kann abends die späte, laue Dämmerung genießen.

Im Frühjahr und im Herbst sind alle Tageszeiten angenehm zum Reiten, und die Tagesstunden reichen – gut genützt – für beliebige Strecken zwischen 35 und 70 Kilometer, je nach Schwierigkeitsgrad. Schon bei der Planung der einzelnen Tagesabschnitte muß man auf die topographischen Gegebenheiten, die das Kartenblatt verrät, Rücksicht nehmen. Durch ein „grünes" Kartenblatt, d. h. ein Waldgebiet, muß man mehr Zeit rechnen, als durch eine offene Landschaft mit vielen geraden Feldwegen. In offenem Gelände, wo man sich von Kirchturm zu Überlandleitung, von Waldrand zu Bachtal optisch orientieren kann, kommt man schneller voran. Bergiges Gebiet kostet sehr viel mehr Zeit als flaches. Man sollte daher auf der Karte nach harmonisch verlaufenden Strecken suchen – Bergrücken ohne zuviel Auf und Ab, die in der gewünschten Richtung verlaufen, und Bachtäler von einigen Kilometern Länge muß man ausnützen. Unnötige Steigungen sind zu vermeiden, sie kosten Zeit und Kraft. Lieber plant man einen Umweg um eine Bergnase ein. Als Abstieg in ein Tal sucht man eine kurze, wenn auch steile Strecke, denn abwärts muß man sowieso führen. Als Aufstieg wählt man möglichst einen bequemen Weg mit geringer Steigung.

Dicht besiedelte Gebiete sind schwieriger zu durchreiten als einsame. Hier sind viele Feldwege asphaltiert und zwingen zu langen Schrittphasen oder Umwegen um Ortsteile und Industriegebiete.

In flachem Gelände kann als Richtwert für die ungefähre Reitdistanz die Luftlinie zwischen zwei Punkten, multipliziert mit dem Faktor 1,4, angenommen werden. In hügeligem Gelände erhöht sich der Faktor schnell auf 2,0. Zu genaueren Ergebnissen führt hier die Berechnung der sogenannten „Leistungskilometer". Die Idee basiert auf dem Prinzip, daß die zehnfache Steigung zur Distanz hinzugezählt wird. 100 m Steigung entsprechen also 1000 m flachem Gelände. Die zehnfache Steigung plus die Distanz werden als Leistungsdistanz (Leistungskilometer) bezeichnet. Mit Hilfe der Leistungskilometerberechnung kann der Wanderreiter auch einfach berechnen, welche Route unter dem alleinigen Aspekt „Steigung und kürzerer Weg oder flaches Gelände und Umweg" zu bevorzugen ist.

10 cm Karte (1 : 50 000) sind 5 km Luftlinie und ganz grob überschlagen 1 Stunde Reitzeit. Wenn dabei ein enges Tal mit Serpentinenanstieg überwunden werden muß, abwärts ausschließlich im Schritt geritten, ist schnell die doppelte Zeit verbraucht. Führt die Strecke einen geraden Bach entlang auf einem Grasweg, den man traben oder gar galoppieren kann, reicht eventuell auch die Hälfte der Zeit.

Um die Länge der zur Verfügung stehenden Tageslichtzeit gleich einplanen zu können, sei die folgende Tabelle beigefügt, wobei zu beachten ist, daß es an trüben Tagen früher dunkelt.

An langen Sommertagen kann man nicht nur doppelt so viele Stunden reiten wie an den grauen, kurzen Wintertagen, sondern man kommt meist auch schneller voran, da die Pferde trainiert und die Böden meist trockener sind.

## Auswahl der Etappenziele

Hat man nun nach Kartenblatt und Tagesstunden seine Strecken „errechnet", sucht man sich auf der Karte mögliche Tagesziele aus.

Eine gut eingespielte Gruppe von nur 2 oder 3 Reitern kann es – einige Anspruchslosigkeit und Abenteuerbereitschaft vorausgesetzt – beim Besorgen der notwendigen Karten bewenden lassen, morgens früh starten, sich dem Zufall und der Laune überlassen und 2 bis 3 Stunden vor Einbruch der Dunkelheit Quartier machen. Die Zeitreserve ist nötig, falls man noch einige Kilometer weiter reiten muß. Man kommt dann eventuell weiter als geplant, vielleicht wird die Strecke auch wesentlich kürzer. Ein festes Ziel sollte man aber auf jeden Fall anpeilen. Man reitet dann zielstrebiger.

Wer aber wissen will, wo er abends sein müdes Haupt niederlegen kann, der muß vorher Quartier machen. Die Größe des angesteuerten Ortes ist weniger entscheidend als sein landwirtschaftlicher Charakter. Es gibt Riesendörfer, die noch voller Höfe und Scheunen sind. Dort müßte sich leicht ein Quartier finden lassen. Es gibt winzige Ansiedlungen, die sich als reine Feriendomizile erweisen. Dort ist kein Unterkommen. Wenn man auf der Karte einen geeigneten Ort aussucht, wählt man dennoch möglichst kleine Dörfer, die auf der Strecke liegen und leicht erreichbar aussehen.

Mit einiger Erfahrung kann man sogar telefonisch Quartier machen. Man läßt sich von der Telefonauskunft in der Ortschaft, die man von der Karte her als möglich betrachtet hat, Gasthäuser nennen und fragt dort nach Betten. Hat man diese, erkundigt man sich nach Nachbarn mit Scheunen und Ställen. Oft haben aber gerade die ganz kleinen Orte kein Gasthaus mit Betten, dann muß man in Ausweichorten anrufen. Achtung: Immer auf der Karte nachsehen, wo das empfohlene Dorf ist! Autogewohnte Wirte schicken einen leicht einen Reittag weiter! Bei mehr als vier Pferden wird man vorher eine Quartierfahrt machen müssen.

## Adressen

Folgende Adressen und Telefonnummern müssen, für alle Reiter der Gruppe zugänglich, vorhanden sein:

- Wenn Quartiere vorbereitet wurden, eine komplette Quartierliste für jeden einzelnen Reiter.
- Heimischer Tierarzt und Arzt.
- Eine zentrale Kontaktadresse daheim, die immer für alle Beteiligten zuverlässig erreichbar ist. Wenn mal ein Treffpunkt verfehlt wird, so kann man dort Nachrichten hinterlassen.

## Konditionierung des Pferdes

Die Leistung des im Offenstall überwinterten Pferdes wächst „in die Saison hinein".

Wenn ein untrainiertes Pferd, das immer im Stall steht, gesattelt wird, tut es vielleicht, als ob es vor Temperament und Kraft nicht zu halten wäre. Das Koppelpferd, das lange Winterwochen in der Tür seines Offenstalles stand und dem Regen zugesehen hat, stellt fest, daß man es beim Aufsitzen und schläft unter dem Reiter weiter. Es handelt sich hierbei nur um verschiedene Reaktionen auf die gleiche Ursache: Beide sind untrainiert! In beiden Fällen ist viel Schritt und immer wieder Trab das beste zum Lockern und zum Lösen verspannter Muskeln und zum Aufbau der Kräfte. Galopp ist anfangs zu gefährlich. Das Stallpferd buckelt aus verspanntem Übermut, das von der Koppel aus verspannter Faulheit.

Nach der toten Zeit im Winter sind witterungsbedingt erst nur einzelne kurze Ausritte möglich, dann kommt der erste Wochenendritt mit einer ganz knappen Strecke, ungefähr 25 km, also etwa der gleichen Strecke, die ein Mensch sich an einem Wandertag zumutet. Die Tage sind kurz, Roß und Reiter ohne jede Kondition, der Haarwechsel kostet viel Kraft.

An Ostern folgt der erste Wanderritt mit noch kurzen Etappen und struppigen Pferden, das Winterfell geht flockenweise aus. Man reitet Schritt, Trab und nur wenig Galopp. Exakt eingehaltene Pausen von je 10 Minuten pro Reitstunde sind unbedingt notwendig.

Dann werden die Ausritte länger und häufiger. An Pfingsten reiten wir auf Pferden, die im neuen Sommerfell glänzen und willig und fleißig marschieren.

Auf dem Höhepunkt der Saison, im Spätsommer, laufen die muskelbepackten Pferde 10 Stunden, und wenn ganz am Ende eines solchen Tages eine Galoppstrecke winkt, starten alle begeistert, ruhig und schnell. Sie sind voll trainiert.

## Kurzfristige Konditionierung des Pferdes für einen Wanderritt

Es gibt sehr gut ausgearbeitete Trainingspläne, die für die meisten von uns Freizeitreitern Theorie bleiben müssen, da wir berufstätig sind und unsere Freizeit nicht ausreicht, es so zu machen wie z. B. der englische Idealjagdreiter, der wöchentlich 100 Meilen zur Vorbereitung auf die Jagdsaison reitet!

Für uns wird es also meist heißen: Mit geringen Anforderungen beginnen und so reiten und Pausen machen und füttern und pflegen, daß wir die Pferde unterwegs aufbauen und sie bei der Heimkehr besser sind als beim Start.

Die im Jahresrhythmus wachsende Kondition bedeutet, daß man erst Ende des Sommers Höchstleistungen verlangen kann. Will nun jemand früher einen langen Ritt mit vom Start an voll trainierten Pferden machen, so muß er sein Pferd in täglichem Training vorbereiten, wobei die Tagesleistung ständig gesteigert wird. „Schnelle" Vorbereitung heißt immerhin: mindestens 6 Wochen tägliches Reiten von mehreren Stunden (bei einem Ruhetag pro Woche)! Beobachten Sie die Atmung des Pferdes! Sehen und hören Sie erschöpftes Pumpen oder fröhliches Schnauben? Behalten Sie die Flanken im Auge! Wenn das Pferd schnell „einfällt", ist das Tempo noch zu anstrengend, es zehrt! Selbstverständlich muß die Futter- und Kraftfuttermenge den gesteigerten Anforderungen angepaßt werden.

Kurz vor dem Start zur Reise sollte noch mit vollem Gepäck geritten werden, um die Ausrüstung auf ihre Zweckmäßigkeit hin zu überprüfen. Sollte jemand doch die regelmäßige Zeit für ein systematisches Training haben, so empfehlen wir ihm die Trainingsprogramme von Ursula Bruns in „Freizeit im Sattel",

August 1972, Seite 323/324: „Die Vorbereitung auf Langstreckenritte" oder das Trainingsprogramm von Sadko Solinski, das er in seinem Buch „Der Wanderreiter und sein Pferd", Seite 20–26, beschreibt. Mit freundlicher Genehmigung von Frau Bruns drucken wir im folgenden ihren o. g. Artikel auszugsweise ab:

## Die Vorbereitung auf Langstreckenritte

*„Wir müssen und möchten tagelang reiten: Das halten weder Pferd noch Reiter aus, wenn sich das liebe Tier aufs Gebiß haut und der erschöpfte Reiter ihm im Zügel hängt. Haben wir die Schrittwoche konsequent durchgehalten, so ist schon viel erreicht: selbst ein Durchgänger lernt, daß es hier um anderes geht (ich habe es ausprobiert). Zum Tölten oder Traben nehmen wir den Zügel, der am letzten Schritttag schon fast durchhing, wieder etwas auf und geben die Hilfe zum Schnellerwerden fast unmerkbar.*

*Das Pferd muß sozusagen in die nächste Geschwindigkeit einlaufen, ohne die Zäsur zu bemerken: Nur dann nämlich läuft es schön gleichmäßig weiter. Die zweite Woche ist die eigentliche Zeit der Bewährung: wenn wir nun lernen, die Geschwindigkeit unmerklich zu steigern oder zurückzunehmen, sind wir über das Schlimmste hinweg und sind auf dem besten Weg, ein gelassenes, entspanntes, frei laufendes, leicht zu reitendes Langstreckenpferd zu bekommen.*

*Wichtig ist dazu wieder ein bißchen Nachdenken. Man teilt sich den Weg möglichst so ein, daß die Schrittstrecke unangenehmere, die Tölt- oder Trabstrecke bessere Wege hat. Man nimmt die Geschwindigkeit immer da zurück, wo sich von Natur aus ein Anlaß bietet, und legt zu, wo der Weg sich weithin vor den Augen erstreckt. Das ist genau das, was das Pferd von sich aus auch tun würde; es geht mit seinem eigenen Rhythmus überein und weckt deswegen keinen Widerstand.*

*Was die Art des Trainings angeht, so gibt es die verschiedensten Methoden. Ich schreibe hier zwei ab, die sich beide in Amerika bewährt haben und von denen man sich nach eigenem Gusto eine aussuchen kann.*

### Erste Methode:

|  |  | Min. | km |
|---|---|---|---|
| A. | Schritt | 1 0 | 1,2 |
|  | Trab 6/Schritt 4 | 1 0 |  |
|  | Trab 6/Schritt 4 | 1 0 |  |
|  | Trab 6/Schritt 4 | 1 0 | 5,6 |
|  | Trab | 5 | 1,3 |
|  | Schritt | 1 5 | 1,6 |
|  |  | 6 0 | 9,6 |
| B. | Schritt | 1 0 | 1,2 |
|  | Trab 7/Schritt 3 (3) | 3 0 | 6,4 |
|  | Trab | 8 | 2 |
|  | Schritt | 1 2 | 1,3 |
|  |  | 6 0 | 10,5 |
| C. | Schritt | 1 0 | 1,2 |
|  | Trab 8/Schritt 2 (3) | 3 0 | 6,6 |
|  | Trab | 8 | 2 |
|  | Schritt | 1 2 | 1,3 |
|  |  | 6 0 | 10,9 |
| D. | Schritt | 1 0 | 1,2 |
|  | Trab | 1 5 | 3,7 |
|  | Schritt | 5 | 0,5 |
|  | Trab | 2 0 | 4,8 |
|  | Schritt | 1 0 | 1,2 |
|  |  | 6 0 | 11,2 |

Rechnet man für das eigentliche Training (nach der 1. Woche) noch mal 8 Wochen, so schreibt die Trainingsordnung vor, 6 mal wöchentlich täglich ein bis zwei Stunden zu reiten und einen Rasttag einzulegen. Für die ersten 4 Wochen variiert man die oben beschriebenen Übungen folgendermaßen:

| 1. Woche | abwechselnd 2xA (2 Std. 19,2 km) und 1xA, 1xB (2 Std., 20,1 km) |
|---|---|
| 2. Woche | 2xA zwei Tage |
|  | 1xA, 1xB zwei Tage |
|  | 1xB, 1xC zwei Tage |
| 3. Woche | 1xB, 1xC zwei Tage |
|  | 1xC, 1xD einen Tag |
|  | 1xA, 1xB einen Tag |
|  | 1xC, 1xD einen Tag |
|  | 2xD einen Tag |

4. Woche   1xC, 1xD einen Tag
            2xD, zwei Tage
            1xC, 1xD einen Tag
            2xD zwei Tage.

Nun kommen zwei weitere Übungsgruppen hinzu, E mit 13,5 km in 1 Stunde 10 Minuten, und F mit 18 km in 1½ Stunden.

|   |   | Min. | km |
|---|---|------|-----|
| E. | Schritt | 1 0 | 1,2 |
|    | Trab 8/Schritt 2 (3) | 3 0 | 6,6 |
|    | Galopp 6/Schritt 4 | 1 0 | 2,4 |
|    | Trab | 8 | 2 |
|    | Schritt | 1 2 | 1,3 |
|    |   | 7 0 | 13,5 |
|    |   |     |     |
| F. | Schritt | 1 0 | 1,2 |
|    | Trab 8/Schritt 2 (3) | 3 0 | 6,6 |
|    | Galopp 6/Schritt 4 | 1 0 | 2,4 |
|    | Trab 8/Schritt 2 (3) | 3 0 | 6,6 |
|    | Schritt | 1 0 | 1,2 |
|    |   | 9 0 | 18,0 |

Während der nächsten 4 Wochen mische man E und F mit A, B, C und D zu Ritten von 2 bis 3½ Stunden täglich über Strecken von 20 bis 40 Kilometern. Hin und wieder sollte man eine Stunde Schritt reiten und 20 Minuten traben, ohne zu unterbrechen. (Anmerkung: Man vergesse nicht, bei diesem Schema die 10 Minuten Pause einzuschieben, an die wir unser Pferd ja gewöhnen wollen.)
Die Kombination der verschiedenen Übungen, die Länge der Ritte und die täglich zurückgelegten Strecken ergeben sich letztlich daraus, wie das Pferd darauf anspricht: ob es gut frißt, einen frischen, willigen Eindruck macht, kräftige Muskeln entwickelt. Auffallend ist jedenfalls, daß die ersten 5 Wochen überhaupt nicht galoppiert wird, dann aber je sechsminütige Galoppstrecken eingelegt werden. Das bedeutet, daß nach dieser Methode die Pferde durch viel Schritt kräftige Muskeln und durch viel Trab eine gute Atemtechnik erwerben, so daß der Galopp schließlich gar keine Anstrengung mehr ist. Ob sich bei uns jemand die Mühe dieses exakten Trainings macht, weiß ich nicht. Ich selber würde es,

hätte ich die Pferde beim Haus und wäre fünf Wochen ständig hier, bestimmt versuchen. Beim bloßen Schreiben spüre ich, wie diese wohlüberlegten Regeln Anspannung und Entspannung vermitteln, wie in den langen Einzelmärschen nicht nur Ordnung in den Bewegungsapparat der Pferde, sondern vor allem in die Reitweise des Reiters kommt. 8 Minuten Trab oder 20 Minuten Trab hintereinander – da gewöhnen sich Körper und Geist an Regelmäßigkeit, an wirkliche Entspannung im Sattel, an eine von der üblichen Spazierreiterei gänzlich unterschiedene Weise des Reitens. Bleibt also zu hoffen, daß möglichst viele Leser sich eine Stoppuhr kaufen, Strecken abstecken und zumindest hin und wieder den Versuch machen, regelmäßig, entspannt atmend, leicht im Sattel sitzend, längere Strecken im Schritt und Trab zurückzulegen.

## Zweite Methode
Sie wurde vom Heer entwickelt, und vernünftigerweise wird mehrfach darauf hingewiesen, daß ausschließliches Training ohne das zusätzliche Gewicht gefüllter Packtaschen o. ä. sinnlos ist. Ab Trainingsmitte wird also nur noch komplett geritten! Minimum an Trainingszeit sind zwei Stunden täglich. – Am Ruhetag Kraftfutter halb oder (bei Weide) ganz entziehen, Mash geben. – Für ein volljähriges Pferd werden an Vorbereitungszeit auf einen mehr als 14tägigen Ritt zwei bis drei Monate gerechnet. – Jeder Ritt beginnt und endet mit 10 bis 15 Minuten Schritt: eine unumgängliche Maßnahme zur völligen, gründlichen Konditionierung.
Sollen Führ- oder Packpferde mitgenommen werden, so nimmt man sie jeden zweiten Tag an der Hand und unter voller Packlast mit.
Ein gesundes, jederzeit zu erschwertem Einsatz bereites, also bestens konditioniertes Pferd macht einen rundum kräftigen Eindruck; es hat wache Augen und Ohren, ein glänzendes Fell, weiche, elastische Haut, gut entwickelte, pralle Muskeln, genügend, aber nicht zuviel Fleisch, guten Appetit, keinen übergroßen Durst nach dem Ritt. Es erholt sich normal, der Atem kehrt bald zu normaler Häufigkeit zurück, sein Schweiß ist wäßrigdurchsichtig und trocknet bald (nicht aber weiß, schäumend und schwer trocknend). Sehnen und Gelenke der Beine sind trocken und klar, sein Gang ist federnd.

Jeder sollte sich sein Pferd daraufhin ansehen. Vor einem sehr langen Ritt sollte man den Tierarzt zu letzter Inspektion hinzuziehen.

**Trainings-Plan:**
1. Woche: Täglich 2 Stunden Schritt, je Stunde 5 Minuten Trab, ohne Gepäck.
2. Woche: Täglich 2 Stunden Schritt, je 7 Minuten Trab, ohne Gepäck.
3. Woche: Täglich 2½ Stunden Schritt, je 7 Minuten Trab, leichte Hänge, ohne Gepäck.
4. Woche: Täglich 2½ Stunden Schritt, je 7 Minuten Trab, schwierigeres Gelände, ½ des eingeplanten Gepäcks.
5. Woche: Täglich 3 Stunden Schritt, je 7 Minuten Trab, schwieriges Gelände, ½ eingeplantes Gepäck.
6. Woche: wie 5. Woche, jedoch mit vollem Gepäck. Jeden 2. Tag ein langsamer Galopp über 1,5 km, um die Atemtechnik zu verbessern.
7. Woche: wie 6. Woche, doch pro Stunde 3 x 7 Minuten Trab, täglich Galopp über 1,5 km, volles Gepäck; einmal 30 km hintereinander reiten in 3 Stunden.
8. Woche: wie 7. Woche; einmal 40 km in 5 Stunden reiten; jeden 2. Tag 2 mittelschnelle Galopps über 1,5 km mit vollem Gepäck, dazwischen jeweils 10 Minuten Schritt.
9. Woche: 2½ Stunden im Schritt mit jeweils 3 x 7 Minuten Trab pro Stunde und 2 Galopps.

Dieser Plan sieht halbe Arbeit für Samstag und Weide am Sonntag vor, außerdem 10 Minuten Pause pro Stunde.

Welche Methode der einzelne auch wählen mag: Beide dienen dem Ziel, das Pferd fit zu machen. Und auf einem wirklich gut vorbereiteten Pferd macht ein langer Ritt einfach mehr Spaß – ich weiß es. Ob man Tag um Tag Fett unter sich spürt, das sich nur schnaufend und mühsam fortbewegt, oder ein müdes, mageres Pferd, dessen Kräfte nicht ausreichen, oder einen Athleten, der leicht und willig geht, nicht schnauft, nicht zieht, selbstsicher ist und weiß, daß ihm keine Arbeit zuviel ist – das ist schon ein gewaltiger Unterschied. Selbst wenn wir annehmen, daß der Dicke und der Dünne den Ritt auch beenden, so beneide ich doch ihre Reiter nicht um das Vergnügen.

Und alles, was hier zur Vorbereitung von Langstreckenritten gesagt wurde, gilt natürlich, in etwas abgekürzter Form, auch für das jährliche Fitmachen im Frühling, wenn unsere Pferde über den Winter außer Kondition geraten sind und für den Sommer vorbereitet werden sollen: Mindestens zweimal am Wochenende, einmal in der Woche lange Schrittreprisen reiten, so energisch wie möglich, über verschiedene Böden, ein wenig auch auf Asphalt, langsam mit dem Trab oder Tölt beginnen, bewußt steigern (nicht 150 m traben, 200 m Schritt reiten, im Galopp davonpreschen, sondern aufbauend in langen Phasen über Schritt, Trab/Tölt zum Galopp kommen).

Führen wir das alljährlich drei Wochen konsequent durch, haben wir immer ausgeglichene, sichere Pferde, die nicht rasen, nicht durchgehen, nicht aus Muskelschmerz und mangelnder Kondition sich Untugenden angewöhnen!"

## Quartiere für Reiter und Pferde

Die Quartierfahrt hat den großen Vorteil, daß man sich das Haus und den Stall und die Leute vorher anschauen kann!

Die Qualität der Quartiere kann sehr verschieden sein. Für den Reiter reicht die Spannweite vom Schlafsack im Stroh bis zum Schloßhotel mit Bad und Telefon im Zimmer und Blick ins Tal. Das wird aber meist der Geldbeutel mit entscheiden – und der Sinn für Romantik, der uns eher einen soliden Landgasthof mit guter Küche und netter Atmosphäre empfiehlt als kühlen Luxus.

Unbedingte Anforderungen an die Unterbringung der Pferde sind: daß der Ort trocken und zugfrei ist und daß alle Pferde Platz genug haben, um sich bequem hinzulegen.

Der Wirt, bei dem wir übernachten, kann uns bei der heutigen landwirtschaftlichen Situation in jedem Dorf ein leeres Gehöft nennen, eine leere Scheune. Sind Pferde dabei, die sich nicht kennen und vertragen, so teilt man eine Scheune quer mit Stangen in Ständer, befestigt die Stangen an einer Seite der Tenne etwa in Meterhöhe, zum Beispiel an einem gut fixierten Balken, und legt das Ende der Stangen zur „Stallgasse" hin auf den Boden. Frei schwebende Flankierbäume sind gefährlich! In einem Stall mit Vieh oder anderen Tieren muß man die Pferde, besonders von Pferden, gut abtrennen.

Entscheidend ist in jedem Fall, daß sich die Tiere gefahrlos hinlegen können, deshalb zieht man eine eingezäunte Grünfläche im Freien einem Stall vor, in dem sie zu eng stehen müßten. Bevor man einen Stall bezieht, muß man ihn sehr genau auf spitze, scharfkantige Stellen überprüfen, damit Verletzungen vermieden werden.

Unterwegs bevorzugen wir Ställe vor Koppeln. Die Pferde haben tagsüber Bewegung genug. Im Stall angebunden haben sie mehr Ruhe und Zeit zum Fressen, als wenn sie auf einer unbekannten Koppel die ganze Nacht umherwandern.

Die Quartiere für Roß und Reiter sollen möglichst dicht beisammen sein, was in den kleinen Dörfchen, die man meist ansteuert, nur selten ein Problem ist. Beim Quartiermachen muß man sich auch gleich vergewissern, ob und wo man Heu und Stroh bekommen kann. Eventuell bittet man den Quartiergeber, bei seinem Händler Kraftfutter zu besorgen, oder man deponiert es selbst gleich bei der Quartierfahrt.

# Formalitäten bei grenzüberschreitenden Wanderritten

Wir leben zwar in den 80er Jahren des 20. Jahrhunderts, müssen uns aber darüber klar sein, daß Grenzüberschreitungen zu Pferde in Europa weit mehr Schwierigkeiten mit sich bringen als Reisen in der schlimmsten Kleinstaaterei des Mittelalters. Eine einheitliche Regelung für Grenzübertritte zu Pferde gibt es nicht. Deshalb kann es auch keine Standardempfehlung geben. Nicht nur jede europäische Landesgrenze wartet mit eigenen Spielregeln auf, sogar jedes Zollgrenzamt an ein und derselben Landesgrenze überrascht uns mit höchst individuellen Grenzbestimmungen. Ja mehr noch: Für ein und dasselbe Grenzzollamt ist Pferd noch nicht gleich Pferd! Wenn Sie z. B. mit einem Reitpferd den Brenner überschreiten und nicht unverrichteter Dinge wieder nach Innsbruck zurückgeschickt werden

möchten, muß Ihnen zuvor eine göttliche Erkenntnis gekommen sein: Sie müssen wissen, ob Ihr Pferd ein Reitpferd oder ein Rennpferd ist. Rennpferde dürfen über den Brenner geritten und im Hänger gefahren werden. Reitpferde dürfen nur per Eisenbahn die Brenner-Grenze überschreiten!

Wenn es Ihnen keinen Spaß macht, unter Umständen eine Nacht lang ohne Essen und Trinken und ohne Wasser und Futter für Ihr Pferd frierend an einem Schlagbaum zu warten, müssen Sie vorher wissen, zu welchen Tageszeiten ein beamteter Tierarzt an der Zolldienststelle in Bereitschaft ist (vorher anrufen!). Die Reihe der möglichen Überraschungen könnte man endlos fortsetzen. Um Ihnen solche Serien von Unannehmlichkeiten zu ersparen, geben wir Ihnen in den folgenden Zeilen Sammel-Empfehlungen für eine Reihe von Maßnahmen, die Sie treffen sollten, um in jedem Fall für einen Grenzübertritt ausreichend gerüstet zu sein.

## Anfrage an die Reiterliche Vereinigung im Ausland

Etwa 8 Wochen vor der Einreise in das benachbarte Ausland sollten Sie unbedingt die dortige Reiterliche Vereinigung (in Deutschland über die FN zu erfahren) über Ihre Reiseroute informieren und den geplanten Grenzübergangsort nennen. Diese Beschreibung verbinden Sie mit der Bitte, Ihnen die entsprechenden Landesbestimmungen, Grenzübergangs- und Zollbestimmungen zu nennen. Bedenken Sie, daß Sie die schriftliche Anfrage unbedingt in der jeweiligen Landessprache an den ausländischen Verband richten, weil sie sonst nicht bearbeitet wird.

Die ausländische Reiterliche Vereinigung wird Ihnen jetzt (hoffentlich) eine Menge von Angaben liefern: Welche Grenzübergänge z. B. über einen Tierarzt verfügen, wo Pferde über die Grenze dürfen und wo nicht (nicht an jedem Grenzzollamt dürfen Pferde passieren), was alles in dem Tierärztlichen Zeugnis enthalten sein muß, welche Bescheinigungen im Gastland gefordert werden usw.

Wenn Sie diese Anfrage versäumen, gehen Sie das Risiko einer Einreiseverweigerung oder zumindest enormen Zeitverlusts ein.

## Anfrage an die zuständige Zolldienststelle

Zu Ihrer Absicherung sollten Sie unbedingt lange vor Ihrer Reise eine weitere Anfrage an den Zollübergang (deutschen und ausländischen) richten, den Sie für Ihre Tour eingeplant haben. Fragen Sie nach allen Bestimmungen, die für einen Grenzübergang zu Pferde bestehen. Fragen Sie besonders danach, ob und von wann bis wann ein Tierarzt dort in Bereitschaft ist. Fragen Sie, wie hoch die Gebühr ist, die Sie in Bargeld beim Zoll für Ihr Pferd hinterlegen müssen. Fragen Sie nach der geforderten Währung dieser Hinterlegung. Dies ist notwendig, weil die Hinterlegungsgebühr zwischen 50,– und 500,– DM schwankt und Sie sich ja schließlich finanziell darauf vorbereiten müssen. Stellen Sie zur Sicherheit auch an diese Zolldienststelle noch einmal die Frage, was alles in dem Tierärztlichen Zeugnis vermerkt sein muß.

Nachdem Sie diese beiden Anfragen gestellt und beantwortet bekommen haben, wird Ihnen so gut wie immer die Aufgabe entstehen, sich die im folgenden aufgeführten Legitimationen zu besorgen:

### Bescheinigung Ihres Bürgermeisters

Ihr heimisches Bürgermeisteramt sollte Ihnen eine schriftliche Bestätigung mitgeben, daß in Ihrem Heimatbezirk in den letzten 5 Jahren keine Pferdepest vorgekommen ist. Bedenken Sie dazu, daß die meisten Länder diese Bescheinigung in der Landessprache fordern und daß einige Länder ein Vordruckformular hierzu haben.

### Befähigungs-Bestätigung

Sie brauchen eine formlose, aber schriftliche Bestätigung eines reiterlichen Verbandes Ihres Heimatlandes, in welcher Ihnen die Fähigkeit zu Ihrem reittouristischen Unternehmen ausgewiesen wird. Sehr gut eignet sich hierfür der in drei Sprachen ausgedruckte Reiterpaß der VFD. Selbstverständlich eignen sich auch Bestätigungen der FN, des IPZV, des ETCD, des VDD und gleichartiger Verbände.

### Proforma-Rechnung

Am Zoll gilt das Pferd als Ware. Der Zoll möchte wissen, was diese „Ware" wert ist. Nicht zuletzt deshalb, weil der Wert der „Ware" wichtig wird,

wenn ihr im Ausland etwas passiert und sie nicht mehr ins Heimatland zurück überführt werden kann. Deshalb stellen Sie eine Proforma-Rechnung aus, gerade so, als ob Sie jemandem ein schriftliches Angebot zum Verkauf Ihres Pferdes machen wollten. Diese Proforma-Rechnung führen Sie in 6facher Ausführung mit.

Wie so eine Rechnung auszusehen hat, zeigt Ihnen folgendes Muster.

Muster für die Proforma-Rechnung:

Rechnung
19. Juli 1982

4 Island-Wallache

| | |
|---|---|
| 1) Swipeur geboren 6. Juni 1972 Dunkelbraun ohne Zeichen | 3 950,– |
| 2) Gaski geboren 3. Juli 1972 D'Braunfalbe, ohne Zeichen, Aalstrich | 4 250,– |
| 3) Gladür geboren 25. Mai 1971 Braun, Stern, h.l.gef., h.r.h'gef. | 5 000,– |
| 4) Jarpur geboren 26. Juni 1972 Rappe ohne Zeichen | 4 300,– |
| Grenzübergangswert DM | 17 450,– |

Unterschrift

### Hinterlegungsgebühr

Beim Zoll müssen Sie in der jeweiligen Währung einen bestimmten Betrag Bargeld hinterlegen, dessen Höhe Sie zuvor erfragt haben. Das Geld wird Ihnen bei der Ausreise wieder zurückerstattet. Wertnachweis und Geldhinterlegung können Sie sich ersparen, wenn Sie mit der Abwicklung der Grenzüberführung Ihrer Pferde eine Spedition beauftragen. Die Speditionskosten pro Pferd pflegen zwischen 70,– und 100,– DM zu betragen.

## Carnet ATA

Wertnachweis und Bargeldhinterlegung entfallen ebenfalls, wenn es Ihnen gelingt, bei der Industrie- und Handelskammer ein Carnet ATA zu bekommen. Als Privatmann erhalten Sie dies selbstverständlich nicht. Sie können es aber für Ihr Unternehmen bekommen oder, wenn Sie Glück haben, eventuell namens Ihres Vereins von der IHK, in deren Amtsbereich Ihr Verein seinen Sitz hat, vorausgesetzt er ist „e.V.". Im letzteren Falle reiten Sie aber nicht als Privatmann, sondern als „Beauftragter" Ihres Vereins. Solch ein Carnet ATA kostet etwa 10,– DM pro Pferd.

## Tierärztliches Zeugnis

Für den Grenzübertritt brauchen Sie ein Tierärztliches Zeugnis für jedes Pferd von einem Staatlichen Veterinär (Amtstierarzt). Dieses Zeugnis darf bei Grenzübertritt nicht älter als 3 Tage sein. Wer zur Grenze reitet, kann deshalb auch unterwegs einen beliebigen Amtstierarzt in Anspruch nehmen. Was in dem Zeugnis alles vermerkt sein muß, haben Sie vorsorglich schon lange vorher gefragt.

## Cogginstest

8 bis 10 Tage vor der Reise lassen Sie durch den Haustierarzt Blutproben entnehmen und senden diese, zusammen mit einer genauen Beschreibung des Pferdes, an ein Staatliches Untersuchungsamt. Der Tierarzt stellt Ihnen das Negativzeugnis zu, welches Sie auf der ganzen Reise benötigen.

## Internationaler Impfausweis für jedes Pferd

Lassen Sie sich von Ihrem Tierarzt für jedes Pferd einen Internationalen Impfausweis ausstellen. Welche Impfungen für welches Land erforderlich sind, haben Sie ebenfalls schon lange vorher gefragt.

## Identitätspapiere für Pferde

Sie können entweder Fotokopien der Fohlenscheine oder sonstige Identitätspapiere der Pferde mitnehmen oder aber auch selbst Pferdepässe ausstellen. Wichtig ist nur, daß alle Papiere – besonders ein „Pferdepaß" – eine besonders exakte Beschreibung des Pferdes sowie ein möglichst farbiges Foto enthalten.

Solche Identitätspapiere braucht der Grenztierarzt. Je exakter die Beschreibung des Pferdes im Ausweis ist und je besser das Foto, desto kürzer die Abfertigungszeit. Bedenken Sie, daß Ihnen für den Grenztierarzt u. U. Kosten von 50,– DM entstehen können.

## Für den Reiter

Reisepaß oder Personalausweis ist selbstverständlich. Es wird Ihnen auch dringend empfohlen, eine entsprechend große Menge Bargeld in ausländischer Währung mitzunehmen und sich entsprechende ausländische Telefonmünzen an der Grenze zu besorgen.

# Ablauf eines Wanderritt-Tages

So oder ähnlich könnte ein Tagesablauf an einem Durchschnittstag, sagen wir Ende September, aussehen. Der Start ist für 8 Uhr geplant.

6.15 Uhr Stalldienst. Nachsehen ob alles in Ordnung ist, Heu oder anderes Rauhfutter vorlegen.

6.30 Uhr tränken. Morgens tränkt man immer satt!

6.45 Uhr Hafer. Wenn die Beutel leer sind, ist Frühstückspause.

7.15 Uhr mit dem fertigen Gepäck zum Stall, Pferde putzen, Hufe auskratzen, Stroh aus Schweif und Mähne sammeln, das übliche Satteln, erst locker, dann vor dem Aufsitzen nachsatteln, besonders ruhig und sorgfältig. Dann Mantelsack und Packtaschen anschnallen und auftrensen. Stallhalfter nicht im Stall hängen lassen! Verstauen Sie's gleich in der Satteltasche.

8 Uhr Start. Wenn man beim Abrechnen der Übernachtungskosten das Aufräumen des Stalles mitbezahlt hat, kann man jetzt starten, sonst bindet man die Pferde außerhalb des Stalles an und räumt erst noch auf, so wie es gewünscht wird. Wenn auf dem Hof Pferde oder andere Tiere sind, hebt man die noch gute Einstreu auf! Reist man mit Troßauto, können die Autofahrer aufräumen.

Die ersten zehn Minuten nach dem Abritt Schritt, dann kurze Pause. Gurte nachziehen, Gepäck überprüfen. Wenn sich die Pferde zum ersten Mal gelöst haben, geht man zu schnelleren Gangarten über.

In einer Landschaft mit Strecken, die in schnellem

Wechsel bergauf und bergab führen, mit Wiesenwegen, Feldwegen, Asphalt (stets nur im Notfall), ergibt sich ein häufiger Wechsel der Gangarten von selbst. In gleichmäßig flacher Landschaft reitet man Schritt und Trab zu etwa gleichen Teilen, ab und zu unterbrochen von Galopp zur Erfrischung.

Grundsätzlich wird unterwegs jede Möglichkeit zum Tränken genutzt, besonders aber vor der Mittagspause und abends eine halbe Stunde vor dem Ziel! Den Ort der Mittagsrast sollte man möglichst mit trockenen Pferden erreichen! Am besten absatteln und weiden lassen. Frei laufen lassen sollte man sein Pferd allerdings nur, wenn man weiß, wie man es nachher wieder erwischt. Eines sollte man immer festhalten oder kurz und hoch anbinden.

Bei allen längeren Pausen wird selbstverständlich der Gurt gelockert oder gar abgesattelt. Es tut den Pferden gut, wenn man sie am Unterleghalfter – also ohne Gebiß – führt und fressen läßt. Vorsicht beim Nachsatteln: Gurt ganz öffnen und sehr gut „kammern". Wenn man fressen lassen will, ist es besser, ganz abzusatteln, weil sich das Fell unterm Sattel bei gesenkten Kopf des fressenden Pferdes verzieht und nachher der Sattel zu weit hinten sitzt!

Wenn man mit Troßauto unterwegs ist – die Gruppe besteht z. B. aus vier Pferden und sechs Reitern –, können immer zwei Leute umschichtig das Auto mit Reitergepäck, Stallutensilien und Hafersack fahren. Man verabredet sich zum Mittagessen in einem bestimmten Ort, in dem die Fahrer ein Quartier ausfindig machen, wo die Pferde abseits vom Verkehr sicher angebunden werden können. Hier stellt man die Tiere zugfrei und bindet sie kurz an. Sie gehen dann bald in Ruhestellung über. Später gibt's Wasser. Wenn man nicht eine halbe Stunde vor der Rast tränken konnte, tränkt man erst kurz vor dem Aufbruch. Nach etwa zwei Stunden reitet man weiter.

Wenn man bei vorbereitetem Quartier reist, kann man abends nach einem flotten Ritt sehr beschaulich das Ziehen im langen Schritt durch die Dämmerung genießen. Es ist schön, in einem fertig gerichteten Stall anzukommen.

## Übernachten

Ein bis zwei Stunden vor der Dunkelheit sollte man das Quartier erreicht haben, damit man nicht bei Dunkelheit in den unbekannten Stall muß. Absatteln, Sättel möglichst irgendwo aufbocken, Woilach zum Lüften mit der Pferdeseite nach oben legen, Trensen abwaschen, im Sommer Sattellage mit kaltem Wasser auswaschen, möglichst im Hellen sorgfältig auf Satteldruck untersuchen, Hufe auskratzen. Die Reihenfolge dieser Handgriffe ist nicht festgelegt, aber auf jeden Fall muß der Stall vor dem

Kunstdünger

Kunstdünger

Kun..

Kun

Abb. 61. Vergewissern Sie sich, daß in der Reichweite Ihres angebundenen Pferdes keine gefährlichen Gegenstände liegen, stehen, hängen . . .

Stunde nach Ankunft tränkt man – wenn möglich hat man unterwegs, etwa eine halbe Stunde vor der Ankunft, schon sattsaufen lassen.

Wenn alles Sattelzeug versorgt ist, alle Sattellagen gewaschen, Gelenke und Sehnen auf warme Stellen abgetastet sind, hängt man die erste Portion Hafer im Haferbeutel um die Ohren, nach dem Abendessen der Reiter dann die zweite Portion. Falls Quartier und Stall nicht allzuweit voneinander entfernt sind, sollte man sich sogar die Mühe machen, den Hafer auf 3 Portionen zu verteilen. Dazwischen immer wieder genügend Zeit lassen zur Rauhfutteraufnahme und auch immer wieder nachtränken. Rauhfutter bekommen die Pferde über Nacht satt.

In fremder Umgebung ist für das Pferd der Reiter das Vertraute. Er muß so lange dableiben, bis der Stall vertraut genug ist, daß das Pferd sich zu Hause fühlt. Dann wird es völlig entspannt fressen und sich auch hinlegen und am anderen Morgen erholt seinem Reiter (und dem Frühstück) entgegen wiehern.

## Ruhetag

Grundsätzlich wird pro Woche ein Ruhetag eingelegt. Reitet man mehr als eine Woche am Stück durch, so muß man später mehrere Ruhetage hintereinander einlegen.

An Ruhetagen kann man die Pferde gründlich putzen. Da sie es nicht gewöhnt sind, allein zu sein, holt man gleichzeitig zwei Pferde aus dem Stall und bindet das eine so lange an, bis das andere fertig ist. Verzichten Sie beim Putzen auf den falschen Ehrgeiz, die letzte Schuppe aus dem Fell zu kratzen. Die fetthaltige Schicht ist als Kälteschutz nötig.

Auch Sattel und Zaumzeug brauchen gründliche Pflege.

## Reitwetter

Transparentblauer Septemberhimmel, Temperaturen zwischen 15 und 20 Grad, spätsommerliche Wärme: Gewiß, das ist ein ideales Reisewetter! Der

Anbinden der Pferde auf Sicherheit geprüft werden. Beim Anbinden im Quartier sind Sympathien und Antipathien der Pferde untereinander unbedingt zu beachten. Pferde, die von den anderen akzeptiert werden, stellt man als Puffer in die Mitte, Feinde so weit wie möglich auseinander, Freunde zusammen, neue Pferde mit Sicherheitsabstand extra usw.

Gleich nach dem Anbinden legt man den Pferden etwas Heu vor, nicht zuviel, sie verscharren sonst vor Wasser- und Hafergier das Futter. Eine halbe

Abb. 62. Wird der Regen zu stark, dreht man ihm die Kehrseite zu.

September ist der beste Monat zum Wanderreiten, das Wetter ist verhältnismäßig zuverlässig: sonnig! Aber, auch das trübste Wetter ist kein Grund, das Pferd im Stall zu lassen! „Reitwetter ist fast immer!" sagen alte Reiter.

Voraussetzung dafür, daß der Ritt bei jedem Wetter ein Vergnügen wird, ist die jeweils richtige Ausrüstung: Eine leichte Kopfbedeckung und Regenzeug sollten stets griffbereit am Sattel untergebracht sein, falls man von einem Regen oder Gewitter unterwegs überrascht wird. Ein richtiger Reitmantel ist ein großes Gepäckstück, das die meiste Zeit unnötiger Ballast ist, es sei denn, man reitet im Winter, wo man den Mantel wegen der Wärme braucht und die

ganze Zeit anhat. Da ist jeder Mantel geeignet, der hinten geschlitzt ist und weit genug über die Knie reicht.

Regenumhänge sind zwar praktisch, aber nur bei ruhigen Pferden. Man muß sich und die Pferde schon bei gutem Wetter daran gewöhnen, nicht erst im Sturm! Wenn der Wind hineinbläst und sie hochweht oder gar knallend flattern läßt, ist das als Zusatz zu einem rechten Gewitter manchem Roß zu nervenaufreibend! Vorsicht! Panikgefahr!

Je heftiger ein Gewitterregen herunterprasselt, um so kürzer ist er meistens. Man wird sich also, wenn es geht, irgendwo im Windschatten unterstellen. Wenn der Regen einen schutzlos im Freien überfällt, reitet man einfach weiter, es macht den Pferden gar nichts aus, naß zu werden, wenn sie gleich weitergeritten werden. Stellt man sie ein, muß man sie unbedingt zugfrei stellen und wenn möglich mit Stroh trockenreiben, dabei wird einem selbst auch wieder warm. Wenn der Regenguß zu heftig ist, dreht man die Hinterseite in die Windrichtung und wartet ab, so macht es das Steppentier Pferd von selbst am liebsten. Pferde erkennen anscheinend früher als wir, daß und wie schnell ein Gewitter kommt, man sollte ihre Reaktionen sehr genau beobachten und berücksichtigen!

Sommergewitter lassen sich übrigens oft sehr früh an den Bremsen erkennen. Diese lästigen Insekten werden vor Gewittern ganz besonders aggressiv zu Pferden, diese schlagen dann dauernd mit Schweif, Huf oder Kopf nach einem dieser Störenfriede. Auf freiem Feld vom Gewitter überrascht zu werden sollte man wegen der Blitzschlaggefahr wenn irgend möglich vermeiden.

Im Hochsommer, wenn es über Mittag sehr warm wird, reitet man am besten in den taufrischen Morgenstunden los, um vier oder fünf Uhr. Bis es heiß wird, hat man die ersten Kilometer schon bei angenehmen Temperaturen hinter sich, hat sich in einem Dorf Proviant gekauft und verdöst nun den Mittag träge im Schatten eines Apfelbaumes. Das Pferd, abgesattelt und am langen Strick angebunden, weidet oder döst auch. Manchmal machen allerdings Bremsen oder andere Insekten einen Aufenthalt im Freien unmöglich, dann sollte man versuchen, in einer Scheune oder unter einem schattigen Vordach Mittagspause machen zu dürfen. Nach der Mittagshitze geht es frisch ausgeruht in die zweite Etappe. Winterritte können, besonders im Schnee, sehr reizvoll sein. Hauptsache ist nur, daß man warm angezogen ist. Die Stiefel dürfen eher zwei Nummern zu groß sein (für ein zweites Paar Socken) als auch nur eine Idee zu klein, denn die Zehen bewegt man beim Reiten ja so gut wie gar nicht. Kältegrade machen den Pferden nichts. Wenn Sie selbst ernsthaft frieren, sitzen Sie eben mal den Trab ein längeres Stück aus, dabei wird Ihnen gleich warm! Oder Sie traben eine Weile zu Fuß neben dem Pferd her.

Die einzige Wetterlage, bei der man effektiv nicht reiten kann, ist Tauwetter, und zwar wegen des „Aufstollens": Der nasse Schnee klumpt sich unter den Hufen zusammen, bis richtige Stelzen daraus werden, und die sind gefährlich! Die Pferdebeine können umknicken und Verstauchungen, sogar Beinbrüche zur Folge haben. Alle paar Minuten ist man mit dem Hufkratzer am Ausputzen der Hufe. Das macht in der strahlenden Märzsonne verdrießlich.

Seien es besonders schöne, heiße, gewittrige, kalte, verschneite, verregnete Tage, sie alle haben ihre Reize. Aber auch die vielen grauen, halbtrüben, halbschönen Tage dazwischen sind bestens zum Wanderreiten geeignet, all die Tage „ohne Wetter", die mit ihren vielfältigen Lichtstimmungen auch vertraute Landschaften immer wieder neu erscheinen lassen.

# Karte und Kompaß

Horst Althaus

## Die topographische Karte

Landkarten werden in den unterschiedlichsten Arten und Ausführungen auf den Markt gebracht. Den Wanderreiter interessiert hier nur die sogenannte topographische Karte. Die enthält alle wichtigen Angaben, um sich im Gelände zurechtzufinden. So z. B. Bodenformen, Gewässer, Bodenbewachsung, aber auch künstlich geschaffene Bauten wie Wohnstätten, Verkehrswege, Bodenbebauung usw. Um mit einer Karte arbeiten zu können, müssen die darauf abgebildeten Längen aus der Natur verkleinert werden. Das Maß der Verkleinerung ist das Verhältnis der Kartenlängen zu den Naturlängen und heißt Maßstab. Das Verkleinerungsverhältnis wird ausgedrückt durch einen Bruch: z. B. 1 : 50 000, d. h. die natürliche Maßeinheit ist 50 000 mal größer als die Maßeinheit des Maßstabs der verjüngten Karte. Der vor der Zahl stehende Buchstabe M wird als Modul oder Maßstabszahl bezeichnet.

Um die Länge einer bestimmten Strecke in der Natur zu erfahren, messen wir die gleiche Strecke auf der Karte und multiplizieren das Ergebnis mit dem Maßstab. Also z. B.: Auf der Karte gemessene 3 cm multipliziert mit dem Maßstab 50 000 ergibt eine Naturlänge von 150 000 cm oder 1,5 km.

Um sich in einer Wanderkarte zurechtzufinden und sie richtig lesen zu können, ist es nötig, die darin verwendeten Signaturen zu kennen.

Legt man eine Karte so vor sich, daß die Schrift seitenrichtig lesbar ist, dann ist Norden grundsätzlich „oben". Dementsprechend ist Osten rechts, Süden „unten" und Westen links.

Meistens am rechten oder linken Papierrand finden wir einen Auszug aus der Zeichenerklärung sowie die meisten der in der Karte eingezeichneten topographischen Einzelzeichen (Signaturen). Diese variieren zwar etwas von Hersteller zu Hersteller und auch von Maßstab zu Maßstab, sind aber durch ihre piktogrammhafte Darstellung immer leicht verständlich.

Weiter findet man eine Blattübersicht, die uns darüber informiert, welche Anschlußkarten wir im Falle einer Überschreitung des vorliegenden Kartenrandes noch beschaffen müssen.

Um aktuelles Kartenmaterial zu haben, achte man beim Kauf von Wanderkarten darauf, daß das Jahr der Ausgabe vermerkt ist. Eventuell auch der Berichtigungsstand, d. h. wann die letzten Berichtigungen bzw. Nachträge erfolgten.

Selbstverständlich ist der Maßstab angegeben. Im allgemeinen ist er auf der Landkarte in der linken oberen Ecke und außerdem beim Längenmaßstab vermerkt.

## Benutzung der Karte

### Kartentasche

Auf einem Wanderritt sollte die Karte grundsätzlich in einer Kartentasche geschützt untergebracht sein. Diese muß regendicht sein, eine Klarsichtseite haben, durch welche die Karte gelesen werden kann, ohne herausgenommen werden zu müssen, und unverlierbar am Sattel befestigt werden können. Ob die Klarsichtseite ein Gitterraster hat oder nicht, ist Geschmackssache. Ohne Raster lassen sich Details besser erkennen, mit Raster Entfernungen besser abschätzen.

### Feuchtigkeitsschutz

Trotz schonender Behandlung der Wanderkarten beim Gebrauch zeigen sich nach einiger Zeit Schäden durch Abrieb oder Feuchtigkeit, hauptsächlich an den Knickstellen. Dies zu verhindern oder wenigstens hinauszuzögern, gibt es mehrere Möglichkeiten.

Die Karte wird in gleich große Rechtecke geschnitten, und diese werdem mit Abständen zu den Schnittkanten auf Leinwand oder Folie geklebt. Als Regenschutz empfiehlt es sich dann noch, eine selbstklebende, leicht mattierte (!) Klarsichtfolie auf der Bildseite aufzubringen. (Diese Arbeit führt uns jeder Buchbinder aus.)

*Vorteil:* Knickkanten weitestgehend geschützt. Je

nach verwendeten Materialien ist die Karte regen-
fest.
*Nachteil:* Sehr teuer.
Eine zweite Möglichkeit besteht darin, die Knickkan-
ten mit einem 2 bis 3 cm breiten Streifen aus
selbstklebender, mattierter Klarsichtfolie zu über-
kleben.
*Vorteil:* Preiswert. Mit ein wenig handwerklichem
Geschick kann man dies selbst ausführen.
*Nachteil:* Kein Regenschutz.
Als dritte Möglichkeit eignet sich die Beschichtung
der Rück- und der Bildseite mit einem transparenten
Plastiklack aus der Spraydose.
*Vorteil:* Knickkanten geschützt. Voller Regenschutz
(Karten lassen sich sogar abwaschen).

## Streckenfestlegung, Reitzeit

Bei der Vorbereitung und besonders bei der Durchführung eines Wanderritts ist die Kenntnis der tatsächlichen, reinen Reitzeit für die geplante Weg-
strecke von besonderer Wichtigkeit. Zur Ermittlung
dieser Zeit genügt es in fast allen Fällen, die Länge
der Luftlinie dieser Strecke auf der Karte herauszu-
messen und diesen Wert mit dem Faktor 1,4 zu
multiplizieren. Das Ergebnis ist die tatsächliche
Länge der Reitstrecke. Dieser Faktor gilt jedoch nur
für welliges oder leicht hügeliges Gelände. Bei der
Überwindung großer Höhenunterschiede muß man
mindestens mit dem Faktor 2 multiplizieren. Ist die
tatsächliche Länge der Reitstrecke ermittelt, so multipliziert man diesen Wert mit dem Tempo, das man
reiten will bzw. je nach Vorhaben oder Gelände
reiten kann.

---

**Beispiel:**
Luftlinie Start − Ziel = 10 km x 1,4 = 14 km
tatsächliche Reitstrecke.
Geritten wird Tempo 7 (= 7 Min./km). Tatsächliche, reine Reitzeit ist also: 7 x 14 = 98 Min. oder
1 Stunde 38 Min.

---

## Bodenformen, Steigungen

Unter Bodenformen verstehen wir die Höhenunterschiede wie Berge, Hügel, Täler, Schluchten usw.
Um die verschiedenen Höhen darzustellen, bedient
man sich im einfachsten Fall der Höhenlinien.

Zum besseren Verständnis stelle man sich einen
Berg vor, der genau waagrecht in gleich dicke
Scheiben geschnitten ist (Abb. 63). Die Kanten der
Schnittflächen bilden die „Höhenlinien". Der Höhen-
abstand zweier aufeinanderfolgender Höhenlinien
richtet sich nach der Steilheit des Geländes und
dem Maßstab der Karte, bei der topographischen
Karte 1 : 50 000 beträgt er in der Regel 10 m. Höhenlinien sind auf der Karte braun gezeichnet, Gewässer blau. Da die Darstellung der Bodenform allein
mit Höhenlinien für den ungeübten Kartenleser wenig Aussagekraft hat, zeichnet man heute auf manchen Karten zusätzlich die sogenannte Schummerung ein.
Man stelle sich das so vor: Die Karte ist bei unterge-
hender, tiefstehender Sonne gezeichnet worden.
Die Osthänge liegen bereits im Schatten. Nur die
Westhänge sind noch beleuchtet. Freie Flächen
sind in brauner, bewaldete Flächen in grüner Farbe
gehalten. Je steiler die Hänge sind, desto dunkler
sind ihre Farben. Die Karte gewinnt dadurch außerordentlich an Plastizität. Grundsätzlich kann man
sagen, je geringer der Abstand zweier Höhenlinien
auf der Karte ist, desto steiler ist der Hang im
Gelände.
Genaue Werte von Steigungen können durch Aus-
messen des Höhenlinienabstandes und Übertra-
gung dieses Abstandes auf den Neigungsmaßstab
ermittelt werden. Ein solcher Neigungsmaßstab findet sich meist am unteren Kartenrand von topographischen Karten. Hierzu legt man den gefundenen
Abstand an die Senkrechten des Neigungsmaßsta-
bes an und verschiebt den gefundenen Abstand so
lange waagrecht auf dem Neigungsmaßstab, bis
sich gefundener Abstand und die auf dem Neigungsmaßstab eingezeichneten Höhenlinien dek-
ken. Darunter kann man dann die Steigung in Pro-
zenten ablesen (Abb. 64).

## Kartenarten, Bezugsquellen

Die Landesvermessungsämter der einzelnen Bundesländer geben topographische Wanderkarten in
folgenden Maßstäben heraus: 1 : 25 000 von 3- bis
7farbig teils auch mit Wanderwegen, 1 : 50 000 von
4- bis 8farbig mit Wanderwegen, teils mit Schummerung, 1 : 100 000, Ausstattung wie Karten 1 : 50 000.
Außerdem jährlich Kartenverzeichnisse, die man

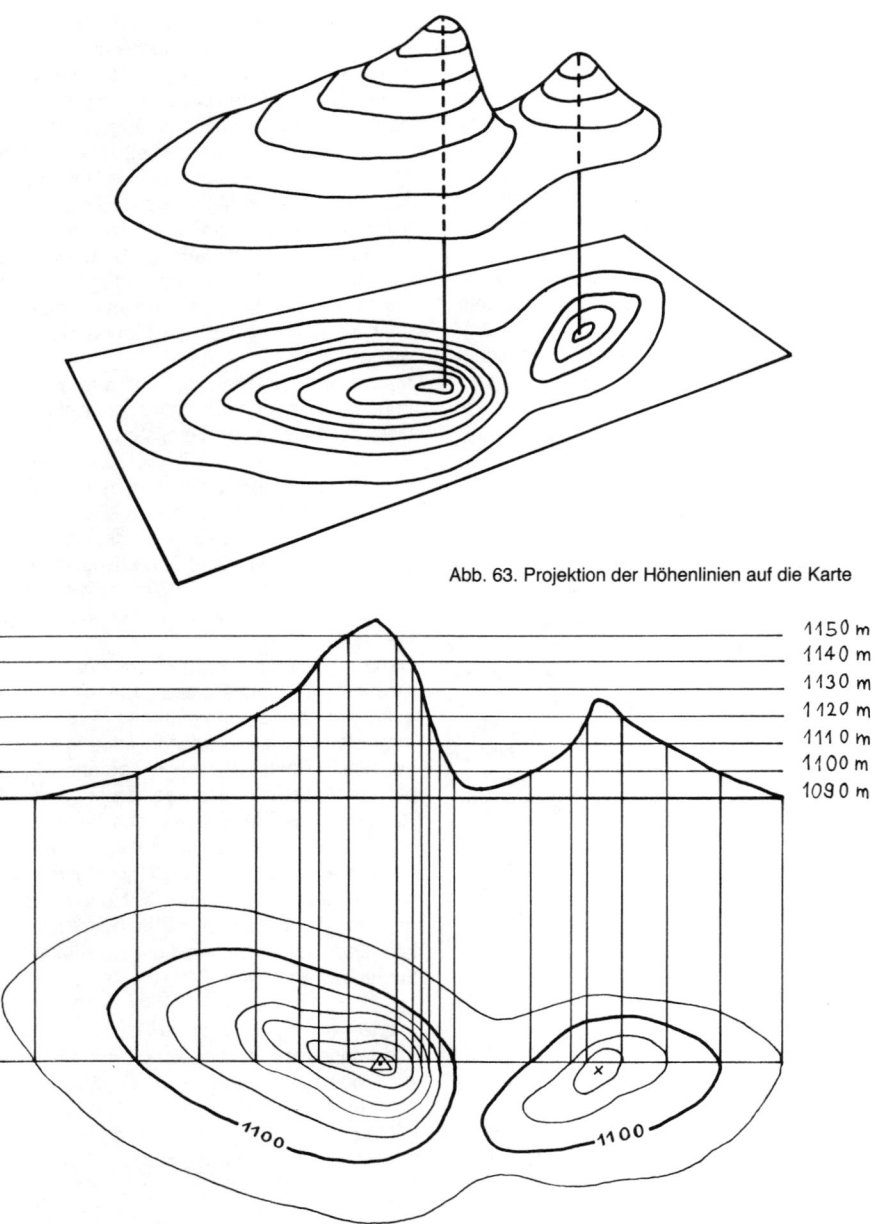

Abb. 63. Projektion der Höhenlinien auf die Karte

1150 m
1140 m
1130 m
1120 m
1110 m
1100 m
1090 m

1100

1100

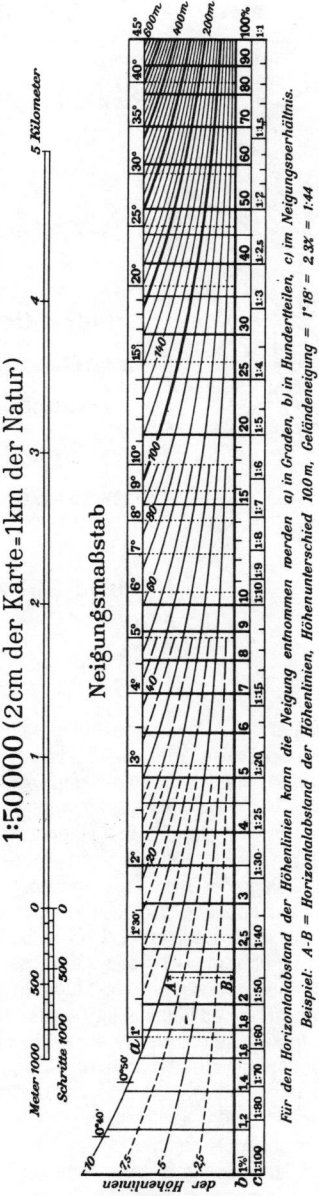

Abb. 64. Neigungsmaßstab

kostenlos erhält, mit Informationen über alle im Handel befindlichen Karten.

Falls man einen Wanderritt über die Grenzen des eigenen Bundeslandes hinweg plant, empfiehlt es sich, diese Kartenverzeichnisse von den in Frage kommenden Landesvermessungsbehörden anzufordern. Die Adressen dieser Behörden finden sich am Ende dieses Kapitels.

Außerdem kann man beim hessischen Landesvermessungsamt gegen eine Schutzgebühr einen Sammelband der Kartenverzeichnisse aller Landesvermessungsämter beziehen.

Die geeignetste Karte für den Gebrauch auf Wanderritten dürfte die Ausgabe im Maßstab 1 : 50 000, 7farbig, mit Schummerung und rot eingezeichneten Wanderwegen sein. Sie ist gut zu handhaben, übersichtlich und in den Details noch ausreichend genau. Immerhin erfaßt sie ein Gebiet in Ost/West-Richtung von über 24 km, in Nord/Süd-Richtung von 22 km. Das sind über 528 km$^2$.

An dieser Stelle kann nur eindringlich empfohlen werden, den Umgang mit Landkarten immer wieder zu üben. Nur die Übung bringt die Fähigkeit, sich die dreidimensionale Landschaft aus der zweidimensionalen Zeichnung der Karte vorstellen zu können. Dasselbe gilt für den im folgenden beschriebenen Umgang mit dem Kompaß.

## Der Kompaß

Je nach Verwendungszweck gibt es Kompasse in verschiedenen Ausführungen bzw. Techniken, z. B. den elektronischen Schiffskompaß, den Kreiselkompaß, den Wander- oder Marschkompaß. In der nachstehenden Beschreibung und Erläuterung kann nur allgemein über die notwendigste Ausstattung eines Kompasses gesprochen werden, da eine Vielzahl von Modellen und Ausführungen auf dem Markt zu Preisen zwischen 40,– DM bis 250,– DM angeboten wird. Beim Kauf eines Kompasses erhält man aber immer eine ausführliche Gebrauchsanweisung für das erstandene Modell.

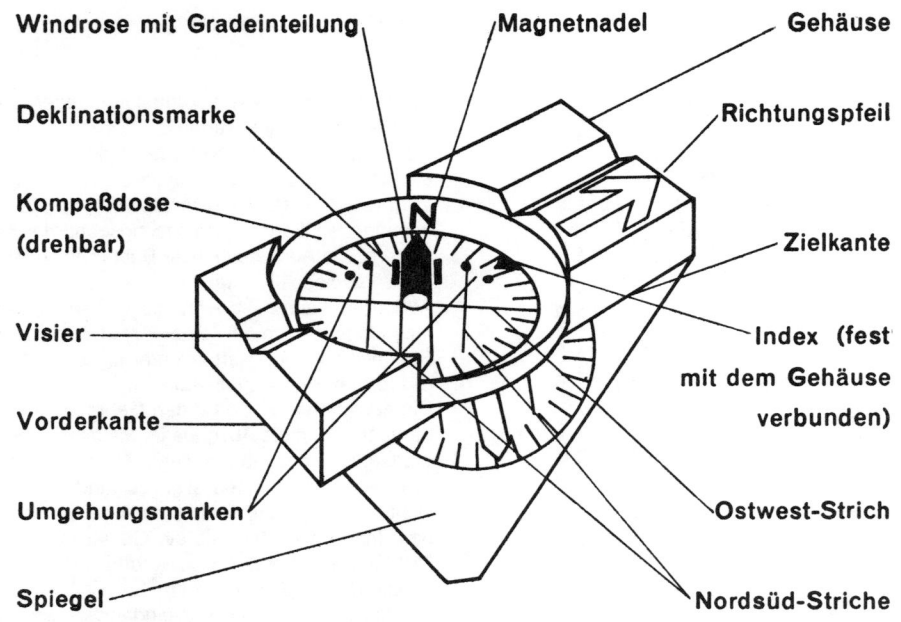

Windrose mit Gradeinteilung

Magnetnadel

Gehäuse

Deklinationsmarke

Richtungspfeil

Kompaßdose
(drehbar)

Zielkante

Visier

Index (fest
mit dem Gehäuse
verbunden)

Vorderkante

Umgehungsmarken

Ostwest-Strich

Spiegel

Nordsüd-Striche

Abb. 65. Einzelteile des Marschkompasses

Ein Marschkompaß ist immer ein sogenannter Magnet-Kompaß. Bei diesem stellt sich eine auf einer feinen Spitze in Schwerpunktmitte gelagerte Magnetnadel unter Einwirkung des magnetischen Erdfeldes ungefähr in Nord/Süd-Richtung ein. „Ungefähr" nur deshalb, weil die magnetischen Pole weitab von den geographischen Polen liegen und ihre Lage mit der Zeit sogar ändern. Zur Zeit liegt der magnetische Nordpol in der Gegend von Nordkanada. Diese Abweichung der Magnetnadel vom geographischen Nordpol nennt man Mißweisung oder Deklination. Sie beträgt bei uns in Deutschland zur Zeit ungefähr 2° westlich (links der Nordmarke). Dies ist beim Einstellen des Kompasses immer zu berücksichtigen.

Ein guter Marschkompaß sollte folgende Einrichtungen haben (Abb. 65): Ein stabiles Gehäuse mit einer Visiervorrichtung, bestehend aus Kimme und Korn, die das Anpeilen von Punkten im Gelände gestattet,

eine dazu parallel verlaufende Anlegekante sowie einen ausklappbaren oder ausrückbaren Spiegel. Ausführungen mit nach unten ausklappbarem Spiegel sind im Gebrauch vorteilhafter, weil beim Anvisieren von Punkten die Zahlen seitenrichtig abgelesen werden können. Es gibt auch Fabrikate, bei denen der Spiegel im Deckel untergebracht ist, also nach oben geklappt wird. Bei diesen erscheinen die Zahlen dann in Spiegelschrift. Und schließlich die wichtigste Einrichtung – eine im Gehäuse drehbar gelagerte Kompaßdose mit der Magnetnadel. Die Dose sollte mit einer Flüssigkeit (Wasser-Alkohol-Gemisch) gefüllt sein, um die Schwingungen der spielenden Nadel zu dämpfen und dadurch das Ablesen zu erleichtern. Außerdem enthält die Kompaßdose eine im Nordpunkt beginnende, im Uhrzeigersinn drehende Kreisteilung. Am gebräuchlichsten sind Ausführungen mit einer 360°-Teilung (Grad). Es gibt aber auch Teilungen mit 400°

(Neugrad) und 6400′ (Strich). Welche Teilung man benutzt, ist für den Gebrauch selbst unwichtig, weil immer nur Winkel gemessen werden.

Zusätzlich zur Teilung ist mindestens noch die Nord/Süd-Richtung angegeben. Ost und West findet man dann bei ¼ bzw. bei ¾ der Kreisteilung. Bei den meisten Ausführungen ist westlich (links) des Nordpunktes eine Markierung angebracht. Dies ist der Deklinationspunkt (Mißweisungspunkt), auf den die Magnetnadel einspielen muß, um die Anlegekante genau in Nord/Süd-Richtung zu haben. Ist dieser Punkt nicht vorhanden, so läßt man die Nadel auf die Zahl 358 einspielen. Außerdem enthält die Kompaßdose noch die Magnetnadel, deren Nordende farblich besonders gekennzeichnet ist. Meistens ist es rot, oft auch mit Leuchtfarbe für den Gebrauch bei Nacht markiert.

Ein Marschkompaß ist zwar meist robust gebaut und relativ unempfindlich, man sollte ihn trotzdem pfleglich behandeln. Herumwerfen oder Fallenlassen schaden ihm. Auch sollte man ihn nicht in der Sonne liegen lassen, da in der Hitze die Flüssigkeit verdunstet. Der hierbei entstehende Druck beult die Dose auf, und nach der Abkühlung bleibt eine Luftblase zurück, welche die Genauigkeit des Kompasses erheblich mindert.

Beim Gebrauch eines Kompasses beachte man, daß die Nadel in der Nähe großer Eisenkonstruktionen von diesen abgelenkt und das Meßergebnis dadurch verfälscht wird. Also von eisernen Brücken, Hochspannungsmasten usw. mindestens 5 bis 10 m Abstand halten. Auch eiserne Gartentische oder Kofferraumdeckel von Autos sind als Unterlagen für Kompaßmessungen völlig ungeeignet.

# Die Orientierung im Gelände

## Feststellung des Nordpunktes im Gelände

Will man im Gelände die Himmelrichtung bestimmen, nimmt man den Kompaß in die Hand, klappt den Deckel auf und dreht die Kompaßdose so lange, bis die Nordmarke mit dem Korn der Visierrichtung bzw. mit dem Index übereinstimmt. Hält man den Kompaß jetzt genau waagerecht, wird sich die Magnetnadel sofort so drehen, daß ihr Nordende nach dem magnetischen Nordpol zeigt. Jetzt dreht man sich um die eigene Achse, bis die Nordseite der Nadel mit dem Deklinationspunkt übereinstimmt. Die Verlängerung der Linie Kimme – Korn des Visiers zeigt jetzt genau nach Norden. Dementsprechend ist rechts Osten, hinten Süden und links Westen.

Beim Einstellen des Kompasses ist es wichtig, senkrecht auf die Kompaßdose zu blicken, weil sonst die Messung ungenau wird (Parallaxe). Besitzer von Kompassen mit durchsichtiger Dose und unten liegendem Spiegel blicken senkrecht, wenn sich die Zahlen in der Dose mit ihrem Spiegelbild decken.

## Einnorden der Karte

Bevor man sich mit der Karte im Gelände orientieren kann, muß man sie „einnorden". Das heißt, der rechte und linke Kartenrand muß genau in Nord/Süd-Richtung verlaufen. Sehr schnell und einfach geht dies mit unserem Kompaß. Man breitet die Karte (Norden = „oben") aus, dreht die Nordmarke der Kompaßdose auf das Korn bzw. den Index und legt den Kompaß mit seiner Anlegekante an den rechten oder linken Kartenrand (nicht Papierrand) oder an eine der senkrecht eingezeichneten Gitterlinien (Koordinaten) und dreht die Karte samt Kompaß, bis Nordseite der Nadel und Deklinationspunkt übereinstimmen. Jetzt liegt die Karte so, wie das Gelände vor einem liegt.

Ist die Landschaft übersichtlich und enthält markante Punkte, wie einzeln stehende Bäume, Aussichtsoder Kirchtürme usw., so wird die Orientierung nicht allzu schwer fallen. Man sucht jetzt zuerst seinen eigenen Standort auf der Karte. Hat man ihn gefunden, kann man die richtige Lage der Karte noch einmal überprüfen. Dazu peilt man von seinem Standort auf der Karte einen eingezeichneten, markanten Punkt an. Hierbei hilft die Schnur des Kompasses, indem man sie zwischen den beiden Punkten auf der Karte spannt. Verlängert man diese Linie ins Gelände, so muß sie auf den markanten Punkt treffen. Mehrere Kontrollen dieser Art erhöhen die Sicherheit, keinen Fehler gemacht zu haben.

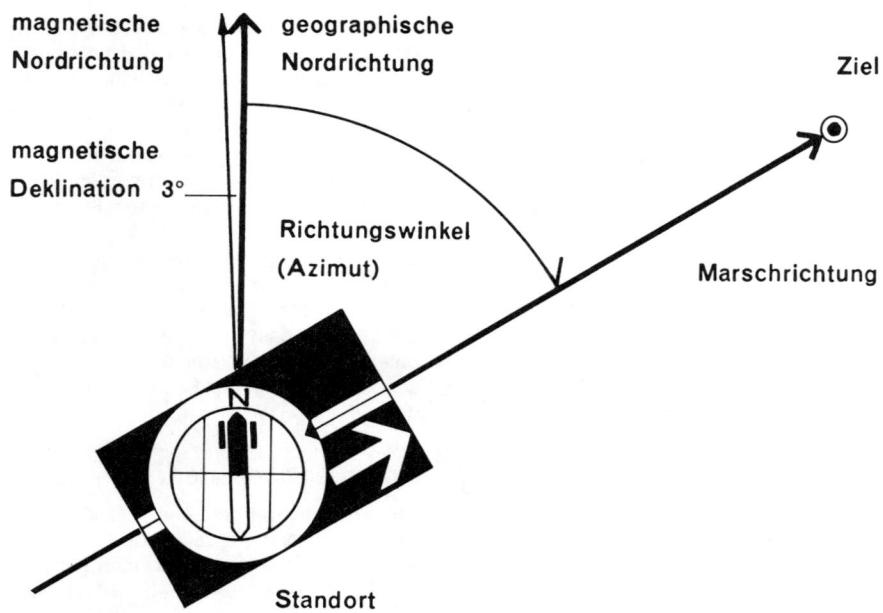

magnetische
Nordrichtung

geographische
Nordrichtung

Ziel

magnetische
Deklination 3°

Richtungswinkel
(Azimut)

Marschrichtung

N

Standort

Abb. 66. Bestimmen der Zielrichtung

## Bestimmen der Zielrichtung

Es kann vorkommen, daß man die Richtung zu einem Ziel sucht, das man von seinem Standort aus nicht sehen kann. Sei es, daß es hinter einem Hügel oder in einem Tal liegt.

Man nordet in diesem Fall zuerst die Karte ein (s. o.) und fixiert ihre Lage. Die Anlegekante des Kompasses legt man dann so an, daß sie Standort und Ziel verbindet. Jetzt bringt man die Nordspitze der Nadel mit dem Deklinationspunkt durch Drehen der Dose in Deckung. Den so bestimmten Richtungswinkel (Azimut) überträgt man dann in die Landschaft. Man blickt hierzu in den aufgeklappten Spiegel und dreht sich um die eigene Achse, bis das Nordende der Nadel mit dem Deklinationspunkt in Deckung gebracht ist. Zielt man nun mit einem zweiten Blick über Kimme und Korn, ohne die Position des Kompasses zu verändern (!), so ist diese Ziellinie die Richtung zum Ziel (Abb. 66).

## Bestimmen des eigenen Standorts auf der Karte

Sollte man einmal in die Lage kommen, den eigenen Standort auf der Karte nicht zu finden, geht man wie folgt vor: Wie oben gesagt, kann der Marschkompaß Winkel messen. Der eine Schenkel des Winkels ist immer die Nord/Süd-Richtung. Der andere Schenkel wird aus der Linie „angepeilter Punkt im Gelände und Standort" gebildet. Der Winkel, den beide Schenkel einschließen, heißt Richtungswinkel bzw. „Azimut". Dies klingt zwar alles sehr schwierig, ist es aber nicht. Zuerst nordet man die Karte wie beschrieben möglichst genau ein und achtet darauf, daß sie nicht verrutschen kann. Dann nimmt man den Kompaß in die Hand, klappt den Spiegel aus und peilt einen gut sichtbaren, markanten Punkt in der Landschaft, den man auch auf der Karte gefunden hat, über Kimme und Korn an. Gleichzeitig dreht man die Kompaßdose, bis Nordende der Nadel und

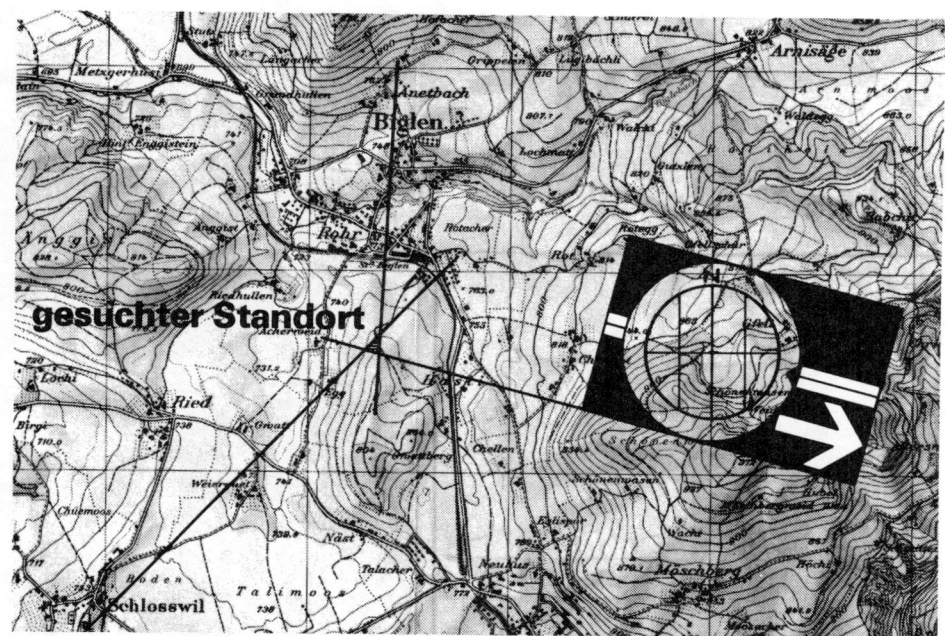

Abb. 67. Bestimmen des eigenen Standorts auf der Karte

Deklinationspunkt in Deckung sind. Anschließend legt man den Kompaß so auf die Karte, daß die Anlegekante an dem vorher angepeilten Punkt liegt. Jetzt dreht man den ganzen Kompaß um diesen Punkt, bis Nadel und Deklinationsmarke übereinstimmen. Mit einem Bleistift zieht man einen feinen Strich auf der Karte entlang der Anlegekante. Zur Bestimmung seines Standorts benötigt man noch mindestens einen, besser zwei weitere Punkte in der Landschaft, die man in der gleichen Weise anpeilt und deren gefundene Richtungswinkel man ebenfalls in die Karte überträgt. Bei der Auswahl der anzupeilenden Punkte achte man darauf, daß sie weit auseinander liegen. Wenn man mit den Armen auf diese Punkte zeigt, sollten die Arme ungefähr einen Winkel von 120° einschließen. Wenn man sorgfältig gepeilt und genau übertragen hat, müssen sich die drei eingezeichneten Linien in einem Punkt schneiden. Dieser Schnittpunkt ist der gesuchte Standort. Meistens wird jedoch ein mehr oder weni-

ger kleines Dreieck aus diesem Punkt! Der Standort liegt dann irgendwo innerhalb dieses Dreiecks. Auf Abb. 67 ist eine derartige Peilung eingezeichnet.

## Bestimmen der Himmelsrichtungen ohne Kompaß

Diese Richtungsbestimmungen sind mit folgenden Hilfsmitteln unterwegs so ungenau, daß ihre Anwendung nur zur allgemeinen Feststellung der Richtungen dienen kann. So kann man mit Hilfe von Sonne und Uhr vom Sattel aus die Karte nur grob einnorden. Dies reicht aber aus, um zu kontrollieren, ob der tatsächliche Wegverlauf dem der Karte noch entspricht.

### Bestimmen der Himmelsrichtungen mit Hilfe der Sonne und der Uhr

Wie jedem bekannt ist, geht die Sonne morgens im Osten auf, erreicht zur Mittagszeit ihren höchsten

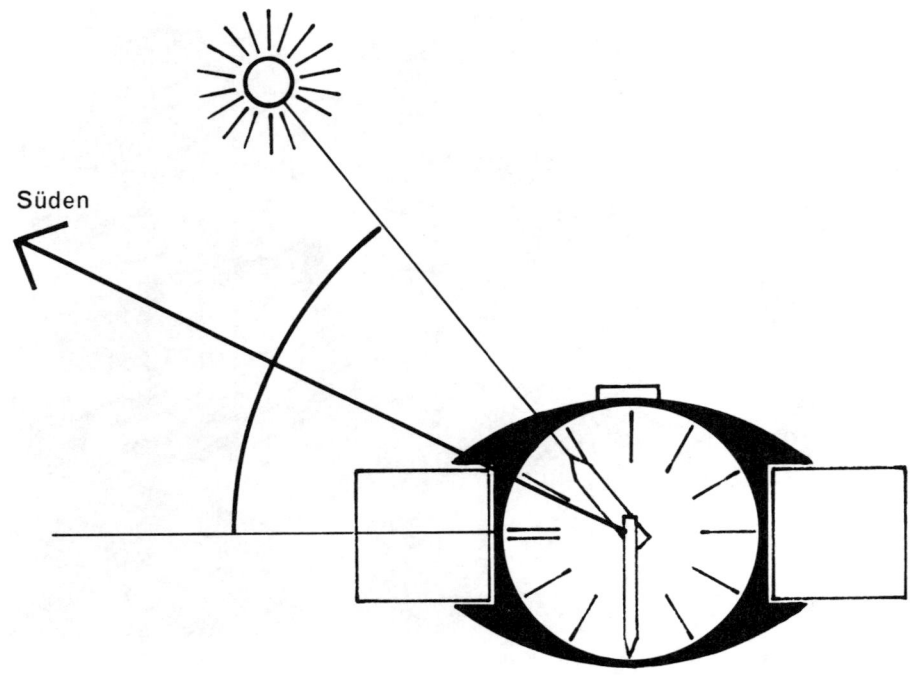

Abb. 68. Bestimmen der Himmelsrichtung mit Hilfe der Armbanduhr

Stand im Süden und geht abends im Westen unter. Genau genommen gilt dies allerdings nur an zwei Tagen im Jahr, nämlich zum Frühlings- und Herbstanfang. Für unsere Betrachtung spielt dies aber keine so große Rolle. Man hält die Uhr so (Abb. 68), daß der Stundenzeiger der Uhr genau auf die Sonne zeigt. Der Südpunkt liegt dann in Richtung der Winkelhalbierenden zwischen der Zahl 12 und dem Stundenzeiger. Achtung! Während der Sommerzeit steht die Sonne erst um 13.00 Uhr in ihrem höchsten Punkt. Also: In dieser Zeit liegt Süden zwischen dem Stundenzeiger und der Zahl 1 der Uhr.

### Bestimmen der Himmelsrichtungen mit Hilfe des Polarsterns

Am Himmel der nördlichen Halbkugel steht ein Stern, der um sich selbst rotiert und für unser Auge immer an der gleichen Stelle bleibt. Und zwar genau im Norden. Er heißt deshalb auch Polarstern und gehört zum Sternbild des „Kleinen Bären" oder des „Kleinen Wagen". Um ihn zu finden, benützt man ein anderes Sternbild, das man leicht am Himmel ausmachen kann, den „Großen Bären" oder auch „Großen Wagen". Verlängert man die Strecke der hintersten beiden Sterne des Großen Wagens fünfmal, so trifft man auf den Polarstern (Abb. 69).

### Bestimmen der Himmelsrichtungen mit Hilfe der Bäume

Bei uns in Mitteleuropa kommen Regen, Schnee und Wind vorwiegend aus westlichen Richtungen. Dies begünstigt durch den höheren Feuchtigkeitsgehalt der Baumrinde auf dieser Seite die Bildung von Moosen und Algen. Man erkennt dies an der

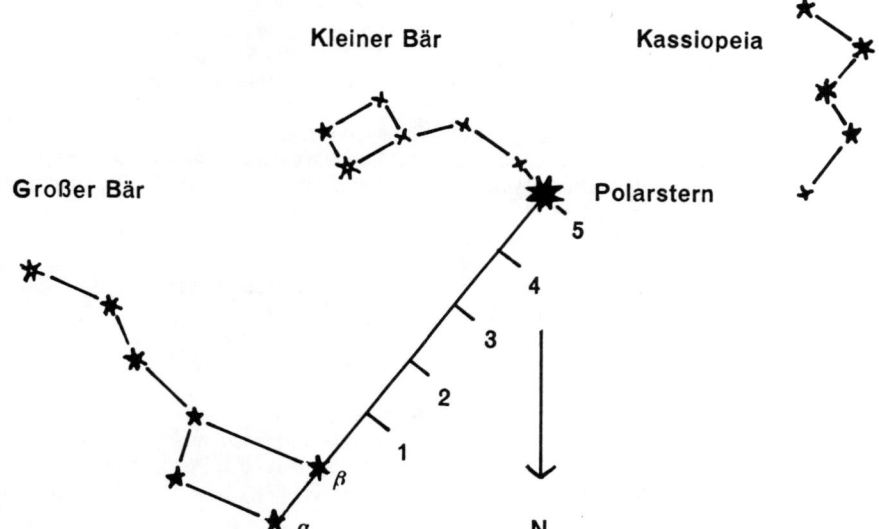

**Kleiner Bär**

**Kassiopeia**

**Großer Bär**

**Polarstern**

5
4
3
2
1

β

α

N

Abb. 69. Bestimmen der Himmelsrichtung mit Hilfe des Polarsterns

deutlichen Grünfärbung auf der Westseite der Bäume. Besonders deutlich ist es an der glatten Rinde der Buchen zu sehen.

Einzeln stehende Bäume neigen sich aufgrund der vorwiegend westlichen Winde nach Osten. Aus dem gleichen Grund stehen die Jahresringe auf Baumstümpfen, an Kiefern und Fichten besonders gut sichtbar, an der Westseite viel enger beeinander als auf der Ostseite.

### Bestimmen der Himmelsrichtungen mit Hilfe von Bauten

Kirchen wurden früher in der Regel so errichtet, daß der Turm auf der Westseite, die Apsis mit dem Altar nach Osten gerichtet war. Steine der Landesvermessung, sogenannte „Trigonometrische Punkte", tragen auf der Kopfseite ein eingemeißeltes Kreuz. Dieses ist immer in den Himmelsrichtungen ausgerichtet. Auf der Südseite sind die Buchstaben „T.P." eingemeißelt.

## Sonstige Hilfsmittel

*Der Reduktionsmaßstab* paßt mit seiner Größe von 190 x 25 x 3 mm in jede Tasche. Er hat 10 verschiedene Maßstäbe und kann deshalb bei jeder Karte zur Ermittlung von Entfernungen verwendet werden. Die Lineale sind aus weißem Kunststoff, die Hülle aus Leder. Erhältlich ist er in jedem Fachgeschäft für technischen Zeichenbedarf.

*Der Kartenmesser* eignet sich mehr für die Vorbereitung eines Wanderritts zu Hause am Tisch. Sein Vorteil liegt darin, daß mit ihm die Länge auch kurvenreicher Wegstrecken gemessen werden kann. Er hat 7 verschiedene Maßstäbe, ist also auch universell einsetzbar. Es gibt unterschiedliche Modelle mit verschiedenen Vor- und Nachteilen, so daß jeder prüfen sollte, welches ihm besser liegt.

Die bei uns angebotenen *Höhenmesser* arbeiten alle mit einer Druckdose, die sich mit steigender

Höhe und damit fallendem Druck ausdehnt. Diese Bewegung wird über Zahnrädchen auf einen Zeiger übertragen. Die angezeigten Höhen liest man auf einer drehbaren Skala ab. Der Höhenmesser, der die Form einer Taschenuhr hat, muß immer wieder an definierten Höhenpunkten im Gelände geeicht werden, da laufende Schwankungen des Luftdrucks eine Veränderung der angezeigten Höhe bewirken. Dieses Gerät kann deshalb als weitere Orientierungshilfe für die Standortbestimmung verwendet werden, da in topographischen Karten sehr viele Höhenangaben eingezeichnet sind. Außerdem kann er zur Wettervorhersage benutzt werden, weil er wie ein Barometer funktioniert. Legt man sich abends schlafen und wacht morgens „300 m höher" auf, kann man vermuten, daß es bald regnen wird.

*Landesvermessungsbehörden:*

Baden-Württemberg:
    Landesvermessungsamt Baden-Württemberg
    Büchsenstraße 54
    7000 Stuttgart 1

Bayern:
    Bayerisches Landesvermessungsamt
    Alexandrastraße 4
    8000 München 22

Hessen:
    Hessisches Landesvermessungsamt
    Schaperstraße 16, Postfach 32 49
    6200 Wiesbaden 1

Niedersachsen:
    Niedersächsisches Landesverwaltungsamt
    –Landesvermessung–
    Warmbüchenkamp 2, Postfach 1 07
    3000 Hannover

Nordrhein-Westfalen:
    Landesvermessungsamt Nordrhein-Westfalen
    Muffendorfer Straße 19–21
    5300 Bonn-Bad Godesberg 1

Rheinland-Pfalz:
    Landesvermessungsamt Rheinland-Pfalz
    Ferdinand-Sauerbruch-Str., Postfach 14 28
    5400 Koblenz 1

Saarland:
    Landesvermessungsamt
    Saarland
    Neugrabenweg 2
    6600 Saarbrücken

Schleswig-Holstein:
    Landesvermessungsamt Schleswig-Holstein
    Mercatorstraße 1, Postfach 5070
    2300 Kiel-Wik

Berlin:
    Senator für Bau- und Wohnungswesen
    Abteilung V –Vermessungswesen–
    Mansfelder Straße 16
    1000 Berlin 31

Bremen:
    Senator für die Finanzen
    Kataster- und Vermessungsverwaltung
    Große Weserbrücke 4
    2800 Bremen

Hamburg:
    Baubehörde –Vermessungsamt–
    Wexstraße 7, Postfach 30 05 31
    2000 Hamburg 36

# Erste Hilfe

Zusammengestellt von Olaf Reich

*Text und Vorlagen der Zeichnungen dieses Kapitels stammen zum größten Teil aus den Broschüren des Malteser-Hilfsdienstes, welcher uns freundlicherweise die Benutzung dieser Literaturquellen gestattet hat. Die Auflistung der häufigsten Unfallverletzungen bei Reitern stammt ebenfalls aus Unfallanalysen des Malteser-Hilfsdienstes.*

## Einführung

Die Leser, bei denen es sich wohl zumeist um medizinische Laien, aber potentielle willige Ersthelfer handeln dürfte, seien hier zunächst gebeten, sich mit drei wesentlichen Erkenntnissen vertraut zu machen.

Das ist einmal die Tatsache, daß dieses Kapitel selbstverständlich nicht den gesamten Wissensstoff der „Ersten Hilfe" wiedergeben kann. Der Leser darf also keinesfalls davon ausgehen, nach Lektüre dieses Kapitels alles über Erste Hilfe zu wissen. Wer dies anstrebt, dem sei zu der ausführlichen Literatur geraten, welche der Malteser-Hilfsdienst und auch andere Organisationen, wie z. B. das Deutsche Rote Kreuz und ähnliche Hilfsdienste, anbieten, oder zu der einschlägigen Literatur, die im Buchhandel zur Verfügung steht.

Wesentlich ist weiterhin folgende Tatsache: Jeder von uns kann jeden Moment gänzlich unvorbereitet Zeuge eines Unfalls werden. Das Schicksal eines Menschen hängt dann vielleicht gerade von Ihnen ab. Wissen Sie dann genau, wie Sie sich richtig verhalten sollen? Ganz sicher sind Sie gern bereit, Menschen in Not zu helfen. Das Gesetz verlangt es sogar von Ihnen im § 323 c des StGB. Können Sie aber auch richtig helfen?

Wer dieses Kapitel oder auch die weitere vorhandene Erste-Hilfe-Literatur nur einmal liest und sein Buch dann in den Bücherschrank stellt, der wird später im entscheidenden Moment ganz sicher nicht mehr wissen, was er als Ersthelfer zu tun hat. Es ist also erfahrungsgemäß notwendig, daß man immer wieder einmal die „Erste Hilfe" durchliest, damit das Wissen im Gedächtnis haften bleibt und einem jederzeit zur Verfügung steht. Denn im Falle eines eingetretenen Unfalles kann man nicht erst anfangen nachzulesen, was man zu tun hat.

Die allerwichtigste Erkenntnis aber ist, daß das rein theoretisch aus dem Buch erlernte Wissen über Erste Hilfe beim tatsächlich eingetretenen Unfall praktisch nicht helfen wird. Die verschiedenen Maßnahmen und Handgriffe muß man als Ersthelfer vorher unbedingt einmal oder mehrmals praktisch geübt haben. Wie notwendig dies ist, möge die Tatsache veranschaulichen, daß sogar die Ärzte, welche zur Besatzung der Notarztwagen gehören, an regelmäßigen praktischen Übungen und Kursen teilnehmen müssen, um sich die nötige Routine zu bewahren. Ohne praktische Übung, nur mit theoretischem Wissen, kann niemand ein guter Ersthelfer sein. Deshalb raten wir jedem Reiter, unbedingt an einem Erste-Hilfe-Kurs teilzunehmen, wie er sowohl vom Malteser-Hilfsdienst als auch vom Deutschen Roten Kreuz und anderen Hilfsdiensten angeboten wird.

## Reihenfolge der Maßnahmen bei einem Unfall

Ein Ersthelfer kann nur dann wirklich helfen, wenn er nicht nur gelernt hat, die Unfallfolgen – Brüche, Wunden, Verbrennungen usw. – richtig anzufassen, sondern wenn er auch gelernt hat zu erkennen, welche Maßnahmen bei einem Unfall vorrangig sind und welche nicht, wann er erkennen kann, was er in der Reihenfolge zuerst tun muß und was Zeit hat.

Einen Leitfaden hierzu haben die Rettungs- und Hilfsdienste erarbeitet. Die richtige und optimale Maßnahmenfolge formuliert der MHD folgendermaßen:

**Sofortmaßnahmen am Unfallort**
↓
Absichern der Unfallstelle
↓
Rettung des Verunglückten aus akuter Gefahr
↓
Unfallmeldung

**Lebensrettende Sofortmaßnahmen am Verunglückten**
↓
Blutstillung
↓
Stabile Seiten-Lagerung
↓
Beatmung
↓
Giftentfernung
↓
Schockbekämpfung

**Spezielle erste Hilfe am Verletzten**
↓
Wunden
↓
Brüche
↓
usw.

**Transport des Unfallverletzten**
↓
Klinik, Arzt

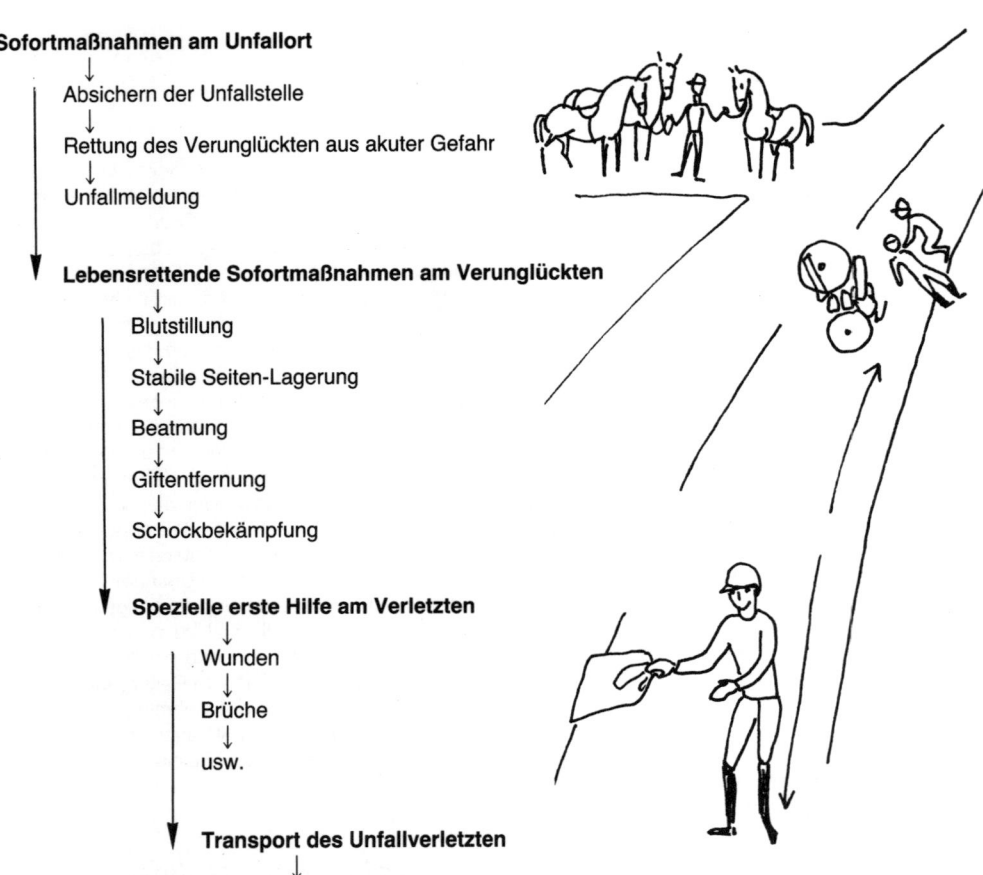

Abb. 70. Unfallstelle absichern

# Sofortmaßnahmen am Unfallort

## Absichern der Unfallstelle

Die Notwendigkeit der Absicherung der Unfallstelle resultiert natürlich in erster Linie aus der Unfallkategorie „Kraftfahrzeugunfälle im Straßenverkehr". Hier sollen vor allem nachfolgende Auffahrunfälle vermieden werden. Dieses Primärgebot hat aber bei der Überland-Reiterei gleichermaßen Geltung.

Wenn bei einem schweren Unfall draußen im Gelände ein Reiter verletzt und hilflos am Boden liegt, ist auch hier zuallererst dafür zu sorgen, daß sein eigenes Pferd und die Pferde der Mitreiter, die meistens allesamt in dieser Situation unruhig und scheu sind, den Verunglückten nicht zusätzlich gefährden und von der Unfallstelle ferngehalten werden. Die Unfallstelle muß also hier vor allem vor den Pferden abgesichert werden. Sie müssen angebunden werden oder besser: von den übrigen Reitern am Zügel gehalten und beruhigt werden.

Wenn Überlandreiter einen Wohnort durchreiten, und es kommt hier zu einem Unfall, so handelt es sich letzten Endes um einen Straßenverkehrsunfall, und es sind die dafür geltenden Regeln einzuhalten. Zwar hat ein Reitpferd keine Warnblinkanlage und der Reiter kein Warndreieck, aber auch hier ist in vernünftiger Weise „die Unfallstelle abzusichern".

Einige der Mitreiter kümmern sich zuerst darum, daß sämtliche Pferde, auch das des Verunglückten, beruhigt, am Zügel festgehalten und gesichert werden, damit auf der Fahrbahn möglichst keine Behinderung entsteht und das Risiko von Sekundärunfällen vermieden wird.

Außerdem sollte einer der Mitreiter dem nachfolgenden Verkehr, wenn nötig, am rechten Fahrbahnrand entgegenlaufen und mit Handzeichen vor der Unfallstelle warnen (bei Dunkelheit evtl. mit einer Stiefellampe!).

Bei einem Unfall im Gelände, evtl. weit weg von bewohnten Gebieten, stellen sich für eine Wanderreit-Gruppe zunächst andere Anforderungen der Unfallstellenabsicherung.

Hier ist unter anderem von fundamentaler Bedeutung, daß man sich unverzögert darüber klar und einig ist, wer aus der Gruppe die Pferde absichert, wer sich um den oder die Verletzten kümmert und wer die Unfallmeldung übernimmt. Dies kann nur funktionieren, wenn es bereits vorher in der Gruppe abgesprochen ist. Besser noch wäre, wenn es einmal vorher im Rahmen eines simulierten Unfalles geprobt würde.

## Rettung des Verunglückten aus akuter Gefahr

Genau wie der verunglückte Straßenverkehrsteilnehmer kann auch der verunglückte Gelände- oder Wanderreiter an eine Unfallstelle zu liegen kommen oder in eine Situation geraten, wo er schnell in unmittelbare Lebensgefahr gerät, wenn er nicht durch Helfer umgehend aus dieser Situation oder von diesem Ort in Sicherheit gebracht wird.

Möglichkeiten hierzu gibt es unzählige. Man stelle sich nur vor, ein Reiter stürzt im Gelände in ein Gewässer und wird bewußtlos. Oder ein Reiter stürzt auf einer belebten Straße und wird bewußtlos. In solch einem Falle muß der verunglückte Reiter

Abb. 71

sofort mit Hilfe des „Rautek-Griffes" aus der unmittelbaren Gefahrenzone gebracht werden. Dieser Griff schont den Verletzten jedoch nicht! Er darf daher nur dann angewandt werden, wenn für den Verletzten sonst akute Lebensgefahr besteht!

Der „Rautek-Griff" wird folgendermaßen ausgeführt: Der Verletzte liegt auf dem Rücken. Hinter den Kopf des Verletzten stellen, mit beiden Händen unter seinen Nacken greifen. Dann rasch hochheben, bis der Verletzte vornübergebeugt sitzt. Dabei die Schultern abstützen, damit er nicht zur Seite fällt. Anschließend mit den Armen unter beiden Achselhöhlen durchfassen, einen angewinkelten Arm des Verletzten mit den Händen von oben her fassen (sog. Affengriff) und den Verletzten auf den Oberschenkel „reißen". Dann sich aufrichten und rückwärtsgehend den Verletzten aus der Gefahrenzone ziehen. Bei akuter Gefahr für einen Verletzten in einem Pkw wird der gleiche Griff – ohne das Aufrichten – angewendet (Abb. 71).

## Unfallmeldung

Bei schweren Unfällen oder unklaren Zuständen des Verunglückten dürfen sich die Unfallzeugen oder/und Mitreiter keinesfalls auf ihre eigene Beurteilungsfähigkeit des Falles verlassen. Es sollte auf jeden Fall eine Unfallmeldung erfolgen, um Krankenwagen und Arzt oder Klinik zu informieren. Der in Deutschland allgemein gültige Notruf von jedem Telefon aus ist hierzu bekanntlich die Nummer: **110**. Was muß alles gemeldet werden:

**Wo ist der Unfall?**

Ort, Straße, Fahrtrichtung, bzw. Landschaftsgegend, Gemarkung, Waldstück, Weg, Bach, Brücke usw. Ein guter Wanderrittführer wird sogar – evtl. für den Rettungshubschrauber – die Koordinaten des Unfallpunktes auf der Landkarte angeben können. Ein kartographisch noch nicht so versierter Wanderreiter sollte aber zur Unfallmeldung zumindest folgendes beachten: Keinesfalls anstreben, unbedingt bis zur nächsten ihm bekannten Ortschaft zu reiten, sondern besser auf der mitgeführten 1:50 000 Landkarte feststellen, wo ein eventuell viel näher gelegener Bauernhof oder ähnliches zu finden ist. Denn heutzutage kann man sicher davon ausgehen, daß gerade abgelegene Höfe sicher Telefonanschluß haben, so daß die Unfallmeldung möglich ist. Der Unfallmelder sollte dann möglicherweise dort bleiben und abwarten, bis das Rettungsfahrzeug kommt, um dieses dann zu dem unter Umständen schwer zu beschreibenden Unfallort führen zu können.

**Was ist passiert?**

Verunglückter bewußtlos? Offene blutende Verletzungen? Erstickungsgefahr? Ist ein Pferd ebenfalls verunglückt? Sind Kraftfahrzeuge in den Unfall verwickelt? Auslaufendes Benzin? Verkehrsstauung?

**Wie viele Verletzte?**

# Lebensrettende Sofortmaßnahmen am Verunglückten

## Blutstillung

Nur starkrinnende oder spritzende Blutungen (Schlagaderverletzung) sind lebensgefährlich und bedürfen sofortiger Hilfe: Bei Erkennen einer lebensbedrohlichen Blutung die verletzte Gliedmaße sofort hochlagern, dabei jedoch auf mögliche Knochenbrüche achten.

Dann zwischen Herz und Wunde das verletzte Blutgefäß sofort abdrücken (Abb. 72)!

Notfalls kann man auch in der Wunde abdrücken. Danach wird ein Druckverband angelegt.

Beim Anlegen eines Druckverbandes darauf ach-

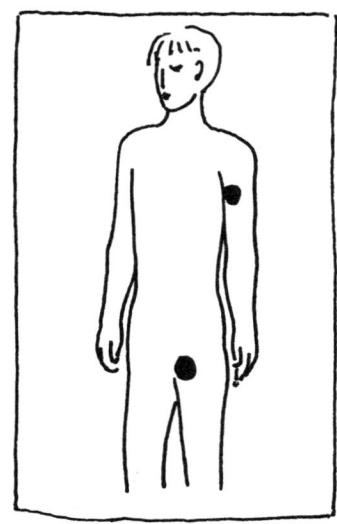

Abb. 72

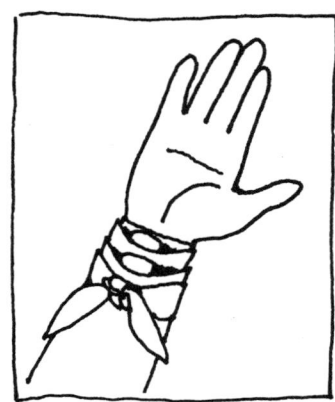

Abb. 73

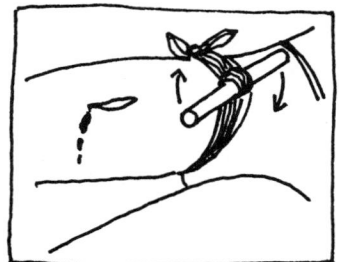

Abb. 74

178

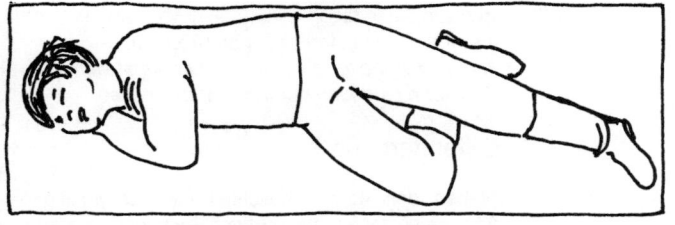

Abb. 75

Abb. 76

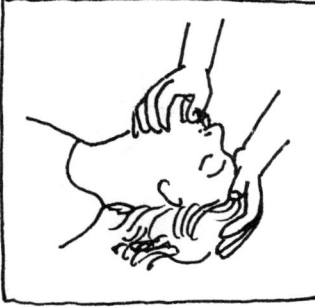

ten, daß das Druckpolster genau auf der Wunde liegt und nicht verrutscht.

Blutet es trotz Druckverband weiter, dann legt man einen zweiten Druckverband über den ersten an (Abb. 73).

Nur wenn durch Anlegen von Druckverbänden an den Gliedmaßen keine Blutstillung eintritt, muß abgebunden werden.

Die Abbindung nur in der Mitte von Oberarm oder Oberschenkel anlegen, zwischen Blutung und Herz (Abb. 74)!

Eine einmal angelegte Abbindung wird – auch wenn mehr als 2 Stunden Transportzeit vergehen – bis zum Eintreffen im Krankenhaus nicht gelöst!

Wichtig ist, die Blutung steht. Nach Stillen der Blutung sofort Schockbekämpfungsmaßnahmen einleiten.

Abb. 77

## Stabile Seiten-Lagerung

Jeder Bewußtlose mit noch ausreichender Atmung muß in stabile Seitenlage gebracht werden, denn Blut, Erbrochenes, Schleim oder sogar Fremdkörper, wie lose Zahnprothesen, können zur Erstickung führen.

Der Helfer kniet neben dem auf dem Rücken liegenden Verletzten. Den ihm zugewandten Arm in gestreckter Stellung eng an den Körper des Verletzten anlegen. Das zugewandte Bein so aufstellen, daß es maximal gebeugt ist.

Dann den anderen Arm am Handgelenk umgreifen, zugleich Gesäß der anderen Seite anfassen und den Verletzten zu sich herüberziehen. Dadurch fällt der Bewußtlose von selbst in die richtige Seitenlage. Zur Verbesserung nun noch den erdnahen Arm des Verletzten nach hinten durchziehen. Um die Atemwege des Bewußtlosen ganz freizumachen, den Kopf so weit wie möglich in den Nacken beugen und

etwas erdwärts gewendet auf die vorn liegende Hand legen. Nach Durchführung der Seitenlagerung die Mundhöhle mit dem Finger freimachen (Abb. 75).

## Beatmung

Sind keine deutlichen Atembewegungen mehr sicht- oder fühlbar, so atmet der Verletzte nicht mehr spontan, nicht mehr ausreichend, oder der Luftweg ist verlegt.

Hier müssen sofort lebensrettende Sofortmaßnahmen eingeleitet werden.

a) Kopf nackenwärts beugen, denn nur so gibt der Zungengrund den Atemweg frei und wird eine Eigenatmung des Bewußtlosen oder eine Beatmung durch den Helfer ermöglicht.

b) Setzt nach Überstrecken des Kopfes keine Eigenatmung ein, muß der Verletzte sofort beatmet werden.

c) Atemspende durchführen: Kopf nackenwärts strecken, den Unterkiefer nach vorn schieben. Mit

179

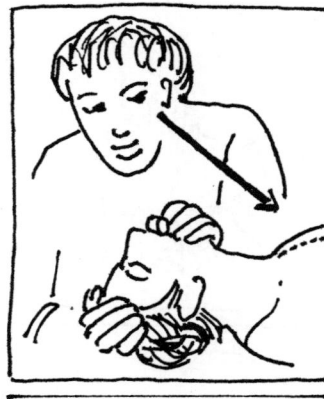

Abb. 78

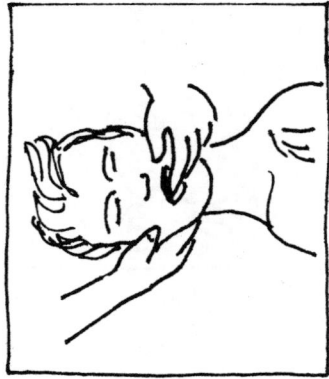

Abb. 79

müssen diese rasch ohne Zeitverzögerung entfernt werden. Dann sofort beatmen (Abb. 79).
*Niemals vorzeitig die Atemspende einstellen. Den Tod kann eindeutig nur der Arzt feststellen.*

## Giftentfernung

Neben den bereits beschriebenen bedrohlichen Störungen der lebenswichtigen Funktionen stellt die Vergiftung eine akute Gefahr für das Leben dar.
Eine Unmenge der verschiedensten Gifte kann über verschiedene Aufnahmewege in den Körper gelangen und Störungen hervorrufen, so z. B. über den Verdauungsweg, über die Atemwege, über die Haut oder das Gewebe.
Bei der Wanderreiterei dürfte sicherlich nur eine Art der Vergiftung eine Rolle spielen – und auch die selten genug –, nämlich die Vergiftung über die Verdauungswege durch giftige Pflanzen, Beeren und Pilze, durch Pflanzenschutz- bzw. Schädlingsbekämpfungsmittel, durch verdorbene Nahrung (zum Beispiel in der Satteltasche durch Wärmeeinwirkung) oder Medikamentenverwechslung.
Mag eine Vergiftung im Rahmen der Wanderreiterei auch noch so selten vorkommen, so sollte ein Wanderreiter doch das wichtigste darüber wissen.
Neben den verschiedensten spezifischen Vergiftungszeichen, die meist nur der Arzt erkennen kann, gibt es allgemeine Anzeichen:

● Übelkeit, Brechreiz
● selten Erbrechen
● Leibschmerzen, Krämpfe und Schock

Diese allgemeinen Anzeichen sind allerdings wenig charakteristisch.
Hinweise für eine Vergiftung ergeben sich aus Befragung, Speiseresten, Tablettenpackungen oder ähnlichen Giftspuren. Rasches Entfernen des Giftes aus dem Magen ist oft lebensrettend.
**Erste Hilfe:**
Bei vorhandenem Bewußtsein Erbrechen auslösen; dazu läßt man einen Finger in den Rachen stecken oder warme Salzwasserlösung trinken. Anschließend erneut und so lange Salzwasserlösung trinken und erbrechen lassen, bis das Erbrochene klar ist.
Jedoch darf man nie bei Bewußtlosen Erbrechen auslösen. Bewußtlose in stabile Seitenlage und schnellstens in ärztliche Behandlung bringen.

dem Daumen den Mund verschließen, und durch die Nase des Verletzten die Luft einblasen (Abb. 76, 77). Dabei soll sich der Brustkorb des Bewußtlosen sichtbar heben. Dann die Nase des Verletzten freigeben, die Luft entweichen lassen und wieder Luft einblasen, ca. 10 bis 15 mal in der Minute. Die Atemspende kann auch als Mund-zu-Mund-Beatmung durchgeführt werden.
d) Atembewegung beobachten: Nur wenn sich beim Einblasen der Brustkorb hebt, ist die Beatmung wirksam. Sonst muß der Kopf weiter nackenwärts gestreckt werden (Abb. 78).
e) Atemweg säubern: Macht sich beim Versuch der Beatmung ein Widerstand durch Verlegen des Atemweges durch Fremdkörper bemerkbar, so

# Schockbekämpfung

Der Schock, die weitaus häufigste Erscheinung am Unfallort, stellt eine bedrohliche Störung des Kreislaufes dar. Die Ursache hierfür ist oft ein Blutverlust infolge innerer oder äußerer Verletzung. Hierdurch ist die Blutversorgung für die wichtigsten Organe nicht mehr ausreichend.

## Anzeichen des Schocks:
- Die Haut ist blaß und kalt.
- Der Verletzte friert.
- Der Puls ist stark beschleunigt und kaum tastbar.
- Der Verletzte atmet schwach.

## Erste Hilfe:
- Blutung stillen
- Verletzten schräg lagern (Schocklage: Kopf liegt tiefer als die Beine, Abb. 80)
- zusätzlich Beine hochlagern (etwa in Kniehöhe, Abb. 81)
- vor Wärmeverlust schützen
- Verletzten nicht unnötig bewegen
- Ruhe bewahren und Verletzten beruhigen

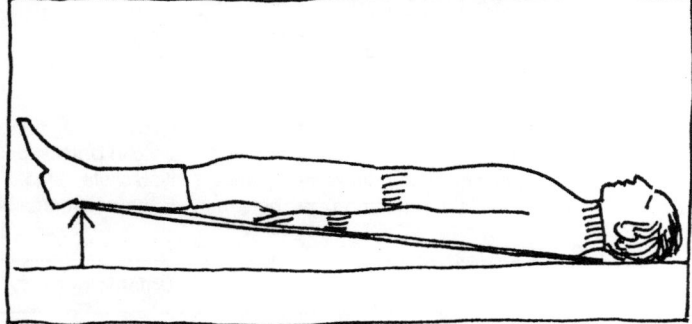

Abb. 80

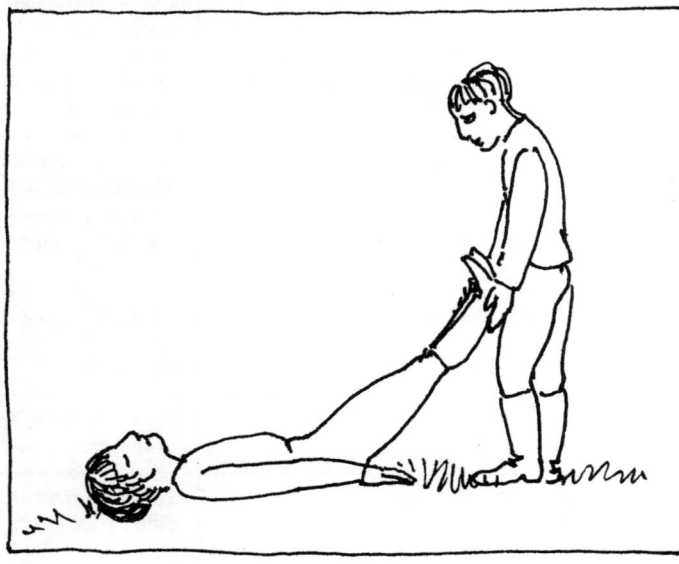

Abb. 81

Wie bei allen lebensbedrohlichen Zuständen ist auch hierbei die weitere Versorgung des Verletzten am Unfallort durch den Arzt erforderlich.

## Ohnmacht

Auch ohne Blutverlust kann es zu einem schockähnlichen Zustand kommen, der ohne Unfallereignis durch Schmerz. Angst, Schreck oder Aufregung verursacht sein kann. Die Maßnahmen der Ersten Hilfe sind die gleichen wie bei der Schockbekämpfung.

**Zusammenfassung**
Erst dann, wenn die akute Lebensgefahr beseitigt ist, das heißt, wenn
- eine schwere Blutung steht,
- der Bewußtlose in die Seitenlage gebracht ist,
- bei Atemstillstand beatmet wird,
- Gift aus dem Magen entfernt ist (bei erhaltenem Bewußtsein),
- der Schockverletzte richtig gelagert ist,
können auch andere Verletzungen versorgt werden.

# Spezielle Erste Hilfe am Verletzten, Versorgung einzelner Verletzungen

Da es nicht die Aufgabe dieses Buches sein kann, einen kompletten Erste-Hilfe-Kurs zu ersetzen und die Versorgung aller nur irgend denkbaren Verletzungen und Schadenseinwirkungen zu besprechen, sollte man sich einmal vor Augen führen, welche Unfallfolgen beim Reiten die häufigsten und typischsten sind.

Erfahrungsgemäß ergibt sich dabei folgendes Bild:

| Reitunfälle | Unfallfolgen |
|---|---|
| Vom galoppierenden Pferd fallen | Kopfverletzungen, Armbrüche, evtl. Rückgratverletzungen |
| Pferd rutscht im Galopp aus und fällt seitwärts auf den Reiter | Quetschung der Arme oder Beine, Aufprall mit dem Körper |
| Pferd geht im Wald durch | Hängenbleiben am Baum, Prellungen, Augenverletzungen durch Zweige, Hautabschürfungen |
| Hängenbleiben im Steigbügel auf hartem Untergrund | Kopfverletzungen |
| Hängenbleiben im Steigbügel auf Schotter usw. | Hautabschürfungen, schwere Verletzungen im Gesicht, Erde und Sand setzen sich tief in die Wunde |
| Pferd scheut vor Sprung | Fall nach vorne, Kopfverletzungen, Schlüsselbeinbruch |
| Von hinten ans Pferd herangehen | Schienbeinbrüche durch Tritte, Prellungen durch Tritte |

Vorwiegend treten bei schweren Reitunfällen Kopf-verletzungen, Rückenwirbelverletzungen, Gehirn-erschütterungen, Schädelbrüche auf.

Unter diesem Gesichtspunkt sollen die folgenden Texte und Abbildungen aus den Lehrschriften des Malteser-Hilfsdienstes die wichtigsten Erste-Hilfe-Maßnahmen veranschaulichen.

Abb. 82

## Wunden

Bei einer Verletzung der Haut oder Schleimhaut können Blutgefäße, Nerven, tiefere Gewebe oder Organe mitverletzt werden. So entstehen Blutung und Schmerz; als Wundgefahr ist durch eindringen-de Krankheitserreger die Infektion anzusehen.

**Erste Hilfe:**
- die Blutung stillen,
- die Wunde vor weiterer Infektionsgefahr schützen,
- den Schmerz lindern

Daher jede Wunde keimfrei verbinden. Zu einem keimfreien Verband gehören (Abb. 82):
1. die keimfreie Wundauflage,
2. die Polsterung,
3. der Schutz- und Halteverband.

Für einen Wundverband bieten sich an:
bei kleineren Verletzungen mit tropfender Blutung
- Wundschnellverband,
bei größeren Verletzungen mit rinnender Blutung
- Verbandpäckchen in verschiedenen Größen oder
- Zellstoffmullkompressen, die mit Mullbinden, Dreiecktuch oder Pflaster befestigt werden.

Blutet der Verband durch, so muß ein Druckverband angelegt werden (s. Abb. 74).

Bei frischen Wunden niemals:
- Wunde auswaschen oder berühren,
- Salben, Puder, Tinkturen anwenden,
- Watte direkt auf die Wunde legen.

Die weitere Wundversorgung muß der Arzt vor-nehmen.

## Knochenbrüche, Gelenkverletzungen

Knochenbrüche, Verrenkungen und Verstauchun-gen können durch direkte oder indirekte Gewaltein-wirkung auf einen Knochen oder ein Gelenk ent-stehen.

**Allgemeine Anzeichen:**
- Schmerz
- Schwellung
- unnatürliche Lage oder Beweglichkeit
- Bewegungseinschränkung oder -unfähigkeit
- Belastungseinschränkung oder -unfähigkeit.

**Gefahren:**
- Schock durch Blutverlust und starke Schmerzen
- Infektion bei gleichzeitiger Verletzung der Haut, die auch durch ein durchspießendes Knochenen-de (offener Bruch) hervorgerufen werden kann
- Verletzungen von Blutgefäßen und Nerven durch Knochenbruchstücke
- Fettembolie bei Brüchen großer Röhrenknochen

**Erste Hilfe:**
- bei offenem Bruch die Wunde keimfrei verbinden,
- den Schock bekämpfen (oder ihm vorbeugen),
- den Knochenbruch oder das betroffene Gelenk ruhigstellen durch Verbinden, Lagern, Unterpol-stern oder Schienen.

Für eine Schienung werden Schienen, Polsterung und Befestigungsmaterial benötigt.

Schienen können Äste, Stöcke, Pappe, Decken sein.

Polsterung ist mit Kleidungsstücken, Watte, Gras, Laub möglich.

Befestigung erfolgt mit Kopftüchern, Schals, Ta-schentüchern, breiten Gürteln, Dreieckstüchern.

Dabei ist so vorzugehen:
1. Die Schiene muß über beide anliegenden Gelen-ke hinausreichen und wird an der unverletzten Gliedmaße angepaßt.

2. Die Schiene polstern.
3. Befestigungmaterial unterschieben und die Schiene an der verletzten Gliedmaße anlegen.
4. An mehreren Stellen, auch über den beiden benachbarten Gelenken, unter gleichmäßigem Zug festbinden, dabei die Tücher usw. auf der Außenseite der verletzten Gliedmaße knoten.

Die Bruchstelle nicht unnötig bewegen. Knochenbrüche oder Gelenkverletzungen dürfen nicht eingerichtet, sondern müssen in vorgefundener Lage ruhiggestellt werden.

Wann und wie Knochenbrüche oder Gelenkverletzungen mit den angegebenen vier Möglichkeiten ruhiggestellt werden, ist im folgenden dargestellt:

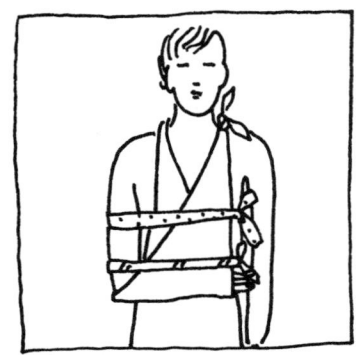

Abb. 85. Am Oberarm, Schlüsselbein, Schulterblatt, Schultergelenk
Ruhigstellung: Armtragetuch mit zwei Krawatten um Oberarm und Brustkorb.

Abb. 83. An Fingern, Zehen, Mittelhand, Mittelfuß.
Ruhigstellung: Gepolsterter Binden- oder Dreiecktuchverband, dazu Armtragetuch. (Notfalls kann der Arm auch in einem hochgeschlagenen und festgesteckten Jackenzipfel gelagert werden.)

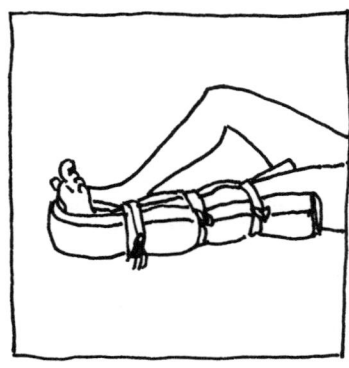

Abb. 86. An Fußgelenk, Unterschenkel.
Ruhigstellung: Zwei Schienen außen und innen von der Fußsohle bis zum Oberschenkel, oder u-förmig zusammengelegte Decke.

Abb. 84. An Unterarm, Handegelenk.
Ruhigstellung: Schienung von Fingern bis Oberarm, Armtragetuch

Abb. 87. Am Becken.
Ruhigstellung: Lagerung auf
fester Unterlage mit unter-
geschobener Knierolle

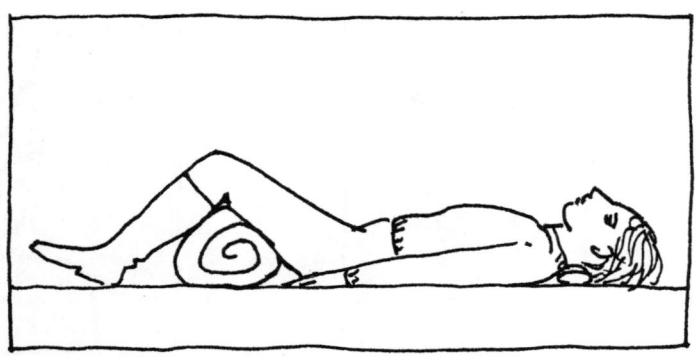

Abb. 88. An Rippen und Brustbein.
Ruhigstellung: Lagerung mit erhöhtem Oberkörper eventuell
auf der verletzten Seite.

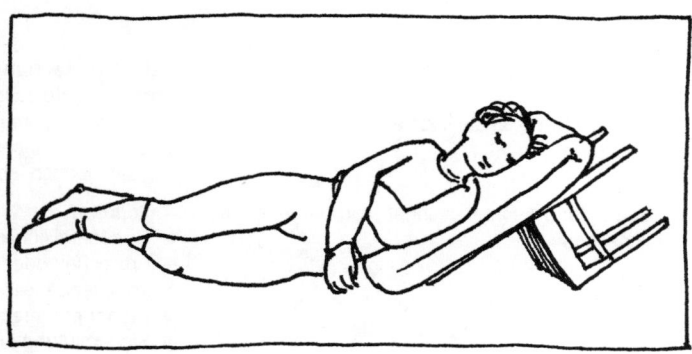

Abb. 89. An der Wirbelsäule.
Ruhigstellung: Gleichmäßiges
Anheben (s. S. 189) und Lagerung auf einer harten Unterlage
in vorgefundener Lage mit Un-
terpolsterung in Nacken- und
Lendengegend (auf dem Bauch
liegende Verletzte werden auf
dem Bauch gelagert).

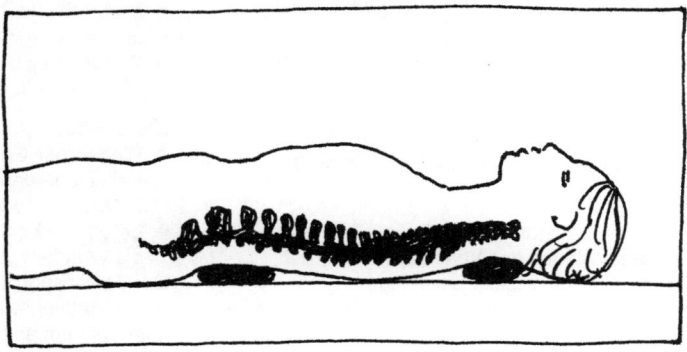

Abb. 90. Am Kiefer.
Ruhigstellung: Kinnverband mit
Dreiecktuchkrawatte

Abb. 91

## Schädel- und Hirnverletzungen

**Die Kopfprellung** ist die leichteste Form der Schädelverletzung.

### Anzeichen
- „Beule" und leichter, schnell vorübergehender Kopfschmerz.

### Erste Hilfe:
- Feuchtkalte Umschläge lindern die Beschwerden. Weitere Maßnahmen sind im allgemeinen nicht möglich.

**Die Gehirnerschütterung** ist eine Verletzung, deren Schwere der Arzt feststellen muß.

### Anzeichen (sehr typisch)
- kurzzeitige Bewußtlosigkeit (unter 15 Min.)
- Benommenheit
- Gedächtnislücke
- Kopfschmerzen
- Erbrechen oder Übelkeit

### Erste Hilfe:
- flache Lagerung
- Beobachtung des Verletzten
- bei Bewußtlosigkeit Seitenlage
- viertelstündliche Kontrolle und Aufzeichnung des Pulses.

**Gehirnquetschung und Schädelbrüche**
sind Kopfverletzungen, deren Ausmaß und Schwere nur der Arzt beurteilen kann. Diese Verletzungen erscheinen manchmal anfänglich nur gering, können sich jedoch lebensbedrohlich entwickeln.

### Anzeichen:
- Gedächtnislücke
- Erbrechen oder Übelkeit
- anhaltende Bewußtlosigkeit (über 15 Min.)
- wieder eintretende Bewußtlosigkeit
- Sickerblutung aus Ohr, Nase und Mund
- teilweise Lähmungen
- Schwellung oder Wunden am Kopf
- Deformierung des Schädels
- hochrote oder blasse Gesichtsfarbe
- offene Schädelwunden mit Hirnaustritt
- Pulsverlangsamung bis unter 50 Schläge pro Minute

### Erste Hilfe:
- Wegen der Gefahr der Erstickung schonend in Seitenlagerung (auf die unverletzte Seite) bringen,
- bei offener Schädelverletzung ein Ringpolster um die Wunde legen und locker, keimfrei abdecken.

Der Abtransport dieser Schwerstverletzten erfolgt nur im Rettungswagen, der Kopf wird durch Polster oder auf dem angewinkelten Arm ruhiggestellt.

# Fremdkörper

Das Problem von Fremdkörpern wird den Laienhelfer häufig beschäftigen. Die folgende Übersicht gibt an, welche Maßnahmen jeweils geboten sind.

### Im Auge
- nicht reiben
- ausspülen von innen nach außen (Abb. 91)
- bei Glassplittern, Metallspänen o. ä. keine Versuche, diese zu entfernen, beide Augen verbinden und Verletzten zum Augenarzt bringen.

### In einer Wunde
- kein Versuch des Entfernens,
- keimfreier Verband,
- größere Fremdkörper gut umpolstern und locker mitverbinden,
- Verletzten zum Arzt bringen.

## Dreiecktuchverbände

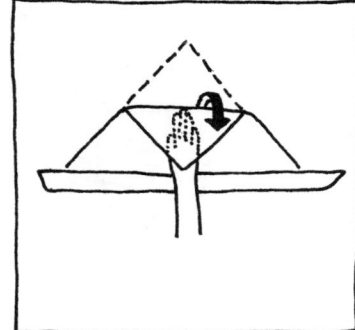

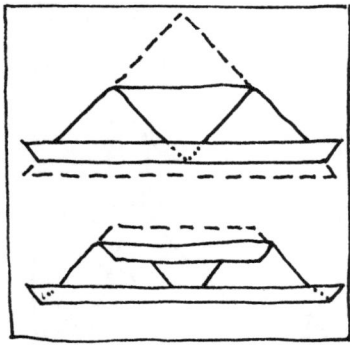

Abb. 92. Kopfhaube

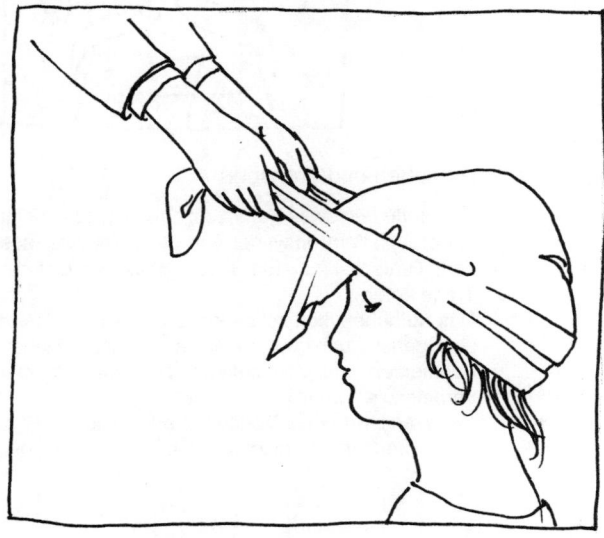

Abb. 93 (ganz oben). Handverband

Abb. 94 (oben). Legen einer Krawatte

187

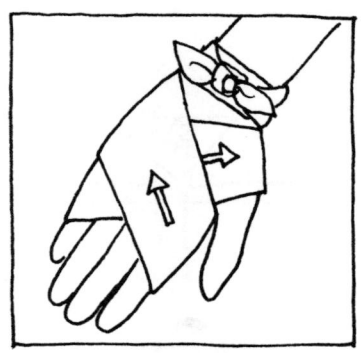

Abb. 95. Handverband mit Krawatte

Abb. 96. Schulterverband mit offenem Dreiecktuch und Krawatte

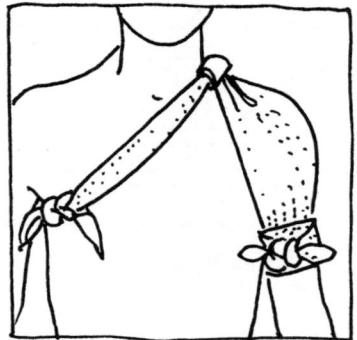

*Behelfsmäßige Ruhigstellung mit Dreiecktuch*

Abb. 97. Mit Krawatte

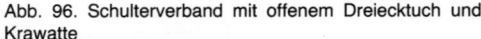

Abb. 98. Mit großer Armtrageschlinge

Abb. 99. Ruhigstellung der Füße durch Zusammenbinden

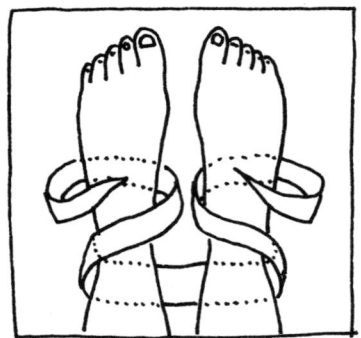

## Aufheben und Transport

*Das Aufheben* eines Verletzten auf die Trage erfolgt mit drei Helfern entweder von der Seite oder aus dem Grätschstand. Ein vierter Helfer schiebt die Trage unter.

Das Aufheben muß schonend und gleichmäßig vor sich gehen, um den Verletzten vor zusätzlichen Schmerzen und Verletzungen zu bewahren (bei Wirbelsäulenverletzungen s. auch S. 185).

*Der Transport* eines Verletzten erfolgt nur im Rettungswagen und nicht im privaten Personenwagen.

Abb. 100

Abb. 101

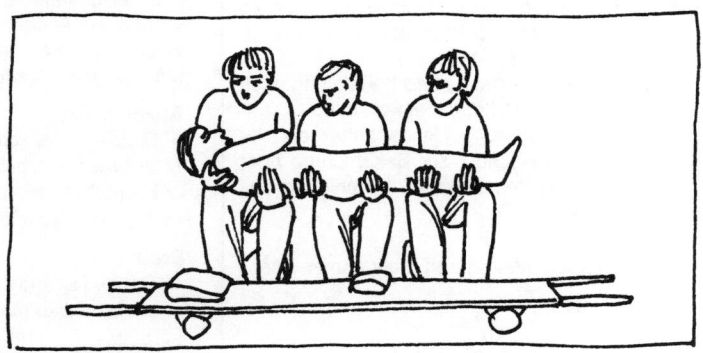

Nicht gehfähige Leichtverletzte können behelfsmä-
ßig mit einem Tragering aus einer Dreiecktuch-
Krawatte über kurze Strecken getragen werden.
In engen Gängen oder Treppenhäusern kommt
auch ein Transport behelfsmäßig auf einem Stuhl in
Betracht.

*Führen*
Muß ein gehfähiger Leichtverletzter über kurze
Strecken geführt werden, legt sich der Helfer einen
Arm um seine Schulter (bei kleinen Verletzten um
die Hüfte) und hält ihn am Handgelenk fest. Dazu
wird der Verletzte durch Umfassen seiner Hüfte
oder unter der Achsel abgestützt.

Abb. 102

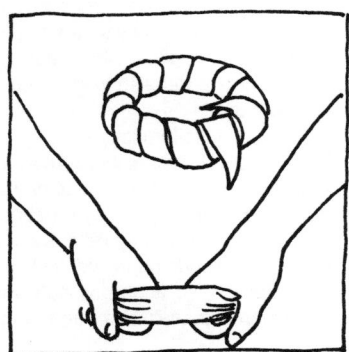

189

**Zusammenfassung**

Entscheidend über Leben oder Tod eines Verunglückten ist oft die rasche Durchführung der lebensrettenden Sofortmaßnahmen durch den Laienhelfer:

- Die Blutstillung bei einer lebensbedrohlichen, spritzenden Schlagaderblutung durch Abdrücken, Hochlagern, Druckverband (S. 178) oder notfalls Abbinden,
- Seitenlagerung bei Bewußtlosen mit noch ausreichender Eigenatmung, um sie vor dem Ersticken zu bewahren,
- bei Atemstillstand das nackenwärts Strecken des Kopfes und die Atemspende, sowie u. U. das Säubern der Atemwege,
- die Entfernung des Giftes bei Vergiftungen (jedoch möglichst durch einen Arzt),
- die Schocklagerung (Beine höher als der Kopf), Wärmeschutz zur Bekämpfung oder Vorbeugung des Schocks, Beruhigung des Verletzten.

Danach folgen die weiteren Maßnahmen der

**Ersten Hilfe:**

- Verbände anlegen,
- Knochenbrüche ruhigstellen,
- Verletzte lagern.

Erst dann, wenn die lebensrettenden Maßnahmen und die weiteren Maßnahmen der Ersten Hilfe durchgeführt sind, ist der Verletzte transportfähig.

Die weitere Hilfe durch Arzt oder Rettungspersonal ist gerade bei Schwerverletzten eine unbedingte Notwendigkeit. Aber auch offensichtlich Leichtverletzte müssen immer dem Arzt vorgestellt werden.

Aufgabe des Helfers ist:

Die Zeit vom Unfallgeschehen bis zur Weiterversorgung des Verletzten zu überbrücken durch die lebensrettenden Sofortmaßnahmen und Maßnahmen der Ersten Hilfe. Dazu gehört aber immer und gerade dann, wenn nicht viel „tätige" Hilfe möglich ist, auch das gute Zureden, das Beruhigen, die seelische Betreuung.

# Hitze- und Kälteschäden

Beim Wander- und Geländereiten während sehr warmer oder sehr kalter Jahreszeiten oder in extremen Klimazonen kann es bei Reitern durchaus auch einmal zu Hitze- oder Kälteschäden kommen.

## Hitzeschäden

### Hitzeerschöpfung

Ein schockähnlicher Zustand, der wie der Hitzschlag durch Tragen warmer Kleidung bei schwülem Wetter (hohe Temperaturen und Luftfeuchtigkeit bei geringer Luftbewegung) oder auch durch körperliche Anstrengung bei Hitze entstehen kann, wobei im Vordergrund der durch das Schwitzen bedingte hohe Verlust an Körperflüssigkeit steht.

**Anzeichen:**

- Blasse Haut, schneller Puls, starkes Schwitzen, Schwäche, Übelkeit, Atembeschleunigung und Erbrechen, Hitzekrämpfe, auch Kreislaufversagen und Bewußtlosigkeit.

**Erste Hilfe:**

- Flache Lagerung in kühler Umgebung. Luft zufächeln, viel zu trinken geben.

### Hitzschlag

Mit Aufhören der Schweißbildung bei der Hitzeerschöpfung kommt es durch Versagen der Wärmeregulation zu einer Wärmestauung von 40° bis gelegentlich 44°.

**Anzeichen:**

- heiße, hochrote, aber trockene Haut,
- beschleunigter, schwacher Puls,
- Verwirrungszustände bis Bewußtlosigkeit,
- Atemstörungen bis Atemlähmung.

**Erste Hilfe:**

- Lagerung mit erhöhtem Oberkörper im Schatten,
- gleiche Maßnahmen wie bei Hitzeerschöpfung, dazu
- Beobachten der Atmung, bei Atemstillstand Atemspende durchführen.

### Sonnenstich

Entsteht durch längere direkte und intensive Sonneneinstrahlung auf den unbedeckten Kopf.

**Anzeichen:**

- Kopfschmerzen, Schwindel, Übelkeit, in schweren Fällen Nackensteife und Bewußtlosigkeit, rote oder auch blasse Haut.

**Erste Hilfe:**

- Lagerung mit erhöhtem Oberkörper bei roter Haut, sonst Flachlagerung im Schatten,
- beengende Kleidung öffnen,
- kalte Umschläge auf Stirn und Nacken.

## Kälteschäden

### Erfrierung

Besonders leicht betroffen sind Hände, Füße, Ohren, Kinn und Nase.

**Anzeichen:**

- anfänglich Schmerzen
- später Gefühllosigkeit
- erst weißliche
- später blau-graue Haut.

**Erste Hilfe:**

- Wenn ärztliche Hilfe nicht alsbald erreichbar ist, den ganzen Körper anwärmen, auch die Umgebung der Erfrierung, das erfrorene Gebiet jedoch kalt halten, z. B. durch ein feuchtkaltes Tuch.

### Unterkühlung

Hierbei handelt es sich nicht um die Erfrierung einzelner Körperstellen, sondern um das Absinken der Körpertemperatur insgesamt. Sie kommt im Gebirge, bei Schiffbrüchigen oder bei Einbruch ins Eis besonders häufig vor.

**Anzeichen:**

- Kältezittern, kühle, blasse oder grau-bläuliche Haut

- Teilnahmslosigkeit, zunehmende Müdigkeit, unbezwingbares Schlafbedürfnis oder „Schlaf"
- langsamer und unregelmäßiger Puls
- nur 6 bis 8 Atemzüge in der Minute

**Erste Hilfe:**

- Den Unterkühlten nicht allmählich erwärmen (daher darf er beim Transport auch nicht bedeckt und das Transportfahrzeug darf nicht beheizt werden!).
- Ist der Unterkühlte noch bei Bewußtsein, dann Zucker oder Traubenzucker geben.
- Verhinderung weiterer Auskühlung.

---

**Zusammenfassung**
Selbstverständlich ist auch in Fällen von Hitze- oder Kälteschäden der Betroffene unbedingt so schnell wie möglich einem Arzt vorzustellen, selbst wenn es sich um eine scheinbar geringfügige Schädigung handelt.

---

# Erste-Hilfe-Apotheke

Über den empfehlenswerten Inhalt einer solchen Notfallapotheke für Wanderreiter, die ja sowohl für den Bedarf des Reiters als auch des Pferdes bestückt sein muß, sei auf das Kapitel „Ausrüstung von Reiter und Pferd für einen Wanderritt" (Seite 130) verwiesen.

# Rechts- und Versicherungsfragen

Olaf Reich

## Reitrecht

### Gesetzgebung zum Reiten in der freien Landschaft

Es gibt in Deutschland für das Reiten in der freien Natur gesetzliche Regelungen, die von Bundesland zu Bundesland verschieden sind, die aber von den Reitern eingehalten werden und ihnen deshalb bekannt sein müssen.

Obwohl das Bestehen dieser Regelungen heute schon fast zum Allgemeinwissen gehört, empfinden es manche Reiter immer noch als erstaunlich, daß sie sich beim Reiten in der Landschaft mit bestimmten Rechtsnormen beschäftigen müssen. Dies ist aber notwendig, denn die entsprechenden Gesetze bestehen nun einmal und sind auf demokratischem Wege zustande gekommen. Zweck- oder Unzweckmäßigkeit von Teilen dieser Gesetzespakete stehen dabei in diesem Zusammenhang nicht zur Debatte. Der ursprüngliche Anlaß, solcherlei Gesetze überhaupt zu schaffen, bestand in der Notwendigkeit, die Freizeitinteressen der verschiedenen Interessengruppen auf kleinstem Raum konfliktfrei zu koordinieren, dafür zu sorgen, daß die verschiedenen Erholungssuchenden bei der Ausübung ihres Hobbys auf dem kleinen, engbevölkerten Raum unserer Bundesrepublik nicht kollidieren.

Wer in unserem Land das erste Mal voller Enthusiasmus mit seinem Pferd ins Gelände reitet, möge sich einmal vergegenwärtigen, daß wir hier nicht die unendlichen Weiten der Trockensavannen Australiens haben, nicht die unermeßlichen Pampas Argentiniens, wir leben auch nicht in Nordamerika, wo die Einwohnerdichte beispielsweise im Bundesstaat Nevada nur 1 Einw./qkm ist, sondern in der Bundesrepublik Deutschland, wo sich über 250 Einwohner die Fläche eines Quadratkilometers teilen müssen. Und noch etwas sollte er sich vor Augen führen: In manchen, durchaus zivilisierten Ländern der Erde ist nur bis zu 50 % der Bodenoberfläche in irgendei-

ner Weise genutztes Land. Bei uns sind es aber über 98 % der Bodenoberfläche, die genutzt sind, jemandem gehören und mit Kostenaufwand bewirtschaftet werden. Und der Grundbesitzer pflegt die Kosten für Bodenschäden, wie immer sie auch entstehen mögen, meistenteils allein zu tragen. Deshalb kann der Reiter, wie auch alle anderen Naturbenutzer, in unserem Land mit dem Boden nicht so umgehen, wie einstens die Indianer mit den Prärien Nordamerikas.

Inwieweit einige der aufgrund dieser besonderen Verhältnisse geschaffenen „Spielregeln" hie und da über das Ziel hinausgeschossen sein mögen, dies zu klären ist nicht Aufgabe dieses Buches.

Sicher können Kenner der Problematik an die Tatsache erinnern, daß nicht in allen Regionen und Bezirken unseres Landes die o. g. Verhältnisse in gleich krasser Form herrschen, daß es ein statistisch bewiesenes Faktum ist, daß die Reitschäden auf denjenigen Wegen und Straßen, die überhaupt beritten werden, weniger als 5 % aller Schäden sind, daß nach erwiesener Statistik nur 1,1 % aller Erholungssuchender in der Natur sich je über Reiter beschwert haben und daß erwiesenermaßen über 93 % aller „Naturbesucher" und „Landschaftsbenutzer"den Anspruch der Reiter, mit ihrem Pferd ebenfalls die freie Natur genießen zu können, ausdrücklich als legitim und berechtigt bezeichnen.

Sinn dieses Kapitels soll es aber sein, den Anfänger darüber aufzuklären, was es für Gesetze gibt, welche Regelungen der Reiter im Gelände beachten muß, welche Rechtsbegriffe er kennen muß.

Wie oben bereits erwähnt, gibt es eine bundesweite, einheitliche Reitrechts-Regelung, welche sowohl den Interessen der Reiter als auch der nötigen Rechtssicherheit gerecht werden könnte, zur Zeit nicht.

Es gibt zwar ein übergeordnetes Bundesgesetz, nämlich das Bundeswaldgesetz vom 2.5.1975 und das Bundesnaturschutzgesetz vom 20.12.1976 (ber. am 20.4.1977), aber hierbei handelt es sich nur um sogenannte „Rahmengesetze", welche den

Ländern einen erheblichen Spielraum zur Ausgestaltung der Richtlinien im jeweiligen Bundesland lassen.

Im Bundesgesetz heißt es lediglich, daß das Reiten in Wald und Flur (neben einigen anderen Nutzungsarten) auf Straßen und Wegen erlaubt ist. Die Einzelheiten hierzu dürfen aber die Länder selbst regeln.

Nach dem Grundsatz „Bundesrecht bricht Landesrecht" wäre eigentlich nun eine Einschränkung der grundsätzlichen Regelung durch das Bundesgesetz im Landesrecht nur in Ausnahmefällen möglich. Aber manche Länder machen in ihren Landesgesetzen die Ausnahme zur Regel. Teilweise entsteht der Eindruck, daß es in einigen Bundesländern bei der Ausgestaltung des Landesreitrechts geradezu zu „Umkehr-Regelungen" gekommen ist, welche sich eben nicht mehr „im Rahmen" halten.

So herrschen im Zeitalter des Raumfluges für den Wanderreiter, der die Grenzen von Bundesländern überschreitet, bezüglich des Reitrechts die gleichen Zustände wie vor der Erfindung der Eisenbahn, also zur Zeit der Kleinstaaterei. Ein Wanderreiter, der durch Deutschland reitet, sollte die Reitrechte von 11 Stadt- und Flächenstaaten kennen oder sie in der Satteltasche zum Lesen bereit haben!

Sicher ist die Notwendigkeit zur individuellen Ausgestaltung des Landesrechts teilweise verständlich. Sie ist begründet durch Unterschiede in den regionalen allgemeinen und besonderen Verhältnissen der Bundesländer: Es gibt Länder mit erheblichem Waldreichtum und solche mit sehr wenig, aber schützenswertem Wald, es gibt Länder mit sehr viel Industrie und solche mit Betonung der Agrarwirtschaft usw. Aus diesen Unterschieden ergibt sich natürlich auch die Notwendigkeit zu unterschiedlichen Regelungen des Reitens im Gelände.

Allerdings ist diese individuelle Ausgestaltung bei manchen Landesrechten, die das Reiten betreffen, so weit gegangen, daß – und dies ist nicht einsehbar – sie teilweise einander völlig konträr gegenüber stehen.

Aufgrund dieser Sachlage ist es für einen Durchschnittsbürger und juristischen Laien heute völlig unmöglich, die Reitrechte aller Bundesländer und die dazugehörigen lokalen Einzelregelungen zu beherrschen und auswendig im Kopf zu haben. Es

hätte auch überhaupt keinen Sinn, hier an dieser Stelle etwa alle existierenden Gesetze wiederzugeben, aus denen sich letztendlich ein jeweiliges Landesreitrecht zusammensetzt. Dies würde mehrere hundert Seiten in Anspruch nehmen! Man muß dazu wissen, daß sich ein Landesreitrecht wie ein Mosaikbild aus verschiedenen Einzelteilen verschiedener Landesgesetze zusammensetzt.

Wer also grenzüberschreitend von einem Bundesland zum anderen in Deutschland reitet, muß sich wohl oder übel jeweils vorher genau informieren, was das geltende Reitrecht für das jeweilige Bundesland bestimmt. Daraus ergibt sich, daß ein Gelände- und Wanderreiter, der seinen Sport wirklich absolut gesetzeskonform ausüben möchte, dies eigentlich nur nach langem und gründlichem Gesetzsstudium kann.

Wie kann er dies tun? Nun, eine für die ganze Bundesrepublik praktikable Kurzform etwa des Reitrechts gibt es auf dem Papier nicht. Dafür sind die einzelnen Landesrechte zu kompliziert. Versuche solcher Kurzformeln sind Simplifizierungen mit vielen Weglassungen und damit immer „Halbwahrheiten". Der Reiter hat es also reichlich schwer, das nötige juristische Wissen, das er aber haben sollte, zu erwerben.

Dazu kommt die Schwierigkeit, daß sich das jeweilige Landesreitrecht immer aus Teilen mehrerer Gesetze zusammensetzt. Zum Beispiel aus Teilen des Landeswaldgesetzes, des Landesnaturschutzgesetzes, aus Verordnungen hierzu, aus Kennzeichnungsregelungen in Verordnungsform, aus Ausführungserlassen usw. Wenn man nach dem „geltenden Reitrecht" fragt, bekommt man meist die Litanei dieser Gesetze aufgezählt, aus denen man sich dann die Paragraphen herauspicken muß, welche zusammen das geltende Reitrecht ausmachen.

Um aber dem interessierten Wanderreiter wenigstens irgendeine Möglichkeit der Information an die Hand zu geben, kann auf folgende Quellen verwiesen werden:

- Wenigstens eine gewisse Übersicht über die verschiedenen landesindividuellen Anpassungsgesetze findet man in einer Veröffentlichung von Rechtsanwalt Dr. Robert Ruhrmann in dem Artikel „Von Holstein bis Bayern" in der Zeitschrift „Reiter Revue international", Heft 11/1979.

- Auskunft sollten auch die zuständigen Ministerien der Länder, also die Ministerien für Ernährung, Landwirtschaft und Forsten geben können.
- Ebenso kann man Auskunft bekommen bei den Landesverbänden der „Vereinigung der Freizeitreiter in Deutschland e.V.", deren Adressen beim Bundesvorstand der VFD erfragt werden können.
- Schließlich können auch die Landes- und Kreisverbände der „Deutschen Reiterlichen Vereinigung (FN)" in den einzelnen Bundesländern Auskunft geben. Ihre Adressen können erfragt werden bei: Deutsche Reiterliche Vereinigung, Frhr.-v.-Langen-Str. 13, 4410 Warendorf 1.

Abgesehen von den gesetzlich vorgeschriebenen Regeln beim Reiten in der Landschaft gibt es natürlich auch überall geltende Grundsatz-Regeln, die nur teilweise auf Gesetzen basieren, teilweise aber auch natürliche Gebote der Höflichkeit, des Anstandes und der sportlichen Fairneß sind. Einige der wichtigsten seien hier aufgelistet:
- Das Reiten ist grundsätzlich verboten auf: Wiesen, Feldern, Waldboden „querbeet", Liegewiesen, Spielplätzen, Grill- und Rastplätzen. Ausnahme: auf Wiesen mit ausdrücklicher Genehmigung des Besitzers.
- Ebenso ist das Reiten verboten auf Wegen mit „bestimmter Widmung", welche das Reiten ausnimmt, also z. B. Trimm- oder Sportpfade, reine Fußgängerwege, Radwege.
- Im allgemeinen ist das Reiten in den Bundesländern erlaubt auf sogenanntem „Ödland". Wichtig zu wissen ist hierzu allerdings folgendes: Dem Gesetz' nach gehören nicht zum „Ödland" die „vorübergehend brachliegenden" Flächen, womit nichts anderes als Stoppelfelder gemeint ist. Auf diesen ist also formaljuristisch das Reiten tatsächlich verboten.
Zwar wird in der Praxis nur selten ein Landwirt etwas dagegen haben, wenn auf den Stoppelfeldern geritten wird, und meist wird es stillschweigend geduldet. Trotzdem darf nicht übersehen werden, daß es formaljuristisch nur mit vorheriger ausdrücklicher Genehmigung des Besitzers erlaubt ist.
Noch etwas ist dazu anzumerken: Für Städter und landwirtschaftliche Laien stellen sich manchmal Flächen vermeintlich als Stoppelfelder dar, die gar keine sind. Es kann sich dabei um Neuansaat oder Wintersaat auf nichtgeackerten Feldern handeln. Auch aus diesem Grund sind Stoppelfelder für Reiter mit Vorsicht zu genießen! Ganz abgesehen von den möglichen Maulwurfslöchern oder liegengelassenen Eggen, die für die Pferdebeine zur Katastrophe werden können.

- In der Stadt ist das Reiten auf den Gehwegen verboten.
- Selbstverständlich wird ein Weg, der durch Regengüsse aufgeweicht oder durch Frost aufgebrochen, also erhöht beschädigungsgefährdet ist, nicht beritten. Die eventuelle Reparatur muß entweder ein Privatbesitzer bezahlen oder aber die Allgemeinheit der Steuerzahler.
- Auf unbekannten und unübersichtlichen Wegen, auf Wegkuppen oder vor Kurven unbedingt im Schritt reiten. Es könnten plötzlich und unerwartet Fußgänger auftauchen, die nicht mehr ausweichen könnten.
- Manchen Fußgängern erscheint ein Pferd als ein riesiges und vermeintlich gefährliches Tier, sie haben möglicherweise Angst. Deshalb: beim Passieren von Wanderern, Fußgängern, Radfahrern usw. immer im Schritt reiten.
- Nicht nur ein Gebot der Höflichkeit ist es, sondern von sehr positiver psychologischer Wirkung, wenn der Reiter den Fußgänger grüßt – und zwar zuerst! Es war sicher kein Kuriosum, sondern wohlbegründet, wenn ein Württembergisches Gesetz vor rund 200 Jahren den Reitern vorschrieb, Wanderer zu grüßen.
- Verständnis im Verhältnis zu Jägern bzw. Jagdpächtern kann Kollisionen vermeiden. Reiter sollten sich über die Jagdzeiten informieren und während solcher Zeiten die Felder und Reviere möglichst meiden, wo bekanntermaßen Jäger anzusitzen pflegen oder Treibjagden veranstalten.
Der Reiter darf allerdings davon ausgehen, daß er, wenn er ruhig und ohne laute Unterhaltung durch das Gelände reitet, niemals Wild vertreiben wird, weil das Wild zunächst die Witterung des „ungefährlichen" Pferdes aufnimmt, welche die des „gefährlichen" Menschen überdeckt. Also: in jedem Falle beim Geländeritt eine der Natur angemessene Ruhe einhalten.

- In keinem Gesetz steht: „Absteigen, wenn sich mit dir, Reiter, jemand unterhalten möchte!" Trotzdem sei allen Reitern geraten, daran zu denken. Gelegentlich aufgebaute Schranken zwischen Reitern und Fußgängern können wieder abgebaut werden, wenn der Reiter „von seinem hohen Roß" heruntersteigt.

Zusammenfassend muß aber ausdrücklich noch einmal daran erinnert werden, daß solche allgemeinen Regeln keineswegs darüber hinwegtäuschen dürfen, daß das Reiten außerhalb der Halle oder des Reitplatzes gesetzlich geregelt ist und in jedem Bundesland eine Fülle von Gesetzen hierzu erlassen wurden.

Der Wander- und Geländereiter hat sich vor dem Reiten in der Landschaft über diese Reitrecht-Regelungen genau zu informieren, damit er einerseits sich beim Reiten gesetzeskonform verhalten kann und andererseits nicht Verursacher dafür ist, daß ein schlechtes Licht auf alle Reiter fällt, wenn er sich als einzelner unkorrekt verhält.

## Tierschutzgesetz vom 24. Juli 1972

*Für Pferdehalter und Reiter wichtige Auszüge*

### § 1

Dieses Gesetz dient dem Schutz des Lebens und Wohlbefindens des Tieres. Niemand darf einem Tier ohne vernünftigen Grund Schmerzen, Leiden oder Schäden zufügen.

### § 2

(1) Wer ein Tier hält, betreut oder zu betreuen hat,

1. muß dem Tier angemessene artgemäße Nahrung und Pflege sowie eine verhaltensgerechte Unterbringung gewähren,

2. darf das artgemäße Bewegungsbedürfnis eines Tieres nicht dauernd und so einschränken, daß dem Tier vermeidbare Schmerzen, Leiden oder Schäden zugefügt werden.

(2) Die zuständige Behörde ist befugt, im Einzelfall Maßnahmen anzuordnen, die zur Erfüllung der in Absatz 1 genannten Anforderungen erforderlich sind.

(3) Tiere, die nach dem Gutachten des beamteten Tierarztes in Haltung, Pflege oder Unterbringung erheblich vernachlässigt sind, können von der zuständigen Behörde dem Halter fortgenommen und

so lange auf dessen Kosten anderweitig pfleglich untergebracht werden, bis eine ordnungsgemäße Haltung, Pflege und Unterbringung der Tiere durch den Halter gewährleistet ist.

### § 3

Es ist verboten,

1. einem Tier außer in Notfällen Leistungen abzuverlangen, denen es wegen seines Zustandes offensichtlich nicht gewachsen ist oder die offensichtlich seine Kräfte übersteigen,

7. einem Tier durch Anwendung von Zwang Futter einzuverleiben, sofern dies nicht aus gesundheitlichen Gründen erforderlich ist,

8. einem Tier Futter darzureichen, das dem Tier offensichtlich erhebliche Schmerzen, Leiden oder Schäden bereitet.

### § 4

(1) Ein Wirbeltier darf nur unter Betäubung oder, soweit nach den gegebenen Umständen zumutbar, nur unter Vermeidung von Schmerzen getötet werden. Ein Wirbeltier töten darf nur, wer die dazu notwendigen Kenntnisse und Fähigkeiten hat.

*Kommentar:*

Hier sind für Pferde der Tierarzt und der Pferdemetzgermeister gemeint.

Wanderreiter fragen sich oft, was zu tun ist, wenn ein Pferd während eines Wanderritts weit draußen im Gelände so schwer verunglückt, daß nur noch die Nottötung übrigbleibt. Auf keinen Fall sollte man das Pferd mit Gewalt irgendwohin bewegen! Man bindet es irgendwie so an, daß es absolute Ruhe hat (auch vor Menschen), läuft schnellstens zum nächsten bewohnten Haus und ruft den nächsten Tierarzt herbei. Dieser entscheidet über das weitere Vorgehen und nimmt gegebenenfalls entweder selbst die Nottötung vor oder ruft den regional zuständigen, dazu befugten Pferdemetzgermeister.

### § 11

(1) Wer gewerbsmäßig mit Tieren handelt, hat dies bei Beginn der Tätigkeit der zuständigen Behörde anzuzeigen. Dies gilt nicht für Personen, die mit landwirtschaftlichen Nutztieren aus dem eigenen Betrieb handeln, sowie für Züchter, die eingetragenen Züchtervereinen angehören und ausschließlich im Rahmen der Zweckbestimmung des Vereins Tiere halten, züchten und handeln.

(2) Absatz 1 Satz 1 gilt auch für natürliche und

juristische Personen, die gewerbsmäßig einen Reit- oder Fahrbetrieb unterhalten.

(3) Wer bei Inkrafttreten dieses Gesetzes gewerbsmäßig

1. mit Tieren handelt,

2. einen Reit- oder Fahrbetrieb unterhält,

hat dies innerhalb eines Jahres nach Inkrafttreten dieses Gesetzes der zuständigen Behörde anzuzeigen.

(4) Ohne Einwilligung der Erziehungsberechtigten dürfen Tiere an Kinder bis zum vollendeten 14. Lebensjahr nicht verkauft werden.

*Kommentar:*

Für den Geltungsbereich des § 11 könnte man unter anderem das hier folgende praktische Beispiel geben:

Wenn ein Wanderritt-Führer mehrere Pferde hat, mit denen er gewerbsmäßig geführte Wanderritte unternimmt, so muß er dies als Reitbetrieb der zuständigen Behörde (Bürgermeisteramt, Amt für Öffentliche Ordnung) anzeigen.

## § 13

(1) Der Bundesminister wird ermächtigt, durch Rechtsverordnung mit Zustimmung des Bundesrates, soweit dies zum Schutz der Tiere erforderlich ist, Vorschriften über deren Haltung, Pflege und Unterbringung zu erlassen. Die Rechtsverordnung kann insbesondere Vorschriften enthalten über

1. Art und Umfang einer Beschränkung der natürlichen Bewegungs- oder Gemeinschaftsbedürfnisse von Tieren,

2. Anforderungen an Räume, Käfige, andere Behältnisse oder sonstige Einrichtungen zur Unterbringung von Tieren sowie an die Beschaffenheit von Anbinde- und Fütterungsvorrichtungen,

3. Anforderungen an Lichtverhältnisse, Lufttemperatur, Luftfeuchte, Luftbewegung sowie Frischluftzufuhr bei der Unterbringung von Tieren,

4. Wartung und Pflege sowie Überwachung von Tieren durch den Tierhalter oder Betreuer.

*Kommentar:*

Aus dem § 13 ist zu ersehen, daß die Art der Tierhaltung und damit auch der Pferdehaltung nicht immer und ohne weiteres dem persönlichen Gutdünken des Tierhalters überlassen werden muß, sondern daß der Gesetzgeber hierzu durchaus Vorschriften im Sinne des Tierschutzes erlassen kann.

Im Bedarfsfalle geschieht dies auf dem Verordnungswege.

## § 15

(1) Die Durchführung dieses Gesetzes und der auf Grund dieses Gesetzes erlassenen Rechtsverordnungen obliegt den nach Landesrecht zuständigen Behörden.

(2) Die zuständigen Behörden sollen im Rahmen der Durchführung dieses Gesetzes oder der auf Grund dieses Gesetzes erlassenen Rechtsverordnungen den beamteten Tierarzt als Sachverständigen beteiligen.

*Kommentar:*

Der § 15 weist einen Weg, wohin oder an wen man sich beispielsweise zu wenden hat, wenn man einen entdeckten Fall von Tiermißhandlung oder Tiervernachlässigung anzeigen möchte.

In der Regel meldet man einen solchen Fall dem zuständigen Bürgermeisteramt bzw. Amt für Öffentliche Ordnung. Dieses wird einen Sachverständigen und/oder einen Amtstierarzt hinzuziehen und dann entsprechende Maßnahmen einleiten.

Nicht sinnvoll ist es, zuerst eine Meldung bei irgendeinem Tierarzt, der Polizei oder dem Tierschutzverband zu machen, zumal letzterer sowieso keinerlei Vollzugsbefugnisse hat.

## § 16

(2) Die zuständigen Behörden (Bürgermeisterämter, Ämter für Öffentliche Ordnung) können zur Durchführung der ihnen durch dieses Gesetz übertragenen Aufgaben die erforderlichen Auskünfte verlangen.

(3) Personen, die von der zuständigen Behörde beauftragt sind, dürfen im Rahmen des Absatzes 1 Grundstücke, Geschäftsräume, Wirtschaftsgebäude, Transportmittel und zur Verhütung dringender Gefahren für die öffentliche Sicherheit und Ordnung auch Wohnräume des Auskunftspflichtigen, in denen Tiere gehalten werden, betreten und, soweit es zur Durchführung dieses Gesetzes erforderlich ist, die geschäftlichen Unterlagen einsehen. Der Auskunftspflichtige hat die Maßnahmen nach Satz 1 zu gestatten. Das Grundrecht der Unverletzlichkeit der Wohnung (Artikel 13 des Grundgesetzes) wird insoweit eingeschränkt.

*Kommentar:*

Der § 16 besagt, daß der Tierhalter und damit auch

der Pferdehalter den Behördenbeauftragten gegenüber zu Auskünften verpflichtet ist und ihnen das Betreten und das Kontrollieren von Stallungen, Geschäfts- und Wirtschaftsräumen erlauben muß. Es ist ausdrücklich festgelegt, daß sich der Tierhalter dann nicht auf die Unverletzlichkeit der Wohnung gemäß Grundgesetz berufen kann, sondern er muß sich in diesem Falle genauso verhalten, wie wenn die Polizei mit einem gerichtlichen Hausdurchsuchungsbefeht bei ihm vorspricht.

## § 17
Mit Freiheitsstrafe bis zu zwei Jahren oder mit Geldstrafe wird bestraft, wer
1. ein Wirbeltier ohne vernünftigen Grund tötet oder
2. einem Wirbeltier
   a) aus Rohheit erhebliche Schmerzen oder Leiden oder
   b) länger anhaltende oder sich wiederholende erhebliche Schmerzen oder Leiden zufügt.

## § 18
(2) Ordnungswidrig handelt, wer vorsätzlich oder fahrlässig
1. einem Wirbeltier, das er hält, betreut oder zu betreuen hat, bei der Haltung, Pflege, Unterbringung oder Beförderung ohne vernünftigen Grund offensichtlich erhebliche Schmerzen, Leiden oder Schäden zufügt,
2. entgegen § 4 Abs. 1 ein Wirbeltier tötet,
3. einer vollziehbaren Anordnung nach § 2 Abs. 2 zuwiderhandelt,
4. einem Verbot nach § 3 zuwiderhandelt,
15. entgegen § 16 Abs. 2 eine Auskunft nicht, nicht rechtzeitig, nicht vollständig oder nicht richtig erteilt oder entgegen § 16 Abs. 3 den Zutritt zu Grundstükken, Geschäftsräumen, Wirtschaftsgebäuden, Transportmitteln oder Wohnräumen oder die Einsichtnahme in die geschäftlichen Unterlagen nicht gestattet,
18. entgegen § 11 Abs. 4 ein Tier ohne Einwilligung der Erziehungsberechtigten an Kinder bis zum vollendeten 14. Lebensjahr verkauft.
(3) Die Ordnungswidrigkeit kann mit einer Geldbuße bis zu DM 10 000,– geahndet werden.

## § 19
Tiere, auf die sich eine Straftat nach § 17 oder eine Ordnungswidrigkeit nach § 18 bezieht, können eingezogen werden.

## § 20
(1) Wird jemand wegen einer nach § 17 rechtswidrigen Tat verurteilt, so kann ihm das Gericht das Halten von Tieren jeder oder einer bestimmten Art für die Dauer von einem Jahr bis zu fünf Jahren oder für immer verbieten, wenn die Gefahr besteht, daß er weiterhin eine nach § 17 rechtswidrige Tat begehen wird.
(3) Wer ein Tier hält, obwohl ihm dies strafrechtlich verboten ist, wird mit Freiheitsstrafe bis zu einem Jahr oder mit Geldstrafe bestraft.

# Straßenverkehrsrecht

## Für Reiter und Gespannfahrer wichtige Auszüge

Es soll hier nicht das Straßenverkehrsrecht in seiner Gesamtheit dargestellt werden, um etwa jeglichen nur denkbaren Bezug zum Reiten im Straßenverkehr aufzuzeigen, sondern es wird versucht, diejenigen Rechtsgrundsätze aufzuzeigen, mit denen der Reiter tatsächlich in der Praxis beim Reiten im öffentlichen Straßenverkehr konfrontiert wird und die er deshalb kennen muß.
Im übrigen sei vorweg gesagt, daß natürlich sämtliche Bestimmungen der Straßenverkehrsordnung (StVO) wie für alle Verkehrsteilnehmer auch für den Reiter gelten. Im einzelnen sollte jeder Reiter über diejenigen Regeln Bescheid wissen, die im folgenden beschrieben werden.

### § 1 der StVO
Die Teilnahme am Straßenverkehr erfordert ständige Vorsicht und gegenseitige Rücksicht. Jeder Verkehrsteilnehmer hat sich so zu verhalten, daß kein anderer geschädigt, gefährdet oder mehr als nach den Umständen unvermeidbar behindert oder belästigt wird.
Reiter und Gespannfahrer sind im Sinne des Gesetzgebers Verkehrsteilnehmer. Reiter müssen die Fahrbahn benutzen. Von zwei Fahrbahnen die rechte Außenseite der rechten Fahrbahn.
Es ist möglichst weit rechts zu reiten oder zu fahren. Und dies nicht nur beim Gegenverkehr, nicht nur an Kuppen oder in Kurven oder bei unübersichtlichen Stellen.

### § 2 der StVO, Abs. 4
besagt, daß Reiter bzw. Fahrer im Straßenverkehr

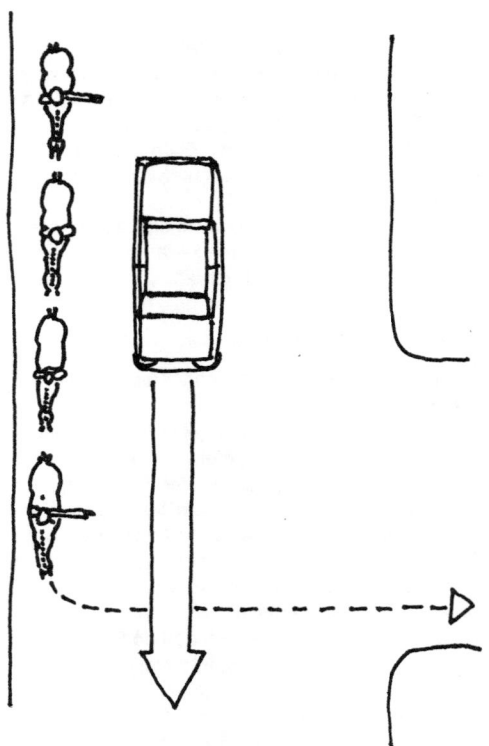

Abb. 103. Abbiegen eines Reiterverbandes nach links vom rechten Fahrbahnrand aus. Der erste und letzte Reiter geben Handzeichen.

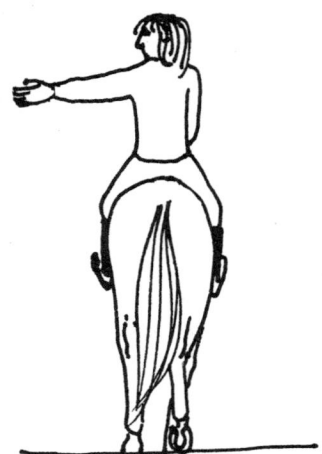

Abb. 104. Korrekte Zeichengebung

einzeln hintereinander reiten bzw. fahren müssen. Nebeneinander dürfen Reiter nur reiten, wenn dadurch der Verkehr nicht behindert wird. Ausnahmen und Anordnungen hierzu regelt der § 27 der StVO (siehe dort). Reiter dürfen auch auf Seitenstreifen reiten, wenn Fußgänger und andere Verkehrsteilnehmer nicht behindert werden und wenn dieser Seitenstreifen seiner technischen Beschaffenheit nach befestigt ist.

### § 6 der StVO

Vorbeifahren, Vorbeireiten, Überholen:
Wer an einem haltenden Fahrzeug, einer Absper-

rung oder einem sonstigen Hindernis auf der Fahrbahn links vorbeifahren bzw. vorbeireiten will, muß entgegenkommende Fahrzeuge durchkommen lassen. Muß er ausscheren, so hat er auf den nachfolgenden Verkehr zu achten und das Ausscheren wie das Wiedereinordnen durch Handzeichen anzukündigen.

*Merke:*
Diese Handzeichen werden – genau wie von den Radfahrern – mit dem ausgestreckten linken oder rechten Arm gegeben.

### § 9 der StVO

Abbiegen, Richtungsänderung:
Wer abbiegen will, muß dies rechtzeitig und deutlich ankündigen.

Einzelreiter, die abbiegen wollen, müssen an der rechten Seite der in gleicher Richtung abbiegenden Fahrzeuge bleiben (Verhalten von geschlossenen Reiter-Verbänden, siehe § 27 der StVO). Wer abbiegen will, muß entgegenkommende Fahrzeuge durchkommen lassen.

Wer nach links abbiegen will, muß entgegenkommende Fahrzeuge, die ihrerseits nach rechts abbiegen wollen, zuerst durchfahren lassen.

Jeder hat sich so zu verhalten, daß eine Gefährdung anderer Verkehrsteilnehmer ausgeschlossen ist.

*Merke:*

Auch beim Abbiegen muß der Reiter selbstverständlich die Richtungsänderung durch Handzeichen deutlich und früh genug anzeigen. Auch hier – genau wie beim Radfahren – mit dem links oder rechts ausgestreckten Arm.

Dabei ist es selbstverständlich, daß sich der Reiter, bevor er tatsächlich zum Abbiegen ansetzt, auch nach dem Verkehr hinter ihm umdreht und sich einen kurzen Überblick verschafft, ob sein Abbiegen nicht etwa andere oder ihn selbst gefährdet.

## § 27 der StVO

Verbände im Straßenverkehr:

Für geschlossene Verbände gelten die für den gesamten Straßenverkehr einheitlich bestehenden Verkehrsregeln und Anordnungen sinngemäß.

Mehr als 15 Reiter dürfen einen geschlossenen Verband bilden. Diese dürfen dann zu zweit nebeneinander auf der Fahrbahn reiten. Aber auch weniger Reiter können einen Verband bilden, sofern es sich um eine „geordnete, einheitlich geführte und als Ganzes erkennbare Reitermehrheit" handelt. Maßgebend dafür ist: die „einheitliche Führung", die „geschlossene Bewegung" und „Reiten mit vorgeschriebenem Abstand".

Geschlossene Verbände müssen, wenn ihre Länge dies erfordert, in angemessenen Abständen Zwischenräume für den übrigen Verkehr freilassen. An anderen Stellen darf dieser sie nicht unterbrechen. Die seitliche Begrenzung geschlossen reitender Verbände muß bei Dunkelheit mindestens nach vorne durch nicht blendende Leuchten mit weißem Licht, nach hinten durch Leuchten mit rotem Licht oder gelbem Blinklicht kenntlich gemacht werden. Gliedert sich ein solcher Verband in mehrere deutlich voneinander getrennte Abteilungen, dann ist jeder auf diese Weise abzusichern.

Der Berittführer des Verbandes hat dafür Sorge zu tragen, daß die für geschlossene Verbände geltenden Vorschriften befolgt werden (Achtung: Haftpflicht!).

*Merke:*

Zu diesen Vorschriften gehört auch die richtige Zeichengebung zum Abbiegen der Reitergruppe, also des „Verbandes". Hierzu ist es notwendig, daß sowohl der Reiter an der Spitze des Verbandes als auch der letzte Reiter der Gruppe (für den nachfol-

genden Verkehr) das Abbiegen in gleicher Weise anzeigen. Hierzu ist eine vorherige Absprache zur Verständigung zwischen diesen beiden Reitern nötig. Außerdem ergibt sich hieraus, daß der erste und der letzte Reiter eines Verbandes die beiden erfahrensten Reiter sein sollten.

Muß ein sehr großer Reiterverband in kleinere Einzelgruppen gegliedert werden, gelten für jede dieser Abteilungen die gleichen Regeln zur Richtungsänderung entsprechend.

Abweichend von § 9 der StVO gilt für Reiterverbände, daß diese, wenn sie nach links abbiegen wollen, sich nicht „nach links" einordnen, sich also nicht auf die rechte Seite der Links-Abbieger-Spur begeben, sondern bis zur Kreuzung oder Einmündung am rechten Fahrbahnrand der rechten Fahrspur geführt werden. Erst aus dem Kreuzungs- bzw. Einmündungsbereich heraus erfolgt dann das Abbiegen des Verbandes nach links, wobei allerdings der Berittführer dafür zu sorgen hat, daß die Absicht des Linksabbiegens den übrigen Verkehrsteilnehmern frühzeitig genug und eindeutig angezeigt wird.

*Kommentar hierzu:*

Diese Anordnung des Gesetzgebers entsprang offensichtlich dem Sicherheitsgedanken, von mehreren Übeln das geringste auszuwählen. Das Verfahren ist aber nicht nur riskant, sondern auch höchst unpraktikabel. Wir empfehlen daher ein anderes Verfahren, das wesentlich sicherer ist und keiner bestehenden Verkehrsregel zuwiderläuft.

Das Prinzip ist dabei, daß der Verband zunächst einmal nach rechts einbiegt, bis alle Reiter des Verbandes in der rechten Querstraße sind, danach wird in einem günstigen Moment die Straßenseite gewechselt. Nunmehr kann – in Gegenrichtung – der ganze Verband die Kreuzung schnurgerade überqueren, ohne überhaupt noch einmal seitlich abbiegen zu müssen (s. Abb. 105).

## § 28 der StVO

Haus- und Stalltiere, also in diesem Falle Reit- und Zugtiere, die den Verkehr gefährden können, sind von der Straße fernzuhalten. Sie sind dort nur zugelassen, wenn sie von geeigneten Personen begleitet werden, die ausreichend auf sie einwirken können!

*Merke:*

Also Vorsicht bei Reitschülern, insbesondere Ju-

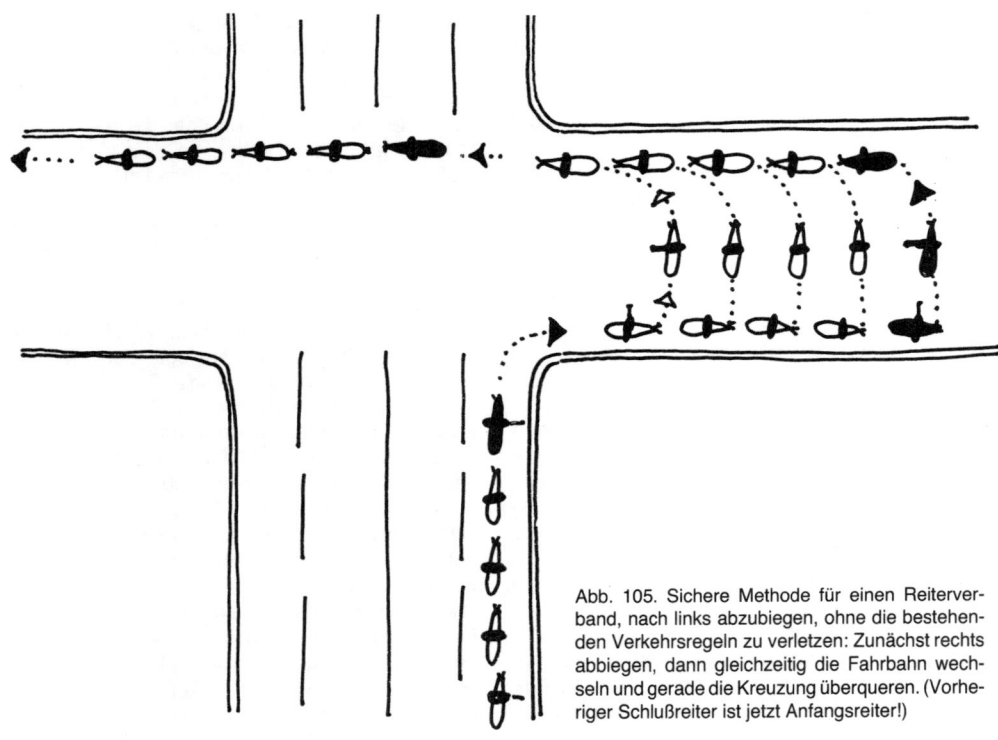

Abb. 105. Sichere Methode für einen Reiterverband, nach links abzubiegen, ohne die bestehenden Verkehrsregeln zu verletzen: Zunächst rechts abbiegen, dann gleichzeitig die Fahrbahn wechseln und gerade die Kreuzung überqueren. (Vorheriger Schlußreiter ist jetzt Anfangsreiter!)

gendlichen und Heranwachsenden, die nicht in der Lage sind, ein Pferd im Straßenverkehr sicher zu reiten, zu führen bzw. zu fahren. Der Gesetzgeber verlangt die ausreichende Einwirkung auf die Tiere. Im Verkehr sind Haus- und Stalltiere, also auch Pferde, nur bei ausreichender Beaufsichtigung zugelassen. Nicht zugelassen sind also in der Regel autoscheue Pferde, ungerittene oder übernervöse Reitpferde. Verkehrsungewohnte Rennpferde müssen im Straßenverkehr sogar transportiert werden! Die Einwirkungsmöglichkeiten richten sich nach der Art des Tieres, müssen aber in jedem Falle „mit Gewißheit" bestehen. Eine Aufsichtsperson muß dazu „geeignet" sein, was von ihrer Erfahrung, Geschicklichkeit und Kraft abhängt. Auch für den Mieter eines Miet-Reitpferdes gelten diese Regeln.

Bei nur unzulänglicher Aufsicht oder unzureichender Einwirkungsmöglichkeit ist das Tier im Verkehr nicht zugelassen („Sonntagsreiter" auf ungebärdigem Pferd usw.).
Für Pferdebesitzer sind unter anderem auch noch folgende Maßnahmen des Gesetzgebers interessant: Pferdeführer müssen links vom Tier gehen. 2 Pferde dürfen sie ungekoppelt nicht führen, gekoppelt jedoch bis zu 4 Pferden (!).
Ein Reiter darf im Straßenverkehr höchstens 2 Handpferde führen, da er weder vom Sattel aus noch abgesessen mehr als zwei Handpferde sicher beisammenhalten kann.
Pferde dürfen im Verkehr nicht wie z. B. Schafe „getrieben" werden.
Für Einzelreiter und für Führer von Pferden gelten

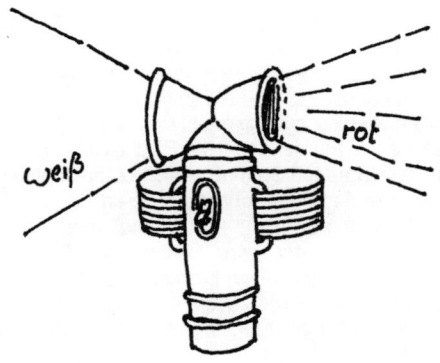

weiß   rot

Abb. 106. Stiefelleuchte

die für den gesamten Fahrverkehr einheitlich bestehenden Verkehrsregeln und Anordnungen sinngemäß.

Zur Beleuchtung müssen beim Reiten oder Führen
in der Dämmerung oder im Dunkeln von Einzelrei-
tern mindestens verwendet werden:

1. beim Reiten (auch Fahren) eine nicht blendende
Leuchte mit weißem Licht nach vorn und rotem Licht
nach hinten,

2. beim Führen eines Pferdes eine nicht blendende
Leuchte mit weißem Licht, die auf der linken Seite
nach vorn und hinten gut sichtbar mitzuführen ist.

*Kommentar:*
Für diesen Zweck gibt es schon seit vielen Jahren
speziell konzipierte Lampen, die in der Größenord-
nung einer Taschenlampe konstruiert sind und die
der Reiter mit Hilfe eines Riemchens an seinen
(linken) Stiefel schnallen kann. Erhältlich in allen
Reitsportfachgeschäften!

## Reiten und Alkohol

Der Reiter ist „Verkehrsteilnehmer" im Sinne der
Straßenverkehrsordnung. Jeder Verkehrsteilnehmer hat darauf zu achten, daß er sich verkehrsge-
recht und verkehrstauglich verhält. Nach Alkoholgenuß ist die Verkehrstauglichkeit des Reiters beeinträchtigt.

Wer als Reiter – und insoweit auch als Verkehrsteilnehmer – Alkohol zu sich nimmt und dabei eine

Blutalkoholkonzentration von 0,8 – 1,29 Promille
aufweist, ist relativ verkehrsuntauglich und wird wegen einer Ordnungswiedrigkeit bestraft, wobei ihm
als Führerscheininhaber in schwerwiegenden Fällen auch ein Fahrverbot bis zu 3 Monaten auferlegt
werden kann.

Wer eine Blutalkoholkonzentration von 1,3 Promille
und mehr aufweist, ist absolut verkehrsuntauglich.
Ihm kann und muß die Fahrerlaubnis entzogen und
vor Ablauf von mindestens 6 Monaten keine neue
Fahrerlaubnis erteilt werden, da er im Zusammenhang mit der Teilnahme am Straßenverkehr mit
einem Pferd unter Alkoholeinwirkung gezeigt hat,
daß er zum Führen eines Fahrzeugs nicht geeignet
ist.

Wer keinen Führerschein besitzt, muß damit rechnen, daß ihm das Gericht eine Sperrfrist von wenigstens 6 Monaten auferlegt, innerhalb derer die Ver-
waltungsbehörde ihm keine Fahrerlaubnis und somit auch keinen Führerschein erteilen darf.

Hieraus folgernd kann gesagt werden, daß sicherlich gegen traditionelle Reiterbräuche wie einen
„Bügeltrunk" nichts einzuwenden ist, daß aber
durch Alkoholgenuß im Übermaß dem Reiter oder
Gespannfahrer Konsequenzen drohen, die sein All-
tags- und Berufsleben erheblich beeinträchtigen
können, obwohl er zur Zeit des Alkoholgenusses
kein Kraftfahrer war und seinem Empfinden nach
eigentlich „nur" seinem Hobby nachgegangen ist.

## Versicherungen für Pferdehalter und Reiter

Dem Pferdehalter und Reiter können, wie jedem
Tierhalter, eine Menge der verschiedensten Risiken
entstehen, gegen die er sich versichern lassen
kann. Dementsprechend steht ihm ein ganzer Fä-
cher von Versicherungsmöglichkeiten und Versi-
cherungsformen zur Verfügung, über die er sich
einen Überblick verschaffen sollte, damit er sich
gegebenenfalls ihrer bedienen kann. Über die ge-
wichtigste Versicherungsform jedoch muß er genaue Kenntnis haben, denn sie kann geradezu
„lebenswichtig" sein! Es handelt sich hier um die
Gruppe der Haftpflichtversicherungen, die für jeden
Bundesbürger „Schutz Nr. 1" sind.

201

Warum? Durch einen verursachten Schaden kann man mehr als nur sein Eigentum verlieren. Eine Forderung aus einem Haftpflichtfall kann einen das ganze Leben lang verfolgen und ruinieren. Haftpflicht ist die Verpflichtung zum Schadenersatz.

Dazu sei erläutert: Ein vorsätzlich oder fahrlässig herbeigeführter Schaden kann zwei Hauptfolgen auslösen, nämlich Strafe und Schadenersatz.

An der strafrechtlichen Ahndung eines erlittenen Schadens ist der Geschädigte gewöhnlich nicht unmittelbar interessiert. Dieses ist vielmehr Sache des Staatsanwaltes aus Gründen der öffentlichen Ordnung.

Zivilrechtlich dagegen, d. h. um die Erlangung des angemessenen Schadenersatzes muß sich der Geschädigte selbst bemühen und die notwendigen Schritte unternehmen.

Mit diesen Ansprüchen befaßt sich der Haftpflicht-Versicherer (Versicherungsgesellschaft), sie allein sind Gegenstand einer Haftpflichtversicherung. Eine Entschädigung für eventuelle Strafen auf dem Weg der Versicherung zu erlangen, kann nicht in Frage kommen, da sonst der Straftat Vorschub geleistet würde. Die Haftung des Tier- bzw. Pferdehalters und/oder Reiters regelt der Gesetzgeber durch folgende zwei Paragraphen:

### § 833, BGB – Haftung des Tierhalters

Wird durch ein Tier ein Mensch getötet oder der Körper oder die Gesundheit eines Menschen verletzt oder eine Sache beschädigt, so ist derjenige, welcher das Tier hält, verpflichtet, dem Verletzten den daraus entstehenden Schaden zu ersetzen. Die Ersatzpflicht tritt nicht ein, wenn der Schaden durch ein Haustier verursacht wird, das dem Berufe, der Erwerbstätigkeit oder dem Unterhalt des Tierhalters zu dienen bestimmt ist, und entweder der Tierhalter bei der Beaufsichtigung des Tieres die im Verkehr erforderliche Sorgfalt beachtet oder der Schaden auch bei Anwendung dieser Sorgfalt entstanden sein würde.

Hier handelt es sich also um Schäden, welche durch das Pferd verursacht werden. Dies ist aber nicht der Fall, wenn ein Tier nur dem Willen und der Lenkung des Menschen folgt, z. B. seines Reiters oder Kutschers. In dem Falle tritt § 823, BGB, ein.

### § 823, BGB – Schadenersatzpflicht

Wer vorsätzlich oder fahrlässig das Leben, den Körper, die Gesundheit, die Freiheit, das Eigentum oder ein sonstiges Recht eines anderen widerrechtlich verletzt, ist dem anderen zum Ersatz des daraus entstehenden Schadens verpflichtet.

Aus dieser Rechtslage ergibt sich für den Tierhalter, also auch Pferdehalter, die Pflicht zum Schadenersatz. Er haftet! So muß er sich unter Umständen mit folgenden Forderungen befassen:

a) *Personenschäden* (Ambulante ärztliche Behandlung, stationäre Behandlung, Regreßansprüche der Krankenkassen oder des Arbeitgebers, Schmerzensgeld, Rentenansprüche).

b) *Sachschäden* (Kleidung, Kraftfahrzeug, Grundstücke usw.)

c) *Vermögensschäden* (Verdienst- und Einkommensausfälle usw.)

d) *Rechtsanwalts- und Gerichtskosten*

Dabei können die Forderungen über die Vermögensverhältnisse des Schädigers (Tier- bzw. Pferdehalters) weit hinausgehen und ruinös sein. Ein Schuldtitel „verfolgt" den rechtskräftig Verurteilten 30 Jahre lang.

Daher ist der Abschluß einer Tierhalter-Haftpflicht-Versicherung und einer Privathaftpflicht-Versicherung (um auch beim Reiten auf fremden Pferden versichert zu sein) dringend anzuraten.

Allerdings sollte eine gute „Rundum-Haftpflichtversicherung", die speziell für Reiter konzipiert ist, ohnehin immer das Haftpflichtrisiko für Reiter bei Benutzung fremder Pferde zu privaten Zwecken mit abdecken. Der Versicherungsnehmer tut jedoch gut daran, dies im Einzelfalle jeweils selbst nachzuprüfen, um vor Überraschungen sicher zu sein.

Bei Abschluß eines Haftpflicht-Versicherungs-Vertrages sollte der Tier- bzw. Pferdehalter über folgende drei Punkte informiert sein:

1. Auf dem Versicherungsmarkt werden zur Zeit folgende Deckungssummen angeboten:

| Personen- | + Sach- | + Vermögensschäden |
|---|---|---|
| 500 000,– | 50 000,– | – |
| 1 000 000,– | 150 000,– | 4 000,– |
| 1 000 000,– | 300 000,– | 12 000,– |
| 1 000 000,– | pausch. f. Pers. u. Sachschäden | 12 000,– |
| 2 000 000,– | pausch. f. Pers. u. Sachschäden | 12 000,– |

Nachdem der Gesetzgeber eine unbegrenzte Haftung vorsieht und sehr schnell Schäden in Millionenhöhe entstehen können, empfiehlt es sich, mindestens die Ersatzleistungssumme von 1 Million Mark pauschal zu wählen!

2. Die Prämienhöhe ist für die gleiche Leistungssumme bei verschiedenen Versicherungen verschieden hoch und von Gesellschaft zu Gesellschaft sehr unterschiedlich.

Man sollte bei einem Versicherungsabschluß niemals allein auf den Preis achten, sondern auch auf die Konditionen und auf die Art und Weise der „Schadensregulierung", derer sich eine Versicherungsgesellschaft befleißigt. Eine billige Versicherungsprämie kann u. U. täuschen und letztendlich teurer sein als ein relativ höherer Preis für das gleiche Risiko mit kulanterer Regulierung. Spezialversicherer, also in diesem Fall Tierversicherer, berechnen bei gleicher Deckungssumme aufgrund kostengünstigerer Kalkulationsmöglichkeiten und spezifischer Kundenbreite meist wesentlich niedrigere Jahresprämien.

3. Manche Tierversicherer (Versicherungsgesellschaften) gewähren dem Pferdehalter eine nochmals verminderte Jahresprämie, wenn dieser einem Verein oder Verband angehört, mit dem der Versicherer einen Vertrag hat.

Veranstalter von reiterlichen Veranstaltungen oder z. B. Wanderritt-Führer sollten auch daran denken, daß es für reiterliche Veranstaltungen befristete Veranstalter-Haftpflicht-Versicherungen gibt, z. B. in Form von „Vereinshaftpflichtversicherungen für Veranstalter" und „Tageshaftpflichtversicherungen für öffentliche Veranstaltungen".

Man sollte sich rechtzeitig vor Beginn solcher Veranstaltungen beim zuständigen Vereinsvorstand oder bei seiner Versicherung erkundigen.

# Gesamtüberblick über Versicherungen, die für Pferdehalter und/oder Reiter von Interesse sein können:

## 1. Tierlebensversicherung

Eine Pferde-Lebensversicherung kann den Besitzer gegen den Verlust und die dauernde Unbrauchbarkeit des Pferdes schützen. Die Versicherungssumme wird meist vom Alter des Pferdes abhängig gemacht. Der Wert des Pferdes wird im Versicherungsvertrag festgelegt.

## 2. Unfallversicherung

Ein Sturz vom Pferd mit allen seinen möglichen Folgen ist z. B. ein Unfall. Die Risiken deckt eine Unfallversicherung ab. Sie beinhaltet folgende Versicherungsmöglichkeiten:

- Unfallinvalidität
- Unfalltod
- Unfallkrankenhaustagegeld
- Unfallgenesungsgeld

## 3. Haftpflichtversicherungen

- Tierhalterhaftpflicht (Pferdehalterhaftpflicht)
- Privathaftpflicht
- Vereinshaftpflicht für Veranstaltungen
- Tageshaftpflicht für öffentliche Veranstaltungen
- Haftpflicht für gewerblich genutzte Pferde
- Tierhüter-Haftpflicht

Dies ist ein sehr problematisches Risiko und wird von den Versicherungsgesellschaften nur höchst ungern versichert. Jeder, der fremde Pferde gegen Entgelt unterstellt, muß sich hierbei jedoch im klaren sein, daß damit automatisch das Tierhalterrisiko auf ihn als Tierhüter übergeht und er deshalb in voller Höhe für Schäden haftbar und schadenersatzpflichtig gemacht werden kann!

## 4. Rechtsschutzversicherung

Deckt den Kostenersatz eines Rechtsstreites ab (nicht die Strafkosten!) und ist manchmal Teil einer Familienrechtsschutz-Versicherung.

Hierüber sollte sich der Versicherungsnehmer aber bei seiner Versicherungsgesellschaft ausdrücklich informieren lassen.

## 5. Gebäudeversicherung

Je nach Größe und Wert des Stalles sollte der Pferdehalter und Stallbesitzer auch daran denken, den Stall bei seiner Versicherungsgesellschaft gegen Feuer-, Leitungswasser- und Sturmschäden versichern zu lassen.

Außerdem sollte er sich erkundigen, ob der Inhalt der Sattelkammer, wie z. B. Sättel usw., bei dieser Versicherungsmöglichkeit oder bei seiner privaten Hausratversicherung mitversichert ist oder gesondert versichert werden sollte.

# Literaturverzeichnis

Adams, O. R.: Lahmheit bei Pferden, Hannover 1988

Altmann, H.: Giftpflanzen – Gifttiere, München 1980

Blake, H.: Mit Pferden denken – Pferde lenken, Rüschlikon 1987

ders.: So lernt dein Pferd, Rüschlikon 1980

ders.: Versteh dein Pferd, Rüschlikon 1983

Blendinger, W.: Gesundheitspflege und Erste Hilfe für das Pferd, Hamburg/Berlin 1980

ders.: Psychologie und Verhaltensweisen des Pferdes, Hamburg/Berlin 1988

Bruns, U.: Richtiger Umgang mit Pferden, Rüschlikon 1981

dies.: Die Vorbereitung auf Langstreckenritte, in „Freizeit im Sattel" Nr. 6, 7, 8, 1972

Butler, D.: The Principles of Horseshoeing, o. A.

Christiansen, S./Hancke, V.: Gräser, München 1983

Deutsche Reiterliche Vereinigung, e. V.: Richtlinien für Reiten und Fahren, Band IV Pferdehaltung, Warendorf o. A.

DLG: Pferde richtig füttern, Frankfurt o. A.

DLG: Pferde leistungsgerecht füttern, Frankfurt o. A.

Drepper, K.: Richtige Fütterung von Zucht- und Sportpferden, Friedberg 1982

Ende, H.: Was fehlt meinem Pferd? Rüschlikon 1983

Ende, H./Isenbügel, E.: Die Stallapotheke, Rüschlikon 1982

Gold, M.: Fütterung im Stall und auf der Weide, München 1975

Gramatzki, F.: Handbuch Pferde, Band I und II, Dortmund 1978/79

Grone, J. v.: Die Pferdeweide, Rüschlikon 1977

Haardt, M./Ritter, H.: Reiten in Wald und Feld, Rüschlikon 1974

Hickman, J.: Der richtige Hufbeschlag, München 1983

Hoffmann, M.: Was tun mit jungen Pferden? Rüschlikon 1978

Isenbügel, E.: Sprechstunde. Probleme bei Freizeitpferden, o. A.

Kapitzke, G./Schellack, J.: Freizeitreiten, Hamburg/Berlin 1982

Könekamp, A. H.: Pferdehaltung in Gestüten und Reitställen, Essen 1978

Körber, H.-D.: Huf, Hufbeschlag, Hufkrankheiten, Stuttgart 1989

Kresse, W.: Mit dem Pferd unterwegs, München 1975

Liebenow, H./Liebenow, K.: Giftpflanzen, Stuttgart 1982

Löwe, H./Meyer, H.: Pferdezucht und Pferdefütterung, Stuttgart 1979

Marten/Salewski: Handbuch der modernen Pferdehaltung, Stuttgart 1989

Miller, W. C.: Feeding Ponies, o. A.

Pahlow, M.: Pahlows Giftpflanzen-Kompaß, München o. A.

Paysan, A.: Mit Pferden unterwegs, Stuttgart 1976

Paysan, A./Burk, G.: Reisen zu Pferd, Stuttgart 1978

Paysan, A.: Giftpflanzen, Hippologische Lehrtafeln, Blatt 4

Pick, M.: Neues Handbuch der Pferdekrankheiten, Stuttgart 1988

Pferde, Haltung und Fütterung, AID Nr. 430, 1978, Nr. 77, 1982

Rödder, F.: Ohne Huf kein Pferd, Rüschlikon 1979

ders.: Gesunder Huf – gesundes Pferd, Rüschlikon 1982

Rüdt, U.: Heil- und Giftpflanzen, Stuttgart 1980

Ruthe, H.: Der Huf, Stuttgart 1978

Schönfelder, P./Schönfelder, I.: Der KOSMOS-Heilpflanzenführer. Europäische Heil- und Giftpflanzen, Stuttgart 1988

Schöpfer, S.: Wie wird das Wetter? Stuttgart 1981

Schrenk, H.-J.: Pferde verstehen, Stuttgart 1989

Solinski, S.: Der Wanderreiter und sein Pferd, Rüschlikon 1974

Straiton, E. C.: Pferdekrankheiten – erkennen und behandeln, München 1982

Uppenborn, W.: Ponys. Umgang und Haltung, Stuttgart 1983

ders.: Pferdezucht und Pferdehaltung, Offenbach 1977

Williams, M.: Praktische Pferde-Psychologie, Rüschlikon 1979

Zeeb, K.: Pferde dressiert von Fredy Knie, Bern 1973